АЛМАТЫКІТАП БАСПАСЫ

Қазақстан тарихы

哈萨克斯坦简史

[哈]坎·格奥尔吉·瓦西利耶维奇 著

中国社会科学院丝绸之路研究院
中国社会科学院俄罗斯东欧中亚研究所
中油国际中亚公司
西北大学
哈萨克斯坦共和国驻华大使馆
联合课题组 译

中国社会科学出版社

图字：01-2018-2701 号

图书在版编目（CIP）数据

哈萨克斯坦简史／（哈）坎·格奥尔吉·瓦西利耶维奇著；中国社会科学院丝绸之路研究院等译 .—北京：中国社会科学出版社，2018.8（2020.4重印）
ISBN 978-7-5203-2423-6

Ⅰ. ①哈… Ⅱ. ①坎… ②中… Ⅲ. ①哈萨克斯坦—历史 Ⅳ. ①K361

中国版本图书馆 CIP 数据核字（2018）第 074421 号

ⓒ Кан Г. В., 2013
ⓒ Кан Г. В., фотографии, 2013
ⓒ ТОО «Алматыкiтап баспасы», 2007
ⓒ ТОО «Алматыкiтап баспасы», 2013, с изменениями

出 版 人	赵剑英
责任编辑	喻　苗
责任校对	胡新芳
责任印制	王　超

出　　版	中国社会科学出版社
社　　址	北京鼓楼西大街甲 158 号
邮　　编	100720
网　　址	http：//www.csspw.cn
发 行 部	010-84083685
门 市 部	010-84029450
经　　销	新华书店及其他书店
印刷装订	北京君升印刷有限公司
版　　次	2018 年 8 月第 1 版
印　　次	2020 年 4 月第 2 次印刷
开　　本	710×1000　1/16
印　　张	23.75
字　　数	320 千字
定　　价	99.00 元

凡购买中国社会科学出版社图书，如有质量问题请与本社营销中心联系调换
电话：010-84083683
版权所有　侵权必究

哈萨克斯坦岩画

别尔加林斯克墓葬群

带古文字的银盘

奥特拉尔城遗址

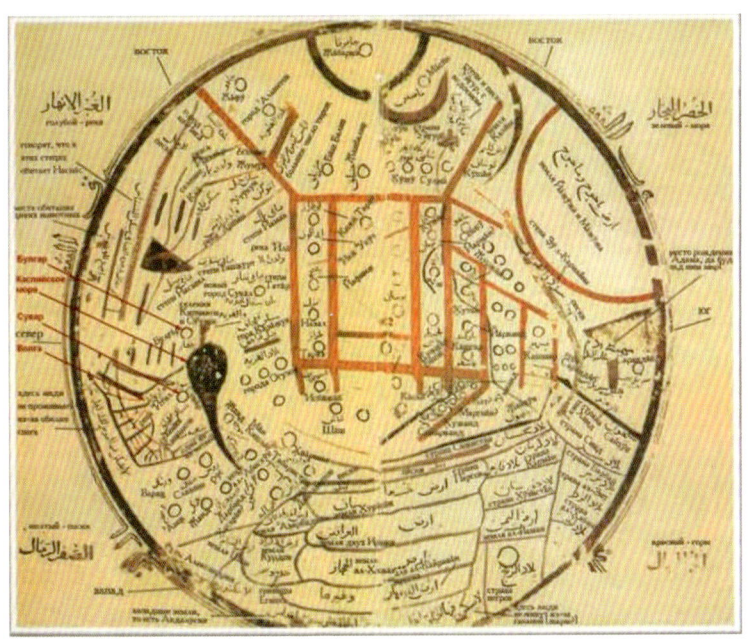

喀什噶里绘制的突厥人分布图

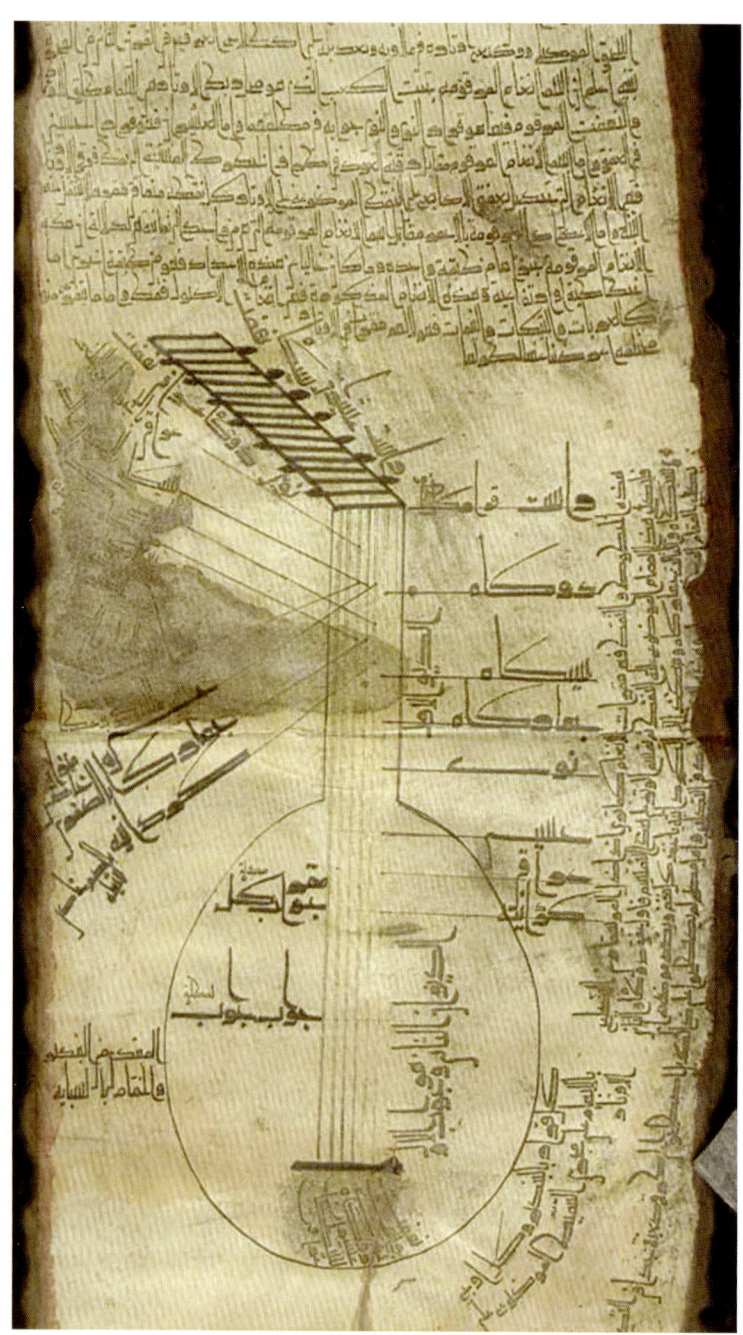

阿里－法拉比的手稿

哈萨克器具

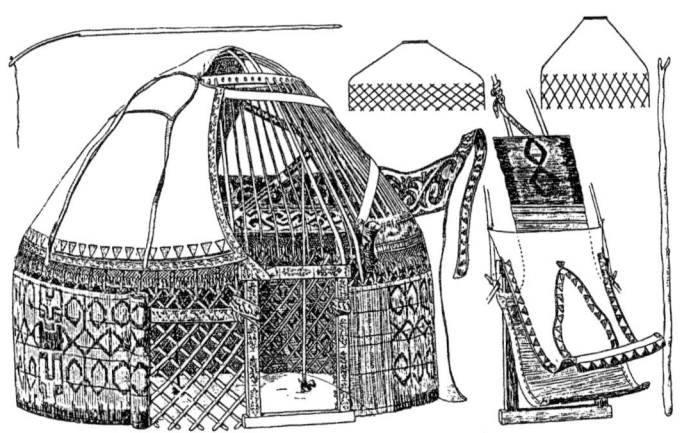

哈萨克毡房

哈萨克人使用的武器

哈萨克的挂毯

大玉兹伯克托列

中玉兹伯克卡兹别克·卡尔季别克乌雷

小玉兹伯克艾捷克·巴伊别克乌雷

贾尼别克汗(右)与克烈汗(左)

阿布海尔汗(小玉兹可汗)

阿布赉汗(三个玉兹共同认可的全体哈萨克人的可汗)

阿拜·库南巴耶夫（哈萨克斯坦文学家、思想家）

阿拉什自治国领导人阿里汗·布克依哈诺夫

穆合塔尔·阿乌埃佐夫(哈萨克作家、苏联科学院院士)

第二次世界大战时期的苏联英雄潘菲洛夫

哈萨克乐器冬不拉

哈萨克音乐家库尔曼哈兹·萨格尔巴耶夫

История Казахстана

Георгий Васильевич Кан

Георгий Васильевич Кан
учебник для вузов 《История Казахстана》
Алматы：Алматыкітап，2013.
ISBN 978－601－01－1129－5
5－е изд．，перераб．и доп．

哈萨克斯坦阿拉木图出版社
2007 年第一版
2013 年第 5 版（补充和修订）
ISBN 978－601－01－1129－5

主 编

蔡　昉　王　镭　孙壮志　李永全　卞德智
郭立宏　沙赫拉特·努雷舍夫

编委会

蔡　昉　中国社会科学院副院长、中国社会科学院丝绸之路研究院理事长

王　镭　中国社会科学院国际合作局局长、中国社会科学院丝绸之路研究院执行院长

孙壮志　中国社会科学院俄罗斯东欧中亚研究所所长

李永全　中国俄罗斯东欧中亚学会会长

卞德智　中国石油国际勘探开发有限公司高级副总经理、中油国际中亚公司总经理、中国石油中亚地区协调组组长

方甲中　中油国际中亚公司副总经理兼PK项目总经理

任立新　中油国际中亚公司PK项目哈德公司总经理

王　浩　中油国际中亚公司经理

耿长波　中油国际中亚公司经理

郭立宏　西北大学校长

卢山冰　西北大学丝绸之路研究院院长

蔡艳彬　西北大学丝绸之路研究院副院长

沙赫拉特·努雷舍夫　哈萨克斯坦驻华大使

阿布·艾马哈诺夫　哈萨克斯坦驻华大使馆参赞

翻 译

张　宁　中国社会科学院俄罗斯东欧中亚研究所研究员（第一、二、三章）

侯艾君　中国社会科学院世界历史研究所研究员（第四、五、六、七章）

徐向梅　中国社会科学院俄罗斯东欧中亚研究所副研究员（第八、九、十章）

审 校

张　帆　北京大学历史系主任，中国元史学会会长
鱼宏亮　中国社会科学院近代史研究所研究员
金　哲　中国社会科学院国际合作局欧亚处处长

译者说明

一 关于时间

沙皇彼得一世1699年12月发布诏令，宣布采用按照儒略·恺撒所创立的儒略历，纪年从基督诞辰算起，新年从新世纪的第一天（即1700年1月1日）算起。儒略历在俄国一直沿用到1918年1月31日，自1918年2月1日起实行公历（格里高利历）。

本书因个别章节的资料主要来源于俄文材料，因此有关俄国与哈萨克斯坦的历史部分采用的是儒略历纪年法，直至俄国1918年正式实施公历纪年法。也就是说，本书第五章至第九章第一节（即1918年2月1日之前的部分）全部使用儒略历纪年法，其他章节使用公历纪年法。儒略历与公历的换算公式为：

公历1582—1700年2月28日：儒略历日期+10=公历日期

公历1701—1800年2月28日：儒略历日期+11=公历日期

公历1801—1900年2月28日：儒略历日期+12=公历日期

公历1901—2000年2月28日：儒略历日期+13=公历日期

二 关于译音

本书译自俄文版，书中的人名和地名主要依据商务印书馆的

《俄汉译音表》。个别人名、地名、官名、尊称、著作名称等（尤其是来自突厥语和蒙古语的词汇）则参照汉语文献的通俗译法。

三 关于俄文文献将哈萨克人称为吉尔吉斯人的问题

关于俄文文献为何将哈萨克人称为吉尔吉斯人的问题，中亚学界曾经认真探讨和考察，但并未得出确切结论。

15 世纪，中亚的吉尔吉斯人、哈萨克人等前现代民族已经逐步成型；尤其是在哈萨克汗国建立后，哈萨克人被称为"乌兹别克—哈萨克人"，后来更被简称为"哈萨克人"。16 世纪初出现"哈萨克斯坦"一词，其境内居民被称为哈萨克人。

这些中亚民族与俄国紧密交往发生在 17 世纪。在俄国与中亚汗国及各部族之间交往乃至向中亚发动殖民征服过程中，对吉尔吉斯人和哈萨克人并未做出正确区分。俄罗斯帝国时期的许多文献将"吉尔吉斯人"和"哈萨克人"混为一谈。多数时候，帝俄时期的文献中，所谓"吉尔吉斯人"往往指"哈萨克人"，或者哈萨克人经常被称为"吉尔吉斯—凯萨克人"（киргиз-кайсаки）、"吉尔吉斯—凯萨茨克人"（киргиз-кайсацки）、"吉尔吉斯—哈萨克人"（киргиз-касаки）、"草原吉尔吉斯人"（степные киргизы）或"吉尔吉斯人"（киргизы 或 киргизцы）等。可以说，当时的俄国人认为哈萨克人是吉尔吉斯民族之一部。

对于吉尔吉斯人本身，俄文文献往往称为"吉尔吉斯帐"（Киргизская орда）、"大吉尔吉斯人"（Большие киргизы）、"阿拉特吉尔吉斯人"（Алат киргизы）、"布鲁特人"（буруты）、"白布鲁特人"（белые буруты）、"阿勒泰吉尔吉斯人"（Алатай-киргиз）、"吉尔吉斯－卡尔梅克人"（киргиз-калмыки）、"克尔丘兹人"

（кыркюзы）、"土著吉尔吉斯人"（коренные киргизы）、"卡拉吉尔吉斯人"（кара киргизы）、"山地吉尔吉斯人"（горные киргизы）、"荒石吉尔吉斯人"（дикокаменные киргизы）、"蒙昧吉尔吉斯人"（дикие киргизы）等。此外，吉尔吉斯人也往往指叶尼塞河吉尔吉斯人（叶尼塞人，eзерцы）、西伯利亚吉尔吉斯人、阿尔泰人（алтырцы）、阿尔泰萨尔人（алтысарцы），以及后来被称为"哈卡斯人"（хакасы）的部族等。

18世纪，俄文文献和欧洲文献往往将哈萨克人误称为"吉尔吉斯—凯萨克人"和"吉尔吉斯—哈萨克人"。到1867年，干脆将哈萨克人简称为"吉尔吉斯人"。甚至19世纪末捷连季耶夫撰写的《征服中亚史》等著作也都将哈萨克人称为吉尔吉斯人。

造成这种现象有许多原因。首先，由于吉尔吉斯人与哈萨克人的族源相近，生产生活方式乃至宗教信仰和文化等方面都存在很大相似性；当时的吉尔吉斯人和哈萨克人作为前现代民族有许多共同特点，正处于向近现代民族演进、分化的过程中。其次，由于当时的俄罗斯殖民者、学者、旅行家对于中亚和西伯利亚的土著部族了解不足，或者由于其早期与吉尔吉斯部族接触较多，对其他相近部族的认知相对薄弱，获得了许多二手的甚至错误的信息。

1624年的文献表明，俄国人能够区分"天山吉尔吉斯人"（大吉尔吉斯人）与普通吉尔吉斯人，乃至哈萨克人。但这种认识没能成为主流。同时，俄罗斯人早已认识到将哈萨克人称为吉尔吉斯人是错误的。例如，1750年，米勒（Миллер）院士撰文呼吁不要将吉尔吉斯人和哈萨克人混为一谈；1771年，俄国旅行家巴尔达涅斯（Барданес）也在手稿中谈及：俄文文献中所谓的吉尔吉斯人从来都不自称为吉尔吉斯—凯萨克人或吉尔吉斯—哈萨克人，而是称"哈萨克人"。19世纪末的俄国学者梅因道夫（Е. К. Мейендорф）在《奥伦堡和布哈拉旅行记》（Путешествие из Оренбурга в Бухару）一书中写道："他们（哈萨克人）并不自称为吉尔吉斯人，而是称为哈萨克人。一些人认为，哈萨克意为'骑士'或'战士'。他们认为，是巴什基尔人将他们称为吉尔吉斯人，但他们不知道这个词从何而来。"

1898年，克拉夫特（И. И. Крафт）在《接受吉尔吉斯人臣服俄国》（*Принятие киргизами русского подданства*）一文中写道："在1867年和1868年在草原省份实施《临时条例》之前，吉尔吉斯人常常被称为吉尔吉斯—凯萨克人或吉尔吉斯—哈萨克人，然而吉尔吉斯人至今都自称为哈萨克人。他们早已以这个名称被相邻的亚洲民族熟知。"

还有学者提出一种解释：之所以将吉尔吉斯人和哈萨克人混为一谈，是由于荷兰人尼古拉斯·魏特森（Николас Витзен）在《北部鞑靼和东部鞑靼》（*Северная и Восточная Тартария*）一书中的错误认识，进而导致谬种流传。

苏联1924—1936年对中亚民族作出民族识别和民族区域划界。1920—1925年，苏俄成立吉尔吉斯自治共和国，属于俄罗斯联邦加盟共和国；1925—1936年改为哈萨克自治共和国；1936年升格为哈萨克加盟共和国。与此同时，苏联于1924—1925年成立于卡拉吉尔吉斯自治州，隶属于俄罗斯联邦；1926—1936年成立吉尔吉斯自治州，1936年后升格为吉尔吉斯加盟共和国。

1925年，苏联政府正式恢复"哈萨克人"的称谓。1936年，苏联政府正式采用"哈萨克"这一名称。之所以写成казах而不是казак，是为了将其与敌视布尔什维克党的哥萨克（казак）区分开来。

四 关于书中的观点

由于各国学者的研究方法和角度不同，对材料和历史的评价结论也会有差异。本书内容只代表哈萨克斯坦学者的观点。译者尊重作者知识产权，全部忠实地遵照原文翻译，力求达到信、达、雅的标准。

致亲爱的读者

历史是承载民族文化密码的不朽碑文。也正是历史才能够塑造独特的民族性和民族特点，比如思维方式、世界观、价值观、语言及文化传统等。没有历史就没有未来，发展前行首先取决于对民族史的深刻了解。而对友好国家的历史认知则能够拉近民心，巩固国家间的关系。正如哈萨克斯坦总统努尔苏丹·纳扎尔巴耶夫所说："欲纵观当下且极目未来，必要回首审视过去。"

中国是哈萨克斯坦的近邻。自古以来，在两国领土上居住的人民之间的交往历史已逾数千年。在中国的古代文献和近现代档案中，保存着大量有关两国关系史的记载，浩瀚如海。为了填补两国关系史的空白，共同深入研究的道路并不平坦，还有大量艰苦繁重的工作需要携手完成。但是，毫无疑问，这将有助于提升哈中两国全面战略伙伴关系的水平，巩固两国之间的传统友谊和睦邻友好关系。

无论对于哈萨克斯坦人民还是中国人民，伟大的丝绸之路均是宝贵的历史文化遗产。古丝绸之路在历史上不仅是交通要道，同时也是通商往来以及各国人民间多种文化和文明相互交流的沟通渠道。中国国家主席习近平在哈萨克斯坦的心脏——阿斯塔纳提出"丝绸之路经济带"建设倡议这一事实证明，哈萨克斯坦在中国的对外政策以及当今世界舞台上都具有特殊的作用和地位。如今，"一带一路"倡议早已超出地区的界限，发展成为世界级的超级合作方案，而哈萨克斯坦则成为复兴丝绸之路的摇篮。

哈中关系现状的特点表现在两国元首间的密切交往、两国间不存在政治上的分歧、经贸合作在积极推进、在地区和国际机制框架内的紧密互动等各个方面。这一切都为人文合作的持续发展奠定了坚实基础，对满足两国在文化、历史、语言、传统和习俗方面的大量需求至关重要。

哈萨克斯坦著名学者坎·格奥尔吉·瓦西利耶维奇撰写的哈萨克斯坦历史教材之所以能够翻译成中文并出版，得益于哈中双边关系的特殊性，还有"全球范围下的当代哈萨克斯坦文化"项目，以及哈中两国在"一带一路"倡议框架下的人文合作不断深入发展。

本书作者引用最具说服力的史料和公认的通理，从不同角度剖析史实，展现了哈萨克斯坦古往今来的历史精华。在我看来，本书将有于中国专家和读者更好地了解哈萨克斯坦，并以不同于以往固有观念和看法的新视角，去眺瞰和感悟哈萨克斯坦的历史。

预祝您在阅读本书的过程中能够得到真正的享受！

哈萨克斯坦共和国驻华大使：沙赫拉特·努雷舍夫

目　　录

第一章　古代的哈萨克斯坦 ………………………………… (1)
　一　石器时代 ………………………………………………… (1)
　二　青铜时代 ………………………………………………… (8)
　三　早期游牧 ………………………………………………… (13)
　四　匈奴国家 ………………………………………………… (23)
　五　乌孙和康居 ……………………………………………… (27)

第二章　中世纪的哈萨克斯坦 ……………………………… (31)
　一　突厥汗国和西突厥汗国 ………………………………… (31)
　二　突骑施、葛逻禄、喀喇汗国、契丹 …………………… (38)
　三　乌古斯、基马克、钦察 ………………………………… (43)
　四　乃蛮、克烈、札剌亦儿 ………………………………… (46)
　五　中世纪的哈萨克斯坦文化 ……………………………… (47)

第三章　蒙古人统治下的哈萨克斯坦 ……………………… (57)
　一　成吉思汗建立蒙古国 …………………………………… (57)
　二　蒙古人占领哈萨克斯坦领土 …………………………… (61)
　三　14—15世纪哈萨克斯坦领土上的国家 ………………… (66)

第四章 哈萨克汗国时代 ………………………………………… (75)
- 一 哈萨克民族完成整合进程 ………………………………… (75)
- 二 "哈萨克族"的族名与三个"玉兹" ……………………… (77)
- 三 建立哈萨克汗国 …………………………………………… (81)
- 四 16—17 世纪哈萨克汗国的政治形势 …………………… (84)
- 五 《七项律法》 ……………………………………………… (88)
- 六 16—17 世纪哈萨克汗国的社会经济发展 ……………… (90)
- 七 16—17 世纪的哈萨克文化 ……………………………… (96)
- 八 17—18 世纪初准噶尔与哈萨克之间的战争 …………… (103)

第五章 俄国对哈萨克斯坦的殖民进程 ………………………… (110)
- 一 16 世纪末至 17 世纪初哈萨克与俄国的关系 ………… (110)
- 二 哈萨克统治者接受俄国保护 …………………………… (113)
- 三 沙皇俄国对草原的殖民:建设军事工事、村镇和城市 …………………………………………………… (116)
- 四 哈萨克斯坦丧失国家独立 ……………………………… (118)
- 五 俄国完成对哈萨克斯坦的殖民征服 …………………… (122)

第六章 18 世纪末至 19 世纪中期哈萨克人民的民族解放斗争 ………………………………………………… (126)
- 一 1783—1797 年塞利姆·达托夫领导的小玉兹哈萨克人起义 …………………………………………… (126)
- 二 建立布凯汗国和伊萨泰起义 …………………………… (134)
- 三 加拉曼·特列奇耶夫起义和萨尔江·卡瑟莫夫起义 …………………………………………………………… (140)
- 四 凯涅萨雷·卡瑟莫夫领导的哈萨克人民起义 ………… (142)
- 五 江哈吉·努尔穆哈梅多夫领导的锡尔河哈萨克人起义 …………………………………………………………… (148)

第七章　19 世纪下半期的哈萨克斯坦 ……………………（151）
  一　1867—1868 年的行政疆域改革 ………………………（151）
  二　乌拉尔州、图尔盖州和曼吉什拉克半岛爆发起义 ……（155）
  三　1886 年和 1891 年通过的两份《条例》…………………（157）
  四　沙皇的移民政策 …………………………………………（158）
  五　19 世纪下半期俄国与中国的关系 ……………………（160）
  六　19 世纪下半叶哈萨克斯坦经济社会发展 ……………（162）
  七　18—19 世纪的哈萨克斯坦文化 ………………………（167）

第八章　20 世纪初的哈萨克斯坦 …………………………（183）
  一　20 世纪初哈萨克斯坦的社会经济发展 ………………（183）
  二　1905—1907 年俄国革命及其对哈萨克斯坦的影响 …（185）
  三　知识分子在哈萨克斯坦解放运动中的作用 ……………（190）
  四　1916 年民族解放起义 …………………………………（196）
  五　第二次资产阶级民主革命后的哈萨克斯坦 ……………（202）
  六　哈萨克人委员会的成立和活动 …………………………（214）
  七　第一届全体哈萨克人大会 ………………………………（215）

第九章　苏联时期的哈萨克斯坦 …………………………（222）
  一　十月革命期间的哈萨克斯坦 ……………………………（222）
  二　建立吉尔吉斯苏维埃社会主义共和国 …………………（228）
  三　1921—1925 年的哈萨克斯坦 …………………………（233）
  四　工业化、农业集体化和肃反扩大化 ……………………（235）
  五　反法西斯卫国战争年代的哈萨克斯坦 …………………（248）
  六　向哈萨克斯坦强制迁徙人口 ……………………………（255）
  七　1946—1964 年的哈萨克斯坦 …………………………（257）
  八　1965—1985 年的哈萨克斯坦 …………………………（261）
  九　1985—1991 年戈尔巴乔夫改革年代的哈萨克斯坦 …（265）

第十章　独立的哈萨克斯坦 ……………………………（269）
　　一　哈萨克斯坦恢复国家独立 ………………………（269）
　　二　2006—2012年哈萨克斯坦的发展 ………………（296）
　　　（一）国家的现代化——加快工业创新发展 ………（297）
　　　（二）"世界和传统宗教领袖大会" …………………（300）
　　　（三）哈萨克斯坦担任欧安组织轮值主席国 ………（305）
　　　（四）新的社会政策 ……………………………（308）
　　　（五）民族和谐的哈萨克斯坦模式 ………………（317）
　　　（六）《哈萨克斯坦国家统一学说》 ………………（322）
　　　（七）处于全球进程中的哈萨克斯坦 ……………（325）

参考文献 ……………………………………………（337）

附录　专有名词索引 ………………………………（348）

第一章

古代的哈萨克斯坦

一 石器时代

人类形成于石器时代。石器时代大约是 250 万年前至公元前 3000 年，历经约 250 万年，大体上分为旧石器时代、中石器时代和新石器时代三个阶段。旧石器时代又可分为早、中、晚三个阶段。这样划分历史，是为了确定人类在地球上（包括哈萨克斯坦祖先的居地）的不同发展阶段和发展水平[①]。

历史学往往依据考古发现（即某一特定时期在某一地点的历史古迹和遗物）来划分历史阶段。在东部非洲和坦桑尼亚的奥杜威河谷，发现了早期人类的遗骸和活动痕迹。这是人类发展的早期，被称作"能人"（Homo Habilis）。他们使用砾石作为劳动工具，将砾石表

---

① 译者注：史前文化是指文字产生之前的人类文化，时间长达约 300 万年。在此漫长时期，人类体质经历了如下演化序列：早期猿人（或能人）—晚期猿人（或直立人）—早期智人—晚期智人—现代人。考古学家根据史前时期人类实用工具的特征，将史前时期又划分为：旧石器时代—中石器时代—新石器时代—铜石并用时代—青铜时代—铁器时代。

石器时代是人类从猿人进化到现代人的历史阶段。根据工具的形状和使用的复杂程度以及征服自然的能力，分为旧石器时代、中石器时代和新石器时代。旧石器时代大体相当于人类体质从能人，经过直立人进化到智人的阶段。能人时期，人类主要依靠食用动物腐肉和植物生存；直立人时期，人类已经能够制造简单工具和掌握火的使用方法，开始狩猎和采集活动；智人时期，人类能够制造简单的组合工具，出现骨器、木棍等多种工具。中石器时代，人类开始从事原始农业。新石器时代，主要使用磨制的石和陶器，开始从事农业和畜牧业。

面加工成可以用来砍、削、刺的形状，因此这个阶段被称作"石器时代"。这段距今 250 万至 70 万年的早期历史依据其发现地而被命名为"奥杜威文化"（Olduvai）。与此类似的还有在法国的考古发现，包括属于旧石器时代早期距今 70 万年至 14 万年的"舍利文化"（Cheulean）和"阿舍利文化"（Acheulean），以及属于旧石器时代中期的距今 14 万年至 4 万年的"莫斯特文化"（Mousterian）。

历史学关于人类起源的地点有两种说法：多中心说认为，人类诞生地在非洲、亚洲和欧洲等多个中心地区；单中心说认为整个人类首先起源于一个地方，即从非洲东北部到西亚和南亚这片地区（考古发现的很多早期的能人遗址都集中在这一带），然后再扩散至世界各地。大部分人都支持单中心说。尽管说法不一，但可以肯定，今天哈萨克斯坦所在地区从旧石器时代早期就有人类活动（大体相当于法国的舍利文化和阿舍利文化时期）。当时，哈萨克斯坦这个地区的气候温暖湿润，动植物种类丰富，特别适合早期人类生存。

早期人类在哈萨克斯坦的活动遗迹有石器时代早期的劳动工具（距今大约 100 万年），例如用于砍、扎、刮、削的片状或尖头的石器等。这说明此地的人类已进化到直立人阶段，他们已经懂得使用火，并从事狩猎和采集活动。在今天哈萨克斯坦的南哈萨克斯坦州卡拉套山脉（Хребет Каратау）西南坡，已发现最早的劳动工具——可以砍、削、扎的石质刮削器和尖状器等。另外，在江布尔州卡拉套市东北地区的博雷卡兹甘（Борыказган）、塔尼尔卡兹甘（Таниркaзган）和克梅尔（Кемер）等地，也发现了旧石器时代早期的人类遗址，出土上千件各类石器。

在此需要说明的是，博雷卡兹甘、塔尼尔卡兹甘、克梅尔、塔姆加雷（Тамгалы）、库尔扎巴瑟（Кулжабасы）等墓葬的考古发现属于综合性发现，几乎可以看到哈萨克斯坦的整个发展历史，包括石器时代、青铜时代、早期铁器时代等。实际上，有时它们集中反映在一块岩石表面，有时则是相互覆盖，就像在编织一幅历史画布，具有完整、统一、连续的特征，体现出人类永续生存的本质。例如，在博雷卡兹甘和塔尼尔卡兹甘的山坡遗址上，在克梅尔山脚下，散落着粉红色、黑色、灰色的石英岩石以及石片和石核等石器，这些都是旧石器时代人工制品的明证。

在塔姆加雷峡谷的山脚下和塔姆加雷河谷地，发现很多石器时代的器物，山岩上稀疏地刻有那个时代的岩画，山脚下（库尔扎巴瑟遗址和塔姆加雷遗址）有青铜时代的石棺墓葬。在库尔扎巴瑟遗址、塔姆加雷遗址、克梅尔遗址等地，有铁器时代早期的墓葬、围着石头栅栏和雕塑的突厥时代的墓葬、穆斯林的墓地。在康居和乌孙时代的遗址中，发现了很多陶器和其他人工制品。这里还有中世纪时期的各国遗址，以及一系列哈萨克汗国时期的墓葬、早先用半成品砖砌成的麻扎①和当代的墓地。

这些遗址中有各式各样的青铜时代岩画，描绘动物形象、生活场景、各种题材的活动仪式和人物画像。突厥人的岩画上还有各个部落的标志性符号和古代文字。岩画的技法也非常丰富，有刻、磨、划线条轮廓等。

这些岩画可以直接证明：第一，哈萨克斯坦各个时期的历史和原住民的历史具有连续性和继承性。第二，这些地方一直适合人类居住，住民也依赖这片土地。这些河谷地带靠近水源，可遮风挡雨，躲避严寒酷暑。这里物种丰富，土壤肥沃。第三，这里是各个时代的神坛，是天空下的庙宇，是山区的天然祭祀场所。每个新时代的人都会恭恭敬敬和小心翼翼地对待在岩石上留下自己印迹的先人。

在江布尔州塔拉兹区卡拉套市东北方向20—40公里的克济尔山区（卡拉套山脉的支脉），属于旧石器时代早期的博雷卡兹甘、塔尼尔卡兹甘和克梅尔三处遗址情况也类似。

---

① 译者注：麻扎是穆斯林圣贤的坟墓。

哈萨克斯坦的其他地区也存在旧石器时代早期的遗址。在哈萨克斯坦中部地区有：萨雷阿尔卡区东北部的库扎伊科利遗址（Кужайколь）、热兹卡兹甘的扎曼艾巴特遗址（Жаман-Айбат）、卡拉干达州热兹金区的奥巴雷赛遗址（Обалысай）。在哈萨克斯坦东部有处遗址位于科尔古特河岸旁、库尔丘姆区卡拉托盖村附近。

在哈萨克斯坦南部地区考古发现的旧石器时代的早期遗址，与在非洲和亚洲发现的很多遗址非常相似或相同（根据材料和技术方法）。这再次证明：早在旧石器时代早期，哈萨克斯坦的土地上便已出现人类的形成与发展活动。

干旱区的旧石器时代遗址有自己的特点。在这里，露天遗址居多，例如谢米兹布库（Семизбуку）、沙克帕克阿塔（Шакпак-ата）等地。在热兹卡兹甘州的谢米兹布库小型活火山地区，在一块长2500米、宽300米的地带上曾找到1611件古代石器。远古的哈萨克斯坦住民与爪哇猿人和北京猿人处于同一时代。

在哈萨克斯坦发现很多旧石器时代中期的遗址。例如，南哈萨克斯坦州阿雷斯坦德河右岸的卡拉苏地区、中部的萨雷苏河中游地区和卡拉干达偏北的巴特帕克地区、西部的曼吉斯套半岛等。

旧石器时代晚期大约距今4万至1万年。在此期间，人类已经遍布所有气候带，并逐渐形成不同人种。社会关系以氏族划分，出现氏族这一社会组织形式。这时的氏族主要是母系氏族，女性在社会中居统治地位，决定氏族的日常活动和族系传承。这个时期也是具有现代人特征的"智人"的形成时期。

人类的精神世界也愈加复杂。原始的宗教和艺术以及狩猎祈祷仪式等得到普及，旨在借助符号所象征的神力而捕获动物。原始艺术的主要内容是动物图形，雕塑和塑像也得到较好发展，用骨头、石块、粘土等材料做成的女性雕像和图案代表肥沃的土地。在哈萨克斯坦已发现130多处大型岩画群。

在这个时期，一些典礼仪式表达出关于灵魂和来世生活的内容。在逝者的身上撒上红色的赭石，戴上项链和镯子，插上漂亮的羽毛，下葬时还有骨、石等制品陪葬。一些社会关系规则也在这个时期得以确定。哈萨克斯坦境内比较有代表性的旧石器时代晚期的遗址有位于东哈萨克斯坦州布赫塔尔玛河右岸丘拉克库尔干村西侧的阿奇赛遗址（Ачисайская стоянка），还有同样位于东哈萨克斯坦州的佩谢拉遗址（Пещера）、卡奈遗址（Канай）、卡尔马克埃梅利遗址（Калмак-Эмель）、斯温恰特卡遗址（Свинчатка）等。

从南哈萨克斯坦州的卡拉套山脉、东哈萨克斯坦州的伊犁河两岸、萨雷苏河和巴尔喀什湖北部等地区的考古发现可以看出，旧石器时代晚期的劳动工具主要是石器，制造技术非常精湛。在卡尔马克埃梅利遗址出土的 150 件石器和 20 件骨器就颇具代表性。人们当时还用树木、骸骨、皮毛等材料建造居所。

旧石器时代和新石器时代的过渡期是石器时代的中期——中石器时代，大约公元前 1 万至公元前 5000 年。中石器时代的气候比较温暖，猛犸象和长毛犀牛逐渐灭绝。人类发明了弓箭，狩猎对象有马、兔子、旱獭、野牛等。中石器时代的遗址大多位于河岸和湖岸，如伊犁河、额尔齐斯河、托博尔河、乌拉尔河等。著名的中石器时代的遗址位于曼吉斯套半岛的克济尔苏。

接下来是石器时代的晚期——新石器时代和铜石并用时代[①]。这是一个从石器时代向金属时代过渡的阶段。新石器时代和铜石并用时代大约是公元前 5000—公元前 1500 年。这是石器加工大发展的时代，磨、钻、锉等技术得到广泛应用，将石头加工成斧、锄头、磨盘、钵等器物。人类生产活动代替了消费，即从早先的狩猎和采集为主进入

---

① 译者注："铜石并用时代"也称为"红铜时代"或"金石并用时代"（Chalcolithic，Энеолит 或 Медный век）。这个时期的主要工具和武器仍然是石器，但同时出现少量的以红铜（天然铜）为原材料的金属器。因此，人们习惯上仍将这一时期包括在广义的新石器时代之中而未将其独立划出。

养殖和种植阶段，出现了早期的采矿、纺织和制陶业，手工业制造出早期的人工材料——耐火粘土。社会组织结构也日趋复杂，诞生了部落和部落联盟。

哈萨克斯坦境内已发现600多处新石器时代的遗址，包括南哈萨克斯坦州卡拉温古尔村北部一处洞穴内的卡拉温古尔遗址（Караунгур）、西部的阿特劳州库利萨雷村附近的库利萨雷遗址（Кульсары）、东哈萨克斯坦州别洛卡缅卡村附近的克济尔苏河畔的克济尔苏遗址（Кызыл Су）、北哈萨克斯坦州的佩尼基遗址（Пеньки，在此发现很多新石器时代的墓葬群）等。另外，曼吉斯套地区也发现原住民，如谢涅克遗址（Сенек），在布扎奇半岛有舍比尔遗址（Шебир），在哈萨克斯坦中部的卡拉干达州舍茨基区距离阿克苏阿尤雷村10—15公里有捷西克塔斯遗址（Тесиктас）。在上述这些遗址的洞穴墙壁上，先人们用红色赭石画出很多人物、动物、部落图腾等图画。

从地理上看，哈萨克斯坦各地没有特别明显的自然分区，没有天然的分界线，使得各地的物质文明非常相近，几乎一致。尽管已发现多处新石器时代的考古遗址，但各遗址彼此差别不大，尚未发现浓缩了古代文明特点且具有显著独特性的遗址。例如，位于哈萨克斯坦西部但广泛分布于哈萨克斯坦大部分地区和中亚地区的克利杰米纳尔文化（кельтеминар，因位于今乌兹别克斯坦卡拉卡尔帕克斯坦共和国的克利杰米纳尔运河附近而得名）、阿克莫拉州的阿特巴萨尔文化（Атбасар，因遗址主要集中于阿特巴萨尔区而得名），还有图尔盖谷地的马汉贾尔文化（Маханджар，因大部分遗址位于马汉贾尔和杜兹拜而得名）。

铜石并用时代的特征之一，是金属器物（尤其是铜质工具）进入人类生活。考古发现了带有装饰图案的平底陶器和小型薄板房。哈萨克斯坦南部是这个时期应用铜器最典型的地区。原住民使用铜质工具耕地和畜牧，极大地提高了生产力。在草原地区，畜牧业大发展的同时并未减少石质工具的使用，相反，石质工具的加工技术显著提高。铜石并用时代的典型代表是博泰文化（因位于阿克莫拉州的铁路交汇处的博泰居民点而得名），反映了哈萨克斯坦北部地区在公元前3000—公元前2000年的铜石并用时代的面貌。

石器时代结束后，哈萨克斯坦开始了青铜时代。正如我们看到的，那段人类形成和建立的早期历史正是依据人类制造劳动工具的物质原料而划分成不同阶段：石块、铜、青铜、铁等。

在人类形成和建立的最早阶段，社会组织结构可称作"原始公社"。人类之所以能够成为完全意义上的人类，正是因为有了文明。"原始"意味着利用原始的劳动工具，起初从事狩猎和采集活动，后来种植植物和饲养牲畜。"公社"是因为这个时期的人类组织比较简单，没有专业分工和财富差距，也没有阶层、阶级、等级、国家。

美国历史学家和人类学家路易斯·亨利·摩尔根（Lewis Henry Morgan）对人类形成和建立的早期阶段进行了深入分析。摩尔根是《古代社会》一书的作者。该书通过对印第安人的易洛魁人部落的长期实地调研，从社会内部分析了古代社会。摩尔根认为：人类社会演化分为蒙昧、野蛮、文明三个阶段；整个石器时代属于低级、中级和高级蒙昧阶段以及低级和中级野蛮阶段，铜石并用时代、青铜时代和早期铁器时代则属于高级野蛮阶段。

与此同时，关于哈萨克斯坦的最早期历史也存在另外一种观点。沙卡里姆·库代别尔德乌雷（Шакарим Кудайбердыулы）在其《世系谱》（Шежире）一书"突厥、吉尔吉斯、哈萨克和汗国的谱系"篇"谱系的开端"部分写道："真主用地上的尘土造出始祖亚当并赋予他灵魂，用亚当的右肋骨造出女始祖夏娃，夏娃每年生一个儿子和一个女儿。"之后的叙事便是：亚当的后代——先知诺亚有三个儿子：闪（Сам）、含（Хам）、雅弗（Яфс），突厥人便是雅弗的后代。

二 青铜时代

欧亚大草原上的青铜时代大约是公元前 2000 年至公元前 1500 年。这段时期,哈萨克斯坦各部落的考古遗址主要是安德罗诺沃文化(Андроновская культура)。该遗址因在西伯利亚南部的俄罗斯克拉斯诺亚尔斯克边疆区阿钦斯克市安德罗诺沃村发现一处墓葬群而得名。在挖掘安德罗诺沃遗址时,出土了大量文物,充分体现这一时期欧亚地区最大历史文化群体的物质和精神生活面貌。这些文物展示了安德罗诺沃文化各氏族部落的经济生活、冶金技术、陶器制作、日常生活和社会组织。安德罗诺沃文化广泛分布于西伯利亚南部、哈萨克斯坦、临近的乌拉尔和中亚地区。哈萨克斯坦是安德罗诺沃文化的中心之一。

安德罗诺沃文化各部落是血缘、人种、语言、经济文化生活等各方面同根同源的部落群。考古发现表明,各部落主要以定居生活为主,村落通常位于河道两岸水草茂盛的地方,经济生活主要是畜牧养殖和借助畜力的耕种。

安德罗诺沃文化的特点之一,是丧葬形式。尸体呈侧卧并卷曲姿势,葬在石棺或长方形的土坑中,土坑周围是各种形状的石头栅栏(直角、圆形、椭圆状等),或者用土堆成土丘,有时也采取火葬。安德罗诺沃文化的特点之二,是手工制作的器皿。与先前的圆底器皿不同,手制器皿呈平底,并刻有复杂的、用梳状或平滑的模具刻制的几何图案。安德罗诺沃文化的特点之三,是金属饰品,例如,用卷了一圈半的黄金片做成的耳环、头饰、衣服上的圆圈状或蹼状吊坠饰物、尾部旋转的镯子等。

安德罗诺沃文化分为三个阶段:公元前 18 世纪至公元前 14 世纪的青铜时代早期、公元前 15 世纪至公元前 11 世纪的青铜时代中期、公元前 12 世纪至公元前 8 世纪的青铜时代晚期。

在哈萨克斯坦中部，已发现安德罗诺沃文化的 30 多处居住点和 150 多处墓穴。这里有青铜时代早期的努拉遗址（Нура，因遗址位于努拉河谷而命名）、青铜时代中期的阿塔苏遗址（Атасу，因墓葬群位于阿塔苏河谷而命名）、青铜时代晚期的别加济丹德拜遗址（Бегазы-Дандыбай，因遗址位于巴尔喀什湖北部的别加济地区和卡拉干达附近的丹德拜村而得名）。

在哈萨克斯坦北部，安德罗诺沃文化遗址主要位于彼得罗巴甫洛夫斯克地区，属青铜时代早期。此时已出现城市的初始模型——居民点。肯特（Кент）居民点可谓是哈萨克斯坦境内青铜时代原始城市的典型代表，其建筑和基础设施独具特色，有城防体系、供水系统、庙宇，还有发达的手工作坊。

安德罗诺沃文化的主要居住方式是河道两岸的定居点。居民点周围用深沟和栅栏围上。居民点里有 10—20 间用木架搭建的半地下的房子，埋深 1—1.5 米，面积 25—150 平方米，房顶是两面斜坡或塔形，带有可通风透光的洞口，房子四周用柱子支撑。每座房子可生活 30—50 人。居民点周边有耕地、牧场和墓地，全部属于同一个氏族所有。

安德罗诺沃文化的主要生产方式是畜牧业，主要食物是奶制品。肉类食物中，60%—70% 是牛肉，10% 是羊肉，20%—30% 是马肉。主要财产是马匹。由于周边牧场会随着放牧而退化，安德罗诺沃人通常每 20—25 年就迁徙到新的地方。从公元前 15 世纪开始（即青铜时代中期），这里出现一些流动的居民点和畜牧业新形式——游牧。牧民们春天去远处的草场或山区牧场放牧，秋天再回到居民点。

青铜时代中期，安德罗诺沃文化的建筑和居民点形式也出现变化。这个时期的典型代表是在哈萨克斯坦西部发现的塔斯特布塔克遗址（Тасты-Бутак），有几十处住房和墓地。在哈萨克斯坦东部的阿尔泰和塔尔巴加泰地区的伊犁河、布赫塔马河和库尔丘姆河谷地也有类似发现。

青铜时代早期的遗址有阿克包尔洞穴遗址（Акбаур），位于阿尔泰西部卡尔宾斯克山脉支脉、东哈萨克斯坦州乌斯季卡缅诺戈尔斯克市西南38公里处。在洞穴的神坛上，用红赭石画出各种图案，有十字形、叉形、十字形符号、方格里的十字形、折线、三角形、菱形、各种角和圆点、各种拟人造型、板车、象征符号等。

在哈萨克斯坦南部和七河流域，已发现卡拉套岩画群和塔姆加雷岩画群，在光滑的峭壁上刻着各种动物、太阳面孔的人群和板车等图形。例如，在阿拉木图西北170公里的塔姆加雷遗址中可以看到安德罗诺沃文化的生活画面。岩画中，人们拉着板车，挽着弓，赶着满载物品的骆驼，跳着宗教仪式舞蹈。很多人物图案都长着类似太阳的头像，其圆形的"头部"四周布满凹陷的窝，代表阳光和光环，周围有牲畜和跳舞的人群。遗址中共发现30多处太阳头像，可谓是"众神云集"。2004年，塔姆加雷保护区博物馆被联合国教科文组织列入世界遗产保护名录。亚洲中部有多个著名的大型岩画遗址，例如乌兹别克斯坦的萨尔米什赛（Сармишсай）、吉尔吉斯斯坦的赛马雷塔什（Саймалы-Таш）、哈萨克斯坦的塔姆加雷。塔姆加雷岩画总计约5000幅。在卡拉套山脉共发现20多处岩画遗址，其中10处规模较大，仅在科伊巴加尔（Койбагар）、阿尔包津（Арпаузен）、科什卡尔阿塔（Кошкар-ата）、加巴耶夫卡（Габаевка）等处就有7000多幅。

青铜时代中期的遗址也是如此，如七河流域的卡拉库杜克墓葬（Каракудук）、卡拉套区的陶塔雷墓葬（Таутары）、锡尔河下游咸海附近的塔吉斯肯纳墓葬（Тагискена）、库尔扎巴瑟墓葬和岩画遗址（Кулжабасы，位于楚河谷地、库尔扎巴瑟山南坡、江布尔州科尔代斯克区奥特拉尔车站西北30公里处）、卡拉套岩画群等。在哈萨克斯坦中部的青铜时代遗址有捷列克特岩画遗址（Петроглифы

Теректы），其中有一匹马的图案从头至尾有两米多长，沿着马背还凿出 24 个小坑（槽）。

青铜时代晚期的遗址主要是位于哈萨克斯坦中部的别加济墓葬遗址（Бегазы）。

在青铜时代，部落内部出现了原始的文化阶层，并形成早期的游牧文化。人们主要从事牧场养殖和农业耕种。伴随畜牧业发展，牲畜种类发生变化，适宜放牧的马、羊、骆驼等占比增加。在青铜时代晚期，马匹在牲畜总量中的占比由 14% 增至 36%，安德罗诺沃文化因此演变为养马文化。另外，随着迁徙活动增加，双峰驼的数量也随之增长。很多岩画中就出现了祭祀骆驼的图案。这一时期，迁徙游牧养殖的方式越来越普及。牧民在遥远的牧场用简单的架构搭建草席棚子（即原始毡房），出现了安装在四轮车上的适合迁徙的毡制帐篷。公元前 2000 年末期到公元前 1000 年初期，由于气候变得越来越温暖干燥，大部分居民逐渐转为游牧生活。

这个时期，金属器具在部落生活中发挥重要作用。制作劳动工具和武器的主要原材料是青铜，即铜与锡（有时是锑、砷、铅等）的合金，具有硬度高、熔点低、带有漂亮的金色光泽等特点。哈萨克斯坦的中部和东部是古代的冶金中心。铜的主要产地是热兹卡兹甘（Джезказган）、济里亚诺夫斯克（Зыряновск）、卡尔奇基（Карчиги）、贾尔特尔（Джалтыр）、阿希雷（Ащилы）、乌罗托别（Уро-Тобе）、库舍克拜（Кушекбай）等地。锡主要产自阿塔苏（Атасу）、卡尔宾斯克（Калбинск）、纳雷姆斯克（Нарымск）等山区。黄金主要产自斯捷普尼亚克（Степняк）、卡赞春库尔（Казанчункур）、巴拉贾尔（Баладжал）、阿克贾尔（Акджал）等地。据专家估计，古代的铜和锡产量很大，例如，热兹卡兹甘地区的冶铜量达到 10 万吨，在乌斯片斯克矿区（Успенск）开采了 20 万吨铜矿，锡的开采量达到 13 万吨。正如考古学家马尔古兰（Алькéй

Хака́нович Маргула́н，哈萨克斯坦考古研究所以他的名字命名）所描述的那样，20世纪30年代的考古发现说明，热兹卡兹甘作为古代最重要的冶金中心之一，具有巨大的历史价值。地质学家萨特巴耶夫（Каны́ш Иманта́евич Сатпа́ев）在其《大热兹卡兹甘》（Большой Джезказган）一书中也持同样观点，这一观点被二战后的考古发现所证明。

米雷库杜克古城（Милыкудук）是考古重点研究对象。该古城位于热兹卡兹甘东南方1公里的宽阔谷地上，起初不为人知，后来被萨特巴耶夫院士发现。米雷库杜克古城较完整地保留了从青铜时代到中世纪晚期各个文明阶段的"沉积层"，表现了人类的生产经营活动，从采矿到冶炼铜、锡、铁、金、银，再到将其加工制造。热兹卡兹甘在古代的冶金产量和废渣量都很大。地质学家博拉（С. Х. Болла）依据露天开采量估算，热兹卡兹甘的氧化物开采量超过百万吨，其含铜量有上万吨。

位于热兹卡兹甘不远的塔尔德赛村（Талдысай）有一处古代冶金遗址。考古发现此地有采矿场和冶铜炼炉。

采矿使用简单的掘凿方法。先在矿床上凿个洞，然后用火烧。遇到坚硬的岩石或矿，就先在表面点上篝火，然后浇水，利用热胀冷缩的方法让矿石碎裂。古代采矿已经有了坑道，坑道顶部被加固。矿石通常在窑中冶炼，燃料主要是木材，使用石英和赭石作为助溶剂。铜和锡分别冶炼，但在铸造时往往在铜里添加锡或其他原料。各种金属的含量比重主要取决于工具的使用目的：击打工具通常在铜里加注4%的锡，砍削工具须混入5%—9%的锡，刺扎工具则要添加9%—12%甚至更多的锡。

手工业和纺织业在青铜时代继续发展。陶瓷器皿为手工制作，先将粘土捻成条或片，再在胚模上塑型，然后抛光、绘图、烧制。这一时期的武器主要有青铜制造的片状箭头、矛头、匕首等。

社会组织结构在青铜时代发生较大变化。母系社会被父系社会替代，原始公社的社会关系逐渐瓦解，贫富差距拉大，从安德罗诺沃文化的墓葬中可明显看出这些变化。在一些规模较大的古墓中，有大量武器和饰品等陪葬品，而穷人的墓里只有土质瓦罐、简单的饰品和祭祀动物的一部分。

从人类学角度看，安德罗诺沃人属于欧罗巴人种，脸宽、眼大、鼻根发达、鼻头尖。大部分学者认为，安德罗诺沃文化由新石器时代和铜石并用时代的原住民部落自然发展而形成。关于安德罗诺沃各部落的民族属性有多种版本，其中之一认为他们是乌拉尔语系芬兰乌戈尔语族（финноугорская группа），也有人认为他们属于阿尔泰语系突厥语族，但大部分材料和证据认为他们是印欧语系的雅利安人。证据来源包括对书写文字、语言、地名、专有名词等的分析，以及人类学和考古学研究成果等。

安德罗诺沃文化敬畏天、太阳和火，信仰来世，崇拜祖先，有追悼仪式和祭祀风俗（主要祭品是马），另外还有一些禁忌规定，宗教观念已经足够发达。

三 早期游牧

在公元前 1000 年时期的哈萨克斯坦境内，安德罗诺沃文化的继承人是塞人（Саки）。

铁器时代早期，除古墓和居民点等遗址外，考古发现还有记录古代哈萨克斯坦原住民的文字材料。这些材料用波斯语写作，其中最主要的是《阿维斯塔》（俗称"波斯古经"），该书记录了琐罗亚斯德的言行，是拜火教①的经典和宣教书。拜火教是一神教，是世界上最古老的神启宗教之一。

---

① 译者注：拜火教（Zoroastrianism，Зороастри́зм）又称祆教、琐罗亚斯德教。

琐罗亚斯德①是拜火教的创始人,来自斯皮塔玛氏族(Спитама)的雅利安人,大体生活在公元前 1500—前 1200 年间,也有说生活于公元前 1000 年初期或公元前 8—前 6 世纪,还有人认为是公元前 2000 年末—公元前 1000 年初时期来自伏尔加河以东的哈萨克草原。他是神亲自选择的人间与上天之间的中介人。他去世 500 多年后,才出现了释迦摩尼、耶稣和穆罕默德。

琐罗亚斯德成为信仰新的神"阿胡拉马兹达"(Ахурамазда)的传播者。阿胡拉马兹达是主神,是创世者,是所有道德、语言和行为的制定者。学者们一致认为:琐罗亚斯德是真实存在的人,而非虚拟的神秘人物。他的名字就是证据。与"琐罗亚斯德"类似的名字有几十个,意思均为"拥有老骆驼的人"。为了宣传新信仰,琐罗亚斯德曾经流浪并陷入危险境地。据巴列维语②文献《达季斯坦—伊—季尼克》(Датистан-и-Диник)记载,琐罗亚斯德有一个伴随其一生的敌人——祭司图尔-伊-布拉达尔瓦赫什(Тур-И-Братарвахш),也正是这个人最后用匕首刺入琐罗亚斯德后背,将其杀死。

琐罗亚斯德告诉人们:世界秩序和正义取决于人的自由选择,应站在善的一方积极与恶做斗争。拜火教的道德三原则包括善的思想、善的言语、善的行为。后来,波斯语的"琐罗亚斯德"逐渐演变为古希腊语发音,并与希腊词汇"阿斯特龙"(астрон,星星、星光的意思)相结合,变成"琐罗阿斯特"(Зароастр)。在古代和中世纪文献中,琐罗亚斯德本人被描绘成智者和占星家。拜火教在其 3000 多年的发展史上,其学说主张和仪式内容也经历过很多变革。

拜火教在游牧民族信仰的基础上产生。最初并没有庙宇和祭祀设施,信徒们在旷野、坡地、山岗、家中的炉火前、就近的河岸或水池

---

① 译者注:琐罗亚斯德(Zarathustra 或 Zoroaster, Заратуштра)也有译作"查拉图斯特拉",系琐罗亚斯德的波斯语音译,例如德国哲学家尼采的名著《查拉图斯特拉如是说》。

② 译者注:巴列维语又称"中古波斯语"或"帕拉维语",系萨珊王朝时期的主要应用语言。

边等各个地方祈祷，后来才逐渐被广阔的帕提亚帝国（Парфянское царство，皇帝是阿尔沙克家族）和强大的波斯萨珊王朝（Сасаниды）认定为帝国的官方宗教，从此才有了自己的组织结构和机制，如庙宇、牧师等。拜火教对犹太教、佛教、基督教、伊斯兰教等宗教产生较大影响，成为古代和中世纪影响最大的宗教。

在波斯古经《阿维斯塔》中，作为在巴克特里亚、索格特、花拉子模以北的广阔草原上生活的游牧部落，哈萨克斯坦被称为"骑快马的图尔人"。据《阿维斯塔》记载，图尔人（Тyp）和雅利安人（Арий）都生活在阿姆河和锡尔河、咸海和里海、乌拉尔河和卡玛河地区[1]，都崇拜相同的神明，用相同的语言祈祷胜利。图尔人是拥有快马、肥壮畜群、茂盛牧场和结实板车的人。这里的人民受君主及其拥有战车的军队统治，都是畜牧专家。牛、马和骆驼是他们的财产，牧场是他们的土地，奶和肉是他们的食物，他们敬献给神明的祭品是100匹公马、1000头母牛和1万只绵羊。

从古代畜牧部族的名称"图尔"逐渐衍生出一个新的名称"图兰"（Туран），意思是"图尔人的国家"或"图尔人的家园"。图尔人和雅利安人是最早被波斯文字（《阿维斯塔》）记载的、生活在公元前1500年至公元前1000年初期的哈萨克斯坦的古代原住民。这个

---

[1] 译者注：在拜火教文献经典波斯古经《阿维斯塔》中，国王费里顿有三个儿子：大儿子图尔、二儿子萨勒姆和小儿子雅利安。国王在年迈之际三分帝国：大儿子图尔统辖东部，演化成了图尔人（图兰人），是突厥人的祖先；二儿子萨勒姆统辖西部，是罗马人的祖先；小儿子雅利安执掌中南部，演化成了伊兰人（伊朗人），是雅利安人的祖先。很多人认为："雅利安人"的英文发音是Aryan，"伊朗"的英文发音是Iran。Aryan和Iran发音基本相同，都指雅利安。雅利安人（Aryans）是欧洲19世纪文献中对印欧语系各族的总称。据印度和波斯古文献资料，公元前3000年代的青铜器时代，雅利安人是俄罗斯乌拉尔山脉南部草原上的一个游牧部落联盟，从事畜牧，擅长骑射，有父系氏族组织，崇拜多神。为寻找新的水源和牧场，雅利安人部落开始向外迁徙，向西进入欧洲大部分地区，向东深入欧亚的腹地，向南则伸入西亚和南亚，在人类历史上形成了规模巨大的世界性游牧部落迁徙浪潮。公元前2000—前1000年间，一支南下定居印度河上游流域，一支向西南进入波斯，另一支迁入小亚细亚。自18世纪欧洲语言学界发现梵语同希腊语、拉丁语、克尔特语、日尔曼语、斯拉夫语等有共同点后，即用"雅利安语"一词概括这些语言（现通称印欧系语言）。

时期，哈萨克斯坦人完成了向游牧转化的过程。

图尔人的社会结构是：家庭、氏族、部落、国家（部落联盟）。社会阶层分别是：军事贵族、祭司、氏族社员（牧民和农夫）。

公元前1000年初期以游牧为主的时期在哈萨克斯坦又被称为"早期铁器时代""早期游牧时代""斯基泰人时代"（Скифская эпоха）、"塞人时代"（Эпоха Саков）。塞人（Сака或Саки）是欧亚草原上游牧部落对自己的自称。从东边的黄河到西边的多瑙河这一广大区域内，根据考古发现的武器装备、马具样式、典型服饰、兽形艺术风格等，人们有理由对这部分具有共同文化的草原部落使用共同的名字命名。其共同文化在草原地区于公元前9世纪至公元前8世纪形成，并延续到公元前3世纪。

在古波斯文献中，将铁器时代早期的从伏尔加河向东迁徙的部落称为"塞人"。例如，2500年前波斯皇帝大流士一世的贝希斯敦铭文中（Бехистунская надпись），将锡尔河以北地区生活的人称为"塞人"。研究表明，"塞人"并非波斯人专门想出来的名字，而是引用其北部邻居的自称。而且，塞人不是某一个部落的名称，而是泛指与波斯相邻的中亚地区的游牧部落。各塞人部落非常了解自己的谱系和文化共性，他们拥有共同的称呼，使用非常相近的语言。

波斯文献中记载了塞人各部落的名字，包括"帕拉达赖亚塞人"（саки-парадарайя），即生活在里海边或河边的塞人；"季格拉豪达塞人"（саки-тиграхауда），即居住在锡尔河和阿姆河下游地区的戴尖顶帽子的塞人；"豪玛瓦尔加塞人"（саки-хаомаварга），即居住在巴尔喀什湖附近的加工苏玛酒①的塞人；"阿里玛斯佩塞人"（аримаспы），即居住在阿尔泰山脉和哈萨克斯坦东部等地区的养殖金雕的塞人。

关于古代哈萨克斯坦的材料，古希腊和古罗马的编年史都有记

---

① 译者注：苏玛酒是一种植物叶子加工成的酒。印度教用它祭祀神灵。

载。首先是希罗多德写于公元前5世纪40年代末30年代初的9卷巨著《历史》，其中第4卷就有关于包括哈萨克斯坦在内的欧亚部落的描述。希罗多德在书中提到"奥尔托科里班季塞人"（Сака-Ортокорибантии），即"戴尖顶帽子的塞人"。此外，在波利比奥斯、老普利尼、托勒密、斯特拉博等人的著作中，也有相关叙述。[①] 在古希腊文和拉丁文文献中，塞人也被称作"斯基泰人"（скифы）。文献中提到的哈萨克斯坦部落有：生活在锡尔河与阿姆河中间地带的"马萨格特"（Массагеты）；生活在哈萨克斯坦西部的"萨夫罗马特"（Савроматы，后称作"萨尔玛特"Сарматы）；"伊谢多内"（Исседоны）；"阿尔吉佩伊"（Аргипейи）；"萨卡拉乌勒"（Сакараулы）等。这些部落具有共同文化特性，共同生活在从黄河到多瑙河的辽阔草原上。他们拥有统一且起源相同的语言，拥有共同的民族文化气质，是同一个大家族的不同分支。那个时代，塞人的主要对手有阿契美尼德王朝（Ахеменид）、亚述帝国（Ассирия）、乌拉尔图王国（Урарту）等。

塞人是欧亚大草原上最早的游牧民族，在古代世界史中扮演着极其重要的角色。《圣经》中这样描述他们："你必从本地从北方的极处，率领许多国的民来。都骑着马，乃一大队极多的军兵"；"他像云一样升起，车像风一样飞快，马比鹰跑得快。我们的悲哀啊。我们就要被打败"；"箭袋就像口棺材……手里握着弓和矛。他们非常冷酷和残忍，声音像大海一样嘈杂。为了与你作战，巴比伦国的女儿，她们骑着马，排成队，就像一个人。"

书面文献中记载了塞人的女王扎丽娜（Зарина）为争夺帕提亚帝国而与强大的米底王国英勇斗争的事迹，还记载了波斯皇帝居鲁士

[①] 译者注：波利比奥斯（Polybius，Полибие），公元前2世纪时期的古希腊历史学家，著有研究古罗马的《通史》。老普利尼（Pliny the Elder，Плиний），古罗马学者，著有《博物史》（Natrual History）。托勒密（Claudius Ptolemy，Птоломей），公元1—2世纪时期的古希腊天文学家。斯特拉博（Strabo，Страбон），公元前1世纪的古希腊学者，著有《地理学》。

在公元前530年为争夺阿姆河而率军攻打马萨格特塞人，但被托米利斯女王（Томирис）击败的故事。历史之父希罗多德这样描述这次行军打仗："居鲁士计划降服马萨格特。马萨格特人数量多且勇敢。他们生活在东方太阳升起的阿拉克斯河周围（Аракс，即今日的阿姆河），与伊谢多内人比邻。"

可以说，从西边濒临里海的高加索到东边太阳升起的地方，这中间地带就是广域的平原。平原的大部分被上文提到的居鲁士想征服的马萨格特人占据。当时，马萨格特的统治者是已故国王的遗孀托米利斯女王。居鲁士先是派出多个媒人，希望娶托米利斯为妻，但遭到托米利斯回绝。托米利斯心里明白，居鲁士真正想要的不是她，而是马萨格特的土地。居鲁士见自己的诡计未能得逞，便发兵攻打马萨格特。为了运送大军，居鲁士命令在阿姆河上架设浮桥，用船运送战车。

就在居鲁士大军建桥的时候，托米利斯派来使者说："米底国王陛下，请放弃您的想法。因为您不可能预先知道自己是否会走运，这些桥会不会损坏？请停止您的行动，好好管理自己的国家，不要嫉妒我们统治自己的国家。当然，您可能不愿听从我们的劝告，继续我行我素，破坏和平。如果您非常想进攻马萨格特，那么请停止在阿姆河上修建浮桥，安安静静地进入我们的国家，我们会从河岸后退三天的距离。如果您还是想攻打我们，那就随您的便吧。"

后来的历史是这样记载的：居鲁士依然派大军渡过阿姆河，攻打马萨格特人。在击溃部分军队后，他用欺骗的方式抓获了很多俘虏，包括托米利斯的儿子斯巴尔加皮斯。托米利斯得知自己的军队和儿子的不幸遭遇后，再次派使者通知居鲁士："嗜血成性的居鲁士，不要再炫耀你的功绩，还是好好听听我们的善良建议吧！立刻释放我们的孩子！在你厚颜无耻地打败了我们第三批部队之后，趁现在还没出事，赶紧从我们的土地上撤走。如果你不这么做，那就向我们马萨格特人的太阳神祈祷吧，无论你多么贪婪，我都会用鲜血撑死你。"居鲁士当然不理会使者的警告，托米利斯的儿子被处死。托米利斯得知居鲁士并未听从她的建议后，便率军反击波斯军队。

希罗多德在书中写道："正如我所分析的，这是所有野蛮部落战争中最激烈的一场战斗。它的过程大体是：战斗双方起初从远处互射弓箭，箭用完之后使用匕首和矛进行肉搏战。双方大战很长时间，但谁都不想后撤，最终马萨格特人取得了胜利。几乎所有的波斯军人都倒在战场上，居鲁士本人也受伤去世，结束其长达 29 年的统治。托米利斯命令将皮袋装满人血并寻找居鲁士的尸体，找到后，将居鲁士的头装入皮袋。然后，托米利斯对着居鲁士的尸体宣判：尽管我还活着并战胜了你，但你终究还是伤害到了我，因为你用欺骗的手段抓了我的儿子。所以今天，就像我之前警告过你的那样，用鲜血撑死你。关于居鲁士的死法有很多说法，但我认为这个版本最可靠。"

居鲁士的继承人是大流士一世（Дарий I）。他征服卡斯皮耶夫（里海部落）、豪玛瓦尔加、季格拉豪达等塞人部落的过程总体比较顺利。他将占领的土地划分成 15 个总督区，并入波斯帝国。

由于新降服的地区不愿定期进贡，为惩罚警示，大流士一世于公元前 518 年再次攻打塞人部落，同样遭受失败而回。据古希腊历史学家波利比奥斯的记载，这次进军过程中，有个叫希拉克（Ширак）的塞人先将自己毁容变丑，扮作被同族人欺侮的样子来到波斯大营并获取信任，担任波斯军队的向导，将波斯军队引入无水的沙漠，致使大部分波斯士兵死亡。

从这个时期开始，塞人成为世界历史事件的积极参与者，其强大力量和战斗品质被世界公认。作为多语种的波斯军队的一部分，塞人参加了打击米底国王克罗伊斯（Крез）的战斗。在大流士一世时期，约有一万名塞人成为波斯王朝近卫军战士，并参加了波斯与希腊的战争。塞人骑兵队在公元前 490 年的马拉松战役中（Марафон）表现出色，但遗憾的是，这仍未能扭转波斯的失败。在公元前480年的温泉关战役中（Фермопилы），塞人追随波斯国王薛西斯一世（Ксеркс I），与神勇的斯巴达国王列奥尼达一世作战（Леонид）。塞人士兵的军事素养不仅表现在单兵作战中，他们的集团作战也很厉害，通常先用身着铠甲的重骑兵冲破敌军阵营，再让持弓箭、斧钺、刀剑的轻骑兵结束战斗。

塞人的下一段英雄历史与马其顿国王亚历山大有关。众所周知，在公元前331年的高加米拉战役中[①]，古希腊哲学家亚里士多德的学生亚历山大打败波斯阿契美尼德王朝最后一位国王大流士三世科多曼（Кодоман），成为一个真正巨大帝国的主宰。

亚历山大曾经想在塔纳伊斯河畔（Танаис，即锡尔河）修建一座以其名字命名的城市。选择的地点非常合适，"它会不断发展扩大，可有效抵御斯基泰人可能发动的进攻，成为防卫河两岸的野蛮人侵袭的堡垒"。

尽管伊斯坎德尔·德乌拉戈（亚历山大的绰号）[②]使出浑身解数，但居住在锡尔河地区的塞人始终保持自己的独立性，并事实上阻止了马其顿人东进。斯皮塔缅（Спитамен）是这一时期比较著名的塞人领袖之一，领导塞人部落与马其顿人进行了三年游击战。与此同时，也有部分塞人随同亚历山大征讨印度。

总体上，关于塞人的书面文献大体分为三类：第一类最古老，以古希腊的铭文和希罗多德的材料为基础；第二类以马其顿国王亚历山大及其后代征战时期的希腊材料为主；第三类以希腊文和拉丁文的学术研究材料为主，包含现代研究成果，也或多或少加入了关于中亚地

[①] 译者注：高加米拉（Gaugamela，Гавгамела），今巴格达北部。公元前331年，马其顿在此打败波斯军队，波斯帝国灭亡。

[②] 译者注：伊斯坎德尔·德乌拉戈（Искандер Двурогий）系马其顿国王亚历山大的绰号。"伊斯坎德尔"是"亚历山大"的阿拉伯语音译，德乌拉戈的意思是"两个角"，因所戴头盔上有两个角状物而得名。

区其他国家和民族的研究成果，还有一部分中国旅行者和研究者的材料。

在塞人时代，畜牧业最终得以建立起来。塞人社会并不平等，其最高领导人是国家（部落联盟）首领，即享有较大权力的国王，负责决定战争与和平、派驻使者、结交盟友、统领军队。塞人社会产生了王族，世袭统治权力。军事贵族部落在塞族社会发挥重要作用。在塞人时代，欧亚大草原上形成了与其他东方民族不同的游牧文化特色，主要是没有作为农耕文明典型特征的官僚体系。氏族首领成为社会管理中的重要角色，每个塞种男人都享有自由和平等的权利。

在锡尔河、伊犁河、塔拉斯河、楚河、列普瑟河、伊塞克湖、奇利克河、恰伦河等河谷地带和克根盆地、纳伦卡拉盆地等地区，发现多处塞人古墓。例如，伊犁河左岸的茹安托别墓葬群（Жуантобе）有 300 多座古墓，塔拉兹的别尔卡里墓葬群（Берккарин）有 500 多座古墓，伊犁河右岸的别斯沙特尔墓葬群（Бесшатыр）有 31 处古墓，其中最大的直径 104 米，高 17 米，墓体就像截短了的圆锥体，平顶宽 32 米。

位于阿拉木图以东约 50 公里的外伊犁阿拉套山脉的伊塞克大墓是著名的塞人时代遗址，1969 年被发现，直径 60 米，高 7 米，是伊塞克墓葬群的一部分（该墓葬群由 40 多座古墓组成）。墓中埋葬着一个公元前 4 世纪至公元前 3 世纪制作的"金人"。据考古学家考证，这个金人年纪十七八岁，从体质特征看属于塞人，身上穿着用金线织就的华丽军装，头戴 65—70 厘米高的头盔，上面装饰着 150 多件绘着雪豹、山羊、盘羊、马、鸟等图案的饰品。头盔前部的饰件上绘着两匹长着翅膀和羊角的天马。外套由长袍和裤子组成。长袍上有 3000 多件黄金饰物，全身上下（衣服、头饰、鞋）共有 4000 多个金片。考古学家阿基舍夫（Кемаль Акишевич Акишев）认为这个"金人"是塞人中的军事贵族。大墓最重要的出土文物是一个银盘，上面有由26个未知符号写成的两行古代文字。

别列尔大墓也非常有名。别列尔墓葬群（могильник Берел）位于阿尔泰、东哈萨克斯坦州卡通卡拉盖斯克区别列尔车站以西7公里处，由70个大小不一、从西北到东南方向的系列石质古墓组成。考古学家萨马舍夫（Зайнолла Самашев）1998年带队挖掘其中最大的古墓时，发现这里葬着一个塞人首领，旁边陪葬着装束完整的战马。

塞人时代的墓葬在哈萨克斯坦的西部、北部和东部广泛分布。哈萨克斯坦中部的塞人时期文化代表是塔斯莫尔遗址（Тасмол）。该遗址因考古发现地位于塔斯莫尔地区而得名，其特点是墓葬群有"胡须"（即古墓的分布很像男人的两撇胡子）和"石头围墙"。

哈萨克斯坦境内的很多岩画也体现出塞人时代的文化特点。塞人文化已发展到很高水平。其艺术的主要内容之一，是在西伯利亚、哈萨克斯坦、中亚、东欧南部等地较普及的"野兽风格"，形成于公元前7世纪至公元前6世纪，将各种动物图案和造型广泛应用于日常生活、服装、器皿、武器等用品中。很多塞人的物质文明元素至今仍影响着现代人。今天男女普遍穿着的长裤和夹克就来自塞人的长裤和短袍。塞人的文化产品还有软皮靴和毡制尖帽（今天哈萨克毡帽的雏形）。

可以说，塞人就是安德罗诺沃文化的继承者。考古发现表明，二者间具有文化传承关系。人类学也从基因遗传角度确认，塞人时代的原住民来自青铜时代的原住民。

塞人时代的文化表明，作为中亚一部分的欧亚大草原是独立于黄河文明和多瑙河文明的具有自己特色的文明单元。欧亚草原文明集各时代各地区文化特点于一身。一方面，像尼罗河、底格里斯河、幼发拉底河、印度河、黄河等流域的文明一样，欧亚草原文明也产生于中亚的河谷地带，如锡尔河、阿姆河、七河流域等；另一方面，欧亚草原文明位于欧洲文明与亚洲文明之间，是希腊文化、小亚细亚文化、东地中海文化、北部美索不达米亚文化等多种文化在欧亚大陆的十字路口交汇对接后产生的独特文明。自诞生之日起,欧亚草原文明就表现出与其他文明相调适的能力,其民族文化要素不断发展演变,但原始基因却恒久稳固。

四　匈奴国家[①]

中国史书上有很多关于匈奴经济社会和政治历史的资料,首先是司马迁和班固的著作。公元前 4 世纪至公元前 3 世纪,在毗邻中国北部边界的亚洲中部地区出现一个部落联盟——匈奴（Сюнну 或 Хунну）。纪年开始后的最初几个世纪的西方史书将匈奴的后裔称作"Гунн"（Hun）。匈奴人属于蒙古人种。很多学者认为,其语言属于阿尔泰语系（突厥语是该语系的一个分支）。所有专家一致认为,正是匈奴推动了欧亚大陆的民族和政治格局发生巨变。

在世界上,各个时期都有若干非常活跃的族源中心,其族人就像大锅里的开水沸腾后水花四溅一样向四处扩散迁徙,最终改变整个大陆的面貌。例如,周边被大海环绕的斯堪的纳维亚半岛上早先居住着英勇善战的瓦良格人[②],为占领新土地获得更多收入,他们开辟了前往希腊的线路。匈奴时代的"大锅"就是亚州中部。今日蒙古国所在的地区,当年曾有很多善战的游牧部落。该地区北部是原始森林、冻土地带和北冰洋,南部是戈壁沙漠和喜马拉雅山脉,东部达朝鲜半岛和太平洋,西部延绵到多瑙河的欧亚大草原。由此,出现了一支向

[①] 译者注：本节关于匈奴的中国史书资料来自《史记·匈奴列传》。
[②] 译者注：瓦良格人（Varangians，Варяг）也有译作"瓦兰吉亚人",是指公元 8—10 世纪出现在东欧平原上的诺曼人。也有人说瓦良格人就是维京人（即从事海盗的人）。原来居住在北欧的斯堪的纳维亚半岛,后逐渐沿着商路来到东欧平原,从事强盗和商人的双重工作。他们经常被东斯拉夫人雇用,从事征战。其中一位瓦良格人首领留里克还建立了"留里克王朝",统治了基辅罗斯。瓦良格人后来逐渐与斯拉夫人融合为今日的俄罗斯人。

西迁徙的大军，有匈奴人、突厥人、契丹人（Кидани）和蒙古人等。这种迁徙过程类似雪崩，一部分雪冲在前面，一部分雪跟进扩大规模，还有一部分雪被自身吸收。在此需要强调的是，哈萨克斯坦始终是欧亚大陆上这些不规则迁徙运动的中心地带。人们主要的迁徙方向是从东往西，从南往北。

司马迁在《史记》中这样记载匈奴：居住在北方蛮荒之地，随着畜牧活动而迁移。他们的牲畜多是马、牛、羊，也有骆驼、鹿、驴、骡等。他们追寻水草而迁徙，没有城廓和定居的地方，不从事农业生产，但每个人都有自己的土地。没有文字和书籍，只能口头约束人们的行为。儿童就能骑羊，拉弓射击鸟鼠，稍微长大就射击狐兔作食物。成年男子都能拉弓，加入骑兵。匈奴的风俗，平常无战事时，随意游牧，以射猎飞禽走兽为生；形势紧急时，人人练习攻战本领，以便侵袭掠夺。这是他们的天性。他们的长兵器有弓箭，短兵器有刀铤。形势有利就进攻，不利就后退，不以逃跑为耻。只要有利可图，就可不顾礼义。自君王以下，都以牲畜之肉为主食，皆穿皮革衣服，披着带毛的皮袄。强壮的人吃肥美食物，老年人则吃剩馀之物。他们看重壮健之人，轻视老弱。

匈奴具有国家性和威望始于单于（匈奴最高统治者的称号）冒顿（Модэ）①。他是单于头曼（Тумань 或 Тоумань）的儿子。对此，史书是这样记载的：匈奴有个单于叫头曼。头曼立冒顿为太子。后来头曼所爱的阏氏②生了个小儿子，就想废除冒顿而改立小儿子为太子，于是便派冒顿到月氏③去当人质。冒顿来到月氏后，头曼却急攻

---

① 译者注：冒顿，读作 mò dú。
② 译者注：阏氏（yān zhī），是匈奴人对妻或妾的称号。匈奴人称自己的妻或妾为阏氏，称母亲为"母阏氏"，"大阏氏"可能是匈奴单于的正妻，但并不绝对。一说认为该词源于胭脂花，认为女人美丽可爱如胭脂，因而得名；一说认为该词读音与后来的蒙古语词汇 Ezen（主人）或 Ezegdai（主妇）非常相近，可能指的就是"家庭主妇"的意思。
③ 月氏（yuè zhī 或 ròu zhī），即大月氏。

月氏，月氏欲杀冒顿。冒顿偷了月氏的良马，逃回匈奴。头曼见其勇猛，就让他统领一万骑兵。冒顿制造了一种响箭，用于训练部下骑马射箭的本领。他下令说：凡是我的响箭所射的目标，如果谁不跟着我去全力射击它，就斩首。首先射猎鸟兽，有人不射响箭所射的目标，冒顿就把他处死。不久，冒顿用响箭射击自己的良马，有人不敢跟随射击，立刻被冒顿处死。过了些日子，冒顿又用响箭射击自己心爱的妻子，有部下因恐惧而不敢射击，冒顿又把他们杀掉。又过些日子，冒顿外去打猎，用响箭射击头曼的良马，所有部下都跟着射箭。于是冒顿知道他的部下都已成为忠诚可用的人。冒顿跟随头曼去打猎，用响箭射击头曼的头，部下也都跟随响箭射杀头曼。头曼死后，冒顿将他的后母、弟弟和不服从的大臣全部杀死。冒顿于是自立为单于。

匈奴的首领是单于，由长老会推举产生。单于任用自己亲属管理国家。冒顿于公元前206年成为匈奴的单于，推行改革加强国家权力。据中国史料记载，匈奴军队有三四十万人，每个作战部队有一万骑兵，称作"万骑"（Тьма），其长官称作"万骑长"（Темник），下设千骑、百骑、十骑等作战单位，全部由成年男性组成。作战时，部队分为中心和两翼三部分。军纪非常严明，很多人因违纪被杀。匈奴打败了东胡、部分乌孙、萨彦—阿尔泰等部落，还与中国作战并迫使中国纳贡，最终占领了从贝加尔湖到青藏高原、从东突厥斯坦到黄河的大片领土。

匈奴具有典型的游牧民族的生产、经济生活、社会结构和政治制度特点。匈奴也有居民点。考古专家在伊沃尔加河（Иволга）与色楞格河（Селенга）的汇合处发现一处居民点，面积75公顷，约80间半的地下房屋，四面有墙和壕沟包围。遗址挖掘出一些铁器和青铜器，还有犁、镰刀、碾子等农耕工具。当时的匈奴人口很多，约有150万人。

匈奴的主要生产方式是游牧，马是最主要的牲畜。它可以在冬季放牧，这意味着马匹适合一年四季养殖。马的主要品种是蒙古马，身材不高，性烈，肌肉结实，脸部短且宽。另外，匈奴人还养殖黄牛、牦牛、骆驼、羊群等。牲畜属于家庭私有财产。每户家庭都有权在部落所属的领地内放牧，并用牲畜保卫部落。匈奴对犯罪行为实行集体负责制。家庭内实行一夫多妻和继婚习俗（父亲死后，儿子以后母为妻；兄弟死去，活着的兄弟就娶他的妻子为妻）。

匈奴的上层社会有四个彼此有联姻关系的贵族氏族部落。男人娶妻时，只能从其他三个贵族氏族中挑选妻子。匈奴单于也只能从这四大贵族中产生。

匈奴是欧亚草原上最早出现帝制的国家，是一个在军事和行政基础上建立起来的中央集权国家。其最高领导人是单于。单于的权力和权威来自天授，并且世袭，因此被称作"天的儿子""天地所生，日月所赐"。单于统治国内全境，管理所有属于匈奴的土地，是匈奴人的保护者。单于负责战争与和平，亲自管理军队，处理所有对外事务，确定对外政策，是最高法官，掌握子民的生杀大权，负责主持祭祀仪式。单于之下的第二等级是单于的助手、顾问和军事首领，基本都是他的儿子和近亲属。这些人管理着帝国的东部和西部，以及左右两翼的军队。接下来的第三级是24个地方领导，即万骑长，来自单于本族的人，由单于直接任命，负责管理一定的地域和人口。万骑长下设千长、百长和十长，管理各自的领地。没有单于的命令，严格禁止各部的人变换部落归属。所有匈奴男性都有军事服役义务。可以说，匈奴的统治阶级来自单于本族。匈奴也有奴隶。奴隶主要来自战俘，还有部分来自获罪的同部落成员。

不过，匈奴不是永存的，从公元前1世纪起便在外部压力和内部斗争中逐渐衰落。公元前147年，匈奴分裂为南北两部分。南匈奴的单于是呼韩邪（Хуханье），北匈奴的单于是其弟弟郅支（Чжичжи）。郅支想恢复匈奴的统一，于是联合康居（Кангюй）。随着南匈奴归顺中国，北匈奴逐渐向西迁徙，与中亚地区的部落结成联盟，但保持自身独立性。北匈奴因长期感受中国的压力而被迫迁往天山地区，并与康居接触。这是匈奴在哈萨克斯坦和中亚地区的第一次大迁徙。

匈奴的第二次大迁徙是公元前1世纪。北匈奴因受中国打压，再次西迁，其中一部分部落结成联盟，其余部落解体。受北匈奴影响，哈萨克斯坦中部地区的部落被迫迁徙至锡尔河北部、咸海甚至里海。这次雪崩式的迁徙从公元2—5世纪持续了约300年。带有多种民族和人种成分的游牧部落从亚洲中部经过哈萨克斯坦向西迁徙，可以说，这是一场"伟大的迁徙"。匈奴人在首领阿提拉（Атти́ла）带领下，对罗马帝国给予沉重打击。古罗马史学家阿米安·马尔采林（Аммиан Марцеллин）这样评价匈奴人："匈奴人极其野蛮残暴。他们结实强壮，后脑壳很厚。他们是在山地和森林里奔跑的两条腿的野兽。他们从小就学会了忍受饥饿、严寒、酷暑。他们不擅长步兵作战，但却从小与长相奇特却耐力极佳的马一起长大，有时甚至以女性的姿势骑马。他们在马身上可以解决所有日常生活：睡觉和做梦、做买卖、吃喝，躺在马的细脖子上沉睡。如果需要讨论重要的事情，他们会依照惯常的方式，聚在一起共同商讨。"

匈奴人从不种庄稼，也从来不会使用农具。他们居无定所，四处游牧，就像一个带着大篷车的永不停息的行者，这就是匈奴人的生活。所有的匈奴人都很难回答一个问题：哪里是自己的故乡？他可能在此地怀胎，生在他乡，长在更遥远的地方。匈奴改变了哈萨克斯坦的人口结构和居住地，使得突厥部落得以逐渐占据优势。

五 乌孙和康居

公元前2世纪，哈萨克斯坦各部落建立了相对稳定的带有国家政权性质的部落联盟——乌孙（Усуни）和康居（Кангюй，Канцзюй，

Кангха，Кангдиз），他们都是塞人的后裔。乌孙是从亚州中部来到哈萨克斯坦的部落，其领土范围广阔，北到巴尔喀什湖，西到塔拉兹，领土中心是七河流域的伊犁河谷，执政大本营是伊塞克湖地区的赤谷城（Чигучена，意思是"红色山谷里的城"）。

关于乌孙的材料最早见于公元前2世纪。当时，中国汉朝皇帝汉武帝派张骞出使西域，寻找抗击匈奴的同盟者。但张骞被匈奴抓去，后来成功逃脱并来到七河流域，从那里带回关于乌孙国以及塞人和月氏部落的信息。乌孙国人口约63万，军队18.8万（包括乌孙国王的卫队，约5万骑兵）。乌孙国的首领称为"昆莫"（Гуньмо）。乌孙国对地区的政治经济发展起着重要作用。

自公元前2世纪起，伟大的"丝绸之路"开始形成。这是一条连接中国、中亚、西亚和欧洲的稳定的商贸和外交大动脉，其中一部分就经过乌孙国土。从中国和匈奴均与乌孙昆莫通婚这个事实就可以看出当时乌孙国的强大。中国史书较详细记载了公元前3世纪到公元5世纪前乌孙人的情况。

"乌孙"这个词有多种解释。它的中国象形文字的书写形式广为人知，汉语发音与当代哈萨克斯坦境内"乌孙"族群（Уйсын）的名字相同，还与"阿西安"（Асиан）[1] 和"月氏"（Юечжи）的发音很相近。还有一种解释认为，乌孙（у-сунь）的发音源自突厥语"天"的发音"阿—斯曼"（"а-сман"），意思是"天国"。就像天山的发音"天—山"（Тянб-шанб），意思是"天空下的群山"一样，"乌孙"一词很有可能也来自当地语言的音译。

乌孙人主要从事畜牧业，有季节性牧场和高山牧场体系。畜群主要是适合长途迁徙和冬季放牧的羊和马。乌孙人也从事农耕，在水浇地和旱地上种植瓜果蔬菜等作物。在伊犁河、楚河、塔拉斯河的河谷

---

[1] 译者注：阿西安是古代阿尔泰地区的一个部落，自称为"阿瑟"（асы），历史上通常记载为阿西安（асиан）。

地带已发现乌孙时代的灌溉体系，出土锄头、镰刀、碾子等大量农耕用具。乌孙人的遗址和墓葬群主要分布在七河流域和东突厥斯坦北部地区，例如七河流域的阿克塔斯遗址（Актас）、克根河谷地的阿克塔斯德墓葬群（Актасты）、奥谢克河谷地的奥谢克墓葬群（Осек）、别斯沙德尔墓葬群（Бесшатыр）等。

公元前2世纪，在乌孙国西部出现了康居国。康居国的东部边界起初是塔拉兹河，大约在3世纪到达乌孙国西北部。国土占据了今日哈萨克斯坦南部大部分地区，以及塔什干绿洲、锡尔河中下游、扎纳河和库万河的河床地带、阿雷西河流域、卡拉套山脉等地区。国都是卑阗（Битянь）①。据司马迁的《史记》和班固的《汉书》等中国史书记载，康居首领就住在卑阗城内。康居有12万家庭，大约60万人，军队12万。关于康居的政治活动资料讲述了张骞出使康居的活动。在公元前1世纪末，汉朝的西域长官报告中国皇帝说："康居人傲慢无礼，不愿向中国使者致敬；西域长官向康居派出的使者的地位低于乌孙使者；吃饭时，他们让王公贵族和长者先吃，然后才让西域长官的使者吃。"在公元前47年至公元前46年，康居国王支持北匈奴单于郅支攻打中国支持的乌孙国。康居国王将自己的女儿许配给郅支，将东部国土一部分划给郅支使用，并让郅支管理一部分军队。但郅支未能履行保卫康居东部安全的承诺，也不想遵循康居的风俗。他杀掉康居公主，因此被逐出康居。在公元3—5世纪，康居被突厥部落侵入，逐渐丧失自己的地区霸主地位。

在哈萨克斯坦南哈州沙尔达拉区（Чартара 或 Шардара）的阿克托别村，有个康居时代的遗址。在阿雷西河（Арысь）左岸面积约100平方公里的奥特拉尔斯克绿洲（Отрарский оазис）上，有20多处山丘状的城郭遗址，最大的一处是城市的中心科克马尔丹（Кок-

---

① 译者注：一些学者认为卑阗城位于今日哈萨克斯坦的塔拉兹、奇姆肯特、突厥斯坦一带。

Мардан）。在奇姆肯特以西 40 公里处，还有个博里让斯克遗址（Борижарск）。

乌孙和康居均是游牧与农耕相结合。贫富分化比塞人时代更明显。乌孙以畜牧业为主。司马迁的《史记》这样写道："乌孙有很多马，最富的人有四五千匹。"康居则主要从事农业。他们生活在有坚固墙壁和壕沟的村子里，建筑是砖砌，还有复杂的花园。乌孙和康居都有奴隶。奴隶大多来自俘虏，主要从事家务。

第二章

中世纪的哈萨克斯坦

一 突厥汗国和西突厥汗国

大约在公元 1000 年时，欧亚草原上的民族环境发生了较大变化，越来越多的突厥部落成为主角。关于突厥的历史文献最早见于中国史书，叙述有关突厥部落从西北到中国的故事。公元 546 年，突厥人进攻并击败当时占据亚州中部的（大体位于今日蒙古国南部和中部）阿瓦尔人（Авар）的柔然部落（Жуань-Жуань），自此建立自己的欧亚草原霸主地位。中国人认为突厥是匈奴后裔。在公元 6 世纪，"突厥"一词已被普遍使用，指的是"阿尔泰地区的部落联盟"。中国人称"突厥"是 tujue（Туцзюе）或 tukyou（Тукю），索格特人（粟特人）称其为 turk（Турк）、turkut（Туркут）或 tyourk（Тюрк），拜占庭、阿拉伯和伊朗称其为 tyourk（Тюрк），俄罗斯人、佩彻涅格人和钦察人等称其为 tyourki（Тюрки）。

公元 548 年，阿尔泰地区建立突厥部落联盟——突厥国（Тюрский Эль），这是突厥国家的开始。俄罗斯圣彼得堡大学的突厥史专家克利亚什托尔内教授（Сергей Григорьевич Кляшторный）认为：突厥人开始具有国际影响力的时间是公元 548 年，即他们的建国时间。

随着古代突厥人登上历史舞台，其影响力不断扩大到整个亚州中部，开始出现术语"突厥斯坦"（туркестан），即"突厥人的国家"。该词最早见于公元 6 世纪的波斯文献。"突厥斯坦"与早先的称呼"图兰"（Туран，图尔人的意思，词尾 ан 是"人"的意思）直接相关。"图尔"（Tur，тур）后来逐渐演变成"突厥"（turk，тюрк）。

1968 年，在亚州中部的蒙古国境内发现一处突厥汗国初期的遗址，里面有一座带有古代粟特①文字的石碑，石碑上刻有狼的图案。根据古代传说：一个被敌人打败的部落的男孩被一只母狼救下并养大，这个男孩就是突厥人的首领。为了躲避敌人追击，母狼被迫躲进天山东部。母狼生了十个儿子，孩子的父亲就是这个被她救下的男孩。母狼和男孩有个孙子名字叫阿史那（Ашина）。阿史那长大后成为一个新氏族部落的首领，并用自己的名字命名这个部落。后来，阿史那氏来到阿尔泰地区，征服当地各部落，并赋予这个部落联盟名字为"突厥"。历史上主要的突厥部落集团都是在突厥民族的早期阶段形成，并保持彼此间的历史传承关系。生活在阿尔泰的中亚突厥人、叶尼塞河的黠戛斯人、钦察人、铁勒人或乌古斯人等，都是阿史那的后代。

公元 6 世纪是突厥汗国初期。当突厥各部的文化特性越来越接近时，各部的自主性也随之提高，使得社会分为统治阶级和被统治阶级，部落联盟的向心力和离心力交替作用。一方面，同宗同源的共同因素让大家彼此越来越亲近，向心力加强；另一方面，阿尔泰突厥人、钦察人、吉尔吉斯人和乌古斯人越来越要求独立自主，离心力增加。

突厥汗国（公元 551—603 年）是突厥国家的早期形式。公元 551 年，突厥首领土门（Бумын）接受"可汗"称号，建立突厥汗国，尊称"伊利可汗"。在其全盛时期，国土面积广大，东至朝鲜半岛，西至

---

① 译者注：粟特（Sogdiann，Согдиана，Согд），古代西域的民族，大体位于今日阿姆河和锡尔河之间的泽拉夫尚河地区，也有译作"索格特"，因为今日塔吉克斯坦有索格特州。粟特人使用的文字称为"粟特文"。

克里米亚半岛①，北至叶尼塞河上游，南至阿姆河上游。土门死后，科罗（尊称"乙息记可汗"，Kapa）、俟斤（尊称"木杆可汗"，Муган）、佗钵（尊称"佗钵可汗"，Таспар）相继继位。为纪念木杆可汗，公元582年竖立起一座用古代粟特文字书写的石碑。这块石碑位于今天蒙古国后杭爱省车车尔勒格市的方博物馆。

木杆可汗时期，突厥汗国统治了亚州中部。这个时期的突厥汗国极其庞大，可与波斯帝国和拜占庭帝国相媲美，对应的中国朝代是唐朝。木杆可汗的突厥帝国的发展历程如下：先征服中国东北的契丹人和叶尼塞河的黠戛斯人，然后打败中国北部的国家，再挥师横跨位于东突厥斯坦和里海之间的中亚。此时中亚被嚈哒（Эфталиты）②统治。公元561—563年，木杆可汗与波斯帝国缔结联盟，约定共同打击嚈哒。嚈哒被打败后，突厥汗国开始统治中亚。之后，突厥人又与拜占庭帝国结盟，约定共同打击波斯。波斯被打败后，被迫向突厥纳贡。最终，突厥人到达了刻赤海峡，占领刻赤并侵入克里米亚。

在中世纪同时出现四个地域广阔且特征明显的世界大帝国并非巧合。南部是"大象的国度"印度，西部是"珠宝的国度"波斯和拜占庭，北部是"马的国度"突厥汗国，东部是"人的国度"中国。

就这样，草原上的各个突厥部落聚合在一个首领、一个部族、一个国家内。突厥汗国在征服敌对部落的同时，也将生产方式和国家体制各异的国家和民众纳入自己的国中。降服的形式要么直接归顺汗国，要么纳贡。最终，这个游牧部落建立的国家发展成为一个帝国。突厥汗国继承了匈奴的很多传统和做法，并成为横跨欧亚的帝国。

古代突厥人建立了具有自己特色的文明，形成全新的生活方式和交际手段——定居和城市化，兴建了很多城市。对宗教的探索让突厥

---

① 译者注：中国学者一般认为突厥疆域西到里海。
② 译者注：嚈哒（读作 yàn dā），古代生活在欧亚大草原上的游牧民族，系塞人和月氏人的后裔。

人开始认识世界宗教，如佛教、基督教和稍晚的伊斯兰教等。这些探索对社会和政治等各领域都产生影响，最大成就当属创造了自己的书面文字（应用过程经历从石刻碑文到纸面手稿）。突厥帝国的政治和组织结构以及相关的传统和习惯等，是欧亚突厥游牧民族身份认同的标志和政治统一的保障。

据古突厥记载突厥汗国及其可汗的书面文字材料——首部突厥编年史的作者药利特勤（Йоллыг-тегин）记述："当上方蓝天、下方褐土初创之时，人类亦在二者之间生成。在众人之上，我的祖先土门可汗与室点密可汗成为君主。他们成为君主之后，便组织和治理着突厥人的国家与体制。天下四方之人均对他们怀有敌意。他们率军远征，讨伐了天下四方的所有民族，从而征服之。他们使高傲的敌人俯首，强大的敌人屈膝。他们令突厥人向东移居到卡迪尔汗山林，向西则远至铁门关。他们治理着这两地之间从无部落组织的蓝突厥人。贤明的可汗即是他们，英勇的可汗即是他们。"[1]

编年史记载了可汗的权力结构是"部落（民众）—国家—法律"（Бодун-Эль-Терю）。氏族部落（即民众，Бодун）是有血缘关系的各氏族的结合体；国家（Эль）是各氏族部落的政治联盟，是军事和行政组织。突厥汗国即突厥部落联盟，由众多氏族部落构成。氏族部落和国家二者相互补充。可汗既管理国家，又统治民众（氏族部落）。可汗依照家族长者的规则领导部落联盟，是部落联盟的首领、最高法官、最高祭司、军事领袖，负责征服其他部落或国家，并迫使他们纳贡。可汗政权依靠部落贵族——伯克[2]。可汗昭告同族人的称呼通常

---

[1] 译者注：引文出自阙特勤碑的突厥文部分。有学者认为：蓝为至尊之色，敬天拜日。突厥汗国一直致力于同化铁勒人，于是将突厥人称为"蓝突厥"，将非突厥族的铁勒人称为"黑突厥"。也有学者认为，中亚和中国古人用颜色分辨方位，东方为蓝，西方为白，而以东方为上。因此，蓝突厥实际上就是东突厥。

[2] 译者注：伯克（Вey，Бек，Бей，бий）是突厥语音译，也有音译为贝伊、巴依、比伊，具有首领、酋长、统治者、总督、老爷等意思。

有："突厥伯克和人民""贵族和民众"，有时也对比鲜明地称为"高贵的伯克和普通的人民"。伯克是与可汗有血缘关系的贵族，或出身于公认高贵的氏族。在突厥汗国里，与可汗有血缘关系的贵族是阿史那氏。由此，贵族阶层（除阿史那氏以外，还包括其他显赫的氏族）在突厥汗国的社会结构中居于最高等级，担任可汗谋臣、高级军事将领、地方大员等。突厥贵族享受特权，民众对此也认可。

突厥人敬畏的最高的神是天，即"腾格里汗"（Тенгри-хан）。他们也崇拜地神、水神和生育万物的乌迈女神。

由于外部压力很大，加上突厥汗国内部的争斗和社会矛盾，突厥可汗的势力和影响逐渐衰弱。公元603年，突厥汗国分为相互独立的两部分：位于亚洲中部的东突厥和位于中亚的西突厥。

突厥汗国衰落的原因有：一方面，四分五裂的中国在这一时期被隋朝（公元581—618年）重新统一并强大；另一方面，统治者阿史那氏族内部发生分裂。公元581—583年突厥境内发生大饥荒。据目击者称："当时突厥人将骨头磨成粉代替粮食。"

东突厥经历大饥荒后归顺中国，在颉跌利施可汗①时期再次复兴，在他弟弟迁善可汗②，以及他的儿子毗伽可汗③和阙特勤时最繁荣。他们的活动记录在"永远的石碑"（即阙特勤碑）上。

阙特勤碑的原件现保存在蒙古国后杭爱省和硕柴达木的博物馆

---

① 译者注：骨笃禄可汗（或阿史那骨咄禄），即尊号颉跌利施可汗，英文Ashina Qutlugh 或 Ilterish Khaghan，俄文 Кутлуге-Эльтениш-каган。

② 译者注：阿史那默啜，尊号迁善可汗，英文 Qapaghan Qaghan 或 Qapghan Qaghan，俄文 Капаган-каган。

③ 译者注：默棘连，尊号毗伽可汗，英文 Bilge Khagan，俄文 Бильге-каган。"阙"是人名，"特勤"是突厥贵族子弟的称号，"王子"之意。阙特勤（公元684—731年），是公元630年被唐太宗灭掉的东突厥汗国的王室后裔，是武后时重新统一突厥的颉跌利施可汗之子、唐玄宗时期的毗伽可汗之弟。7岁时，其父阿史那骨笃禄死，叔父默啜可汗继汗位。716年，默啜可汗被拔野古（拔野固）人伏击身死后，阙特勤诛戮叔父默啜全族及其主要大臣后，扶其兄即位（即毗伽可汗），自己则任左贤王。公元731年（时47岁）病死。为纪念突厥的再次复兴统一和武功盖世的弟弟，毗伽可汗为其立碑树传。

里，在日本复制的石碑则保存在乌兰巴托国家历史博物馆，另外在日本和哈萨克斯坦（阿斯塔纳市）也各有一座复制的阙特勤碑。石碑的左右两侧分别立着毗伽可汗及其爱妻的雕像。

阙特勤碑位于后杭爱省的和硕柴达木湖畔。1958年，石碑不远处发现了阙特勤头像雕塑。该头像现存于乌兰巴托国家历史博物馆。

这个时期的重要人物还有暾欲谷（Тоньюкук），他是毗伽可汗和阙特勤的父亲颉跌利施可汗以及他们的叔父迁善可汗时期的重要参谋顾问。暾欲谷的石碑立在蒙古国中央省巴彦朝格特①。

毗伽可汗碑碑文还提到可汗家族的掌印答剌罕阿波达干（Алтын тамган тархан）。他是毗伽可汗执政时期的国玺保管者，其墓葬位于蒙古国布尔汗省莫贡苏木②的胡尔阿斯加特。另外，还提到军事统帅屈利啜（Кули-чур），其墓葬位于蒙古国中央省代尔格尔汗苏木的伊赫霍绍特。

哈萨克斯坦境内的中世纪古迹很多，有墓葬群、考古遗址、小城市、岩画等，例如位于江布尔州的斋桑（Жайсан）和梅尔克（Мерке）墓葬群，以及奥伊扎伊利亚乌（Ойжайляу）、萨乌厄斯坎德克（Сауыскандык）、库尔扎巴瑟（Кулжабасы）、科加雷（Когалы）、塔姆加雷（Тамгалы）岩画等。

西突厥的核心部落有十个，自称"十箭"（Он Ок Эль）。他们占据着自卡拉套山脉至准噶尔的乌孙部落的居地，以及东突厥斯坦和亚洲中部地区的绿洲。在粟特和布哈拉有可汗的代理人，管理着直到阿姆河上游和兴都库什山脉，从伊斯菲贾布（Исфиджаб）和恰奇（Чач 或 Шаш）到阿富汗南部和巴基斯坦西北部的广大地区③。

---

① 译者注：阙特勤碑、毗伽可汗碑与暾欲谷碑被称为"突厥三大碑"。
② 译者注："答剌罕"（тархан）是突厥、蒙古时期对有功人员的封号。唐朝史书上也记作"达干"，专指统领兵马的人。苏木：蒙古语，指一种介于县与村之间的行政区划单位。通常镇是工业区，乡是农业区，苏木则是牧业区，行政性质接近，但生产方式不同。
③ 译者注：伊斯菲贾布（Исфиджаб）位于今哈萨克斯坦南哈州境内。恰奇（Чач）也记作"沙什"（Шаш），古代突厥的属地，大体位于今哈萨克斯坦南哈州和乌兹别克斯坦东北部地区、奇尔奇克河和安格连河流域、锡尔河右岸。也有人认为大体位于今日塔什干及其以北地区。

西突厥汗国是城市和农业比较发达的国家，丝绸之路促进其贸易繁荣。在公元6—7世纪，塔拉斯河、楚河、伊犁河的河谷地带出现几十座大城市和城堡，其规模不逊于同期在亚州中部的大城市，有城堡、隘口、外围的城郊等，仅在楚河谷地就已发现18座大城市和大量的小居民点。西突厥的首领是可汗，即最高统治者、最高执政者和最高统帅。可汗权力实行世袭制，统管对内对外事务，是全部国土的管理者。可汗利用王族贵胄治理国家，他们通常担任中央高官和地方大员。西突厥也有家庭奴隶。西突厥国民主要是自由的牧民群体。西突厥定都楚河谷地的碎叶城（Суяб 或 Ордукент）①。该都城遗址位于今日吉尔吉斯斯坦托克马克市西南约6公里的阿克别希姆村（Ак-Бешим），大约占地30公顷。碎叶城也是突骑施汗国和葛逻禄汗国的都城。

公元630—634年，西突厥可汗丧失对锡尔河以西的统治。整个汗国内部出现危机，各部落争夺汗国的执政权。另外，西突厥在七河流域遭遇中国军队打击。公元657年，"十箭"部落联盟被击败，中国官员取代突厥汗王管理该地区。

随着突厥汗国衰落，其统治地域内出现若干新兴的强大汗国。在伏尔加河和北高加索地区有哈扎尔汗国（又称"可萨帝国"，Хазарский каганат），在锡尔河和咸海地区有乌古斯汗国（Огузский каганат），在七河流域有葛逻禄汗国（Карлуский каганат），在今日哈萨克斯坦的中部、北部和东部地区有基马克汗国（Кимакский

---

① 译者注：碎叶城（Suyab，Суяб 或 Ордукент），西突厥首都。1982年，一位农民在阿克别希姆（Ak-Beshim）遗址发现了一块红色花岗岩质的汉文石碑残件。经考证，该残件是佛像或菩萨像基座，上部残缺严重，经缜密辨识，碑铭记事内容是关于时任安西副都护兼碎叶镇守使杜怀宝为其亡母造的一佛二菩萨像的事。这一发现最终确定碎叶城的具体位置。1992年，联合国教科文组织将位于东经75°30′、北纬42°50′处的阿克别希姆遗址最终确定为碎叶城遗址，并树立指示牌。

каганат），在叶尼塞河流域有黠戛斯汗国（Кыргызский каганат）[①]，在蒙古有回纥汗国（Уйкурский каганат）[②]。所有这些部落政治联盟都承继了突厥汗国的行政体系、军事制度、社会文化传统等。

二 突骑施、葛逻禄、喀喇汗国、契丹

公元 699 年，突骑施（Тюргеши）首领乌质勒（Уч-Элик 或 Ушлик）失去中国皇帝委任的西突厥汗国所在地区的长官地位后，建立了自己的政权。突骑施是居于楚河和伊犁河之间的一个人口众多且控制七河流域商路的大部落。乌质勒创建了突骑施汗国（公元 704—756 年），大牙帐起初设在碎叶城，后迁至塔拉兹。自成立之日起，为维护自己的统治并保持在该地区的影响力，突骑施便不断与中国和阿拉伯帝国打仗。这个时期，阿拉伯帝国[③]占领了波斯、伊拉克、巴勒斯坦，尽管遭遇西突厥抵抗，但仍将其南部地区纳入自己的哈里发帝国版图。随着阿拉伯人进入中亚，伊斯兰教也随之在中亚传播扩散。

突骑施部落分为伊犁地区的黑姓突骑施（卡拉突骑施）和楚河地区的黄姓突骑施（萨雷突骑施）两大部分[④]。在伊犁黑姓突骑施苏禄（Suluk，Сулук）可汗执政期间，突骑施汗国得到巩固和加强。苏禄可汗积极开展外交，迎娶了后突厥可汗的女儿和吐蕃国王的女儿为妻，并成功让中国保持中立。当时，突骑施的最大外患来自阿拉伯帝国。阿拉伯人一直企图将苏禄拉入自己的队伍，但始终未能成功，因

[①] 译者注：黠戛斯（读作 Xia Jia Si），汉时称为坚昆，与匈奴并非同支。有一种说法认为，黠戛斯是匈奴与汉将李广后代混血，此说法属于传言，并无凭据。
[②] 回纥汗国于公元 788 年改名为"回鹘"，取义"回旋轻捷如鹘"。公元 840 年汗国瓦解。
[③] 译者注：这个时期的阿拉伯帝国主要是伍麦叶王朝，又称倭马亚王朝。
[④] 译者注：在突厥语中，卡拉的意思是黑色的、黑；萨雷的意思是金色的、黄色的、浅褐色的。

此阿拉伯人给苏禄可汗起个绰号"爱顶牛的人"（Абу Музахим，即最能抵抗的对手）。

历史学家法基赫（Ибн аль-Факих）讲述了一个关于突厥可汗接触伊斯兰教的故事：阿拉伯使者来到突骑施首领苏禄的大帐，得到苏禄的接见。使者劝说苏禄接受伊斯兰教，向其介绍伊斯兰的风俗习惯，以及浴池服务员、裁缝、鞋匠等城市中的穆斯林生活。苏禄吩咐使者留下来再等几天。有一天，苏禄带着十个随从从林木茂密的山岗上骑马走来，每个随从手持一面旗帜，苏禄命令舞动第一面旗帜，山岗上立刻出现一万骑兵，列队展开，带队将领来到苏禄面前报到。随着其他旗帜挥动，从头到脚全副武装的骑兵一个接一个地相继排列，足有十万人。苏禄指着队伍向使者说道：这些人当中没有一个是浴池服务员、裁缝和鞋匠，如果他们皈依伊斯兰教，能干什么呢？使者于是不再提规劝苏禄接受伊斯兰教的事。

公元6—8世纪，粟特人开始向七河流域等哈萨克斯坦南部和东南部地区迁徙。粟特人的活动主要与国际商贸发展以及阿拉伯人的入侵有关。倔强顽强的粟特人来到哈萨克斯坦后，在这里找到了抗击阿拉伯人的联盟伙伴。迁徙来的粟特人接受了当地的突厥语言和文化，并随着定居点建设和在城市安家。他们也在哈萨克斯坦南部和七河流域的农业和城市文化中留下自己的印迹，影响最大的时期是公元7—8世纪，主要是传播扩散粟特的文字、宗教建筑和艺术、佛教等。另外，粟特人给七河流域带来了硬币。硬币由粟特人以可汗的名义制造，币面上的文字用粟特文书写。突厥人和粟特人就是这样互通互鉴、相互影响。

公元8世纪中期，中国和阿拉伯为争夺在中亚的影响力而出现尖锐利益冲突，导致751年在距离塔拉兹城郊的阿特拉赫城堡不远的塔拉兹河附近发生激烈交战（中国史书称为"怛罗斯战役"）。阿巴斯王朝呼罗珊总督阿布·穆斯利姆派出的阿拉伯军队大败唐朝安西节度使高仙芝（Гао Сяньчжи 或 Гао Сончжи，高丽族，其父是唐朝降将高舍鸡 Ko Саге）率领的中国军队。高仙芝在中国获得辉煌的仕途，成为将军和安西节度使（府衙设在龟兹，今新疆库车县）。他的经历与来自钦察的古拉姆人①，后来成为马木留克王朝苏丹的拜巴尔斯一世（Бейбарс）和德里王国苏丹的伊勒杜特迷失（Ильтутмиш）非常相似。

葛逻禄军队在阿拉伯帝国打败唐朝的战争中起到重要作用。他们从后方出其不意地攻击唐朝军队。怛罗斯战役意义重大，它终结了唐朝在中亚地区的影响力，使得唐朝无法再干涉中亚地区事务，同时让阿拉伯帝国在该地区的影响力大增。

阿特拉赫城堡遗址（Атлах 或 Жуантобе）现位于今日吉尔吉斯斯坦塔拉斯州卡拉布林斯克区凯涅什村（距离哈萨克斯坦的塔拉兹市18公里）。据当地人介绍，现今在当年的战场上仍能发现很多当年大战时留下的盔甲、武器、陶器碎片、钱币、人骨等。

至今仍有种说法认为，当年俘获的高仙芝部队中有一些工匠，他们给阿拉伯带去了造纸术。正如史料记载，穆斯林国家开始出现造纸和丝织业。

历史学者认为，位于塔拉兹市以东40公里的山脚下的公元8世纪的遗址，就是阿拉伯人在哈萨克斯坦留下的遗迹。

公元756年，突骑施汗国消失，取而代之的是葛逻禄人建立的葛逻禄汗国（公元756—942年），定都碎叶城。葛逻禄也是突厥部落，居住在阿尔泰和塔尔巴加塔之间的地区。公元8世纪，葛逻禄人被畏兀儿人挤走，先到七河流域，后来又接着再往西迁，逐渐占据着哈萨克斯坦东起准噶尔阿拉套山脉（Джугангарский Алатау），西至锡尔

---

① 译者注：古拉姆（Ghilman，Гулямы），阿拉伯语音译，奴隶士兵的意思，是中世纪至近代早期伊斯兰帝国（阿巴斯王朝、奥斯曼帝国、萨菲王朝）的奴隶士兵。后来，他们的权力和影响力迅速上升，一些地方甚至独立建国。多数古拉姆是突厥人。

河中游，北起巴尔喀什湖，南达伊塞克湖之间的广大地域。葛逻禄首领的尊号是"颉利发"（Эльтебер）①，最高统治者称作"叶护"（Джабгу、Ябгу、йабгу），自公元 840 年起称为"可汗"。葛逻禄汗国由诸多说突厥语的游牧和半游牧部落以及已经突厥化的粟特部落组成。

在公元 10 世纪 40 年代，葛逻禄逐渐失去对突厥各部落的控制权，喀喇汗王朝（Караханиды，942—1210 年）进而兴起。王朝的创始人是博格拉汗萨图克（Сатук Богра-хан，915—955 年）②，他于公元 942 年宣布自己是可汗。这个突厥部落建立的喀喇汗王朝占据着七河流域，中心是楚河谷地，大本营位于八剌沙衮（Баласагун），即今日的吉尔吉斯斯坦托克马克市西南 10 公里的楚河左岸的布兰镇（Буран）。布兰城内至今保存着一座 10 世纪的尖塔。它是中亚最古老的塔之一，原有 45 米高，现在只剩 24.6 米。起初，喀喇汗王朝的疆域不断扩大，成为从阿姆河和锡尔河直至喀什噶尔，占据着中亚和喀什噶尔的新的突厥帝国。后来，王朝分裂为东、西两部分：东部以八剌沙衮为中心，管理七河流域和东突厥斯坦，西部管理河中地区（即阿姆河与锡尔河之间的地区），中心起初是塔拉兹，后来是撒马尔罕。11—12 世纪，喀喇汗王朝逐渐衰落，被在七河流域建国的契丹取代。

喀喇汗王朝时代的最重大事件是接受伊斯兰教，即公元 955 年，萨图克汗宣布伊斯兰教为国教。到公元 960 年，王朝境内各地尤其是七河流域，已有 20 多万人皈依伊斯兰教。

喀喇汗王朝后期，在哈萨克斯坦的七河流域出现了喀喇契丹国

---

① 译者注：颉利发（也有写作俟利发），突厥人使用的官名。据《旧唐书·突厥传上》中记载："其大官屈律啜，次阿波，次颉利发，次吐屯，次俟斤，并代居其官而无员数，父兄死则子弟承袭。"颉利发的突厥语音译是 elteber，其中 el 在突厥语中意为"国，国家"，teber 是"国王、王"的意思

② 译者注：据《中国历代官称辞典》：博格拉汗系喀喇汗王朝之副可汗名。阿尔泰语系各族实行"双王"制，由汗王氏族的长幼两支分治，称幼支为副可汗，驻地在今日哈萨克斯坦的江布尔。

（Карахытай 或 Кидани，公元 1128—1213 年）[1]。这个来自远东的部落最终将喀喇汗王朝变成自己的附属。喀喇契丹国定都于八剌沙衮（契丹人称其为"虎思斡耳朵"）。除七河流域外，喀喇契丹国的疆域还包括哈萨克斯坦南部和河中地区。早在公元 916 年契丹首领宣布自己为"古儿汗"[2]后，契丹疆域逐渐扩大到整个亚洲中部，起初从喀什噶尔到中国长城，后来更广阔，并一度建立大辽国（Ляо）。大辽国称自己为"Khitai"（Китай），意思是"契丹人的土地"。后来，女真部落（Чжур-чжень 或 Нюйчжэнь）逐渐在黑龙江流域兴起并强大，将契丹人赶到西方，原来的大辽国王子耶律大石（Елюй Даши）于是在哈萨克斯坦和中亚建立了喀喇契丹国，接受"古儿汗"称号，并将统治疆域从东突厥斯坦（喀什噶尔）延伸到阿姆河。公元 1141 年，耶律大石攻击中亚地区的梅尔夫[3]和呼罗珊并将其打败。1143 年，耶律大石去世后，其遗孀萧塔不烟（Табуян）继位。

公元 12 世纪末期，喀喇契丹是亚州中部最强大的国家，其国土从北到南涵盖额尔齐斯河至阿姆河地区，向西到达费尔干纳和撒马尔罕。但在最后一任古儿汗耶律直鲁古（Елюй Чжилугу 或 Чжулху，1161—1239 或 1214 年）在位期间，其领地发生巨大变化。原因之一是乃蛮部落在屈出律可汗（Кучлу́к）带领下从蒙古迁居至此。屈出律会同花拉子模的沙赫[4]阿拉丁·摩诃末（Ала-Эд-Дин Мухамед）共

---

[1] 译者注：喀喇契丹国（Qara Khitai 或 Hala Qidan，Карахытай 或 Кида́ни），又称为黑契丹、西辽、后辽。辽被金国打败后，辽国皇族出身的耶律大石率军来到中亚，重建辽国，史书习惯称为西辽。

[2] 译者注：古儿汗是"诸汗之汗"或"大汗"的意思。有时也写成菊儿汗、阔儿汗、葛儿汗，是蒙古人对最高统治者的称呼。蒙古初兴时，各部称共同拥戴的盟主为古儿汗，西辽诸君主均用此称号。

[3] 译者注：梅尔夫（Merw，Мерв），古丝绸之路重镇，被称为呼罗珊的"城市之母"和"统治中心"，位于今日土库曼斯坦马雷市以东 30 公里处。

[4] 译者注：沙赫（Sheikh，Шех），也写作"谢赫"，阿拉伯语中常见尊称，意思是部落长老、伊斯兰教教长、智慧的男子、部落首领等。阿拉丁·穆罕默德也有译为"阿拉丁·摩诃末"（即穆罕默德的别音）。

同打败喀喇契丹，并将伊犁河谷划归乃蛮所属。

三 乌古斯、基马克、钦察

乌古斯部落（Огузы，也有译为"奥古兹"）占据哈萨克斯坦的广大地区，包括伊尔吉兹河、乌拉尔河、恩巴河和乌伊尔河流域①，以及咸海周边、锡尔河谷地、卡拉套山区、楚河谷地等，在锡尔河下游、咸海周边和里海北部地区相对比较集中，人数较多。公元9—10世纪初，在锡尔河中下游地区及其毗邻的哈萨克斯坦西部草原出现了乌古斯国，又称为"乌古斯草原国"（Мафазат аль-гузз），定都商路上的一个重要节点杨吉肯特②。乌古斯国主要由说突厥语和伊朗语的多个部落构成，首领称作"叶护"（Джабгу）。众所周知，公元965年，乌古斯叶护曾与基辅大公斯维亚托斯拉夫（Святослав Игоревич）联合击败了哈扎尔汗国③。公元985年，乌古斯联合俄罗斯人打败了伏尔加河流域的伏尔加布尔加尔国（Волжская Булгария）④。公元1041年，乌古斯在叶护沙赫马立克（Шахмалик）领导下占领了花拉子模。公元11世纪，乌古斯国因内乱和塞尔柱部

---

① 译者注：伊尔吉兹河（Иргиз）系伏尔加河支流，大体位于俄罗斯的萨马拉州和萨拉托夫州境内，全长675公里。恩巴河（Эмба）位于哈萨克斯坦西部的阿克纠宾斯克州和阿特劳州境内，发源于哈萨克斯坦西部的穆戈贾尔山（Mugodzhar Hills，Муго́джáры），向西南注入里海，全长712公里。乌伊尔河（Уил）系乌拉尔河支流，是哈萨克斯坦西部草原上的一条河流，发源于哈萨克斯坦西部的穆戈贾尔山，全长约800公里。
② 译者注：杨吉肯特（Янгикент）古城遗址位于今日哈萨克斯坦克孜勒奥尔达州卡扎林斯克区卡扎林斯克市西南25公里处。
③ 译者注："哈扎尔汗国"（Хазарский каганат，The Khazars 或 Hazarlar），中国古书称为"可萨"，属西突厥一支，是生活在顿河、伏尔加河、高加索北部、里海、哈萨克斯坦西部和北部的西伯利亚大草原上的突厥游牧部落联盟。这里是丝绸之路北道上的重要中转站，与拜占庭帝国和阿拉伯帝国保持着密切的政治经济联系。
④ 译者注：伏尔加布尔加尔国为俄文音译，系公元5—8世纪由突厥库特里格斯部落（Kutrigurs，Кутригуры）在伏尔加河与卡梅河流域建立的国家。很多材料译为"伏尔加保加尔国"。布尔加尔系首都，15世纪毁于战乱，遗址位于今日俄罗斯鞑靼共和国斯帕斯克区博尔加尔市。

落侵扰而逐渐衰落。11世纪中期，乌古斯国消失，一部分乌古斯人受钦察部落侵袭而西迁至东欧和小亚细亚，一部分迁往喀喇汗王朝的河中地区（即阿姆河与锡尔河中间地带）和塞尔柱人的花拉子模地区，还有一部分融入钦察部落。

在哈萨克斯坦的北部、东部和中部地区，生活着基马克部落（Кимак）和钦察部落 Кыпчаки, Половцы, половчáне)①。公元9世纪出现基马克国，这是一个包括多个突厥部落的部落联盟，其中有从亚洲中部迁徙至此的部落。基马克国（9—11世纪初）首领起初称"叶护"，从9世纪后期起称为"可汗"，定都额尔齐斯河谷地的基马基（Кимакии 或 Имакии)②，与萨曼王朝、乌古斯汗国和葛逻禄汗国等保持密切联系。

公元11世纪初，基马克汗国之后，钦察汗国（11世纪初至1219年）成为从额尔齐斯河至伏尔加河广大地域内的霸主。11世纪上半叶，钦察汗国被称为"草原钦察"（Дешт-и-Кыпчак）。公元11—12世纪，钦察是亚洲中部和欧洲东部的所有突厥语部落中人数最多的部落联盟。汗国定都昔格纳黑（Сыгнак）。该都城的遗址位于今日哈萨克斯坦克孜勒奥尔达州东部的秋缅阿雷克车站（Тюмень-Арык）东北18公里处。

在钦察汗国历史中具有重要意义的城市有毡的（Дженд）③。该城遗址位于今日距离哈萨克斯坦克孜勒奥尔达市（Кызылорда）以西115公里、扎纳河（Жанадарья）右岸的然卡拉村（Жанкала）。

---

① 译者注：钦察人是古代欧亚大草原上的游牧民族，大多数人认为是突厥乌古斯人与蒙古人融合而成，王族是玉里伯牙吾氏。俄罗斯称其为"波洛维茨人"（Половцы，系古俄罗斯人对钦察名称的突厥语的俄文语音转译），拜占庭称为"科曼人"（comani, куманы），阿拉伯人称其为"库曼人"（Cuman），东欧人称其为"昆人"（Куны）。也有学者认为，波洛维茨人、库曼人和昆人是三个完全不同的部落联盟，彼此间并无联系。

② 译者注：今哈萨克斯坦巴甫洛达尔市附近。

③ 译者注：毡的（也有译作"真德"）位于咸海东南部，是11—12世纪中亚地区的大城市，13世纪被蒙古人摧毁。据说是塞尔柱家族的发源地。

另外还有巴斯卡梅尔（Баскамыр）。该城遗址位于今日哈萨克斯坦卡拉干达州热兹达车站（Жезда）以北18公里、塔尔德赛河（Талдысай）河口处，遗址内有中世纪的城堡、城墙和塔楼。

构成钦察汗国的主要部落集团有：阿尔泰—西伯利亚、哈萨克斯坦—乌拉尔河流域、顿河流域（包括高加索）、第聂伯河流域（包括克里米亚）、多瑙河流域（包括巴尔干）。钦察人在古罗斯被称为"波洛维茨人"（Пóловцы），在欧洲称为"科曼人"（Команы），在东方称为"克普恰克"（Кыпчаки）。钦察人在中世纪曾对印度、埃及、中国、拜占庭、格鲁吉亚、保加利亚、花拉子模等国的发展影响很大。现代的哈萨克人、乌兹别克人、吉尔吉斯人、土库曼人、卡拉卡尔帕克人、诺盖人、克里米亚人、西伯利亚人、鞑靼人、巴什基尔人、卡拉恰伊人、巴尔卡尔人（Balkars，Балкарцы）、库梅克人（Кумыки）和其他突厥语民族中都有很多钦察人的血统。钦察人也是土耳其人、匈牙利人、格鲁吉亚人、保加利亚人、俄罗斯人、乌克兰人、蒙古人、中国人、印度人和阿拉伯人的族源之一。

在蒙古人时代之前，钦察人在阿特拉克可汗（Атрак）带领下，在格鲁吉亚达维特四世（Давида Ⅳ）及其后代的军队中扮演重要角色。钦察人伊利季吉兹（Шамс-ад-Дин Ильдигиз）建立了阿塞拜疆的伊利季吉兹王朝。拜占庭帝国在11世纪初遭受突厥塞尔柱人从东面和佩切涅格人（Печенéги）从北面侵袭而陷入危难的时刻，钦察人先于罗马教皇和西欧骑士向拜占庭皇帝阿列克谢（Алексей）提供巨大帮助，打败了佩切涅格人。很多钦察人与拜占庭贵族通婚，身居高位，例如军事统帅阿里帕迷失（Альпамиш）和其他钦察人是中亚地区很多国家的可汗。钦察人对花拉子模的影响非常大。花拉子模国当时占据中亚大部分、阿富汗全部、几乎整个伊朗以及哈萨克斯坦南部地区。建立花拉子模国的正是钦察人库特布丁·摩诃末（Кутб-ад-Дин Мужаммад）。

四 乃蛮、克烈、札剌亦儿

乃蛮人（Найма́ны）、克烈人（Кере́йты）和札剌亦儿人（Джалаир）在亚洲中部的东半部建立了自己的国家。乃蛮部落联盟于公元8世纪在额尔齐斯河和鄂尔浑河上游地区逐渐形成，号称自己是"谢基兹-乌古斯"（Секиз-огуз），意思是"八个部落的联盟"，后来被说蒙古语的契丹人称为"乃蛮"。蒙古语中的"乃蛮"意思同样是"八个部落的联盟"。

关于克烈的材料最早见于11世纪后期，主要是他们接受了基督教。众所周知，乃蛮人和克烈人在1007年接受了基督教聂斯脱利派[①]。克烈人占据着今蒙古国中部和北部的鄂尔浑河中游和翁金河流域（Онгин）。

札剌亦儿主要居住在鄂尔浑河上游地区，以游牧为主。该部落联盟以"兀鲁思"（Улус）的形式管理国家。每个兀鲁思都是一块界限清晰的领地。兀鲁思的首领就是汗，管理国家机构和军队，有自己的大本营（牙帐）。

在1190—1206年与蒙古的战争中，一些被蒙古打败的乃蛮人、克烈人和札剌亦儿人从亚州中部迁到哈萨克斯坦。其中一部分留在哈萨克斯坦东部并臣属于蒙古，还有一部分来到七河流域或继续向西，融入当地的突厥部落，例如哈萨克族。公元1211年，乃蛮首领屈出律汗击败喀喇契丹国，在七河流域建立国家。在哈萨克族的形成过程中，乃蛮部落逐渐融入中玉兹。部分克烈部落留在哈萨克斯坦北部，同样融入哈萨克的中玉兹，成为中玉兹的克烈部。

---

① 译者注：基督教聂斯脱利派（Nestorianism，Несторианство），俗称"景教"。主张基督是"二性二位"（有神性和人性，是神和人的结合体），认为圣母玛利亚只是生育耶稣肉体，而非授予耶稣神性，反对天主之母理论，因此被希腊正教视为异端而罚出教会。由叙利亚教士、君士坦丁堡牧首聂斯脱里于公元428—431年创立。

五　中世纪的哈萨克斯坦文化

中世纪的哈萨克斯坦境内主要是游牧民族，以及与定居生活保持密切联系的半游牧民族。在定居的绿洲和游牧的草原之间，在伟大丝绸之路的东端和西端之间，在锡尔河、塔拉斯河、楚河、伊犁河等河谷地带产生多个宗教、贸易和交流中心，如伊斯菲贾布（Исфиджаб）、奥特拉尔（Отрар）、塔拉兹（Тараз）、昔格纳黑（Сыгнак）、杨吉肯特（Янгикент）、碎叶（Суяб）、卡利亚雷克（Каялык）、米尔基（Мирки）、库兰（Кулан）等。这些中心城市大体在6—10世纪形成，通常是在王宫城墙外附近地区的定居农业和手工业聚集地或者过冬处所等基础上建立。城市里有手工业者、商人、农民，有集贸市场和公共场所，有制造货币的地方。各地逐渐形成自己的建筑风格与传统，与当代的中亚特色很相近。中世纪建筑的典型代表是建于5—6世纪的位于塔拉兹城郊的巴巴季可敦墓（Бабадж-хатун）① 和艾沙比比墓（Айша-биби），以及位于塔拉兹市内的喀喇汗陵墓（Карахан）。

作为交通干线，伟大的丝绸之路从公元前2世纪到公元16世纪一直连接着东方文明和西方文明。它从中国开始，经中亚和西亚到达欧洲，形象点说，即从突厥到希腊。丝绸之路始于中国的中部地区。在哈萨克斯坦境内，丝绸之路的主要路线是沿着伊塞克河、奇利克河（Чилик）、克根河（Кеген）、伊犁河、科克苏河（Коксу）、卡拉塔尔河（Каратал）、列普瑟河（Лепсы）等河流的河谷地带，经过沙什（Шаш）、伊斯菲贾布（Исфиджаб）、塔拉兹（Тараз），或者库兰

---

① 译者注：可敦（Хатун，хатын，хатан，khatun，Hatun），也译为哈疼、哈屯，是鲜卑、突厥、契丹、蒙古女性的头衔，用作对女性的敬称，主要适用于女皇、皇后、皇妃、公主、太后等人。

（Кулан）、米尔基（Мирки）、阿斯帕鲁（Аспару）、库尔代（Курдай）、卡斯捷克（Кастек）、阿拉木图（Алматы）、塔利希兹（Тальхиз）、卡利亚雷克（Каялык）等地，或者横贯阿雷西河（Арысь）和锡尔河，经过绍兰（Сауран）、昔格纳黑（Сыгнак）、毡的（Дженд）、杨吉肯特（Янгикент），或者经过苏扎克（Сузак）到杰兹德（Джезды）和努拉（Нура）。自1497—1499年葡萄牙航海家达伽马发现从欧洲到亚洲的海上新航路后（从里斯本绕过非洲到达印度），丝绸之路这条商贸干线的作用逐渐下降。

最晚不晚过7世纪上半叶，突厥部落出现了鄂尔浑—叶尼塞文字。该文字被发现的过程如下：公元582年，在亚洲中部的巴杨沙甘河畔的奥列涅河谷（Оленье）①，突厥人为纪念逝去的佗钵可汗②和其他先人而竖立一座带有文字的石碑。文字用古粟特文和梵文书写。一个半世纪后的公元732年，首位突厥编年史编撰者、可汗的后代、"福命王子"药利特勤用突厥文字为毗伽可汗和阙特勤立碑。

古突厥文字由37—38个与突厥语音相一致的字母（符号）组成。该文字最早由德国学者梅谢尔什米特（Даниэль Готлиб Мессершмидт）在叶尼塞河谷地发现。梅谢尔什米特根据彼得大帝指令于1720—1727年考察西伯利亚时，随队带了一名瑞典军官斯特拉连别尔格（Страленберг）。叶尼塞河谷地发现的文字让他想起斯堪的纳维亚半岛的鲁尼文字，于是便将此文字称为"鲁尼文"③。后来，

---

① 译者注：巴杨沙甘河（Боин-Цаган，Баян-Чаган，Баяншаган），位于俄罗斯阿尔泰共和国境内，全长17公里，属鄂毕河的源头支流。

② 译者注：佗钵可汗（Taspar Qaghan 或 Tatpar Qaghan，Таспар-каган 或 Татпар-каган）是突厥第四任可汗，土门可汗之幼子，木杆可汗阿史那俟斤之弟。572年木杆可汗去世后继位，信仰佛教，581年去世，临死前嘱咐其子阿史那庵逻，一定要立木杆可汗的儿子阿史那大逻便为可汗。

③ 译者注：鲁尼文（Runes，Руны），也有译作"卢恩文"或"卢尼文"，中世纪的欧洲用来书写某些北欧日耳曼语族的语言，特别是在斯堪的纳维亚半岛与不列颠群岛通用。斯堪的纳维亚半岛所用的鲁尼文字被称作 Futhark，不列颠岛所用的鲁尼文字被称作 Futhorc。基督教传入北欧后，鲁尼字母逐渐被拉丁字母取代。

学者雅德林采夫（Ядринцев Николай Михайлович）1889年在蒙古国北部的鄂尔浑河谷地的石碑上发现类似文字后，将其命名为"鄂尔浑—叶尼塞鲁尼文"。最早解读古突厥文字的人是丹麦学者汤姆森（Томсен），俄罗斯学者拉德洛夫（Василий Васильевич Рáдлов）则最早将碑文连贯解读。

石碑上的古突厥文字记载的内容是纪念毗伽可汗和阙特勤。石碑上的文字在从塔拉斯河谷地和费尔干纳盆地到顿河流域和北高加索的广大地区内应用较广。在塔拉兹附近出土的陶瓷上，在哈萨克斯坦东部发现的青铜镜子上，在塔尔加尔（阿拉木图附近）发现的陶箍上，以及在哈萨克斯坦和辽阔欧亚草原其他地区发现的硬币和其他日常生活用品上，都能看到古突厥文字。这种文字在11—12世纪逐渐先被畏兀儿文字，后被阿拉伯文字取代。

关于"柯尔库特"（Коркут 或 Коркыт）的传说和关于阿利舍尔·纳沃伊（Алишер Навои）的故事至今仍在哈萨克斯坦广为流传。俄罗斯东方学家维利亚米诺夫－泽尔诺夫（Владимир Владимирович Вельяминов-Зернов）和瓦利汉诺夫（Чокáн Чингúсович Валихáнов）记录了很多关于柯尔库特的传说。在民众的印象中，柯尔库特是位智者、预言家、先人遗嘱的记录者和氏族传统的继承者。根据传说，库布孜（Кобыз）就是柯尔库特发明的乐器，演奏起来发音好似伴随着秘言和咒语。瓦利汉诺夫认为，关于柯尔库特的传说是哈萨克意识中的最重要成分之一。对哈萨克人来说，柯尔库特既是萨满，又是诗人，哈萨克人的世界观里混合了传统民间信仰（即伊斯兰教到来之前的信仰）和伊斯兰信仰两种成分。今天，柯尔库特思想对哈萨克斯坦人的现实意义在于：不管怎样，生活总要继续，"无论冬天的雪有多厚，到了春天也还是会融化"；无论如何，人都应该像人一样活着，绝不能丧失人性；"客人不愿意去的黑屋子最好倒塌，马儿不吃的毒草最好不生长，人不喝的苦水最好不流淌，不能继承父辈荣光的孩子最好不出生"。俄罗斯东方学家拉德洛夫（Василий Васильевич Радлов）曾记录了萨满巫师关于柯尔库特的祈祷词："我说他死了，可他还活着；我说他活着，可他已经死了。我们的神啊，神圣的柯尔库特。"

哲学家、百科全书式的学者，来自奥特拉尔的阿里-法拉比①（870—950年）的学术活动是中世纪文化发展成就的最好见证之一。奥特拉尔（Отрар）位于阿雷西河汇入锡尔河的河谷地带——奥特拉尔绿洲。法拉比研究哲学、数学、测绘学、建筑学、音乐理论等，其伦理学研究更是著名，因此被赋予"第二导师"的称号（第一导师是希腊学者亚里士多德）。法拉比对逻辑学有自己的独特贡献。他从青年时代起就离开故乡而四处游学，去过中亚和中东所有的文化和科学中心，例如布哈拉、梅尔夫（今日土库曼斯坦的马雷）、埃及的亚历山大城、开罗、大马士革、巴格达等。法拉比是世界级的学者和思想家。他集阿拉伯、波斯、希腊、印度和突厥文化之大成。他的作品有《音乐大全》《知识大全》《论理智》《美德城居民的观念分析》等。世界很多图书馆都收藏了法拉比的手稿，还有专门的法拉比学来研究他的学术遗产。法拉比在大马士革去世并葬在那里，其陵墓现在位于城市中心。他的妻子和女儿也葬在那里。

在中世纪，很多学者和思想家都从布哈拉起步，如优素福·巴拉萨古尼、穆罕默德·喀什噶里、艾哈迈德·亚萨维等，都在此学习生

---

① 译者注：阿里-法拉比，英文：Al-Farabi 或 Alpharabius，俄文：Абу Наср Мухаммеда Ибн Мухаммеда Ибн Тархана Ибн Узлага аль-Фараби ат-Турки，全名是"阿布·纳斯尔·穆罕默德·本·塔尔汗·本·吾兹鲁克·阿里-法拉比"。阿里-法拉比是喀喇汗王朝（870—1213年）初期的著名医学家、哲学家、心理学家和音乐家，其哲学思想和音乐理论对后世的阿拉伯哲学家和欧洲文艺复兴时代的哲学家均产生深刻影响。大部分学者认为法拉比来自一个波斯裔家族。理由是在法拉比的著作中经常看到波斯语的引述和注释，甚至有部分希腊语的相关内容，但从未出现过突厥语的痕迹。少数学者认为法拉比是突厥人。

活过①。可以说，神圣的布哈拉是中世纪的精神和文化中心。例如，终生奉献给真主事业的大伊玛目布哈里②（810—870年）就出生在布哈拉。他从16岁起就云游四方，在麦加生活了4年，在麦地那生活了16年。他阅读、收集、记录和整理了先知穆罕默德的圣训和行为，共收集记录了20万条圣训，从中挑选出7275条，放入97本书中，这些书统称《圣训集》。据说，运送这些材料需要两匹骆驼。布哈里在麦加、麦地那、巴士拉、开罗、内沙布尔、巴格达等穆斯林世界圣地生活了40年，是公认的权威神学家。1998年，在距离撒马尔罕不远的哈尔坦格村，修建了布哈里纪念馆。

突厥语和突厥文学巨著的创作者优素福·巴拉萨古尼和穆罕默德·喀什噶里生活在中世纪的喀喇汗王朝。优素福于1015年（或1016年）生在八剌沙衮的一个显赫家族，从小就接受良好教育。他曾在东喀喇汗王朝可汗帐下任高官。他用突厥语写作一部百科全书式的诗集《福乐智慧》（*Кутадгу Билиг* 或 *Благодатное знание*），这是一部关于生活意义以及人在社会和自然中的地位和作用的哲学思考。优素福在诗集的前言中写道：这部诗集用突厥语写作。用阿拉伯语和塔吉克语写作的著作很多，但这是第一部用突厥语写作的智慧集成。

---

① 译者注：优素福·巴拉萨古尼（1015—1075年，Yusuf Khass Hajib Balasaguni，Юсуф Баласагуни），突厥诗人和思想家。生于喀喇汗国首都八剌沙衮，于1069—1070年（伊斯兰历462年）在喀什噶尔完成《福乐智慧》一书。他将作品献给东喀喇汗国博格拉汗，被授予"哈斯·哈吉甫"（御前侍臣）称号。其陵墓位于现今喀什市。

穆罕默德·喀什噶里（1029—1101年，Mahmud ibn Hussayn ibn Muhammed al-Kashgari，Махмуд Кашгари）生于喀什，出自喀喇汗王朝的皇室。突厥大学者，1072—1074年在巴格达用阿拉伯文编纂举世闻名的《突厥语大词典》一书，并献给阿巴斯王朝哈里发。

艾哈迈德·亚萨维（1093—1166年，Ahmad Yassawi，Ахмед Ясави），中亚伊斯兰教苏菲派学者、诗人，被奉为中亚突厥民族最著名的贤人之一，尊称"阿塔亚萨维"（即父亲亚萨维）。他创立的苏菲派教团也被称作"亚萨维教团"，是12世纪广泛流传于中亚各地（包括中国新疆地区）的逊尼派苏菲教团之一。亚萨维陵墓坐落于哈萨克斯坦南部城市突厥斯坦。当地穆斯林认为，去三次亚萨维墓相当于去一次麦加。

② 译者注：穆罕默德·伊本·伊斯梅尔·阿里-布哈里（Imam al-Bukhari，Исмаил аль-Бухари）是波斯人，伊斯兰教法学家，生于今日乌兹别克斯坦的布哈拉。他撰写圣训的合集称为《布哈里圣训》，被逊尼派穆斯林视作仅次于《古兰经》的最神圣的圣训汇编经典。

这部书描绘了"理想社会"（引用作者的话）、各阶层人士的行为规则，以及统治者和民众的相互关系。"幸福"和"公正"的统治者应该坚持的基本原则是遵守规则，这些规则应反映理智以及公正带来的幸福生活。

穆罕默德·喀什噶里（1029—1101 年）是突厥民族的语言、民间文学和民族志大师。他生于喀喇汗王朝的王族，在喀什、布哈拉、内沙布尔等地接受了良好教育。他于 1072—1074 年编写的巨著《突厥语大词典》是一部突厥百科全书，书中收集和整理了历史文化、民族风志和语言等材料，体现各种体裁的突厥语民间文学：歌曲、史诗、传说、传奇逸事、近 400 句谚语、俗语和格言。

喀什噶里在书里这样写道："我是说纯正突厥语的突厥人……我走遍突厥的各个村庄和草原。突厥人、土库曼人、乌古斯人、齐吉尔人、亚格马人[①]、吉尔吉斯人的鲜活和押韵的语言深深刻在我脑海里。因此，我在长期研究和寻找之后，用最优雅和清晰的语言写作这本书……我称这部书为《突厥语大辞典》（Диван лугат аттюрк）。"事实上，喀什噶里的这部《突厥语大辞典》极具价值，其中一些内容是关于中世纪突厥人生活面貌的唯一信息来源。书中记录了关于能够体现物质文明的物品，例如服装、鞋、帽子、房屋、家什器皿、工具、生产场地、织物布匹、饰品、武器、盔甲、马具、农业用具、乐器等；关于族名、地名和氏族分支；关于亲属关系和属性的术语；关于各类职务名称和尊号；关于各种食物和饮料的名称；关于养殖和野生的动物和飞禽、畜牧业术语；关于植物和牧草；关于占星预测的术语；关于历法和日月年份的名称；关于地理和城市的名称；关于病症和药物的名称以及解剖术语；关于金属和矿物；关于军队、

[①] 译者注：齐吉尔人（Чигил）和亚格马人（Ягма）都是葛逻禄的组成部分。齐吉尔人主要生活在伊塞克湖东北部。也有一种看法认为，土库曼人将所有自阿姆河至中国的突厥人都称作"齐吉尔人"。亚格马人主要分布在喀什和伊犁河谷之间的地带。

体育和行政的术语；关于历史和神话故事中的英雄的名字；关于宗教和民族志的术语；关于儿童游戏和娱乐项目等。《突厥语大辞典》对于研究突厥的民族历史及其历史地理具有重要意义。正如喀什噶尔本人所说："我介绍了从东方起始的所有地域内的每一个部落。"

在中世纪，有一位导师、突厥苏菲派创始人、思想家、诗人艾哈迈德·亚萨维（1093—1166年）。他的全名是"库尔·霍贾·艾哈迈德·伊本·易卜拉欣·伊本·穆罕默德·伊本·伊夫季哈尔·亚萨维"（Кул Ходжа Ахмад ибн Ибрагим ибн Махмуд ибн Ифтихар Ясави）①。亚萨维的名字取自亚萨城（Яса，今哈萨克斯坦突厥斯坦市）。亚萨维身上有很多称号，其中能显示其权威的称号就有10多个，常见的有"突厥斯坦人的导师""了解真理并帮助人们与真主沟通的智慧苏丹"。亚萨维出生在伊斯菲贾布，该地从8世纪起称作"赛拉姆"（Сайрам），大体位于今哈萨克斯坦奇姆肯特市东10公里处。赛拉姆有座"黑济拉"宣礼塔（Хызыра），高10.5米，建于9—12世纪。亚萨维的老师是阿雷斯坦巴布（Арыстан-Баб）②，他交给亚萨维一枚大枣作为护身符，就像先知穆罕默德亲自传承给亚萨维一样。阿雷斯坦的陵墓位于哈萨克斯坦南哈萨克斯坦州奥特拉尔区沙乌里杰尔村（Шаульдер）和奥特拉尔城堡附近，距离奇姆肯特市150公里。

亚萨维是突厥苏菲，其声名远扬，远远超出突厥斯坦草原的范围。他建立了穆斯林社团"亚萨维教团"。

为了确定亚萨维在哈萨克斯坦和中亚地区为传播伊斯兰教、伊斯兰文化和伊斯兰哲学所做贡献的地位和作用，需要好好研究他的观点是如何积累的，他的学说是如何形成的。亚萨维是谢赫，是精神导

---

① 译者注："霍贾"系音译，也有译为"霍加""和卓""火者"等，是中亚地区对地位显赫的人的尊称，通常指伊斯兰教导师或大阿訇。

② 译者注：巴布（Bab，Баб），阿拉伯语"大门"的意思，是伊斯兰教对导师的尊称，即带领信众打开知识大门，进入知识殿堂的人。

师。在自己的老师阿雷斯坦去世后，亚萨维前往布哈拉，拜来自伊朗西部的哈马丹的知名苏菲导师伊玛目优素福（1048—1140 年，Юсуф Хамадани）为师。优素福是著名的谢赫，去过 40 多次麦加，教出 200 多个谢赫，葬在土库曼斯坦的梅尔夫。与亚萨维一起师从优素福学习的还有后来非常知名的谢赫阿卜杜哈利克（Абдулхалик Гиждувани,？—1220 年），他来自吉日杜万（Гиждуван，距离布哈拉大约 50 公里的一个城镇），是推崇心里默念的内心祈祷礼拜方法的创始人，葬于吉日杜万。1433 年，在他的陵墓旁修建了第三所兀鲁伯伊斯兰学校（Улугбек，另外两个建在撒马尔罕和布哈拉）。当亚萨维回到故乡亚萨并隐修苦行后，阿卜杜哈利克便成为亚萨维教法学说在布哈拉的传道人。

阿卜杜哈利克之后的继承者是被苏菲穆斯林称作"纳克什班迪教团教主"的巴哈乌特金·纳克什班迪（1318—1389 年，Бахаутдин Накшбанди）。纳克什班迪生于距离布哈拉 10 公里的卡斯利欣杜万村（Касри-Хиндуван），死后也葬在这里。1544 年，在他坟墓基础上修建了陵园，成为信众朝拜的圣地。纳克什班迪（"纳克什班"是"拼接敛缝的人"的意思）曾两次赴麦加朝拜，做过织工、敛缝工、牧羊人、筑路工。他用一生来证明一个道理，即在追随真主的道路上，光明和关爱总是通过劳动而获得。在纳克什班迪的陵园中有处大水池。据不成文的规矩，如果池水面积小于 7×7 米，则池水就不可以再饮用了。然而据传说，在古时候的神圣斋月期间，当信徒礼拜的时候，池水溢满甘甜，被信众一饮见底。

亚萨维了解苏菲的活动，通晓伊斯兰科学以及阿拉伯和波斯文学，并将这些古代突厥语和萨满传统等元素融入其实践活动。据说，受突厥游牧生活影响，亚萨维允许男女穆斯林一起共同礼拜。他的传道就像诗歌创作，简单通俗，容易记忆；他的诗歌非常直白自然，与民众的口头创作很相似。例如，他在《智慧集》（Диван-и-хикмет）

中关于人的价值这样写道："当集市的喧嚣远去,我进入梦乡,眼前逐渐浮现布拉克①。当集市的喧嚣来临,真主的奴仆们相互拥挤。我的头已疲惫,我的泪在流,我的血在滴。艾哈迈德是我的名字,突厥斯坦是我的祖国。"在此,集市的喧嚣暗喻世俗的庸碌空虚和碌碌无为,布拉克则是先知骑乘的神兽。

《智慧集》用突厥语钦察方言写作。根据各种版本,从族谱看,亚萨维是先知穆罕默德的后裔,是突厥苏菲的始祖。他和他的继承者不断传播其教法,影响遍及阿姆河与锡尔河之间的河中地区、花拉子模、呼罗珊、整个中亚、安纳托利亚和巴尔干。亚萨维和他的继承者们将伊斯兰教的思想和突厥人的传统意识相结合,吸收突厥人的腾格里(天)信仰和萨满习俗等元素。他们传播有关正义、纯净道德和完善人自身的学说,这些学说思想在突厥人中反响很大。亚萨维63岁时(先知穆罕默德的年龄),决定不能再见到太阳,于是离开尘世,在地下密室中隐居修行,直至去世。为彰显亚萨维的权威,以及纪念他对传播伊斯兰教的功劳贡献,埃米尔帖木儿②下令在亚萨维坟的基础上修建一座陵墓"至圣苏丹"(Хазрет Султан)。伊朗历史学家沙拉夫丁·阿里·雅兹迪(Шараф ад-Дина Али Йаздии)在纪念帖木儿的《胜利之书》(Зафар-наме)中这样写道:1397年秋,帖木儿越过赛洪河(Сайхун),驻停在奇纳斯村附近的阿汗加兰(Ахангаран),并在此过冬。帖木儿前往亚萨城,拜谒亚萨维的坟。他说亚萨维是穆罕默德的后人,于是下令在亚萨维的坟上修建一座高

---

① 译者注:布拉克(Buraq,Бурак),一种来自天上的马形神兽,供先知骑乘。据《古兰经》关于"夜行登宵"的记载,先知曾骑布拉克一夜之间往返麦地那和麦加。

② 译者注:帖木儿(Timur,Тимур 也有译作"铁木尔",察合台语的意思是"铁",1336年4月8日至1405年2月18日),帖木儿帝国的创始人。因作战时腿伤,又被称作"塔梅尔兰"(即瘸子帖木儿,来自波斯语音译 Tamerlane,Тамерлан),因作战勇敢且常胜,还被人称作"萨希布基兰"(Сахибкиран,突厥语意为"所向披靡,有福星保佑的人")。出生于西察合台汗国渴石(今乌兹别克斯坦卡什卡达利亚州的沙赫里萨布兹)一个信奉伊斯兰教的突厥化蒙古巴鲁剌思氏家庭。大多数人认为帖木儿是突厥化的蒙古人,少数人认为帖木儿就是突厥人。他的后裔建立了莫卧儿帝国,1562—1857年统治南亚约四个世纪。

大陵墓（拱北），陵墓的大门是一个可以与天对话的高高的拱门。帖木儿命令陵墓的墙壁必须用彩砖，整栋建筑用白色的石头造就。为保证工程质量，帖木儿指派马夫兰（Мавлан Абдуллах Садр）负责建造。陵墓用两年时间完工（1397—1399 年）。竣工时，向很多穷人发放了周济品。正如历史所记载，亚萨维陵墓由帖木儿亲自下令修建和装修。据说，陵墓的所有用砖都在离工地约 40 公里远的萨乌兰生产，沿途布满帖木儿的士兵，由大家手递手地传递运砖。可以说，这是中亚地区最宏大的砖质建筑之一。主穹顶高 44 米，直径 22 米，正门的拱门高 37.5 米，外墙厚两米。

"至圣苏丹"陵墓是帖木儿时代修建的一处纪念建筑群。整个陵园由几十座房屋和建筑物构成，是穆斯林朝拜的圣地。

第三章

蒙古人统治下的哈萨克斯坦

一　成吉思汗建立蒙古国

8世纪初期,蒙古国出现在亚洲中部,创始人是铁木真(1155—1227年)①,由其统领的几乎所有蒙古部落而建立。铁木真于一个猪年的2月降生在部落首领也速该家里,一处位于鄂嫩河畔的有很多土丘的谷地,大约是北纬50度东经132度。也速该酋长所属的部落约有4万辆带蓬马车。铁木真出生时,正赶上他的父亲也速该与鞑靼(塔塔儿)作战,并俘虏了一个名叫铁木真的鞑靼勇士。按当时蒙古人信仰,在抓到敌对部落勇士时,如果正好有婴儿出生,该勇士的勇气就会转移到该婴儿身上。于是,也速该便给自己的儿子起名为"铁木真"。铁木真9岁时,他的父亲去世,全家也因此遭到排挤。在夺取权力并建立蒙古国之前,铁木真一家的生活一直贫苦。

1206年春,在鄂嫩河源头处,蒙古大公召开库里台大会(即蒙古部落大会),推举铁木真为统领所有蒙古部落的"成吉思汗"。在蒙古人大会上,占星师阔阔出(Кэкчу-Теб-Тенгри)说道:"上天赐予您土地之主的权力。现在,每个部族首领古儿汗及其所属土地都归您管理。因此,请您接受新的尊号'成吉思'。您是王中王。上天命

---

① 译者注:现在一般认为成吉思汗生于1162年。

令您的称号是'成吉思汗',即可汗的汗、王中之王。"在场的所有人都赞成这个新名字。从此,"成吉思汗"这个尊号便延续下来。在碧石国玺上这样写道:"神在天上,汗是神在地上的力量。主宰人类的国玺。"

重要的是,在1206年的库里台大会上还颁布了《成吉思汗法典》(又称《蒙古国法典》或《大札撒》,Великий Джасак 或 Ясак,Ясы)①。这是一部蒙古国日常法律的汇编,体现了民众的习俗和统治者的意志。法典分为两部分:第一部分是总则(Билик),即成吉思汗的训言,收集了成吉思汗的想法、命令和法律决定,既具有普遍性和理论性,也包括一些具体事务的处理。第二部分是分则(Джасак 或 Ясак,Ясы),即各种已被认可的法律汇编,包括军事和民事的规定,也包括对违法行为的惩罚措施。在《成吉思汗法典》的总则部分有以下内容:一个民族,如果子女不遵从父亲的教诲;弟弟不听从兄长的劝诫;丈夫不信任妻子,妻子不顺从丈夫;公公不赞许儿媳,儿媳不尊敬公公;长者不管教幼者,幼者不尊重长者;那颜(官员)只宠信其亲属而疏远陌生人;富有者吝惜私有财物而损害公有财物,那么必将导致被敌人击败、家户衰落、国家消亡。在成吉思汗之前的年代,出现了小偷、骗子、强盗、劫匪,人们在自己家的屋里看不到太阳,这就是失去了秩序和目标的部落。当成吉思汗来到后,人们开始听从他的命令。成吉思汗通过严格的法令管理国家。那些聪明人,让他们去当伯克带领军队;那些心灵手巧的人,给他们必要的用具,让他们去养马;那些笨一点的人,给他们鞭子,让他们去放牧。就这样,成吉思汗的事业就像一轮初月,天天向上。从上天,成吉思汗获得无穷力量;在地上,成吉思汗让百姓享受幸福。夏季的牧区成为欢

---

① 译者注:此处认为1206年库里台大会就颁布了《大札撒》可能不准确。《大札撒》并非一次性成书,而是经历了多次增补、修订,到成吉思汗晚年才写定。本段以下所说《大札撒》内容,有些不可能在1206年出现(例如涉及《古兰经》的部分)。

乐和畅饮之地，冬季的牧区也是喜悦无限。成吉思汗领导的国家从建立到逐步发展成帝国的原因之一，就是确立了严格的法律，所有人都生活在法律约束之下。《成吉思汗法典》总则第二段写道："如果孩子身边的众多官员、贵人、勇士和伯克确立了不能坚定地遵守法律，则国家事业就会动荡恶化。人们会再次期许成吉思汗出现，却无论如何也找不到他。"《成吉思汗法典》要求宗教容忍、敬畏庙宇、尊重忏悔者、善待长者、怜悯穷人，对家庭和家务生活都有严格的监管规定。例如：

（1）男子与女子公开通奸或通奸被当场抓获的，通奸者并处死刑，无论婚否。

（2）男子之间鸡奸的，并处死刑。

（3）尊重决斗的双方和决斗的结果。在决斗过程中，任何人均不得参与和帮助决斗中的任何一方；违反者，处死刑。

（4）保护水源。不得在河流中洗手撒尿，不得溺于水中。

（5）以信托资金经商累计三次亏本的，处死刑。

（6）未获得俘获人允许而给予被俘人员食品和衣物的，处死刑。

（7）收留逃奴或拾到财物不归还的，处死刑。

（8）朗读《古兰经》的人、执法者、大夫、学者、做礼拜和隐居的人、召集做礼拜的人、处理尸体的人可以免除赋税和徭役。

（9）成吉思汗对所有宗教一视同仁，不偏袒某一宗教，认为所有的宗教都是服侍神的手段。

（10）因犯罪而判处的死刑可以用罚金代替。赎一个穆斯林需要40金币，赎一个中国人需要一头驴。

（11）如果某人被发现偷盗马匹，则此人应赔偿马主人10匹马；如果马匹数量不够，则用此人的孩子代替；如果此人没有孩子，则此人可以像羊一样被宰杀。

可被处以死刑的罪行还有：官员越过可汗与第三人打招呼；战斗

时不出力；未经长官许可而擅离职守；执行公务时不爱护士兵。《成吉思汗法典》规定不能损毁已经自愿投降的国家或城市。所有这些规定，对官员和百姓都一视同仁。例如，因为残酷对待已经投降的敌人，成吉思汗把他的女婿脱忽察儿（Toгyчap）从万夫长贬至士兵。脱忽察儿最后在攻打波斯的你沙不儿（Hишaпyp）时战死。

蒙古人依据军事组织制度建立国家。整个国家和全体人民分为中部、左翼和右翼三部分。组织结构遵循十进制原则，确立了最严格的纪律和明确的组织。成吉思汗的近卫军由贵族士兵组成。军队编制的最高级是拥有1万士兵的万夫（首长称作"万夫长"），有时也出现10万人的十万夫。骑兵分为重骑兵（长剑手）和轻骑兵（弓箭手）。蒙古人的作战方法多种多样，有时假装逃跑，引诱敌军进入埋伏，利用最多可达五排士兵所形成的"蒙古洪流"冲锋作战。蒙古军队冲锋时大喊大叫，白天靠变换旗帜，晚上靠火光指挥。蒙古士兵通常随身携带锯、锥子、针、线、做饭用的碗罐、两升水囊，以及奶干、干肉、被褥等备用品。如果物品不足，就刺破马的静脉喝半升马血，然后再将伤口缝合。每个战士都有1—4匹战马。蒙古人的马被训练得像狗一样听话。蒙古人借助战马，时而分散，时而聚合，时而在此地冲锋，时而在他处，通常不扎堆进攻敌人。通过这些方式方法，蒙古人极大消耗了敌人的体力和神经，甚至有时还未来得及使用重骑兵，敌人便已投降。蒙古骑兵每天可以不停歇地连续奔袭150公里。据专家估计，蒙古人可以组织20万人加100万匹战马的大规模战斗，也有个别不太准确的材料认为规模可以达到40万、60万甚至80万人。蒙古人有足够强大的武器装备——重装战车、喷火器、热油、希腊火[①]，已经开始使用火药。虽然当时没有射击武器，但蒙古人将其做成火箭使用。

---

① 译者注："希腊火"是阿拉伯人对东罗马帝国所使用的一种恐怖武器的称呼，即一种可以燃烧的液态燃烧剂（主要是石油），主要应用于海战中。

二 蒙古人占领哈萨克斯坦领土

12世纪的第一个10年，蒙古人已经占领西伯利亚南部，两次入侵中国，实际控制了东突厥斯坦和中国黄河以北地区。现在，哈萨克斯坦和中亚横在成吉思汗远征东欧和近东地区的道路上。

成吉思汗与突厥人开展积极外交，口号是要联合亚州中部的所有游牧部落，建立统一的帝国。蒙古人多次与突厥部落结成联盟，有时还建立联姻关系。在成吉思汗发展壮大的过程中，主要对手有畏兀儿人、克烈人、乃蛮人、蔑儿乞人①。蒙古人与畏兀儿人结盟。波斯历史学家拉施德丁（Рашид ад-Дин）认为，当蒙古人入侵七河流域的时候，葛逻禄首领阿尔斯兰汗②便主动投降，向成吉思汗纳贡，并表示愿意做成吉思汗的儿子。与蒙古人并肩作战的还有畏兀儿、葛逻禄、部分乃蛮、钦察和其他突厥部落。

在直接入侵哈萨克斯坦之前，蒙古人已经占领了哈萨克斯坦部分土地。1211年，为追击被打败的屈出律带领的乃蛮部落，蒙古向喀喇汗王朝所属的七河流域派出了忽必来那颜③率领的大军。因为当时

---

① 译者注：蔑儿乞（Merkit，Меркиты）是10—13世纪的一个蒙古游牧部族，活动地带主要是鄂尔浑河与色楞格河流域，西北邻吉尔吉斯，东北临近秃马惕等部落，南接克烈部落，西连乃蛮部落，东抵蒙古大室韦部落。又名灭里吉、袜劫子，在辽代称梅里急、密儿纪。1217年被成吉思汗消灭，族人融入其他部落。蔑儿乞的意思是"神箭手"。据《新五代史》的记载，蔑儿乞是一个凶强的部族，使用大弓长箭，杀死他族人后生食其肉。

② 译者注：葛逻禄在元朝文献中写为"哈剌鲁"。阿尔斯兰汗，史书也写作"阿儿思兰汗"或"阿昔兰汗"，为可汗的封号，并非人名。阿尔泰语系各部落实行"双王制"，由可汗家族长幼两支分治，长支为大可汗，称阿尔斯兰汗（阿尔斯兰意为狮子），是名义上的最高首领；幼支称博格拉汗（博格拉意为公驼）。

③ 译者注：忽必来（？—1211年，Хубилай），又称虎必来，巴鲁剌思氏，蒙元帝国名将，成吉思汗帐下"四勇"之一，任云都赤（即带刀侍卫）。1204年与哲别一同出征乃蛮。1206年蒙古建国后被封为千户长。1211年率军出征西辽属下的葛逻禄，使其首领阿儿思兰汗归顺蒙古，回师后即病逝。

那颜（нойон）是蒙古汗国和元朝时的千户首领的官号。成吉思汗即位后，建立千户制，作为基本军事和地方行政单位，取代旧时的部落或氏族结构。通过分编千户，全国人民都在指定牧地居住，不许变动。将全国的人口和土地划分为95个千户，由大汗分别授予共同建国的贵戚和功臣，任命他们为千户的那颜（千户长），使之世袭管领。千户下分为若干百户，百户下为若干十户。

已经主动归顺蒙古人的葛逻禄阿尔斯兰汗正与中国打仗，所以忽必来回师东方。1216 年，为彻底铲除流落到钦察草原的蔑儿乞部落，成吉思汗派出自己的大儿子术赤。术赤于是再次入侵图尔盖草原，遭遇花拉子模沙赫①摩诃末率领 6 万大军抵抗。战斗只进行了一天，当晚蒙古人撤退。

蒙古人武装入侵哈萨克斯坦的理由是"讹答剌惨案"②。为了出征，成吉思汗做了长期细致的准备。与此同时，蒙古大军节节胜利的消息让中亚的统治者焦躁不安。花拉子模向蒙古国派出两批使团，蒙古也向花拉子模派出使团，于 1218 年春受到花拉子模沙赫的接见。随后，蒙古人又向中亚派出一支有 450 人和 500 头骆驼的贸易商队。1218 年夏，商队抵达讹答剌。守城的钦察人海儿汗·亦纳勒术（Гайирхан Иналчик）怀疑商队由间谍装扮，于是下令将商队成员全部杀掉，货物全部没收。成吉思汗派出使者，要求花拉子模将讹答剌守将海儿汗交给蒙古国处理，但花拉子模将使者处死，由此为成吉思汗发动战争提供了借口。

1219 年春，蒙古人将牲畜赶往水草丰富的额尔齐斯河谷地牧场，开始战争前的准备工作，况且现在已经有了很好的借口。

1219 年 9 月，蒙古大军从额尔齐斯河出发，士兵约有 15 万人（其中仅技师、工人、攻城器械能手等就有 1.5 万人），再加上七河流域的葛逻禄和东突厥斯坦的畏兀儿等友军，穿过七河流域，来到锡尔河边。秋冬季是蒙古人喜爱的季节，因为这时候的河流、沼泽和泥

---

① 译者注：花拉子模的首领称作"沙赫"（Shah，Шах），波斯语音译，国王、首领的意思，与阿拉伯语的"谢赫"相近。

② 译者注：讹答剌（Отрар，Otrar）又译为"奥特拉尔"，位于今哈萨克斯坦南部的南哈萨克斯坦州、锡尔河东岸支流阿雷斯河河口东北约 10 公里处的铁木尔村附近。讹答剌惨案（Отрарская катастрофа）：1218 年，成吉思汗派出使团晋见花拉子模沙赫后不久，又派出另外一支 450 人的蒙古商队到达花拉子模边境讹答剌城，该城守将亦纳勒术（亦纳勒出黑）对蒙古商队伸出黑手，将人员全部杀害，货物全部抢走（一说是图财，一说商队是蒙古间谍）。成吉思汗得知后，再派使团到花拉子模追问此事，但摩诃末沙赫迫于外戚集团的压力，处死蒙古正使，剃去两名副使的胡须并驱逐出境。成吉思汗以讹答剌惨案为由，发动大军征服花拉子模。

汀地带等都被冰雪覆盖，不再成为蒙古骑兵的前进障碍。大军来到讹答剌后，兵分三路：第一路由成吉思汗的二儿子察合台（Чагатай）和三儿子窝阔台（Угэдэй）率领，攻打讹答剌城，捉拿守将；第二路由成吉思汗的大儿子术赤（Джучи）率军，前往锡尔河下游的捷詹和杨吉肯特，准备占领这些地区；第三路由成吉思汗带领四儿子拖雷（Тулуе），奔赴布哈拉（不花剌）和撒马尔罕——河中地区的政治中心，当时世界最大的贸易中心之一。

讹答剌的海儿汗带着2万—5万人绝望地守着城池。在遭围攻的第5个月，花拉子模军事指挥官哈剌察（Караджа-хаджиб）带着1万士兵交出城市①，投降蒙古人，但全部像叛徒一样被处决。讹答剌在海儿汗的带领下加固城墙，又坚守了一个月，最终于1220年2月被攻破。海儿汗遭到羞辱并被残酷地处死。

同样顽强抵抗蒙古大军的还有昔格纳黑（即锡尔河流域的钦察部落联盟的中心），城市被包围7个昼夜，于1220年春被占领，全城守军和百姓全部被杀。阿失纳思城②守军同样英勇作战，同样全部被杀。

1220年3月蒙古大军占领布哈拉，4月占领撒马尔罕，尽管有11万居民和两万多士兵守城，但花拉子模沙赫摩诃末的军队总共也不超过40万人。1221年，术赤攻占玉龙杰赤（今乌兹别克斯坦的乌尔根奇市）后，率军转往东北方向，从咸海向哈萨克草原进发，打击钦察人的抵抗。1224年秋，成吉思汗回到蒙古。就这样，1219—1224年的5年时间里，蒙古人将哈萨克斯坦和中亚纳入自己的统治范围。

成吉思汗72岁去世③，那一年同样是个猪年，葬在生前选定的鄂嫩河源头的不儿罕合勒敦山上（Бурхан-Калдан）。成吉思汗获得了

---

① 译者注：哈吉甫（hajib，хаджиб），阿拉伯语音译，意为"侍从官"。
② 译者注：阿失纳思（Ашнас，Аснас，Асанас），中世纪古城，大体位于今哈萨克斯坦克孜勒奥尔达市南部的因卡尔河上游谷地，距离锡尔河左岸约25公里处。
③ 译者注：现代一般认为成吉思汗65岁时去世。

震撼宇宙的征服成就，控制了"旧大陆"① 近4/5 的领土和超过10 亿的人口。在13 世纪广阔的欧洲和亚洲大平原上开创了"统一的地缘政治空间"。

蒙古入侵对哈萨克斯坦的发展产生巨大影响，带来毁坏和穷困。罗马教皇派往蒙古国的使臣若望·柏郎嘉宾②于1245—1247 年来到哈萨克斯坦南部和东南部。当时，蒙古人已将讹答剌、昔格纳黑、阿什纳斯等城市彻底摧毁。另外，蒙古人占领的结果还有杀人，让当地人成为奴隶，毁损绿洲及其生产力，破坏物质和文化价值等。阿拉伯历史学家阿昔儿（Ибн аль-Асир）写道："如果有人说，自从至上的真主创造人类至今，整个世界从未经历过类似惨状，那么他说的是对的。很有可能，人类到世界灭亡之前也不再会遇到类似的状况。"

因蒙古人的入侵，很多原来居住在哈萨克斯坦的部落被迫迁往匈牙利、巴尔干、印度、埃及和中国。

哈萨克斯坦人从未放弃反抗蒙古人的占领。据阿拉伯作家瓦瑟利（Ибн-Васыль）的资料，1229—1230 年哈萨克斯坦西部爆发起义，1237 年钦察人在八赤蛮（Бачман）领导下起义。13—14 世纪中国和波斯的古书中对这些起义都有记载。为抓捕钦察玉里伯里部落（ольбурлик）出身的八赤蛮，成吉思汗的孙子蒙哥③曾派出两万大军，当八赤蛮躲到伏尔加河上的一个小岛时，蒙古人派出200 艘船组成的

---

① 旧大陆（Старый Свет）是指1492 年欧洲航海发现新大陆之前的大陆，即欧亚大陆和非洲。

② 译者注：若望·柏郎嘉宾（1180—1252 年，Giovanni da Pian del Carpine，Джованни Плано Карпини），又译普兰·迦儿宾，意大利翁布里亚人，天主教方济各会传教士。1246 年奉教宗英诺森四世派遣，携国书前往蒙古帝国，抵达上都哈拉和林，晋见蒙古大汗贵由（窝阔台之子），成为第一个到达蒙古宫廷的欧洲人。他在《蒙古行纪》中留下西方对蒙古帝国统治下的中亚、罗斯等地的最早记录。

③ 译者注：蒙哥（1209—1259 年，Möngke，Мунке 或 Мункэ 或 Менгу），蒙古国第四任大汗，也是蒙古帝国分裂前最后一个公认的大汗。他是成吉思汗幼子拖雷的长子、窝阔台的养子，由窝阔台的昂灰皇后抚养长大。1251 年7 月1 日登基，在位8 年零2 个月，在位期间长期主持对南宋和大理的战争，为其弟忽必烈最终建立元朝奠定坚实基础。至元三年（1266 年）十月，太庙成，元廷追尊蒙哥庙号为宪宗，谥桓肃皇帝。

舰队。在处决八赤蛮时，蒙古人想让他跪下，但八赤蛮说："我是首领，不怕死。我不是骆驼，不能跪着受死。"

那些移民至境外的哈萨克斯坦人，以及出自哈萨克斯坦的古拉姆和马木留克等①，均对临近国家和整个地区的发展产生重要影响，例如德里苏丹国和埃及苏丹国。

据阿拉伯历史学家阿昔儿②记载：1220—1221 年，约有 3 万花拉子模国的突厥人跟随蒙古人出征印度作战。这些人中，除了士兵之外，还有诗人、学者、宗教人士等，德里也因此成为 13 世纪印度和东方的文化中心。迁入德里的人很多来自撒马尔罕、布哈拉、讹答剌、杰拉特以及其他受成吉思汗入侵影响的城市。钦察人伊勒杜特迷失（Музаффар Ельтутмиш 或 Шамс ад-дин Илтутмиш ибн Йалам）是德里苏丹国的库特布沙希王朝的创始人。他的女儿拉吉娅（Джалаат ад-дин Разия-султан бинт Илтутмиш）是伊斯兰国家中唯一一位合法继位的女王，被赋予"女性和圣母时代的支柱"和"和平与信仰的爱好者"等尊称。伊勒杜特迷失本人、他的前任库特布丁·艾依巴克（Кутб ад-Дин Айбак）和他的继承者拉吉娅都对印度的发展影响很大，抵御了蒙古人对印度的奴役。

埃及政权中也有因蒙古人入侵而来自哈萨克斯坦的人。钦察人库

---

① 译者注：古拉姆（Ghilman，гулям），阿拉伯语音译，原意是儿童、小孩子、年轻人等，后来专指阿拉伯王朝的突厥士兵。多数古拉姆是中亚的突厥人和高加索人，年幼时被购买并给予军事训练，通常担任哈里发的贴身护卫（因为他们没背景只能依靠主人）。后来权力和影响力迅速上升，甚至把哈里发变成傀儡。马木留克（Mamluk，Мамлюк），阿拉伯语音译，原意是财产归…所属的，后来指公元 9—16 世纪服务于阿拉伯哈里发和阿尤布王朝苏丹的奴隶士兵，大多是由奴隶贩子收买并贩卖到中东地区。后来逐渐成为强大的军事统治集团，并建立了自己的马木留克王朝（前期称伯海里王朝，后期称布尔吉王朝），统治埃及近三百年之久（1250—1517 年）。

② 译者注：伊本·阿昔儿（Ali ibn al-Athir，Ибн аль-Асир），本名"艾布·哈桑·阿里·本·穆罕默德·谢巴尼"（Abu al-Hassan Ali ibn Muhammad ibn Muhammad ash-Shaybani），阿拉伯史学家，是重要历史著作《历史大全》的作者。《历史大全》又译《全史》（al-Kamil fi al-Tarikh，Полный свод всеобщей истории），上起传说时代，下迄 1231 年，是一部伊斯兰世界的通史，对十字军东侵和蒙古西征的记载尤为详尽。

图兹（Кутуз）和贝巴尔斯（Бейбарс）极力阻止蒙古入侵属于穆斯林的东方，卡伦（Калун）建立的王朝统治了103年。他与蒙古公主阿斯伦（Аслун）所生的唯一的儿子安纳西尔（Ан-Насир）统治埃及43年。所有这些执政者不仅为后世留下了宝贵的战斗荣誉，其英勇行为让穆斯林文明免遭蒙古人的破坏，还为发展文化、艺术、科学、文学等做出巨大贡献。很多清真寺、陵墓、宗教学校、医院、水渠渡槽及其他规模宏大的建筑物都成为建筑杰作。马木留克人统治时期，仅在开罗就修建了150多处伟大的建筑，这些都是建筑艺术的结晶。

蒙古人在中国建立元朝之后，一些哈萨克斯坦人也成为元朝很有影响的政治家，如钦察人床兀儿（Чжанур 或 Чонкур）和燕铁木儿（Яньтимур 或 Иль-Тимур）、康居人倚纳脱脱（Иналтого）和阿沙不花（Асанбука）等。

三 14—15世纪哈萨克斯坦领土上的国家

蒙古人入侵对哈萨克斯坦的影响还在于，哈萨克斯坦被成吉思汗的继承者们划分成若干个兀鲁思①。成吉思汗生前就已经给他的儿子们分配了领地。当时的哈萨克斯坦分别属于三个兀鲁思：成吉思汗的长子术赤占据大部分哈萨克草原。由于术赤在成吉思汗活着的时候就已去世，因此这块领地由术赤的次子拔都继承（1227—1256年在位），领地北起额尔齐斯河，南到七河流域北部，东起整个钦察草原，西至伏尔加河流域，大本营设在额尔齐斯河谷地。成吉思汗的次子察合台的领地包括哈萨克斯坦的南部和东南部、东突厥斯坦和河中地区（阿姆河与锡尔河之间），大本营设在伊犁河谷地。三子窝阔台

---

① 译者注：兀鲁思（Ulus, Улус），蒙古语，意思是"领地、人众、国家"，即蒙古大汗分给诸王的领地。

的领地包括七河流域东北部、蒙古西部、额尔齐斯河上游地区和塔尔巴加台，大本营设在也迷里（今塔城额敏县）。四子拖雷占据蒙古本土。窝阔台（1228—1241年继任蒙古大汗）的领地在其死后由其子贵由（1246—1248年在位）继承，拖雷的儿子蒙哥（1251—1259年继位大汗）1251年成为蒙古大汗后，于当年取消该领地，将其分给身边下属。

术赤的继承人拔都计划进军钦察，打击伏尔加河流域的布尔加尔人、俄罗斯大公、波兰、匈牙利、捷克以及更远的地方。1236—1242年，拔都占领的领土已达多瑙河下游（包括克里米亚）。在从鄂毕河和额尔齐斯河上游到伏尔加河和阿姆河下游的广大地域内，拔都建立了汗国体制，称作"金帐汗国"①，都城起初设在萨莱－拔都（Сарай-Бату，今俄罗斯阿斯特拉罕附近），后来在拔都的弟弟别儿哥汗执政时（1257—1266年在位）迁往萨莱－别儿哥（Сарай-Берке，今伏尔加格勒附近）。

对蒙古帝国统一造成沉重打击的是1260年。蒙古大汗蒙哥1259年去世后，他的两个弟弟阿里不哥和忽必烈争夺蒙古大汗的宝座。但当时，术赤兀鲁思的别儿哥和察合台兀鲁思的海都对他们均不承认，这两个兀鲁思事实上已经成为独立的帝国。

14世纪上半叶，尤其是乌兹别克汗（又称月即别汗，1312—1342年在位）及其子札尼别汗（1342—1357在位）执政时，金帐汗国的领土面积达到最大。乌兹别克汗于1312年确定伊斯兰教为国教。14世纪下半叶，金帐汗国境内因出现独立的兀鲁思而走向衰弱，即在金帐汗国的钦察草原东部形成一个独立国家——白帐汗国（Бе́лая Орда́ 或 Ак-Орда）。起初，术赤的长子斡儿答

---

① 译者注：金帐汗国（1242—1502年，Qipchaq ulisi，Золотая Орда），又称钦察汗国、克普恰克汗国、术赤兀鲁思。大蒙古帝国的四大汗国之一。人口以突厥人为主，13世纪上半叶蒙古人建立的封建国家，因占统治地位的蒙古人人数很少，当地蒙古人很快就完全突厥化。

（Орда-Ежен）①的兀鲁思（领地）包括钦察草原东部、七河流域东北部和额尔齐斯河流域，被称作"蓝帐汗国"（或青帐汗国）。术赤的五子昔班（Шибан，Сибан，Шайбан）的兀鲁思包括亚伊克河（即乌拉尔河）②、伊尔吉斯河（伏尔加河支流）、托博尔河、萨雷苏河、咸海地区、锡尔河下游地区，被称作"白帐汗国"。后来，昔班的兀鲁思并入斡儿答的兀鲁思，两地统称"白帐汗国"。由此，在14世纪，除七河流域属于察合台兀鲁思以外，哈萨克斯坦几乎全部国土都属于白帐汗国，其中心位于昔格纳黑（Сыгнак）③。从14世纪末起，白帐汗国改称"乌兹别克兀鲁思"。大约14世纪中期，在额儿曾可汗和木八剌可汗（1320—1344年在位）执政时期④，白帐汗国已实际成为独立的国家。兀鲁思汗（Урус）执政时期（1361—1380年），独立地位更加巩固。

1269年，窝阔台的孙子海都（Хайду，1269—1301年在位）在察合台兀鲁思所辖地域范围内建立了海都汗国，疆域北起阿尔泰，南至阿姆河。14世纪中叶，海都汗国分裂为两个独立的汗国⑤：东部

---

① 译者注：斡儿答（Orda Ichen，Орда-Еджен），也常称为"斡儿答伊真"。伊真（Ichen，Еджен或Эджен）系蒙古语"主宰、统治者、主人"的意思。斡儿答是术赤的长子，拔都的哥哥。本来应该继承术赤汗位，但因拔都战功卓著，斡儿答将汗位让给拔都。拔都为感谢斡儿答，将钦察汗国东部分给斡儿答，钦察汗国大事均与哥哥商量。因都城相距遥远，拔都对斡儿答的领地事务也从不过问。因此，斡儿答所属的白帐汗国（最初称作蓝帐汗国）大约在14世纪中叶成为处于独立地位，与原来的宗主国钦察汗国实际形成互不隶属的两个汗国。

② 译者注：亚伊克河（Яик）即乌拉尔河1775年之前的名字，1775年后改称乌拉尔河。伊尔吉斯河（Иргиз）位于今俄罗斯萨拉托夫州和萨马拉州境内，系伏尔加河左岸支流。

③ 译者注：昔格纳黑（Сыганак，Сыганак，Сугнак，Сунак，Сунаката，Саганак），白帐汗国首都，今哈萨克斯坦克孜勒奥尔达州苏纳卡特村（Сунакат）西北2公里处，距离锡尔河北岸20公里。

④ 译者注：额儿曾汗（Erzen，Ерзен），又称"阿必散"（Ilbasan，Ибисан）。木八剌汗在汉文资料中也有译作"穆巴拉火者汗"（Mubarak Khwaja，Мубарак-ходжа）。火者，也有音译为霍贾、霍加、霍贾、和卓等，是波斯语"先生、长者"的意思。

⑤ 译者注：海都建立的汗国，学术界一般称为"窝阔台汗国"，与察合台汗国不是一回事。14世纪初海都死后，察合台汗国兼并了海都汗国（窝阔台汗国）。因此，此处的海都汗国分裂为两个独立汗国应该是察合台汗国分裂为两个汗国。

（东察合台汗国）包括中亚的东北部、七河流域和突厥斯坦，波斯人将其称为"蒙兀儿斯坦"；西部（西察合台汗国）则占据阿姆河和锡尔河之间的河中地区。西察合台人帖木儿于1370年夺取政权，建立帖木儿埃米尔国并统治35年。埃米尔帖木儿（1336—1405年）是塔拉盖伯克的儿子，系突厥化的蒙古人，来自蒙古巴鲁剌思部落（барлас）。帖木儿觊觎占据中亚，建立面积广大的帝国，但金帐汗国成为主要障碍。为征服金帐汗国，帖木儿决定首先攻打白帐汗国和蒙兀儿斯坦汗国（Моголистан）。14世纪七八十年代，帖木儿先后组织约10次进攻，沉重打击了这两个汗国。尽管这两个汗国未并入帖木儿埃米尔国，但哈萨克斯坦南部地区的昔格纳黑（白帐汗国都城）、讹答剌、萨乌兰、亚瑟、赛拉姆等地已归属帖木儿埃米尔。帖木儿扶持脱脱迷失（Тохтамыш）成为白帐汗国的汗王。脱脱迷失是被兀鲁思汗处死的曼吉斯套长官秃亦①的儿子。脱脱迷失攻下金帐汗国首都萨莱后，想摆脱帖木儿监管，于1395年被帖木儿打败并失去汗位。

　　在记载帖木儿功绩的《胜利之书》的"帖木儿攻打钦察"的章节中这样记录：大军1391年3月28日中午行至基奇塔格山下（Кичи Таг，今哈萨克斯坦中部乌鲁套山脉的南部支脉），在那停留一天。第二天早上出发，到达乌鲁格塔格山（Улыг Таг，今哈萨克斯坦热兹卡兹甘以北100公里的乌鲁套山脉）。帖木儿登上乌鲁格塔格山，从山上眺望草原，看见一片绿色，于是下令军队运来石头，在此竖立个标志，纪念他们这次行动。这就是1391年在乌鲁套山脉上建造的"帖木儿石碑"。

　　苏联的萨特巴耶夫院士（Каныш Имантáевич Сатпáев）于1935

---

① 译者注：秃亦全名是"秃亦·霍贾·奥格兰"（Туй-Ходжа-оглан）。也有译作"秃亦火者斡黑兰"，霍贾，也有音译为火者、和卓等，是波斯语"先生、长者"的意思。"奥格兰"是蒙古语，又译为奥古尔、斡黑兰，是成吉思汗对未能获封可汗的本族人的封号，即地方长官。秃亦是白帐汗国可汗兀鲁思的弟弟。兀鲁思命令秃亦一起进攻金帐汗国都城萨莱，但秃亦抗命被处决。

年发现了这块石碑,1936年将其运至圣彼得堡的艾尔米塔什博物馆,保存至今。碑文有11行字,其中3行是用阿拉伯语书写的《古兰经》,其余是突厥文字,大意是突厥埃米尔帖木儿1391年为与脱脱迷失汗作战,率领20万大军经过此地。碑文落款时间是1391年4月28日。

帖木儿去世前,其帝国控制的疆域包括河中地区(阿姆河与锡尔河之间地带)、突厥斯坦、花拉子模、伊朗、伊拉克、阿富汗、外高加索、部分印度等。1404年冬季,帖木儿途经哈萨克斯坦南部进攻中国,但于1405年2月在奥特拉尔去世,葬在撒马尔罕的宏伟的古儿埃米尔(Гур Эмир)陵墓中。陵墓是帖木儿生前就命令依照虔诚的穆斯林风格建造的,穹顶高12.5米,宽15米,有63个棱,寓意先知穆罕默德年龄就是63岁。棺椁用中国皇帝陵墓中使用的极其罕见的暗绿色软玉制造。据说,这块玉石棺椁曾被一分为二。其中一半曾被波斯皇帝纳迪尔沙赫·阿夫沙尔(Надир-шах Афшар)1740年掠走,后来纳迪尔和他的子民不断遭遇不顺和疾病,又不得不退还回来。墓碑上记录着帖木儿和成吉思汗的族谱以及其他信息。墓室中最大的一座墓是帖木儿的老师和国师米尔·赛义德·巴拉克(Мир Саид Барак)。旁边是他的孙子兀鲁伯(乌鲁伯格)。墓室里还葬着帖木儿的儿子沙赫鲁赫(Шахрух)、米兰沙赫(Миран-шах)和帖木儿的孙子摩诃末·苏丹(Мухаммад Султан)。

1428年,昔班的后裔阿布海尔(Абулхаир)成为白帐汗国的汗王。他执政40年间,白帐汗国的疆域西起亚伊克河(即乌拉尔河),东至巴尔喀什湖,南起锡尔河北部和咸海,北至托博尔河中游和额尔齐斯河,定都昔格纳黑。

金帐汗国解体后,15世纪中叶,在哈萨克斯坦西部出现一个独立国家诺盖汗国(Ногáйская Ордá),起初名为"曼格特帐"汗国(Мангытский юрт)。早在艾吉格可汗(Эдиге或Едигé,1396—1411

年在位）时期，诺盖汗国就已在金帐汗国内处于半独立状态。到艾吉格的儿子努尔丁（Нур ад-Дин，1426—1440 在位）当政时已完全独立。诺盖汗国主要由蒙古人统治。"诺盖"、"诺盖人"、"诺盖汗国"这些词最早出现在 16 世纪的作品里。诺盖人属于钦察蒙古部落，源自 13 世纪金帐汗国术赤本族的诺盖部队。诺盖汗国的政治经济大权始终由蒙古族的埃米尔（艾吉格的后人）掌握。诺盖汗国的居民有曼格特、弘吉剌、乃蛮、阿尔根、康居、阿尔钦、钦察、葛逻禄、阿拉什、塔马和其他部落。这些部落都是哈萨克族的直接组成部分。

15 世纪 20—60 年代，金帐汗国境内还出现了西伯利亚汗国、喀山汗国、克里米亚汗国和阿斯特拉罕汗国。

蒙古人离开之后，在哈萨克斯坦境内留下了上层统治阶级——贵族（哈语"阿克苏艾克"Ак суйéк，意思是"白骨头"）。整个社会严格依照法律治理，上至君王下至百姓的所有人都必须遵守法律。蒙古人统治期间，通过代理人——伯克和达鲁花赤①管理所征服的领土；被占领土上的国家和社会管理跟以前一样，只是接受蒙古人监督；《成吉思汗法典》在各地都有效力；有严格且明确的税收体系，有驿站体系和行政管理体系。蒙古人严重依赖突厥人，以至于突厥人在欧亚大陆的民族形成历史中扮演重要角色。

14—15 世纪，被蒙古人毁坏的城市、农业绿洲等被重新修复，畜牧业和半畜牧业获得发展，生产力以及与周边国家的贸易、文化往来和生产关系等均得到改善。经济社会领域的封建关系也有所加深，对游牧社会来说，哈萨克斯坦境内的封建关系有自己的鲜明特点。哈萨克斯坦虽具有封建社会的一些普遍特征，但封建关系通常不是表现在经济社会领域，而是社会政治领域。其中，封建分封体系就像权贵

---

① 译者注：达鲁花赤（突厥语 Basqaq，баскáк，波斯语 Darughachi），原意为"掌印者"，后来成为长官或首长的通称。最初为成吉思汗所设，曾广泛通行于蒙古帝国和元朝，是各级地方的最高长官，掌管军政大权。

的遗产继承一样，包括诸侯及其负责管理的封地。诸侯—封地体系是一个等级分层的体系，上一级的诸侯和封地还要再划分为更小的下一级的诸侯和封地。封建主、封地、等级体系、整个国家划分成若干块封地，以及内讧等，都是封建制度的特征。

14—15世纪的哈萨克斯坦是一个等级社会。居于社会最上层的是成吉思汗家族的代表——可汗（хан），以及不是可汗的成吉思汗家族的人——苏丹（султан）、奥格兰（оглан）[①]。这些人依靠贵族支持，贵族则来自部落和氏族的酋长、伯克、法官、巴依等。定居和游牧的广大民众则被称为"卡拉丘"（карачу），即平民、普通人。

14—15世纪的白帐汗国、蒙兀儿汗国、阿布海尔汗国、诺盖汗国都习惯性地被称为"兀鲁思"，即成吉思汗将帝国的土地分配给各地统治者的封地。随着各地独立性增强，兀鲁思逐渐演变为国家。国家的首领称作可汗。汗位传承依照直系长子继承制。可汗由氏族的大公贵族选举产生，并依照传统仪式宣布。可汗的实权掌握在成吉思汗家族和上层氏族部落手中。对于国家大事，可汗须与王公大臣商议或协商。可汗的咨询机构有多种，例如马日利斯[②]、季万[③]。地方长官位于汗下辖的领地内，以汗的名义管理地方，打仗时提供后备军，平时缴纳辖区内征收的部分税赋。可汗有自己的部队，但汗国的主要军事力量仍来自各地方的后备军。

14—15世纪，哈萨克斯坦境内各汗国的政治结构比较稳定，足以保障国内经济社会独立自主地发展和国土完整，抵御邻国的侵略。

14世纪初，蒙古人离开后，哈萨克斯坦境内的汗国基本都以各部落为基础而建立。为发展汗国，各国都努力加强游牧人口和定居人

[①] 奥格兰（oglan，оглан，оғул）源自突厥语"儿子、孩子"的意思。该词常见于14—15世纪的文献，指未成为汗的成吉思汗家族的贵族子弟、王子、王公贵族等。波斯语相近的词汇是 Шахзаде（Šāhzāde）。

[②] 马日利斯（Маджилис），相当于今日的人民代表会议。

[③] 季万（Диван），相当于今日的总统办公厅。

口间的经济联系，由此促进了城市文化的恢复和发展，尤其是在昔格纳黑、萨乌兰、奥特拉尔、萨莱奇克等地。萨莱奇克城是13—16世纪的重要中心城市。该城的遗址位于今日阿特劳市以北约50公里的乌拉尔河右岸地区。城内有发达的手工业，例如制陶、烧砖、铜匠、青铜制造、首饰、玻璃工、地毯编织、石匠等。贸易也得到恢复和发展。考古专家在哈萨克斯坦的奥特拉尔、突厥斯坦和其他南部地区发现了大量钱币，这说明15世纪中叶中亚地区的商贸往来频繁。

这个时代的建筑群遗址有位于哈萨克斯坦中部地区的术赤汗陵墓（14世纪）、位于塔拉兹的达乌德伯克陵墓（14世纪）、位于哈萨克斯坦中部地区的阿拉什汗陵墓（14—15世纪）、位于突厥斯坦的亚萨维陵墓（14—15世纪）、位于昔格纳黑的科克克谢涅陵墓（Кок-Кесене，14—15世纪）、位于奥特拉尔的清真寺和大浴池（14—15世纪）。

14—15世纪，叙述各种神话的民间文学获得大发展。尤其是关于具有神奇法力的英雄故事，例如《耶尔捷斯季克》（Ер-Тестик）《阿亚兹比》（Аязби）等。这个时期，各种零散的故事逐渐汇集演变成史诗叙事，例如《阿勒帕米斯》（Алпамыс）、《库布兰德》（Кобланды）、《萨伊纳》（Саина）、《科济科尔佩舍》（Козы Корпеше）等。14世纪的日尔希（说唱，Жыршы）、日拉乌（口头诗歌，жырау）和14—15世纪的瑟贝拉（即兴演奏，Сыпыра）等都是大家熟悉的民间文学形式。书面文学有14世纪的可以作为科教书样板的《钦察语大辞典》（Кодекс Куманикус）和部分艺术作品。书面文学遗产还有《乌古斯记事》（Огуз-наме）、霍列兹米（Абдулрахи́м Хафи́з Хорезми́）的《爱情宣言》（Мухаббат-наме）和库特布的《霍斯陆和席琳》（Хосров и Ширин）。

这个时期的音乐作品主要是关于历史、英雄和爱情等题材的器乐曲（кюй），例如《叶斯肯季尔》（Ескендир）、《卡姆巴尔勇士》

（Камбар батыр）、《科贝兰德勇士》（Кобыланды батыр）、《绍拉勇士》（Шора батыр）、《术赤汗的行军》（Жошы ханнын жортуылы）、《瘸驴》（Аксак кулан）、《瘸子帖木儿》（Темир Аксак）等。

  14 世纪末期，伊斯兰教已成为游牧民族精英普遍接受的宗教。这主要与别儿哥汗有关，他在金帐汗国不遗余力地推广伊斯兰教，另外还与乌兹别克汗（Озбек）有关。沙卡里姆（Шакарим）在其《世系谱》（Шежира）一书中写道："乌兹别克汗是术赤的后裔，皈依了伊斯兰教。在他所属的兀鲁思境内，所有人以及我们的祖先都被称作'乌兹别克人'。乌兹别克汗是穆斯林，他所有的臣民也都开始信仰伊斯兰教。从此，我们的信仰从未改变过，至今仍是穆斯林。因此民间有'我们的信仰来自乌兹别克汗'的说法。"正是这个缘故，术赤兀鲁思境内的所有人都被称作"乌兹别克人"。尽管伊斯兰教已被广泛接受，但在 14—15 世纪，伊斯兰教传入前的传统民间信仰和文化仍在哈萨克斯坦发挥重要作用。

第四章

哈萨克汗国时代

一 哈萨克民族完成整合进程

语言学、民族学和人类学是研究民族起源的主要角度。从这些学科的立场出发，哈萨克民族的整合历史可以概括如下：从语言学角度来看，哈萨克民族经历了古欧洲语、印度—伊朗语、早期突厥语、突厥语、哈萨克语的发展历程；从民族学角度看，经历了印度—伊朗、突厥、哈萨克民族的发展历程；从人类学角度来看，经历了欧罗巴人种、欧罗巴—蒙古人种、蒙古—欧罗巴人种的发展历程。从公元前3000年到公元前1000年间，今日哈萨克斯坦境内的先民就其经济和文化传统来说，属于印欧语系中的古伊朗分支。

在青铜时代，具有地域特征的安德罗诺沃文化在西西伯利亚、哈萨克斯坦和亚洲中部等地区广泛传播，并成为游牧文明的基础。铁器时代早期，欧亚草原的游牧民族正是当地先民所形成的历史文化共同体的继承人。

在铁器时代早期，欧亚草原上居住着塞人—斯基泰人（сако-скифы）、萨尔玛特人（савроматы），以及他们数量众多的部落氏族分支。位于哈萨克斯坦境内的这些部落联盟具有印欧语系的特点，该特点在其民族文化发展过程中一直保留到纪元前后。考古学、民族学、民俗学、地名学和古人类学的研究成果证明，在经济、文化传统、族群和语言等环境因素相近的基础上，后来在哈萨克斯坦境内出现的部落及部落联盟（包括哈萨克部族在内）早在青铜时代和铁器时代早期就已经具备了形成其历史文化共同体的祖先基础（基因）。

对于欧亚大陆的大部分地区而言（包括哈萨克斯坦和亚洲中部在内），纪元第一个千年之初是该地区民族发展的新阶段，早期突厥民族的文化和语言共同体也是从这个时期开始逐渐形成。在该时期，大量游牧部落从东方向西迁徙，从而建立起多种不同的游牧民集团。在此后的多个世纪里，哈萨克斯坦都是东西方之间的沟通桥梁，其境内居民处在欧亚大陆民族迁徙通道的中心。

由此可见，决定哈萨克部族形成的民族发祥源头产生于上古时期，即原始制度分化的时代。在早期阶段，民族发祥进程与原住民紧密相关，但对于该进程而言，中亚的广袤疆域内的民族发祥进程发挥着日益重大的作用。就如中亚的许多突厥语族一样，构成哈萨克民族的族群基础是不同时期居住在今日哈萨克斯坦境内的塞人（сак）、乌孙（уйсун）、康居（канглы）、匈奴（гунны）、突厥（тюрки）、突骑施（тюргеш）、葛逻禄（карлуки）、乌古斯（огузы）、基马克（кимаки）[①]、钦察（кыпчак）、乃蛮（найман）、克烈（кереит）、札剌亦儿（Жалайыр）等部落。其中一些部落曾建立过自己的国家。在哈萨克人中间，很多突厥氏族和部落的名称一直保留到晚近时期。

到13世纪，蒙古人入侵打断了哈萨克斯坦境内居民的族群联合的迅猛发展进程，出现了新的族源成分，巴鲁剌思（Барлас）、忙忽惕（Мангыты）等蒙古氏族部落移居至哈萨克斯坦境内。蒙古人由于数量相对较少，逐渐被占优势的突厥人同化，但蒙古人仍是统治阶层。

族群是历史形成的，具有共同体质特征、文化、语言和心理状态

---

① 译者注：基马克（Кимаки），中国文献中也写作"处木昆"。

的人们的稳定结合体，且具有共同的族群自我意识和自我称谓。对于族群的形成和保留而言，地域和社会一致性（这对于族群内部居民间的长期且不间断的相互交流来说是必须的）具有极其重要意义。

15—16世纪，持续数百年的哈萨克部族及其族群疆域的形成过程基本完成。在两大人种（原住的欧罗巴人种和外来的蒙古人种）复杂互动的基础上，最晚在14—15世纪，当代哈萨克族具有的表型外貌已经最终形成。现在，这一切都构成了当代哈萨克民族的人类学成分的统一体。

二 "哈萨克族"的族名与三个"玉兹"

哈萨克斯坦的特点，是在其境内出现了"玉兹"，即同属于哈萨克民族且居住在全体哈萨克人疆域内的部落联合体。其形成过程与哈萨克民族的长期整合进程同时发生。书面文献中最早提及"玉兹"是在17世纪初。三个玉兹的建立与哈萨克斯坦的自然气候条件及其游牧生活方式紧密相关。哈萨克斯坦由若干个自然景观地带组成，足以满足自我发展需求。哈萨克斯坦的三大地理板块（一是哈萨克斯坦南部和七河区；二是哈萨克斯坦西部；三是哈萨克斯坦中部、北部和东部）成为境内居民的经济和文化活动的天然分布区。另外，境内人口曾长期处于其他国家的体系之内（首先是蒙古诸兀鲁思），也不可能不对哈萨克斯坦产生影响。

大玉兹涵盖从锡尔河到七河地区之间的疆域，包括的部落联盟主要有乌孙（уйсуны）、康居（канглы）、杜拉特（дулаты）、阿尔班（албан）、素宛（суан）、锡尔格利（сргелы）、依斯惕（ысты）、奥夏克惕（ошакты）、沙普拉什惕（шапрашты）、札剌亦儿（жалаир）等。

中玉兹位于哈萨克斯坦的中部和东北部，包括的部落联盟主要有钦察（Кыпчак）、阿尔根（Аргын）、瓦克（Уак）、乃蛮（Найман）、弘吉剌惕（Конырат）、克烈（Керей）等。

小玉兹占据锡尔河下游和咸海沿岸，以及里海低地的北部，主要有拜乌勒（байулы）、热季鲁（жетиру）、阿里木勒（алимулы）三个部落联盟。其中，拜乌勒部落联盟包括阿代（Адай）、扎普巴斯（Жаппас）、阿拉什（Алаш）、别尔什（Берш）、也先帖木儿（Есентемир）、舍尔克什（Шеркеш）等共12个氏族；热季鲁部落联盟包括塔本（Табын）、塔马（Тама）、扎加尔拜勒（Жагалбайлы）、拉马丹（Рамадан）等共7个氏族；阿里木勒部落联盟包括喀喇萨卡尔（Карасакал）、喀喇克色克（Каракесек）、铁尔特喀喇（Торткара）、舍克惕（Шекты）等共6个氏族。

从15世纪下半期开始，逐渐形成的哈萨克民族开始被周边其他民族所认知，并在书面文献中被称为"哈萨克人"（казах）。对"哈萨克"名称的起源至今仍争执不休，在很多传说中有所反映。例如：

（1）令俄罗斯历史学家卡拉姆津（Никола́й Миха́йлович Карамзи́н）和匈牙利学者瓦姆伯里（Арминий Вамбери）感兴趣的一则资料是：10世纪中期的拜占庭皇帝君士坦丁七世（Константи́н VII Багряноро́дный，905—959年）曾提及一个名叫"卡扎希亚"（Казахия）的国家。但进一步研究表明，此处所谓的"卡扎西亚"应读作"卡萨希亚"（Касахия），指的是"卡索吉人的国家"。但卡索吉人（касоги）是高加索地区的阿布哈兹—亚迪格部落的分支，说一种高加索土著语言。"哈萨克"（казак）一词能与"卡索吉"（касог）和"卡萨希亚"（касахия）等名称联系在一起的依据仅仅是发音相近，因此这种联系有些牵强。

（2）有一种看法认为，阿拉伯史学家伊本·阿桑·阿里－库菲（ибн Аса́м аль-Ку́фи）曾在其历史著作《征战记》（*Китаб аль-футух*）（9世纪末到10世纪初）中用过"卡萨克"（Касак）一词，但这里的"卡萨克"指的也是一个位于高加索的叫"卡萨克"

（Касак）的地方。

（3）芬兰的阿尔泰学专家拉姆斯泰特（Густав Йон Рамстедт）将"哈萨克"（казак）解释为来自蒙古语词组"哈萨格·特尔根"（хасаг терген），意思是"马车"，但这种说法没有任何依据。

（4）有一种推论认为，"哈萨克"（казак）一词其实是俄罗斯东方学家拉德洛夫（Василий Васильевич Радлов）从 8 世纪古突厥文献中释读的一个句子"Қазғақым оғлым"（"哈兹哈格姆·奥格兰"，意思是"我的孩子们"）①，但该说法也缺乏证据。

（5）俄罗斯东方学家潘图索夫（Николай Николаевич Пантусов）将"葛逻禄"（карлук）部族名称的阿拉伯语"哈逻禄"（Харлук）误译为"哈兹拉克"（хазлак），进而将"葛逻禄"（карлук）同"哈萨克"（Казах）这两个词混为一谈，认为"哈兹拉克"（хазлак）就是"卡兹拉克"（казлак）一词的原型，而"卡兹拉克"（казлак）后来又进一步演化为"哈萨克"（казах）。

（6）还有一种看法认为：哈萨克的名称在东、西突厥汗国时期出现。阙特勤和颉利可汗时期，东突厥被称为"豪克突厥人"（意为"蓝突厥人"），因为按照突厥人传统上对世界各部分的颜色标志，东方标记为蓝色（"豪克"，көк）。那么，"哈萨克"的族名似乎与"哈斯"（кас，突厥语意为"真正的"）和"阿克"（ак，突厥语意为"西方"）这两个词有关。这两个词连在一起便组成一个新词 кас-ак（哈斯－阿克，连读就是"哈萨克"），意思是"真正的来自西方的人"。

（7）对"哈萨克"一词还有各种五花八门的解释。例如，"哈萨克"一词来自"哈兹－阿克"，意思是"白天鹅"；"哈萨克"一词

---

① 译者注：据考证，"Қазғақым оғлым"一词见于古突厥文字（鲁尼文），是公元 12—13 世纪蒙古统治时期对草原上的年轻士兵的称呼，当时并不是一种民族称呼。Қазғақым 是蒙古语，意思是基层的不是重装的士兵；Оғлым 是蒙古语，意思是孩子、儿子、年轻人。

来自动词"哈兹"（каз），意为挖、刨，或者动词"海兹"（кез），意为漂泊，或者动词"哈奇"（кач），意为逃亡、逃命等。

（8）最有充足论据的判断是："哈萨克"（казак）一词出现在钦察人居住的地区，且不早于11世纪，意为"自由人，漂泊者"[①]。该词被赋予特定的社会意义，专指那些脱离自己的氏族、部落和国家的人，他们依靠参加军事活动而获得生存手段。实际上，这与自由游牧制度紧密相关。9—10世纪，在钦察草原东部的钦察人社会中便出现这样一些社会集团，到11—12世纪时成为民族—社会集团，被称为"哈萨克"（казак）。蒙古人征服中亚后，将钦察部落播撒到钦察草原之外，推动了"哈萨克"一词的传播。"哈萨克"一词通用于所有由自由民组成的氏族部落。自由游牧制度没有民族和国家的界限。到14世纪初，哈萨克斯坦境内出现了一些包括白帐汗国在内的独立国家，使得当地的族群主体钦察人得以在这些独立国家中发挥整合与团结的作用。从15世纪下半期起，"哈萨克"这个词逐渐具有族群意义。

由此可见，"哈萨克"（казак）最初只是一个普通的突厥—钦察语词汇，意思是自由、不受约束、独立、寻求刺激的人。这种解释得到俄罗斯历史学家维利亚米诺夫-泽尔诺夫（Владимир Владимирович Вельяминов-Зернов）、巴尔托利德（Василий Владимирович Бартольд）、伊布拉希莫夫（Сапар Ибрагимов）、尤金（Вениамин Петрович Юдин）等声名显赫的学者的支持。当贾尼别克（Жанибек）和克烈（Керей）率领部众离开阿布海尔（乌兹别克汗国的可汗）后，他们的支持者就被称为"乌兹别克—哈萨克"。待到贾尼别克和克烈的

[①] 译者注：哥萨克（Казáки）是俄国社会中的自由人，常做雇佣军，作战勇猛。哥萨克与哈萨克发音极其接近，二者均来自突厥语，意思都是"自由人"或"脱离者"。但随着时间推移，二者的意义逐渐固定，并存在明显差别。"哈萨克"指的是当年跟随贾尼别克汗和克烈汗脱离白帐汗国的人，即今天的哈萨克民族。"哥萨克"则是很多民族的集合，主体是脱离沙皇农奴控制的斯拉夫人。

汗国巩固之后，所有臣服于他们的居民都被称为"哈萨克人"。从 15 世纪下半期开始，这一术语逐渐具有民族含义，被用作族称。

三　建立哈萨克汗国

有关哈萨克斯坦历史的最重要内容之一，是有关建立哈萨克汗国的问题。建立汗国是民族政治进程的合理结果，也是本地区所有疆域统一到同一政治结构中，所有哈萨克氏族和部落实现统一，以及漫长的民族整合进程完成的合理结果。这也体现了族群社会共同体对建立属于自己的、具有社会和领土特点的国家组织的追求。

哈萨克汗国的建立与贾尼别克和克烈等人的名字紧密相关。[①] 他们曾与成吉思汗的其他后人展开权力争夺。贾尼别克是八剌汗（Барак）[②] 之子、兀鲁思汗（Урус）的曾孙。他与自己的亲戚、同是兀鲁思汗曾孙的克烈于 1459—1460 年离开阿布海尔（Абулхайр）管辖的乌兹别克汗国（兀鲁思），迁移到蒙兀儿斯坦（Могулистан）也先不花可汗（Есен-Буга，1429—1462 年在位）的领地。由此，阿布海尔的乌兹别克汗国和蒙兀儿斯坦汗国[③]的内政状况（到 15 世纪下半期，两个汗国都已走向衰落）是建立哈萨克汗国的背景条件。1457 年，阿布海尔汗被卫拉特人（ойрат）打败，国内形势更加尖锐。阿布海尔汗无力团结社会，而蒙兀儿斯坦的统治者也不能保护自己的臣民免受卫拉特人侵害，迫使这两个汗国的民众寻求能够团结各部落氏族并建立稳定国家的力量，贾尼别克和克烈得以成为联合社会

---

① 译者注：贾尼别克汗（Жанибек），1428—1480 年，哈萨克汗国的创始人之一。阿拉伯语名字为"阿布·赛义德"（Абу Саид），又称为"阿兹贾尼别克"（Аз Жанибек）。"阿兹"（Аz，Аз）是突厥语，意思是"聪明智慧的"。克烈汗（Керей-хан 或 Гирей-хан 或 Кирей-хан），1425—1473 年，与贾尼别克共同创立哈萨克汗国。

② 译者注：八剌汗（Барак）也有译成"巴拉克"汗。

③ 译者注："蒙兀儿斯坦汗国"即"东察合台汗国"。

各阶层利益的代表。在此期间，吉尔吉斯人、乌兹别克人、卡拉卡尔帕克人等部族也都走上了中亚的历史舞台。

贾尼别克和克烈以违反草原上的权力继承传统为由，拒绝服从阿布海尔汗，率众迁徙到蒙兀儿斯坦，得到也先不花汗的热情接待，被安排住在汗国西部的楚河河谷和克孜巴希①（相当于今日从巴尔喀什湖到江布尔州楚河谷地的库尔代隘口一带地区）。也先不花汗将贾尼别克和克烈视为捍卫其西部疆界的支柱。1462 年，也先不花汗去世后，贾尼别克和克烈在七河地区的地位进一步巩固。按照历史学家米尔咱·海答儿（Мухаммад Хайдар Дулат）确定的日期，哈萨克汗国的建立时间应当在 1465—1466 年。

在相邻的蒙兀儿斯坦建立起一个乌兹别克—哈萨克人的汗国，这引起阿布海尔汗的担忧。他召集大军，于 1468 年远征蒙兀儿斯坦，但在途中生病去世。阿布海尔汗死后，乌兹别克汗国内的政治危机更加尖锐，爆发内讧。阿布海尔汗的儿子谢赫海达尔（Шайх-Хайдар）继承权力。但贾尼别克和克烈随后介入了乌兹别克汗国（兀鲁思）的权力斗争，谢赫海达尔汗战败身亡，迫使阿布海尔汗的孙子逃亡。贾尼别克和克烈在乌兹别克汗国（兀鲁思）的辽阔疆域上站稳脚跟，于是出现了一个政治实体，其居民被称为"哈萨克人"。

由此可见，哈萨克汗国乃是各种政治进程和民族进程交织的产物，起源于贾尼别克和克烈带着一部分部落氏族离开阿布海尔（乌兹别克汗国可汗）并迁徙到蒙兀儿斯坦。在此过程中，贾尼别克和克烈的支持者们被赋予了一个名称"乌兹别克—哈萨克人"，后来简化为"哈萨克人"②，之后建立起哈萨克汗国。最终，在阿布海尔汗死后，贾尼别克和克烈又回到乌兹别克汗国（兀鲁思）并夺取了最

---

① 译者注：克孜巴希（Козы-Баши），突厥语"羊头"的意思，即牧羊的地方。
② 译者注："乌兹别克—哈萨克"的突厥语的意思是从乌兹别克汗国脱离出来的人、脱离乌兹别克汗国的人。"哈萨克"系突厥语，意思是"脱离者""离开……的人。

高权力，新的国家实体被称为"哈萨克斯坦"。

沙卡里姆·库代别尔德乌雷在《世系谱》一书中这样解释贾尼别克和克烈的出走之举："术赤兀鲁思的东部（不包括喀山汗国和克里米亚汗国）的统治者是阿布海尔汗。当时哈萨克人的首领是从属于阿布海尔汗的贾尼别克。贾尼别克的本名叫阿布·赛义德（Абу Сагид），是秃花帖木儿（Токай Тимур）的后人，具有大汗的血统。1455 年，贾尼别克汗与哥哥克烈对阿布海尔汗心怀怨愤，一起出走并投靠察合台家族的也先不花汗的儿子秃忽鲁帖木儿（Туглук），并留在楚河地区。"哈萨克人这样解释这次出走的原因：阿尔根部的远房先祖、荣耀的和卓达伊尔（Даир-ходжа）是阿布海尔汗喜欢的法官，民众因其判决公正而称其为"正大光明的伯克"（Акжол-бий）。与此同时，阿布海尔汗身边还有另外一位红人是卡拉钦察人、勇士科布兰德（Кобланды Токтарбáйулы）。但是达伊尔和科布兰德两人私下里互相仇恨。有一次，科布兰德在草原上遇见达伊尔并将其杀死。贾尼别克得知此事后，去找阿布海尔汗，要求他交出凶手，并按照伊斯兰教法将凶手处以极刑。但阿布海尔汗担心人数众多的钦察部落不满，便拒绝处死科布兰德，提出让钦察人交付赔偿，数额等同于杀死三个普通人的命金。贾尼别克对阿布海尔汗的这个决定感到愤怒，率部众离开了阿布海尔。从那时起，哈萨克人中间就留下一句谚语："我亲爱的，你干嘛要跟卡拉钦察人科布兰德这种人搅和在一起呢！"

沙卡里姆在《世系谱》中继续写道：在哈萨克人与贾尼别克一起出走之前，以及他们被称为"哈萨克人"之前，组成哈萨克民族的氏族有阿尔根、乃蛮、克烈、康居、钦察、乌孙、杜拉特等。所有这些氏族直到现在还存在于其他突厥民族里。当哈萨克民族形成后，这些氏族也成为其他新生民族或族群的组成部分，例如今天已知的诺盖人、巴什基尔人、乌兹别克人等。

沙卡里姆还在《世系谱》中列出这样一些资料：……自从贾尼别克汗带领哈萨克人效忠喀什的察合台统治者之后，统治哈萨克和其他游牧部落的蒙兀儿斯坦可汗是羽奴思汗（Жунус）和艾哈迈德汗（Ахмет）……艾哈迈德汗将哈萨克男青年编成一支用于打击卡尔梅克人的军队，分为三翼，分别称作"大玉兹"、"中玉兹"和"小玉兹"。由于经常遭受哈萨克人袭击，卡尔梅克人称艾哈迈德汗为"阿拉什人"（1496—1504年在位）。因经常与卫拉特人打仗，艾哈迈德汗又被卫拉特人称为"阿剌扎"汗（Аладжи，意思是"凶手"，在这种具体情境下的意思是"杀害卫拉特人的人"）。沙卡里姆写道："听到这种说法后，为了震慑卡尔梅克人，艾哈迈德汗下令哈萨克人从今往后在攻击敌人时都要高喊'阿拉什'！"由此，"阿拉什"这个战斗口号成为哈萨克人的一面旗帜，也因此产生了一句谚语："当我们哈萨克人成为'阿拉什'的时候，当'阿拉什'成为我们可汗的时候，我们就能对卡尔梅克人无所不能。"从这些资料片段中可知，沙卡里姆在自己的研究中所依据的材料主要是民间传说和口头文学。

四　16—17世纪哈萨克汗国的政治形势

从15世纪中期到18世纪初，哈萨克汗国始终是一个统一的政治实体①。汗国经历了形成阶段和若干个较为稳定的发展阶段。在哈萨克族人所居住的范围内，汗国的疆域轮廓多次改变。到18世纪，各玉兹开始推举各自的可汗。

15世纪50—70年代，贾尼别克和克烈二位可汗共同治理哈萨克汗国。在他们去世后（克烈汗统治至1473—1474年），有史料认为从

---

① 译者注：此处作者认为15—18世纪的哈萨克汗国是一个统一的政治实体，但中国学者一般认为，这个期间的哈萨克汗国以不同的部落的形式分布于包括清朝在内的中亚地区，各部落之间的联系比较松散。

1470 年代中期开始，也有史料认为从 1480 年代开始，克烈汗的长子布伦杜克（Бурундук）成为至高无上的可汗。在哈萨克汗国建立初期和以后的几十年里，哈萨克汗国的统治者与阿布海尔后裔昔班尼（Шейбани，术赤后裔，阿布海尔的孙子）的支持者经常为争夺锡尔河绿洲和一些城市而开战，双方互有胜负。

到 16 世纪上半叶，哈萨克汗国在哈斯木汗（Касым）统治时期臻于鼎盛。哈斯木在布伦杜克汗时代就已成为实际统治者，但正式开始统治是在 1511 年。在此之后，丧失威望的布伦杜克汗带着少数亲随远走河中地区，前往撒马尔罕投靠自己的女儿，并在那里终老一生。哈斯木汗开启了贾尼别克汗的后人实施统治的历史。

哈斯木汗（1511—1521 年在位）利用昔班尼汗在梅尔夫城被伊朗谢赫伊斯玛仪击败身亡之机，巩固了自己在哈萨克斯坦南部的统治。1513 年，他控制了最南部的锡尔河沿岸城市赛拉姆（Сайрам，今哈萨克斯坦奇姆肯特），并远征塔什干。哈斯木汗与察哈台后人苏丹·赛义德（Султан Саид）保持友好关系。苏丹·赛义德于 1514 年春离开七河区，侵入喀什，在东突厥斯坦建立了以叶尔羌（即今日的新疆莎车）为都城的叶尔羌汗国，更加巩固了哈萨克汗国在七河区的政权。在哈萨克汗国西部，一些氏族集团离开了正在遭受危机的诺盖汗国，投到哈斯木汗麾下。如此一来，汗国的南部疆界就直抵锡尔河右岸，东南方则囊括了七河地区的大部分，北部和东北部包括广袤的草原，远达乌鲁套山麓（Улутау）、巴尔喀什湖和卡尔卡拉林山麓（Каркаралин），西接雅依克河（Яик）。

哈萨克汗国逐渐理顺了对外关系。最早与哈萨克汗国建立外交关系的国家之一，是瓦西里三世大公（1505—1533 年在位）执政的莫斯科公国。当时，哈萨克人作为一个民族共同体[①]在西欧已广为人

---

① 译者注：一般认为，西方意义上的与政权结合的民族，从 18、19 世纪开始形成。早期的民族实际上是一些部族和族群。

知。奥地利外交官西格蒙德·赫尔伯施泰恩（Siegmund Freiherr von Herberstein）分别于 1517 年和 1526 年访问莫斯科公国，并留下关于哈萨克人的记载。据历史学家米尔咱·海答儿的资料，哈萨克可汗管理的臣民据估计有上百万，他是作为"哈萨克国土的统一者"而被载入史册。按照与哈斯木汗同时代的伊本·鲁兹比汗（Ибн Рузбихан）、巴布尔（Бабур）、米尔咱·海答儿（Мирза Хайдар）等历史学家的评价，哈斯木汗勇敢坚毅，有吸引他人追随的气质魅力，极具军事天赋，是一位道德品质高尚的榜样人物。在哈斯木汗统治时期，汗权前所未有地得到巩固。没有任何其他哈萨克可汗能够像他一样，将如此众多的民众凝聚在他的麾下。民间将哈斯木汗的名字与其创立的法典（又名"哈斯木汗的纯洁道路"，Касым ханның каска жолы）联系在一起。

1522 年哈斯木汗去世后，他的儿子马玛什（Мамаш）继承汗位，但不久之后马玛什汗就在一场战役中阵亡。1523 年，贾尼别克汗之孙、贾迪克苏丹（Адик）之子塔赫尔被拥立为可汗（Тахир，1523—1533 年在位）。塔赫尔汗并没有太大影响力且极度残忍。在他统治期间，国内爆发了动乱、灾难和外交挫折。塔赫尔汗与忙忽惕部作战失败后，被迫于 1523 年迁徙到蒙兀儿斯坦，并与蒙兀儿斯坦的苏丹·赛义德汗订立盟约。但因为塔赫尔汗吸纳了一部分原本臣服于苏丹·赛义德的吉尔吉斯人，双方关系于第二年（1524 年）便决裂。塔赫尔汗迁徙到蒙兀儿斯坦西部后，在那里与昔班尼汗的追随者开战，结果丧失了一部分哈萨克人的属地。在天灾人祸逼迫下，塔赫尔汗不得不在吉尔吉斯人中度过余生。塔赫尔汗死后，他的弟弟布达什（Буйташ）成为大汗。这个时期的哈萨克历史也曾经提及其他一些可汗，例如艾哈迈德汗（Ахмад）、托古姆汗（Тугум）。布伊塔什汗与吉尔吉斯人联系紧密，统治着哈萨克—吉尔吉斯人的联合体，在七河地区活动。1559 年，布达什汗在远征河中地区时阵亡。

在1530年代，哈萨克历史曾提及贾尼别克汗之子托古姆汗（Тугум）的名字。他于1537年率37名苏丹以及自己的氏族在名为"察哈特"的地方（Чагат）与蒙兀儿斯坦可汗作战，并在战斗中阵亡。之后，哈斯木汗之子哈克那扎尔继任汗位（Хакк-Назар，1538—1580年在位）。无论是在哈萨克三大玉兹的民间传说中，还是在巴什基尔人和诺盖人的民间传说中，哈克那扎尔汗的名字都闪耀着荣誉的光环。他不仅在与卫拉特和蒙兀儿斯坦统治者的斗争中勇敢地捍卫七河地区的东部和南部的国土，还与乌兹别克汗阿卜杜拉（Абдаллах-хан II，1534—1598，期间于1583—1598年在位）建立盟友关系，置身于乌兹别克汗国的保护之下。

哈克那扎尔汗死后，贾尼别克之孙、贾迪克（Жадик）之子契戛依（Шигай）被拥立为哈萨克可汗（1580—1582年在位）。契戛依之后，他的儿子塔武凯勒（Таваккул或Тауекель-хан）继任汗位，一直统治到1598年。众所周知，塔武凯勒汗曾于1594年派出以库勒摩诃末（Кул-Мухаммад）为首的使团前往莫斯科。1598年，塔武凯勒汗利用乌兹别克可汗阿卜杜拉去世之机，控制了赛拉姆、塔什干、突厥斯坦、撒马尔罕诸城，直抵布哈拉，但他在一次战斗中受伤，并于同年去世。

契戛依汗之子额什木继任汗位（Есим，1598—1628年在位）。哈萨克民间传说将额什木汗的名字与被称作"额什木汗的古老道路"的《额什木汗法典》联系在一起。额什木汗统治的哈萨克汗国定都突厥斯坦城。额什木汗之后，他的儿子杨吉尔（Жангир）继任可汗。1652年，杨吉尔在与卫拉特人的一次战役中阵亡。杨吉尔汗国时期，当时的卫拉特人正遭清帝国排挤，使得他们侵占哈萨克汗国的危险急剧上升。

杨吉尔汗之后，统治汗国的是巴特尔（Батыр），但关于巴特尔汗的史料没有留存下来。巴特尔汗之后，继位的是杨吉尔汗之子头克（Тауке，1652—1715年）。头克汗的全名叫塔武凯勒·摩诃末·巴特尔（Тавакул-Музаммад-Батыр-хан）。在他统治期间，哈萨克汗国得到巩固，准噶尔人的攻击减弱。无怪乎哈萨克民族在头克汗时代出现了"百灵鸟在羊背上下蛋"这样的生动说法，意味着汗国的顺遂、安宁和安全。头克汗时期还编订了习惯法法典《七项律法》。

五 《七项律法》

哈萨克斯坦在头克汗时期的历史标志是制定了法律文献《七项律法》。其制定者通常被认为是头克汗，因此该法律汇编也被称为《头克汗法典》。有一种说法认为，头克汗召集三位声望卓著的伯克提供咨询：一是来自大玉兹的伯克托列（Толе），二是来自中玉兹的伯克卡兹别克（Казбек），三是来自小玉兹的伯克艾泰克（Айтеке）。他们讨论一些最经常遇到的具有法律性质的事务后，制定了法律规则。从时间上看，该法律规则大概出现在17世纪70年代。在哈萨克汗国的历史上，这是一个非常复杂的时期。当时，头克汗不得不两线作战：一是与阿什塔尔汉王朝①争夺锡尔河沿岸城市；二是在东南方向与卫拉特人作战。对外，与准噶尔人之间劳民伤财的残酷斗争不可避免；对内，汗国自身的内讧从未休止。为了巩固汗国，就通过了这些法律规则。

《七项律法》确立了中世纪哈萨克汗国法律的基本原则和规范。

---

① 译者注：阿什塔尔汉王朝（Аштарханиды，也有译作"阿斯特拉罕"王朝）是布哈拉汗国中期。布哈拉汗国共分为三个阶段：昔班尼王朝（1500—1599年）、阿什塔尔汉王朝（又称"札尼王朝"，1599—1785年）、曼吉特王朝（又称"海达尔王朝"或"布哈拉埃米尔国"，1785—1920年）。俄国吞并阿斯特拉罕汗国（术赤后裔）后，汗国王子札尼（Джани）逃往布哈拉汗国，后迎娶布哈拉汗国的公主。昔班尼家族绝嗣后，布哈拉汗国政权转到札尼家族，开启阿什塔尔汉王朝。

在收集整理普通法律基础上，还补充了头克汗前任时期的一些法律原则。一些研究者认为，这些规则肇始于成吉思汗的《蒙古国法典》以及哈斯木汗和额什木汗的一些规章。《头克汗法典》从法理上巩固了行政、刑法、民法、家庭法等法律以及税收和宗教活动等规则，可以说几乎涵盖了生活的所有方面。

遵照《七项律法》，国家的最高权力集中在可汗手中。国家管理方式由苏丹和氏族部落长老经由库里台大会实现。库里台大会的所有参会者须随身携带武器。

刑事法律对谋杀、致人重伤、强奸、殴打、侮辱、不孝、偷盗、通奸等罪行规定了惩罚办法。这些惩罚措施反映出血亲复仇的原则，即以血还血，以牙还牙，致人重伤，还其重伤，另外还允许缴纳罚金"库纳"（кун）代替惩罚。妻子杀害丈夫、妇女杀害自己的私生子、妻子与人通奸、亵渎神灵等罪行适用死刑，处以绞刑或用乱石砸死。

凶手可以通过交付命金抵命，罚金（库纳）的额度根据罪犯和受害者的社会地位而不等。例如，杀死一个普通男子须赔偿受害人亲戚1000只羊；杀死一个女人只赔偿500只羊；如果杀死的是苏丹或和卓，命金额度则相当于杀死普通人的7倍。如果用言语侮辱了苏丹或和卓，就赔偿9只羊；如果对苏丹或和卓动手，就赔偿27只羊。杀死一个奴隶的价格相当于一只金雕或一只猎犬。

致人重伤也可以用牲畜作为库纳：伤人大拇指要赔偿100只羊，伤小指要赔20只羊。偷窃要赔偿被窃物价值的3倍。例如，非礼女人要赔偿200匹马；如果偷窃1头骆驼，除归还1头骆驼外，还要另加1名俘虏；偷窃1匹马，除归还1匹马之外，还要外加1头骆驼；偷1只羊，除归还1只羊以外，还要再赔偿1匹马。因为1头骆驼相当于3匹马或者10只羊。来自摩洛哥的阿拉伯旅行家伊本·白图泰（Ибн-Батут）曾于14世纪到访钦察汗国，他写道："那里的牲畜不需要牧羊人看守，也没有看门人，因为那里的司法非常严酷。他们的法律是这样规定的：如果在某人处找到了被盗的马匹，就要强迫他归还原主，除了这匹马之外，还要赔偿相当于这匹马价值9倍的财物。如果他无力偿付，就要带走他的孩子。如果他没有孩子，那就要像宰羊一样把他宰了。"伊本·白图泰还观察到一件非常有意思的事情："我在这个国家看到一个令人惊奇的现象：居民都非常尊重妇女。突厥的女人都不把自己遮盖起来。"

还有一些其他惩罚，例如，改宗基督教者，没收其财产；孕妇杀死自己的丈夫要被驱逐；侮辱父母者，要将其交给公众羞辱之。

还有一种集体责任原则，即除了罪犯个人要承担责任外，其亲属也要承担连带责任。如果犯了两种或两种以上的罪行，就要数罪并罚。女人、孩子、仆人、奴隶不能出庭作证。在家庭和婚姻关系方面，父母对其子女的生活拥有监管权利，规定了继承法。在司法审理时，如果没有确凿证据，要指控某人就必须提供至少2—7名证人；如果没有这么多证人出庭，必须进行宣誓。司法权和行政权并不互相分离。作为法律条文汇编，《七项律法》在整个哈萨克斯坦范围内都有效。

六 16—17世纪哈萨克汗国的社会经济发展

哈萨克社会由两个主要的社会群体组成，这两大群体的划分依据主要不是经济特征，而是其政治和法律特征。其中，成吉思汗的后裔和先知穆罕默德的后裔（和卓）属于贵族（ак суйек，即"白骨头"），其他人都属于非贵族群体（кара суйек，即"黑骨头"）[1]。

成吉思汗后人一出生就有权获得苏丹称号，针对这部分人有个专门词汇叫"奥格兰"（Оглан）或"托列"（Торе），即成吉思汗家族

---

[1] 译者注：哈萨克族民间具有骨信仰习俗。哈萨克族用骨（syjek）来区分贵贱，将骨同血缘和血脉等同起来，以骨作为部落的代名词，同一部落氏族被称为同一"骨头"。旧时，哈萨克族社会封建等级制度森严，贵族把自己称为"白骨头"（阿克髓叶克），把贫民称为"黑骨头"（卡拉髓叶克）。成吉思汗家族称为"托列"氏族（蒙古语，贵族的意思）。

后裔中没有成为可汗的男性。这一家族属性与生俱来，与其物质或精神状况无关。在所有遵循蒙古帝国传统的国家里，成吉思汗后裔都有可能获得汗位，他们不属于任何玉兹。

《七项律法》中规定：可汗通过苏丹和氏族统治者实现对哈萨克社会的管理。"他们在秋天聚集到草原中部的某个地方，研究百姓事务。"

可汗处在社会金字塔的顶端。按照传统，王朝家族中的长子拥有继承汗位的优先权。在登基汗位时，要完成古老的登上白毛毡的礼仪。被拥立为可汗的人要坐到白毛毡上，被人托着抬起三次。举行该礼仪时还要设下酒宴。可汗的权力有：掌控所有的国土，管理汗国全境；是最高军事统帅，可以宣战和媾和；决定外交路线，是对外关系事务的主角；是最高立法者和法官。可汗的身边还有谋士、助手、亲兵卫队和女仆。17世纪和18世纪上半期，塔什干和突厥斯坦是哈萨克诸汗的驻地。

苏丹（султан）是没有成为可汗的成吉思汗后人。他们拥有自己的兀鲁思，是兀鲁思的全权统治者。平均每个兀鲁思都有近1万户（帐），不少于6万人。哈萨克汗国有大约20个兀鲁思，也就是说，人口将近120万。兀鲁思的疆域范围、转让或撤消由可汗决定。苏丹是兀鲁思的统治者，有管理兀鲁思的权力，也有指挥兀鲁思军队的权力。除军事义务之外，苏丹们不承担任何其他义务。他们可以免于肉体处罚，也不必被伯克们审判，只有老资历的苏丹或可汗才能审判他们。妄称自己属于贵族的人要被惩罚，须缴纳与杀害一名男子等额的罚金。

在非贵族群体中，伯克（Бий）是氏族部落首领，享有特殊权力。他们的影响力取决于其领导的氏族部落的人数多寡、实力强弱，以及起源的久远程度。伯克们在自己的氏族部落中拥有司法、行政和军事权力。他们与苏丹们一起承担政治功能，并作为氏族首领参与决策全国性事务。最有威望的伯克参与可汗领导的伯克会议。

在哈萨克社会，按照财产状况也划分为富人（Бай，巴依）和穷人（кедей）。富人虽在社会中人数众多，但不属于特殊阶层。例如，历史学家伊本·鲁兹比汗（Ибн Рузбихан）写道："富有的哈萨克人有几十处房子和板车，几百头骆驼，好几万只羊，畜群中有1.5万、1.8万甚至2.6万匹马。"他接着写道："哈萨克人非常富有，甚至贫困家庭也有几千只羊、马和牛。"富人们既可能出身于伯克，也可能来自普通牧民和其他非贵族人士。财富能够带来巨大利益、社会威望和影响力，但不能带来政治特权。即使最底层的贵族，都有权享有贵族阶层的全部权力和特权，但这些贵族的权力和特权却是那些尽管掌握巨额财产却没有显贵出身的富人们无法拥有的。穆斯林宗教上层在哈萨克社会中占有重要地位。

自由游牧民是拥有个人人身权和财产权的合法公民。对公民人身及其权利的捍卫只能通过氏族自身的团结一致来保障，国家机器不承担这样的功能。由此可见，个人只有作为氏族的一部分才有意义。平民百姓处在社会金字塔的最下层。

哈萨克社会中，最无权的社会群体是奴隶（"库勒"，күл）。奴隶的主要来源是战俘、奴隶贸易、债务破产者。奴隶等同于物品或牲畜，完全由其主人支配，主人可以支配其生命。奴隶如果犯罪，主人也须承担责任。

哈萨克社会中，赏地（索依乌尔哈，союргал）可以被继承。畜牧者要缴纳天课（зякет），并通常用肉作为礼物赠品，例如"索古姆"（соғым）是过冬肉，"斯巴哈"（сыбаға）是为朋友或亲人储存的肉；种地者要缴纳人头税（бадж）和地亩税（харадж）；平民要参加公共劳役（мардикар），有义务接待军队宿营（каналға）和出身显贵者留宿（жамалға）。汗国通过征收实物税（тағар）养活军队。伊斯兰教会则享有瓦克夫①土地。

---

① 译者注："瓦克夫"系伊斯兰教法术语，指用于宗教或慈善事业的实物或资金。

哈萨克人主要从事畜牧业。牲畜提供了衣食住行，同时也是同邻族交换的工具。哈萨克人主要繁育羊、马和骆驼。这些牲畜可以全年饲养，即使冬季也能从积雪之下弄到饲料。繁育羊群具有特殊意义。羊的肉和奶可以用作食物，羊毛可以缝制衣服，羊皮可以做鞋和餐具等，羊羔皮可做"卡拉库利"皮毛，羊油可做肥皂。15 世纪的威尼斯商人巴波罗（Giosafat Barbaro）曾写道：这个民族繁育出个头极大的羊，腿长，毛长，尾巴大，有些羊的尾巴重达 12 俄磅①。他曾见过用羊拉的车，将羊尾绑在车上。16 世纪曾到过咸海周边的英国人詹金森（Anthony Jenkinson）也证实："本地羊的个头非常大，每只通常重达 60—80 俄磅，羊尾油非常多。"米尔咱·海答儿在其著作《拉失德史》（*Тарих-и Рашиди*）中记述了哈斯木汗与蒙兀儿斯坦可汗苏丹·赛义德会面并讨论游牧生活方式的情形：哈斯木汗对苏丹·赛义德说了这样一番话："我们住在草原上，没有什么稀罕的贵重物品，主要财富就是马匹，肉和皮就是我们最好的衣食……在我们的大地上，既没有花园，也没有建筑。欣赏放牧的牲畜就是我们出行的目的。一起去畜群里，欣赏马儿……"对于当时的哈萨克人来说，养马的重要性比繁育牛羊大得多。

牲畜属于家庭私有，牧场则是氏族部落共用。游牧的路线通常依据上百年的经验而规划。哈萨克人夏天基本上在高处放牧，冬季就转到低处或河流沿岸放牧。牧场具有季节性，根据季节分成春季牧场（көктеу）、夏季牧场（жайляу）、秋季牧场（Күзеу）、冬季牧场（кыстау）四类。冬季牧场与其他季节性牧场之间距离几百公里，要走好几个月。

毡帐是牧人的住所，设施简便，可以快速拆卸，用役使动物运输。拆卸后的毡帐用一头骆驼就可以承载。木质骨架是由柳条做的房

---

① 译者注：俄磅（фунтфн），俄制重量单位。1 俄磅 = 32 洛特 = 96 索洛特尼克 ≈ 409.512 克。

杆组成的围墙，用粗绳（4—12 根）将房杆结扎连接在一起，骨架和粗绳组成毡帐的圆周。毡帐的穹顶由弯曲的木条敷设，套上圆形木质顶圈。光线可以通过圆木穹顶照射进毡房，炉膛的烟也可由穹顶排出。

哈萨克人坚持狩猎。打猎方式有好多种，例如带着鹰、雕、隼等猎鸟去打猎，或带上奔跑速度快的猎狗打猎和围猎等。

哈萨克人也从事农耕。哈萨克人的传统农耕地是哈萨克斯坦南部、七河地区、锡尔河地区、阿雷西河（Арысь）地区、楚河和塔拉斯河地区。哈萨克人主要种植小麦、大麦、黍子等。在灌溉农耕区，有许多灌溉沟渠网络，连片的大块可灌溉土地都在城市周围。哈萨克人也从事旱地耕作。在 16—17 世纪，哈萨克斯坦大部分疆域的农耕都不太发达，通常是一些没有足够牲畜的哈萨克穷人才从事农耕。这些人被称作"扎塔克"（жатак），源自哈萨克语 жат（意为躺、卧）。农耕的贫民主要是在冬季牧场周边种植黍麦（用来做炒米）。

城市在哈萨克汗国的社会生活中也发挥重要作用，其中比较重要的城市是位于锡尔河盆地和草原边缘地带的昔格纳黑城（Сыгнак）。突厥斯坦这块绿洲成为哈萨克诸汗的宅邸所在地和穆斯林的圣地，是当时最大的政治、经济和文化中心。这里有额什木汗和杨吉尔汗的陵寝。具有代表性的建筑古迹是 14—15 世纪修建的亚萨维陵墓。该陵寝有 30 多个房间，有礼宾厅、清真寺、图书馆和陵墓。伊本·鲁兹比汗曾这样描述突厥斯坦城："亚瑟（Яссы）是突厥斯坦的主城，周边非常宽阔，绿荫匝地。各地商品输来此地，再发往他处。商人在此驻留，一些旅行家也经由此地过往。亚萨维陵墓是世界上最雄伟的建筑之一，陵墓建筑展示出的人类技巧令人惊叹钦佩。在其高耸的穹顶前，甚至埃及的金字塔都要逊色许多。"

同样重要的城市还有绍兰（Саурáн）、赛拉姆（Сайрáм）、苏扎克（Сузак）、阿尔库克（Аркук）、突厥斯坦（Тукестан）、奥特拉尔（Отрар）等①。奥特拉尔、昔格纳黑和苏扎克等地的平均人口有5500人，赛拉姆住着7560人，突厥斯坦城有9180人，萨乌兰住着1.1万人。所有城市的总人口达到7万人。城市有一些季节性建筑，每个街区都有6—15栋房屋。公用建筑和场所（清真寺、澡堂、广场、集市等）大约占城市总面积的1/4。还有一些手工业街区。钱币（铜质的第纳尔和银质的坚戈）主要在突厥斯坦和塔什干两个城市铸造。

手工业和家庭狩猎（多数与畜牧产品加工有关）在哈萨克人的经济生活中占重要地位。铁匠、首饰、钳工、矿业、皮革制造、裁缝、制鞋等手工业得到大发展，还有木雕、铜饰、鞍具、马具、武器、作战盔甲等制作与加工。另外还有木匠和家具工，他们制造马车、毡帐及其零部件等。冶金业能够加工铁、铅、铜和其他金属。地毯织造业也很发达。哈萨克人还从事传统的皮革和毛毡生产与装饰，掌握了压花、贴花、图案缝制等技术。

需要强调的是：在游牧民生活中，军事传统始终具有重大意义。佩带武器不仅是一种权利，还是一项义务。例如，如果男子参加民众大会（库里台大会）时不携带武器，他就无权投票，年幼者也不会给他让座。当时没有常备军，士兵（民兵）由氏族部落根据需要临时召集。氏族部落的军队是以氏族头领为首的独立单位，有自己的旗帜和战斗口号"乌兰"（ұран）。这些氏族部落的军队也是汗国的军队。汗国拥有的骑兵数量平时一般为3万—5万人，必要时可动员30万—40万人。

---

① 译者注：昔格纳黑城（Сығнақ）是中世纪的哈萨克斯坦古城，留存的古城遗址现位于今哈萨克斯坦克孜勒奥尔达州东部的苏纳克阿塔村西北两公里、锡尔河北岸20公里。绍兰（Сауран）是位于今日哈萨克斯坦突厥斯坦市的卫星城，距突厥斯坦市西北约43公里。赛拉姆（Сайрам）即今日哈萨克斯坦奇姆肯特市。苏扎克（Сузак）位于今日哈萨克斯坦南哈萨克斯坦州苏扎克区。阿尔库克（Аркук）是中世纪哈萨克汗国的一个城堡，因毁于战火，具体地址至今尚未确定。史料记载大体位于咸海东岸、锡尔河西岸、今日哈萨克斯坦南哈萨克斯坦州境内。奥特拉尔（Отрар）位于今日哈萨克斯坦南哈萨克斯坦州奥特拉尔区。

哈萨克人的主要武器是长刀和箭，另外也用斧、短柄锤、单手锤、狼牙棒、饰以马尾的长枪，以及能将敌人从马上钩落的钩枪等。哈萨克人自己锻造武器。征召时，每个战士都须携带至少两匹战马和自备装备出征。哈萨克人善于运用多种战法，可以急行军，在遭到突然袭击后仍可沉着应战，往返疾驰。袭击敌人时能够运用"图尔哈姆"战术，即迂回袭击敌人侧翼或后翼。勇敢善战的战士会被授予荣誉称号"勇士"（也可音译为"巴图鲁"或"巴特尔"）。

七 16—17 世纪的哈萨克文化

16—17 世纪，哈萨克汗国的文化是业已形成的哈萨克民族文化，体现了哈萨克族祖先的精神价值。由于游牧生活方式的特点，实用艺术非常发达，尤其鲜明地体现在毡帐、衣服、武器、餐具、毛毡和地毯的装饰装潢方面。

哈萨克人的生活方式体现在着装上，反映了民族起源和对前人文化的继承性。作为物质文化的显著特征，哈萨克人对民族服饰有着严格规定。哈萨克人用毛皮、毛毡、棉布、丝绸、织锦、天鹅绒等制作衣服。

从塞人时代开始，哈萨克人就戴一种毛毡做的男士的高高的"卡尔帕克"毡帽（калпак）和女性的尖尖的"萨乌克勒"凤冠帽（сәукеле）。此外，哈萨克族的帽子还有："特马克"（тымак）是皮毛做的能够很好地护住耳朵的皮帽；"博利克"（Борі́к）是软皮圆帽；"秋别捷卡"（тюбетейка）是绣花小圆帽，帽基较硬，上面镶嵌项链、珍珠、珊瑚或猫头鹰羽毛等饰物；"别尔杰姆舍"（белдемше）是无扣的对襟裙子，被认为是匈奴时代的遗产；"基梅舍克"（кимешек）是用白色面料做成的女士包头巾，脸部外露，这是突厥—钦察时代的衣服。

哈萨克人还穿马夹、紧身外衣、"考依列克"（көйлек，一种裙子）、"夏尔巴尔"（шалбар，类似灯笼裤）等，冬天穿裘皮和"图卢普"（тулуп，一种皮在外、毛在内的皮衣），雨天穿"克别涅克"（кепенек），一种防雨的毛毡斗篷，其样式今已失传。

哈萨克人脚穿长筒靴"萨普塔玛"（саптама）、平跟软底鞋"伊齐吉"（ичиги）、毡袜"拜巴克"（байпак）、皮质套鞋"克比斯"（кебіс）、平底凉鞋"绍凯"（шокай）等。哈萨克人对腰带和腰带头比较讲究，应用较多的饰物有吊坠、挂件、手镯、戒指、大的球形纽扣等。这些饰品的表面都镶嵌乌银、珐琅、漆、彩玉、珠链、珊瑚、珍珠等。与黄金相比，哈萨克人更喜欢用白银制作饰品。

哈萨克人广泛使用羊毛和驼毛加工纺织品、非织造品以及毡制品。例如，平整的白色或灰色毛毡"基伊兹"（киіз）用于毡帐表层；"捷克梅特"（текемет）是用作褥子的大块毛毡，装饰有图案，制作时手脚并用，将羊毛与草席一起卷起来，同时浇注热水，将图案压进去。"瑟尔玛克"（сырмак）是用来铺或垫的带花纹的织毯，用补花法将各色毛毡做成镶边，图案和饰物的边缘用彩绳修饰处理。另一种织毯"瑟尔达克"（сырдак）的特点是在毛毡上用各色毛线绣出图案。"图斯基伊兹"（тұскиіз）是毛毡挂毯，用补花技术加以装饰，先在手工织布机"奥尔梅克"（өрмек）上用阿拉什驼毛纺出铺垫用的毡布，再用绳线缝起来。"巴斯库尔"（басқұр）是用于毡帐内部装饰用的布带。"舍克平"（шекпен）是呢料制作的家常男上衣。

雕塑和图饰继承了游牧时代的古老艺术，主要是一些兽形题材（例如羊角、鹿角、双角、断裂的兽角、歪斜的兽角、兽足"塔班"、骆驼颈部、鹅颈、鸟翼、双峰驼、蜘蛛等）、植物题材（例如树木、树叶、三叶草、花、藤蔓植物、涡纹等）、天体题材（例如太阳光环、四束光线组成的十字图案、螺旋线、圆环、星辰、半月、阳光、霞光、长线等）、几何图案（主要有锐角形、曲折线、圆形、钩形、四个三角形、护身符、链条等）。这些图案通常都是对称分布。每一种颜色都有特定的象征意义：蓝色象征天空；红色象征太阳和火；白色象征真理、欢乐和幸福；黄色象征分离和痛苦；黑色象征土地；绿色象征青春和春天。

　　哈萨克族的传统也体现在诸如生孩子、结婚、推举可汗、战胜敌人、宗教节日等重要事件的庆祝活动中。节日里一般会组织比赛，例如赛马、搏击、马上角力、姑娘追、叼羊比赛等。节日还举行音乐会和即兴说唱艺人阿肯的辩论会。纳乌鲁兹节具有非常重要的地位①。该节日在每年的春分日（3月22日）举行。这一天，人们会互相祝贺节日，专门熬制象征富足的节日菜肴"纳乌鲁兹粥"。在盛大节日的饭桌上，要严格遵循传统礼俗。所有人都应按照其年龄和社会地位坐在一定的位置，并分配不同的菜肴，动物的一些确定部位（头、胸等）要呈给受尊敬的人。在哈萨克社会中，在各种会议、库里台大会、确定战斗序列排位、分配战利品、进入房屋、安排位置、分发食物、盛大庆典以及其他很多生活习俗里，都要无条件地遵从"长者优先"原则。

　　哈萨克人的食物主要来自肉和奶等动物制品。哈萨克人的马肉制品有："卡济"马肠（казы）是将马肋条骨上的肉和油脂经过腌制后放入马肠子内，再晒干熏制；"舒日克"马肠（шұжык）是用单独切好的小块马肉做成的香肠；"扎尔扎亚"（жал-жая）是马鬃下边的大腿部位的肥肉；"哈尔塔"（карта）是未去油脂的马肠食物。肉通常存放在肉窖里。切割动物有严格规定，动物胴体被严格区分为若干部位，头和腿要给尊贵的客人吃。炖肉为主的菜肴的名字发音都比较

---

① 译者注：纳乌鲁兹是波斯语新年或元旦的意思，根据中亚突厥民族的古代历法，相当于中国农历春分，每年3月22日这一天，白天和黑夜一样长。纳乌鲁兹节是中亚民族最盛大的传统节日。

简单，称为"叶特"（ет）或"阿斯"（ac，不包括肉拌面片）。奶可以做成各种酸奶饮料和食物，例如"艾兰"（айран）、"哈特克"（катык）、"哈伊马克"（каймак）、"萨雷迈"（сарымай）、"库勒提"（күрт）、"伊里木希克"（ірімшік）、"苏兹别"（сүзбе）、"沙拉普"（шалап）、"阔杰"（көже）等。骆驼奶做的酸奶称作"舒巴特"（шубат），用马奶做的酸奶称作"克梅孜"（кымыз）。克梅孜也有很多种，其中主要给孩子和老人喝的"萨乌玛克梅孜"（саумал кымыз）用头遍酸马奶加一些新挤的马奶制作而成；就着馕等干粮喝的"图涅梅勒克梅孜"（түнемел кымыз）是经过两昼夜发酵而熟透的酸奶；通常给成年人喝的"乌什库迪克克梅孜"（Үшкүдік）是经过三天三夜发酵的浓酸奶。

哈萨克人还烤制各种面包，例如塔巴馕（таба-нан）、"舍尔佩克"饼（шелпек，油炸薄饼）、坦德尔馕（тандыр-нан）。酒精饮料有"博扎"（боза），是一种用酸奶、小米和小麦发酵的家酿啤酒。

对于游牧社会的日常生活来说，哈萨克族的餐具非常独特。例如"萨巴"皮囊（саба）是一种圆锥形的皮制容器，容量可达100升，主要用于制作和保存酸奶。运输马奶则使用另外一种容器"苏列特佩"（сүіретпе）。"托尔赛克"（торсык）是容积3—4升大小的皮囊。挤奶桶有木制的"切勒克"（шелек）、皮制的"科涅克"（көнек）、葫芦制的"哈亚克"（кауак）等。碗通常装在毡布做的袋子"克谢哈普"（кесекап）里。肉要盛在木质餐具"塔巴克"（табак）里。酸马奶要先倒在深盆"特格涅"（тегене）里，然后用木质长柄勺"奥饶"（ожау）舀到小木碗"托斯塔罕"（тостаған）里。用捣奶棒"库比"（күбі）制作奶油。"卡赞"（казан）是煮肉用的大锅，"太卡赞"（тай-казан）则是专门用于煮整匹马的大锅。"奥沙克"（ошак）是做饭用的炉灶。

在家庭关系方面，哈萨克人盛行收受彩礼、报嫂婚（即兄死后，弟娶嫂为妻)、父母包办婚姻，严禁在氏族内部七代以内亲戚之间通婚。在人们的赞美声和齐唱婚庆歌曲《扎尔扎尔》（Жар-жар）的歌声中，夫妻关系得以缔结。草原上有一种被称作"七代祖先"的亲戚关系制度，也就是说，每个人都必须知道自己的七代以内的祖先。这种机制在哈萨克社会中履行着非常重要的功能：第一，它是一部鲜活的家族、玉兹和族群的历史。因为它要求每一个社会成员不仅能够列数自己的祖先，还要知道他们的生平事迹、性格特征、体型体貌等细节，以此一代一代地保持和传承历史记忆。第二，它是亲属关系不断更新和新关系不断建立的固定机制，是个人的自我意识和整个族群的统一体意识的基础。一个家庭的子女经由七代变成一个庞大的家族，形成统一的语言、传统和文化，从第八代开始就分离出一个独立的新家族。第三，它是一种教育手段，以七代祖先为榜样，教育后代要努力效仿祖先的事迹。第四，它是一种信仰，因为哈萨克人有崇拜祖先灵魂的传统"阿鲁阿克"（аруак）。这不是对某种抽象的非人间力量的信仰，而是对自己直系祖先的信仰，将宗教感情变成与每个人密切相关的事情，从而使其具有合理性。第五，它是社会生活的强大调节器，规范人们的权利、义务、地位、禁忌、许可和伦理。这种亲戚关系规范和决定了许多方面，包括人们在毡帐里和宴席上的空间位置以及交往环境等。第六，它是一个族群基因健康的保障，因为该机制禁止在七代以内的亲戚间通婚。

哈萨克人使用传统历法。与大多数亚洲民族一样，岁月被整合为以 12 年为单位的周期循环，并用动物来命名。一个周期始于鼠年，然后是牛年、虎年、兔年、龙年、蛇年、马年、羊年、猴年、鸡年、狗年、猪年。专门从事时节推算和天气预报的人称作"叶谢普希"。哈萨克人对天体、星辰、星座和星球有自己的观念，能够识别北极星、大熊星座、小熊星座、金星、火星、银河等。例如，大熊星座被称为"七子"或"七老"。该星座被视为天文学钟表，牧民据此换班看守畜群。

16—17世纪，哈萨克人正式皈依伊斯兰教。伊斯兰教的传播中心是突厥斯坦、花剌子模和布哈拉。伊斯兰教与哈萨克人以长生天崇拜为基础的传统民间信仰结合在一起。哈萨克人崇敬天神"腾格里"、地神"热勒阿娜"（жер ана）、水神"苏阿娜"（су ана），将群山、悬崖、奇形怪状的石头、洞穴、树林、独木、泉水等献给各个神灵，并给一些圣地带去祭品。哈萨克人还保留着对牲畜庇护神的崇拜。火崇拜也具有重大作用。波斯史学家伊本·鲁兹比汗（Ибн Рузбихан）曾写道："……众所周知，尽管哈萨克人也做礼拜，但他们仍然保留着某些不信神的特征，例如，他们还保留着偶像崇拜。"

哈萨克人也有萨满传统，崇拜祖先，崇敬动物。祖先崇拜表现为对自己家族祖先的崇拜。在人生的艰难时刻（例如参加战斗时），哈萨克人会呼唤祖先的名字。人们给祖先带来祭品，祈求一些事情，例如没有孩子的人给自己求子。哈萨克人崇敬动物骨骼，忌讳向动物骨头洒牛奶。治病驱鬼的萨满巫师会穿上法衣，身上挂满各种东西，符箓和权杖是必备品。萨满巫师的地位非常高，人们都害怕他们。依据与之沟通的祖先神灵的力量大小，这些萨满巫师被分为伟大萨满、大萨满和小萨满。伟大萨满能够治疗所有病人，帮助孕妇剖腹产和算命。大萨满能够将一把刀连刀带柄地插入咽喉，用舌头舔烧红的铁器，拿斧头用尽全身力气劈向自己胸部，在做这一切的同时要弹奏库布孜琴。萨满越来越陷入癫狂，倒下去，过一会儿又站起来，说在他晕厥时，某人的祖灵说了这样一番话……关于萨满产生出许多传说和虚幻故事。萨满巫师给人治病（用一些草药、正骨术等），驱走妖魔鬼怪，如妖精、女鬼、住在密林中的树妖、以皮带为腿的人形妖怪、长得像老太太、留有铁指甲的妖怪等。按照流传的说法，这些邪恶的鬼魂和力量能够损害人，妨碍人们实现目标，还会引发疾病，甚至伤人性命。

16—17世纪，哈萨克斯坦的民间口头创作和书面文学开始发展起来。口头创作以即兴说唱艺人"阿肯"和说唱艺人"吉劳"为代表。例如，当时有一位吉劳沙尔基兹·特林希乌雷（ШалкиизТленши-улы），按照其创作的主要作品的观点，个人和人民应该追求的主要目标是尊严和自由；永恒的精神价值是健康的谈吐和智慧，最愚蠢的是嫉妒；大汗应该全身心地为人民服务，展示自己的英明、谨慎和公正。已知的吉劳还有16世纪的多斯帕姆别特（Доспамбет）和17世纪的基耶姆别特（Жиембет）。在当时的《叶尔塔尔根》（Ер-Тарғын）、《哈木巴尔》（камбар）、《阿勒帕米斯》（алпамыс）、《科布兰德》（кобланды）等一些叙事作品中，讲述了保卫人民不受异族侵害的勇士的故事。《考孜库尔帕西与巴彦苏鲁》（Көзы-Көрпеш и Баян-Сұлу）是关于社会日常生活的长诗，堪称草原上的《罗密欧与朱丽叶》。同样著名的还有《吉别克姑娘》（Кыз-Жибек）、《库尔舍姑娘》（Кұлше-кыз）、《马合帕尔》（Макпал）、《苏鲁沙什》（Сұлушаш）。据历史学家瓦利汉诺夫（Чокан Чингизович Валиханов）记载，在哈萨克汗国建立和发展的早期阶段，曾经有一位梦想着天堂的"牧民哲学家"阿桑·凯格（Асан Кайғы），又称为"阿桑·格列梅奇内依"（Асан Горемычный），意思是"痛苦伤心的阿桑"。他生活在贾尼别克汗的宫廷里。阿桑·凯格歌颂爱情并富有同情心，认为真诚和荣誉是最主要的价值，能够对抗邪恶的根源——蠢言和谎话。

哈萨克文字使用阿拉伯字母。教育具有宗教性质。书面作品以宗教和历史为主要内容，还形成了历史谱系学。重要文献有《编年史萃》（Джамид ат-тaварих），是一部关于15—16世纪哈萨克人历史的书。作者是来自札剌亦儿氏族的卡德尔加利（Кадыргали）。米尔咱·海答儿生活和创作的年代是在16世纪。他的作品《拉失德史》中有很多关于哈萨克汗国的珍贵史料。

声乐和器乐艺术在游牧生活中发挥着巨大作用。人们运用管乐器、弓弦乐器、打击乐器、噪音乐器，其中特别受欢迎的是冬不拉（домбра）、库布孜琴（кобыз）、色布孜克（сыбызғы）。其他比较知名的乐器有谢勒铁尔（шертер）、萨兹（сазген）、当哈拉（даңғыра）、达贝尔（дабыл）、达吾勒帕孜（дауылпаз）、省达吾勒（шендауыл）、伊尔德克（үілдек）、科尔内（керней）、杜德哈（дудыға）、塔克勒达克（токылдак）、阿萨塔亚克（асатаяк）、图亚克塔斯（түяктас）、阿德尔纳（адырна）、斯尔那依（сырнай，一种口弦）、沙孜斯尔那依（сазсырнай，泥制口弦）、乌奇里克（үскірік）、热特根（жетіген）。仅冬不拉就有很多变种，依照其琴体形状、大小和琴弦数量而不同，还有双面冬不拉、琴板空心的冬不拉等。库布孜琴也有很多种变体，如科勒库布孜琴（кылкобыз）、纳尔库布孜琴（наркобыз）、杰兹库布孜琴（жезкобыз）等。音乐家们不仅掌握演奏这些乐器的精湛技术，还创作了各种题材的独特的器乐作品。

中世纪晚期的 16—17 世纪，哈萨克民族的主要文化元素已经形成并日益巩固。

八 17—18 世纪初准噶尔与哈萨克之间的战争

17 世纪末至 18 世纪初，哈萨克汗国内部局势复杂。诸汗试图建立一个统一的中央集权国家，联合所有哈萨克玉兹，但是未获成功。哈萨克斯坦在政治上仍然处于四分五裂的状态，三个玉兹之间没有固定的政治联系。

哈萨克汗国的外交形势更加艰难：伏尔加河的卡尔梅克人和雅依茨克的哥萨克人从西边发动袭击（雅依茨克哥萨克人的行动获得巴什基尔人的支持），西伯利亚哥萨克人从北边发动袭击，布哈拉汗国和希瓦汗国从南边发动袭击，但最主要的威胁是来自东边的准噶尔汗国（Джунгарское ханство）。

准噶尔人（Джунгары）又称为"卡尔梅克人"（калмык）、"卫拉特人"（ойрат）、"厄鲁特人"（элют），属于漠西蒙古部落，包括绰罗斯（чоросс）、杜尔伯特（дербент）、和硕特（хошоут）、土尔扈特（торгоут）四部①。16 世纪下半期，准噶尔四部建立起部落联盟。到 17 世纪，该部落联盟以准噶尔汗国闻名。

据考证，准噶尔汗国始建于 1635 年，当时的统治者是巴图尔珲台吉（Батур-хунтайши，1634—1653 年在位）②。1640 年，准噶尔诸台吉在巴图尔珲台吉位于伊犁河的大帐内召开库里台大会，通过《草原法典》（Степное уложение）③，展示其实力和强盛。从 17 世纪的头几十年开始，苦于四分五裂的哈萨克汗国与已联合为统一的准噶尔汗国之间的力量消长日益不利于前者。

准噶尔人入侵哈萨克斯坦的过程缓慢而渐进，冲突与和谈交替，其间也有一些卡尔梅克人臣服哈萨克诸汗的政权。例如，头克汗就曾自称是"哈萨克人和卡尔梅克人之汗"。需要强调的是，1627 年在准噶尔汗国即将建立之际，准噶尔部落联盟解体，土尔扈特部 5 万帐（户）近 25 万人在首领和鄂尔勒克（Хо-Урлюк）率领下，经哈萨克斯坦北部迁移到伏尔加河下游，被称为卡尔梅克人（或"卡尔马克人"），并于 17 世纪 30 年代建立了卡尔梅克汗国。留在南西伯利亚和西西伯利亚的准噶尔人在绰罗斯部的领导下重新联合起来，在额尔齐斯河沿岸建立准噶尔汗国。在巴图尔珲台吉统治时期，准噶尔人与哈萨克人之间的矛盾发展成持续不断的战争。

---

① 译者注：卫拉特、瓦剌、斡亦剌惕、厄鲁特，均系蒙古语音译，均指漠西蒙古人（即居住在戈壁沙漠以西的蒙古族），意思是"生活在森林里的蒙古人"。卡尔梅克系俄罗斯人从"卫拉特"的突厥语的转音。漠西蒙古人分为四大部落：绰罗斯（准噶尔）、杜尔伯特、和硕特、土尔扈特。准噶尔部的首领姓氏是绰罗斯（例如噶尔丹的全名是绰罗斯·噶尔丹），因此该部也称作绰罗斯部。后来，准噶尔部统一卫拉特四部，卫拉特四部因此被称作准噶尔人。

② 译者注：台吉是蒙古语，系蒙古贵族的爵位称号。珲台吉（хунтайши，хунтайджи，хунтайчжи，контайша，контайчи）是地位很高的台吉，亦写作黄台吉、鸿台吉、洪台吉等，源于汉语"皇太子"，原为蒙古太子之称号，后来失去储君太子之含义，成为单纯的爵位称号。

③ 译者注：汉文文献称为《蒙古—卫拉特法典》。

巴图尔对哈萨克人多次发动侵略性远征。在他死后，准噶尔汗国爆发动乱。但是噶尔丹（Галжан-Бошокту，1670—1697 年在位）① 执政之后，又开始征伐哈萨克汗国。在策妄阿拉布坦珲台吉（Цеван-Рабтан，1697—1727 年在位）执政之后，准噶尔汗国与哈萨克汗国之间发生了一系列血腥且富有戏剧性的事件。哈萨克斯坦境内的一些出土文物就与准噶尔人的活动紧密相关。

策妄阿拉布坦是一位老练的外交家和统帅，他成功地避免与中国爆发直接冲突。他的汗国有近百万准噶尔人和 50 万其他民族，在其统治期间得到极大巩固。1698—1699 年，准噶尔人两次入侵哈萨克汗国的伊希姆河、恩巴河、楚河、塔拉斯河等地区。1702 年和 1703 年，哈萨克人也在额尔齐斯河上游对准噶尔人成功地发起军事反击行动。1708 年，准噶尔人再次入侵。1710 年的入侵则是规模最大的一次，迫使哈萨克诸玉兹于 1710 年秋在卡拉库姆（каракум）召开库里台大会，有三个玉兹的苏丹、伯克、族长和勇士参加。库里台大会讨论的主要议题是建立统一的军队，以便应对准噶尔人。头克汗希望通过限制苏丹权力，以及让伯克们管理玉兹等方式，巩固中央集权。支持各氏族和玉兹民兵联合为反准噶尔统一阵线的人士有勇士坎吉哈里·博根拜（Канжыгалы Богенбай）、恰克恰克·贾尼别克（Шакшак Жанибек）、塔玛·叶谢特（Тама Есет）。勇士博根拜挺身而出，在关键时刻说了下面一番话（以下是他讲话的片断）："我们要向我们的敌人报仇，宁可手拿武器而死，也绝不做一个软弱的看客，眼睁睁地看着我们的牧场被洗劫、我们的孩子被俘虏。钦察草原上的战士什么时候胆怯过？……"博根拜于是被推举为哈萨克民兵的统帅，所有参加库里台大会的人都宣誓听从他的号令。哈萨克各玉

---

① 译者注：噶尔丹（1644—1697 年），清代蒙古准噶尔部首领，巴图尔珲台吉第六子。康熙十八年（公元 1679 年）9 月，噶尔丹统一准噶尔部后，西藏黄教首领五世达赖喇嘛遣使赐予噶尔丹"博硕克图汗"名号（意思是"持教受命的大汗"）。

兹团结一致，最终产生了积极效果。哈萨克民兵部队对准噶尔军队发起攻击，迫使其向东溃退，同时收复了失去的牧场。但是此后，诸玉兹之间四分五裂的形势再次占上风，各集团之间互相掣肘，导致后来的行动不能协同一致。1713年和1716年，准噶尔人再次入侵哈萨克汗国。1717年，双方在阿亚古兹河（Аягуз）上游爆发了持续三天的战役，最终哈萨克人战败。1718年，准噶尔人悍然进击阿雷西河（Арысь）、布贡河（Бугун）、恰彦河（Чаян），目标是占领哈萨克汗国的大本营突厥斯坦。

1723年，哈萨克与准噶尔两汗国之间的关系急剧恶化。清朝康熙皇帝去世后，准噶尔汗国与清朝签订条约。在自己的东部安全得到保障后，准噶尔人利用哈萨克人四分五裂的时机，倾尽全力对其发动进攻，开始了哈萨克历史上的"大灾难岁月"。按照沙卡里姆·库代别尔德乌雷（Шакарим Кудайбердиев）的解释，这一时期意味着"吃力地走着，走到脚底发白，就筋疲力尽地倒下了，躺在湖泊周围"。正如他所写的，当时有一首哈萨克最古老的哀歌《叶利迈》（Елимай，意为《哦，我的民族！》），表达了哈萨克民族对这次惨败的哀恸。哈萨克人被迫迁徙到胡占德和撒马尔罕，进入希瓦汗国和布哈拉汗国境内。他们抛下牲畜、财产和帐篷，开始后撤。准噶尔人占领并洗劫了塔什干和突厥斯坦等城市，哈萨克民族约2/3的人口死去。

1723年的失败不但未能击垮哈萨克民族，反而增强了哈萨克民族反抗侵略者的决心，涌现出杰出统帅阿布海尔（Абулхаир，1718—1748年在位）。在阿布海尔可汗领导下，哈萨克人1724年已初尝胜绩，1725年的军事行动也取得胜利，准噶尔人被逐出奥特拉尔、奇姆肯特、突厥斯坦、赛拉姆等地区。

为反击准噶尔人，1726年阿布海尔汗积极联合哈萨克三个玉兹一致行动。当年秋天，在奇姆肯特西部的奥尔达巴斯（Ордабасы）

召开了库里台大会，有三个玉兹的汗王、苏丹、伯克、勇士们参加，阿布海尔汗被推举为全体哈萨克民兵的统帅。

1728年春，在乌鲁套山麓（Улутау），以及位于布兰岱河（Буланты）和别列乌特河（Белеуты）之间的卡拉希尔高地（Карасиыр），哈萨克人与准噶尔人的战役最终以哈萨克人大获全胜而告终。这场战役被称为"布兰岱战役"。这个地方后来被命名为"卡尔马克—克雷尔干"（Қалмақ қырылған），意思是"卡尔梅克人（准噶尔人）的葬身之地"。卡班拜（Кабанбай）、贾尼别克（Жанибек）、瑙雷兹拜（Наурызбай）、博根拜（Богенбай）、叶谢特（Есет）、马莱萨雷（Малайсары）等勇士在组织反击作战方面也发挥了重要作用。

在该时期，三个玉兹的威望卓著的伯克们，即大玉兹的托列（Толе）、中玉兹的卡兹别克（Казыбек）和小玉兹的艾泰克（Айтеке），为团结哈萨克民族做出了重大贡献。他们主张建立统一的中央集权国家，坚持捍卫主权和领土完整。托列伯克（全名是托列·阿里别克乌雷，Толе Алибек-улы，1663—1756年）是大玉兹杜拉特氏族的伯克，出生于今日哈萨克斯坦江布尔州一个靠近斋桑湖的地方。在大玉兹的伯克卓勒巴尔斯（Жолбарс，Zholbarys）死后，托列伯克于1743—1749年统治塔什干6年。据说，在准噶尔入侵时，所有人都急于离开自己的习惯住地，但托列伯克没有拆卸自己的毡帐，因为在毡帐上方挂着一个鸟窝，一只小燕子在喂养雏鸟。托列说，在大洪水时，这种传奇的鸟儿曾经挽救了诺亚方舟，因此他不能毁鸟窝。准噶尔人没有伤害他，称他为"真正的圣人"。从那时起，就形成这样一个传统，称托列伯克为"卡雷哈什"伯克（Калрылгаш）或"卡迪尔格奇伯克"（Калдиргоч）。"卡雷哈什"是哈语，"卡迪尔格奇"是乌兹别克语，二者的意思都是"燕子"。托列伯克去世后被安葬在塔什干，紧挨着15世纪的谢赫霍凡迪·塔胡尔（Ховaнд Тахур，据说是先知穆罕默德的后代）的陵寝。

中玉兹的卡兹别克伯克的全名是卡兹别克·卡尔季别克乌雷（Казыбек Келдибек-улы，1665—1765 年），来自中玉兹阿尔根部落，绰号"卡兹达乌斯特·卡兹别克"（Каздаусты Казыбек），意为"善于言辞，声音无可超越"。他出生在锡尔河岸边，逝于谢米兹布加（Семизбуга）山脚下的捷列克塔河（Теректа）河源，葬在突厥斯坦城的亚萨维陵园。

小玉兹的伯克艾泰克的全名是艾泰克·拜别克乌雷（Айтык Байбек-улы，1682—1766 年），是头克汗的助手和谋士，是一名勇士，也是撒马尔罕统治者、著名的勇士扎兰托斯（Жалантос）的亲戚。扎兰托斯统治撒马尔罕时期，兴建了撒马尔罕市中心的标志性建筑"列吉斯坦"。在列吉斯坦，紧挨着兀鲁伯伊斯兰神学院修建了饰有老虎图案的谢尔多尔清真寺（Шердор）和饰有黄金的杰拉卡里清真寺（Теллакари）。据说，建设谢尔多尔清真寺时发生过这样一段故事：在伊斯兰神学院的入口处，其正门上饰有老虎图案，入口的左边是一座陵墓，墓碑上面写着"摩诃末·科通古，17 世纪"。墓主是撒马尔罕的一名肉贩科通古（Мухаммад Кортонгу）。他在建设神学院的 17 年时间里（1619—1636 年）一直向工匠提供肉食。当神学院建成时，撒马尔罕的统治者问科通古，他为神学院建设作出这么大贡献，希望得到什么报偿？科通古回答说，他希望死后能被安葬在撒马尔罕的心脏地带，于是就有了这座墓。但故事到此并未结束。苏联时期的 20 世纪 70 年代，当地政府认为该墓有损市容，应该清理掉。但当人们打开该墓时却发现了一份文件，上面写着："摩诃末·科通古经城市统治者许可后葬在此地。"于是，该墓一直原封不动地保留至今。扎兰托斯勇士则葬在离撒马尔罕 12 公里处的达戈比特（Дагбит）。艾捷克伯克葬在乌兹别克斯坦纳沃伊州距离布哈拉 200 公里处的努尔阿塔市（Нур Ата），紧挨着扎兰托斯的父亲赛特库尔·

巴巴（Сейткул Баба）安葬。今天，这里已经建起纪念性建筑群，包括赛特库尔·巴巴和艾泰克伯克的陵墓、客厅和祈祷室。

在哈萨克人民反抗准噶尔侵略者的战争中，昂拉海（Аныракай）战役①最为重要。该战役发生在1730年，在距离巴尔喀什湖南岸东南方向约130公里的阿拉科尔湖附近一个名为昂拉海的地方。对哈萨克人而言，阿拉科尔湖的湖水又咸又苦，很难喝，被称为"伊迪什别斯·阿拉科尔"（итишпес Алакөл），意思是"狗都不喝其水的阿拉科尔湖"。指挥战役的是阿布海尔汗。战役始于双方勇士之间的决斗。沙卡里姆·库代别尔德乌雷这样描述：走进战场，萨巴拉克（Сабалак，阿布赉的外号）看到哈萨克人和准噶尔人站在山丘上对攻，在双方军队前面的正中间地带，准噶尔勇士查雷什（Чарыш，准噶尔珲台吉的儿子、噶尔丹策凌②的女婿）叫阵哈萨克的勇士们前来决斗。阿比利曼苏尔（Абильмансур，阿布赉③的原名）取得阿布海尔汗的许可和祝福后，前往决斗。他策马飞驰，一边高喊："阿布赉！阿布赉！"一边猛扑过去，杀死查雷什并瞬间割下其头颅，高喊"敌人已被杀死！"召唤哈萨克士兵跟随自己战斗。准噶尔人心中颤栗，被哈萨克人追杀而四散奔逃。为纪念与准噶尔勇士查雷什的决斗，哈萨克人民授予阿比利曼苏尔"阿布赉"称号。

尽管取得了昂拉海战役胜利，但哈萨克上层统治者间的分歧影响了胜利成果的进一步巩固。哈萨克汗王博拉特（Болат）猝然去世后，各方关于由谁继任全体哈萨克人的可汗问题争论不休。作为联合军队主帅的小玉兹可汗阿布海尔也转场迁徙到哈萨克斯坦西部。

---

① 译者注：昂拉海战役，有的中文文献译成安拉凯战役。
② 译者注：噶尔丹策凌（Galdan Tseren，Галдан-Цэрэн，1695—1745年），蒙古准噶尔部首领，策妄阿拉布坦长子。1727年，策妄阿拉布坦死后承继父位，1745年9月因感染瘟疫在伊犁去世。
③ 译者注：阿布赉（абылай）系阿拉伯语"阿比利"的突厥语转音，意思是"父亲"。

第五章

俄国对哈萨克斯坦的殖民进程

一 16世纪末至17世纪初哈萨克与俄国的关系

准噶尔与哈萨克的连年战争，以及哈萨克各部走向衰亡的威胁，最终迫使哈萨克与俄国结盟。哈萨克与俄国的关系有非常古老的历史。在喀山汗国归并俄国（1522年）、阿斯特拉罕汗国归并俄国（1556年）以及伏尔加河地区的其他民族归并俄国之后，哈俄关系的根基也随之进一步深化。俄罗斯公国与哈萨克斯坦发展关系，目的是确保经由哈萨克汗国前往中亚的传统通道的安全。相应地，哈萨克汗国则是为了寻求像俄国这样的盟友，以便与中亚诸汗国及准噶尔做斗争。使团往来在哈萨克与俄国建交方面发挥了重要作用。早在1573年，俄国就向哈萨克草原派出以特列奇雅克·切布科夫（Третьяк Чебуков）为首的使团，但该使团在途中被西伯利亚的鞑靼人消灭，未能到达哈萨克斯坦。

众所周知，伊凡雷帝（伊凡四世）1574年5月30日给商人斯特罗加诺夫兄弟（Братья Строгановы）颁发证书，允许他们在托博尔河（Тобол）[①]沿岸建设要塞，并免除与哈萨克斯坦和中亚各民族的

---

① 译者注：托博尔河（Тобол）系额尔齐斯河左支流。源自哈萨克斯坦西北部图尔盖高原，向东北流经俄罗斯西西伯利亚平原西南部，至托博尔斯克附近汇入额尔齐斯河，全长1591公里，流域面积约43万平方公里。

贸易关税。1594 年，塔武凯勒汗派出的以库勒摩诃末（Кул-Мухаммад）为首的哈萨克使团抵达莫斯科。

16 世纪俄国建立起中央集权制后，莫斯科公国征服居住在东部的各民族的能力大幅增加。俄国殖民西伯利亚随后将哈萨克斯坦归并俄国，目的都是为了获得蕴藏着丰富的金属矿藏和毛皮等资源的土地，并在国家的东部边疆建立起可靠的防线。

俄国人向西西伯利亚渗透并将其纳入自己国家始于叶尔马克（Ермак Тимофеевич）远征。1584 年，叶尔马克占领西伯利亚汗国（Сибирское ханство）的首都伊斯克尔（Искер）。在向西伯利亚及其毗邻地区推进的过程中，摧毁库丘姆汗（Кучум）统治的西伯利亚汗国是关键一步。俄国认为，在征服新领土过程中，在国家的东部边疆地区（包括与哈萨克斯坦接壤的边区）建立系列要塞至关重要。

要塞周边开始出现城镇和乡村。在西西伯利亚出现的第一个俄国城镇是鄂毕城（Обский городок），建于 1585 年，位于鄂毕河右岸，距离哈萨克斯坦边境不远的鄂毕河注入额尔齐斯河的河口处。随后又出现一些城市，如秋明（Тюмень，建于 1586 年）、托博尔斯克（Тобольск，建于 1587 年）、塔拉（Тара，建于 1594 年）。1604 年，俄国人又在托米河（Томь）上建起了托木斯克（Томск）城市。

17 世纪初，哈萨克斯坦西部边境地区出现一些俄国村镇。1620 年建起了雅依茨克小镇（Яицк），1640 年建起了古里耶夫小镇（Гурьев）。18 世纪初，俄国发生的重大事件有彼得一世改革和占领西伯利亚，俄国突破瑞典和土耳其的封锁，开始寻求与东方的联系。可以说，在将俄国与东方国家联系起来这件事上，哈萨克斯坦的作用非常突出。为了寻求通往印度和中国的通道，彼得一世尝试与哈萨克斯坦加强关系。另外，西伯利亚总督加加林大公（Матвей Петрович Гагарин）也建议俄国皇帝在从额尔齐斯河到叶尔羌（Яркент）的广大地区建立一系列防御点。据说，这些地方的金矿有传奇般储量。

1715 年，俄国从托博尔斯克沿着额尔齐斯河派出一支约 3000 人的考察队，由布霍利茨中校（Иван Дмитриевич Бухгольц）统领。该考察队于 1716 年建成亚梅舍夫要塞（Ямышев）和鄂木斯克要塞（Омск）。1717 年，为了继续在从亚梅舍夫湖上溯到额尔齐斯河的地区建设要塞，俄国又派出谢维尔斯基（П. Северский）和切列多夫（В. Чередов）率领的部队。谢维尔斯基建立了热列津要塞（Железин），切列多夫建立了科尔巴辛要塞（Колбасин）。另外，切列多夫还在额尔齐斯河右岸选址，于 1718 年建设了塞米巴拉金斯克要塞（Семипалатинск）。在 1717—1718 年斯图平中校（П. Ступин）率队考察期间，亚梅舍夫要塞和塞米巴拉金斯克要塞得到显著加强。随后，利哈列夫上校（И. Лихарев）又实施考察，于 1720 年建起乌斯季卡缅诺戈尔斯克要塞（Усть-Каменогорск）。这些军事工事构成了额尔齐斯河上游防御线，对抵御准噶尔人袭击发挥了重要作用。俄国外交部译员捷夫克列夫（А. Тевкелев）在其札记中记载了彼得一世希望将哈萨克人纳入俄国的言论。1722 年，彼得一世在远征波斯班师后曾说道："尽管花费巨大，达到上百万卢布，但是，哪怕能让一片树叶接受俄罗斯帝国的庇护也是好的"，因为"这个吉尔吉斯—凯萨茨克汗国……是通往所有亚洲各国的钥匙和大门"。

彼得一世统治时期奠定了西伯利亚、额尔齐斯河、科雷万（Колыван）防御线的基础。这些要塞已建成牢固的工事，配备训练良好且装备精良的卫戍部队，占据战略要地，可以防范准噶尔人对哈萨克国土的侵犯。但在消除准噶尔人威胁之后，要塞却变成哥萨克实施殖民行动的策源地。

1728 年和 1730 年，哈萨克人两次打败准噶尔人，削弱了来自准噶尔汗国的威胁，但哈萨克斯坦局势总体上依然紧张，而且哈萨克诸玉兹日益分裂，其可汗分别是小玉兹的阿布海尔（Абулхаир）、中玉兹的谢梅克（Семек，教名是谢赫摩诃末 Шахмухамед）、大玉兹的卓勒巴尔斯（Жолбарыс）。在哈萨克人与准噶尔进行旷日持久的毁灭性战争的同时，其他民族也利用哈萨克斯坦的复杂局势，加大对哈萨克斯坦的外部威胁。由此哈萨克人不得不同时与巴什基尔人、伏尔加河的卡尔梅克人、中亚诸汗国以及西伯利亚的哥萨克作斗争。在内忧外患条件下，小玉兹的阿布海尔汗主张臣服俄国，接受强大俄国的保护。这是统一的哈萨克同盟解体后外交路线发生根本性转折的开端。

二 哈萨克统治者接受俄国保护

1730年9月，阿布海尔汗派出以勇士赛特库尔·科伊达古罗夫（Сейткул Койдагулов）和伯克科特鲁姆贝特·科什塔耶夫（Котлумбет Коштаев）为首的七人使团赴彼得堡，直接开启了小玉兹哈萨克人归附俄国的进程。10月，使团抵达彼得堡，给俄国女皇安娜·约翰诺夫娜（Анна Иоанновна）带去信函，请求接受哈萨克人归顺俄国。在此之前，伏尔加河的卡尔梅克人、卡巴尔达公国（Кабардинское княжество）、格鲁吉亚已经归附俄国。阿布海尔汗的使节被待如贵宾，并获得赏赐。

1731年2月19日，女皇安娜·约翰诺夫娜签署《就接受哈萨克人为俄国臣民事致阿布海尔汗及全体哈萨克民众的国书》（*Грамота Хану Абулхаиру и всему казахскому народу о принятии их в российское подданство*），同意接受阿布海尔汗携属下民众归附俄国，并规定"如下几点"：第一，尔等宣誓，向我国皇帝陛下忠实效忠，像巴什基尔人一样缴纳实物税；第二，绝不允许俄国臣民对尔等欺侮和破坏；第三，将尔等视同俄国臣民，若有任何敌人对尔等哈萨克人发动攻击，必定得到我国皇帝陛下的保护；第四，若巴什基尔人或其他俄国臣民抓了尔等之民众，必会交还尔等。尔等要承诺，要交还被尔等抓去的俄国人，还要与巴什基尔人和卡尔梅克人和平相处。

为了接受宣誓，俄国派出了以外交部（Коллегия иностранных дел）译员捷夫克列夫（А. И. Тевкелев）为首的使团，前往哈萨克斯坦的阿布海尔汗处。为了确保哈萨克统治者们宣誓效忠，捷夫克列夫被授予巨大权力。另外，他的使团还要进行地质勘测工作，记录哈萨克斯坦的地形、风俗和传统等。除《外交部给派赴吉尔吉斯—凯萨茨克汗国并接受其归附俄国的东方语言译员马梅特·捷夫克列夫的指示》（Инструкция от Государственной Коллегии Иностранных Дел переводчику восточных языков Мегмету Тевкелеву, отправленному в Киргис-Кайсацкую орду для приведения оной в подданство России）这份文件外，捷夫克列夫还写了大量工作日志。我们可以借助这些文件和日志还原当时的情景。例如，《指示》要求可汗、长老及其他吉尔吉斯—凯萨茨克人应如同忠于《古兰经》一样信守自己的誓言，让他们亲手签字，然后交给捷夫克列夫；如果可汗和其他人借故推脱，那么捷夫克列夫应该引导他们这么做。安娜·约翰诺夫娜女皇还给阿布海尔汗准备了刀、貂皮袄、两顶狐皮帽子、呢子等礼物，但要求必须在汗做出效忠宣誓之后才能送给他。1731年10月5日，捷夫克列夫抵达阿布海尔汗位于伊尔吉兹河（Иргиз）的迈托别（Майтобе）大帐，受到阿布海尔汗的长子努拉雷（Нуралы）为首的仪仗队的迎接。

由此可知，哈萨克统治者在是否归附俄国这件事上并未达成一致意见。捷夫克列夫发现，大多数苏丹和长老不愿听到"臣属俄国"的字眼，"他们并不把可汗放在眼里"，形势极度紧张。随团陪同的巴什基尔人沙伊莫夫（Таймас Шаимов，后来因效忠俄国而获得"答剌罕"[①]称号）建议捷夫克列夫应首先取得小玉兹塔本氏（Табын）著名勇士博根拜（Бокенбай）及其女婿叶谢特（Есет）和

[①] 译者注：答剌罕（Tarkhan, Тархан）系突厥和蒙古民族对有功人员的封号，也有中文材料写成"达尔罕""答儿罕""达干"等。

堂弟胡代门德（Худайменды-мурза）等人的支持。另外，捷夫克列夫还"收买了多位支持独立反对效忠的人"。这样，1731年10月10日，阿布海尔汗率先宣誓效忠俄国，随后是博根拜、叶谢特和胡代门德三位勇士。除汗王之外，首批还有29位长老宣誓效忠俄国。小玉兹所辖的哈萨克国土就这样开始了归附俄国的进程。1732年11月24日，捷夫克列夫踏上归程。尽管哈萨克斯坦归并俄国的进程在复杂局势中和平地开始，但最终仍是通过19世纪50—60年代的军事强制措施才得以完成。

18世纪30年代中期，准噶尔人开始再次威胁哈萨克斯坦，特别是中玉兹。在此形势下，俄国女皇安娜·约翰诺夫娜（Анна Иоанновна）1734年6月10日发布关于吸收中玉兹臣服俄国的谕令也是有道理的。但中玉兹的独立程度相当高，该谕令因中玉兹可汗谢梅克（Семек 或 Шахмужамед）逝世而未能送达。实际上，在1822年斯佩兰斯基（Михаил Михайлович Сперанский）发布《西伯利亚吉尔吉斯人条例》（Устав о сибирских киргизах）之前，中玉兹始终保持独立。

阿布赉汗（Абылай，1711—1781年）推行英明的政策，保存和巩固了哈萨克国家。作为一位声望卓著的首领，他让哈萨克汗国在1748年臣服俄国后仍然得以保存，在1756年臣服中国后依然处于事实上的独立状态。"哈萨克民族的希罗多德"廖夫申（Алексей Ираклиевич Лёвшин）在其著作《吉尔吉斯—哈萨克（吉尔吉斯—凯萨茨克）诸帐和草原述记》（Описание киргиз-казачьих или киргиз-кайсацких орд）中清晰准确地记录了阿布赉汗的内外政策。他写道："阿布赉汗智慧、圆滑和老道，超越所有同期的吉尔吉斯统治者，以机敏过人闻名，臣服于他的人民众多，在诸帐中因能够同时与俄国皇帝和中国皇帝（博格达汗）保持关系而获得声誉。他很自信，善于靠自己的影响力和行为谨慎而吸引追随者，同时又凭借实力威胁敌人。他时而臣服俄国，时而臣服中国，完全视需要而定，但事实上却是一位完全独立的统治者。"阿布赉汗是全体哈萨克人的可汗。正如沙卡里姆就此事所写："来自三大玉兹的 90 位显贵人士将其领到神圣长者、中玉兹伯克沙克沙克·贾尼别克（Шакшак Жанибек）面前。得到其祝福后，阿布利曼苏尔（Абульмансур）被推举为哈萨克人的大汗。"阿布赉汗死后，葬在突厥斯坦城的"至圣苏丹"陵寝。

1733—1734 年，大玉兹的一些显贵人士表示希望臣服俄国，卓勒巴尔斯汗（Жолбарыс）就此向彼得堡提出请求。1734 年 6 月 10 日，俄国女皇发布谕令，宣布接受大玉兹归附俄国。但由于远离俄国，加上国际和国内局势复杂，大玉兹实际归附俄国的日期推后了很多。

三　沙皇俄国对草原的殖民：建设　　军事工事、村镇和城市

哈萨克人臣服俄国之初，俄国就确定了进一步归并哈萨克斯坦全部领土的政策路线。1734 年，为巩固新归并的国土，成立了专门的吉尔吉斯—凯萨茨克考察团，随后更名为以枢密院秘书长基里洛夫（Иван Кириллович Кирилов）为首的奥伦堡考察团，其助手是捷夫克列夫。因顺利完成小玉兹归附俄国的使命，捷夫克列夫由译员晋升为上校。基里洛夫死后（1737 年），奥伦堡考察团再次更名为奥伦堡委员会。1735 年，开始建设奥伦堡城。该城从 1744 年起成为奥伦堡省的中心，从 1748 年起成为奥伦堡哥萨克军队的中心。哈萨克斯坦出现多个防御工事。仅 1740—1743 年，在小玉兹和南乌拉尔的交界处就建起沃兹德维任要塞（Воздвижен）、拉瑟利要塞（Рассыль）、伊利因要塞（Ильин）、塔纳雷克要塞（Таналык）、乌拉济姆要塞（Уразым）、基济利要塞（Кизиль）、马格尼特要塞（Магнит）、卡

拉库利要塞（Каракуль）、普鲁托雅尔要塞（Прутояр）、尼日涅奥泽尔要塞（Нижнеозер）、佩列吉边要塞（Перегибен）、乌斯季维要塞（Усть-Уй）、叶尔尚要塞（Елшан）、克拉斯诺戈尔要塞（Красногор）、古别尔林要塞（Губерлин）、诺瓦谢尔吉耶夫要塞（Новосергиев）等多个要塞。俄国所做的这一切并未取得哈萨克人的同意，其目的就是不断压缩哈萨克人的游牧地。18世纪50年代初，又出现了戈里克（Горьк）、额尔齐斯河（Иртыш）、科雷万（Колыван）、伊希姆河（Ишим）、奥尔斯克（Орск）等防御工事。俄国推行归并政策的结果，是形成了从雅依克河河口直到乌斯季卡缅诺戈尔斯克要塞长达3500俄里的密集且连续不断的要塞和军事哨所防线，防线周围的主要居民是哥萨克。因这个过程的主要参与者是军人和哥萨克，该阶段也通常被称为"军人—哥萨克"阶段。在此，俄国皇帝说的一段话非常恰当："哥萨克阶层在国家生活中的主要作用就是保卫帝国边界，防范敌对的和不怀善意的毗邻部落，从那里获得土地并向该地区移民，从而将我国国界前推……"

显而易见，沙皇政府将大量从哈萨克夺取的最好的耕地和牧场交给哥萨克，虽然保障了哥萨克的生存来源，但也让哥萨克同本地居民互相敌视，成为双方矛盾关系不可调和的根源，因为当地居民的土地已被彻底侵占。

奥伦堡省的首任省长涅普柳耶夫将军（Иван Иванович Неплюев）公然推行殖民政策。一些文件能够证明这些事实。例如，1742年10月19日涅普柳耶夫发布《关于禁止哈萨克人在雅依克河附近放牧的命令》，要求"本命令责成吉尔吉斯—凯萨茨克诸汗、苏丹们，以及长老们和普通民众等所有人：在接到本命令和皇帝陛下谕令之后，严禁在要塞附近放牧，严禁越过雅依克河。否则就是上谕的敌人，将遭致应有的惩罚。"另外，在奥伦堡省长涅普柳耶夫发给外交部的关于该省下达给雅依茨克部队的命令的报告中写道："……焚烧雅依克河左岸的草原，目的是阻止哈萨克人越境进入我方领土放牧。"其中还提到他已命令雅依茨克①哥萨克部队和古里耶夫要塞司令："为确保安全，防范哈萨克人袭击的最好办法就是在秋季焚烧从雅依克河到里海沿线的全部草原，让雅依克河和里海附近地区没有牲畜饲料。"

18 世纪 30 年代末至 40 年代初，准噶尔人沿着托博尔河（Тобол）和伊希姆河（Ишим）侵入中玉兹，对哈萨克人造成重大损害。1742 年 5 月 20 日，俄国出于完成重大战略任务的考虑，首次发布关于保护哈萨克人不受准噶尔人侵犯的命令。由于噶尔丹策凌珲台吉（Галдан-Цэрэн）要求哈萨克统治者效忠准噶尔汗国，并威胁说如果不答应就要大举入侵哈萨克斯坦。1742 年 9 月 2 日，涅普柳耶夫致函噶尔丹策凌，提出不允许准噶尔人干预已成为俄国臣民的哈萨克人的事务，并要求释放包括阿布赉在内的被俘的哈萨克人。

阿布海尔汗是哈萨克斯坦历史上的重大叛国者。他 56 岁时（1748 年 8 月 11 日）被苏丹巴拉克（Барак）杀死，其长子努拉雷（Нуралы）于 1748 年 10 月 2 日继承汗位。

四　哈萨克斯坦丧失国家独立

在俄国对边疆地区的殖民进程中，改组哈萨克斯坦国家管理体系是取消哈萨克斯坦国家独立的重要一步。早在 18 世纪 80 年代，奥伦堡省长伊格利斯特罗姆（Óсип Андрéевич Игельстром）就曾尝试消除小玉兹的汗权，其做法被称为"伊格利斯特罗姆改革"。到 19 世纪，类似措施不断实施，并取得具体成果。例如，为了改组边疆地区

---

① 译者注：雅依茨克（Яицик）即今日哈萨克斯坦西哈萨克斯坦州州府乌拉里斯克市，1775 年之前称为雅依茨克。

（尤其是小玉兹）的管理体系，使其接近于俄罗斯帝国的管理体系，西伯利亚总督斯佩兰斯基（Михаи́л Миха́йлович Спера́нский）于 1822 年制定了《西伯利亚吉尔吉斯人条例》（Устав о сибирских киргизах）（以下简称《条例》）并获得通过。遵照"斯佩兰斯基改革"办法，西伯利亚总督区被分成东、西两部分：东西伯利亚总督区管理机构设在伊尔库茨克，西西伯利亚总督区行政中心设在托博尔斯克（从 1839 年起设在鄂木斯克）。西西伯利亚也被称为"西伯利亚吉尔吉斯人地区"，包括托博尔斯克州、托木斯克州、鄂木斯克州和游牧的中玉兹和部分大玉兹的疆域。1822 年的《条例》就是专门针对这一地区而制定。

依照该《条例》，"西伯利亚哈萨克人的州"（Область）被分为若干个区（округ），每区分为若干个乡（волость），每乡又分为若干个村（аул）。一个区包括 15—20 个乡，一个乡包括 10—12 个村，一个村有 50—70 户人家。建区的时候，以冬季牧场为基础。区的领导机构是区衙门[①]，形式上由大苏丹（Старший султан）领导。乡的领导人则是乡苏丹（волостный султан），隶属于区衙门，具有执行权。村的领导人是村里的长老（старшина），由村民选举，三年一选，由衙门批准，听命于乡苏丹。汗权由此被废。

改革还涉及司法，目标是将帝国的法律扩展到哈萨克斯坦。传统的伯克法庭仅审理氏族、氏族分支和村级的诉讼案件。刑事案件都依据俄帝国法律审理，例如叛国罪、杀人罪、抢劫、不服从政府及其类似案件等。

《条例》中有一些极其显眼的条款。例如，规定西伯利亚哈萨克人属于游牧的异族人，与异族人有同等权利。该《条例》还规定了西伯利亚哈萨克人的"行政区划"办法："考虑到防线外的哈萨克人

[①] 译者注：衙门（приказ），系俄国在 16—18 世纪的国家机构设置，在中央层面相当于今天的部、委，如外交衙门、军事衙门等，在地方层面相当于今天的地方政府、厅、局等。

的现状，应将他们的牧场分为若干个乡，乡再分为若干个村，保留其现有名称。……为了方便管理各乡，应将上述各乡联合为区。区主要由属于同一氏族或同一代人、习惯于共同生活且彼此相邻的乡组成。每个区都有界限明确的土地，未经当地主管机关的明确许可，其他区的居民不得擅入。"在"管理组成"一节中规定："村由长老管理，乡由苏丹管理。在乡和村的司法审理方面，保留现有的被称为'伯克'的哈萨克显贵的职能和称号。由各乡选出一位苏丹管理整个区，每区设一个区衙门。"在"选举规则"一节中规定：管理各村的村长老从哈萨克人中间选举产生，由区衙门批准。各村长老每隔三年选举一次，同一长老可以连选连任。村长老选举以口头方式，获得多数票者当选。苏丹身份可以继承。大苏丹从苏丹中选举产生。衙门里的哈萨克民意代表（заседатель）由伯克和长老们选举产生，并由州长批准。大苏丹当选后任期三年，民意代表（заседатель）[①] 任期两年。《条例》规定："大苏丹是地方自治官员，当选后受俄国政府委托管理当地，处理所有事务都要经过区衙门。"

《条例》的"纳税和义务"部分规定："实物税（Ясák）按照畜牲数量收取，每一百头牲畜收取一头牲畜作为赋税。对哈萨克人要按乡收税。一年收税一次，每年夏季收取。"《条例》的"医疗部分"规定，每个区设两名医生和若干医院。"宗教和国民教育部门的条例"则涉及教育。

《条例》的通过意味着中玉兹的汗权被废，实际上已将中玉兹并入俄罗斯帝国。1824年2月8日，沙皇政府在卡尔卡拉林（Каркаралин）建立了第一个区衙门，其领导人是大苏丹、中校钦吉索夫（Турсун Чингисов），同年还建立了科克切塔夫（Кокчетав）

[①] 译者注：民意代表（陪审员）（заседатель）是俄国1775—1864年在地方行政和司法机构中设置的职位，由当地居民选举产生，在地方机构中代表社会主要阶层或族群利益，参与地方管理。

区衙门。这些区衙门是沙皇制度奴役哈萨克斯坦的前哨阵地。1832年，出现了阿克莫拉区衙门。在为该区衙门选址时，中校舒宾（Ф. И. Шубин）率领的考察团经过精心勘查，最终确定了位于高峻的伊希姆河右岸、距离卡拉奥特克利（Караоткель）约4公里处的阿克莫拉。阿克莫拉地处哈萨克国土的中心地带，也是多个中玉兹大氏族的牧场，是一处非常有利的战略要地。阿克莫拉区衙门成为俄国继续向哈萨克斯坦渗透的平台。到19世纪中期，例如1851年，这里驻扎着1200多名官兵，是俄国在哈萨克斯坦的最大兵站。

1824年，俄国政府通过由奥伦堡省长艾斯先（Пётр Кири́ллович Э́ссен）制定的《奥伦堡吉尔吉斯人条例》（*Устав об оренбургских киргизах*）。如同中玉兹一样，小玉兹汗权也已被废除，并交由边防委员会（Пограничная комиссия）管理。小玉兹被分为若干部分，每个部分均由奥伦堡省长任命的苏丹管理。行政区划依据"区段"（дистанция）划分，即各要塞之间的区域。每个行政区段内再划分成若干个村，管理区段的是段长，村庄的管理者是长老。所有这些人都由边防委员会任命，不通过选举产生。在小玉兹，还实施了对防线附近的哈萨克人的监管责任制。司法体系与《西伯利亚吉尔吉斯人条例》类似，由军事法庭或边防委员会审理重大案件，非重大案件则交给当地法院依据习惯法判定。由此，中玉兹和小玉兹的汗权就这样被废除。

中玉兹和小玉兹的末代可汗们的命运如下：中玉兹的阿布赍汗1781年死后，他的儿子瓦利（Вали）继任可汗。瓦利汗更倾向于中国，试图沿袭阿布赍汗时期"左右逢源"的政策。为了削弱瓦利汗，布凯（Букей）借助沙皇政府的力量成为可汗。布凯汗于1817年去世，瓦利汗于1819年去世，此后再没有推举可汗。在小玉兹，艾楚瓦克汗（Айшуак，阿布海尔汗之子）之后，他的儿子希尔哈兹（Ширхаз）于1809年成为可汗。但部分心怀不满的小玉兹统治者又自行推举阿伦加济（Арынгазы）为可汗。1821年，阿伦加济被召至彼得堡并被羁押，后又被流放到卡卢加（Калуга），于1833年在卡卢加去世。希尔哈兹在俄国政府通过《奥伦堡吉尔吉斯人条例》废除汗权之后，被召至奥伦堡，并留在那里定居。

五　俄国完成对哈萨克斯坦的殖民征服

18世纪到19世纪初，中玉兹和小玉兹的大部分疆域都已并入俄罗斯帝国。1824年，七河地区也并入俄国版图。到19世纪中期，只剩下哈萨克斯坦南部（南从塔什干到楚河，北从锡尔河中游到阿克梅切季 Ак-Мечеть①）尚未归并到俄国，因为这部分地区当时由浩罕汗国管辖。

19世纪上半期，希瓦汗国和浩罕汗国在锡尔河地区建起许多要塞和工事。在这些前哨工事的掩护下，希瓦人征服了锡尔河下游以及锡尔河和库万河（Куандарья）之间的地区。锡尔河沿岸的其他部分以及今日哈萨克斯坦的南部则被浩罕人控制。浩罕人和希瓦人所建要塞的重要战略位置让他们不仅能够控制哈萨克的农耕人口，还控制了当地的游牧民，例如，限制牧民越过锡尔河放牧，或者从事过境交易。一些哈萨克氏族既被俄国盘剥，又受希瓦人和浩罕人盘剥，处在双重压榨之下。例如，在奥伦堡省有夏季牧场的哈萨克游牧民，作为俄国臣民的他们须向俄国交税，但若想到浩罕方面去越冬，则还要在浩罕当地再交税。哈萨克人为此多次奋起与希瓦人和浩罕人斗争，1843年在锡尔河下游摧毁了库万河上的要塞，1845年春又击溃了一支前往重建库万河要塞的2000人的希瓦军队。同一时期，哈萨克人还摧毁了别斯卡拉要塞（Бескала）。在浩罕人占领的疆域曾多次发生骚乱和起义，规模最大的一次起义于1821年在今哈萨克斯坦南部爆

---

① 译者注：阿克梅切季（Ак-Мечеть）系今日哈萨克斯坦城市克孜勒奥尔达市的旧称。

发，起义由坚捷克托列（Тентек-торе）领导，人数达到1.2万。1845年，锡尔河的哈萨克人占领了浩罕的茹列克要塞（Жулек）、扎纳科尔干要塞（Жанакорган）和图尔孙拜要塞（Турсунбай）。

军事要塞是俄国在哈萨克斯坦南部的据点。1825年，一支由亚梅舍夫要塞城防司令舒宾中校（В. Шубин）率领的120名哥萨克部队前往大玉兹，在这里建起了阿拉套（Алатау）、卡帕尔（Капал）、谢尔吉奥波尔（Сергиопол）、列普辛斯克（Лепсинск）等工事，组建了阿亚古兹（Аягуз）和科克佩克金（Кокпектин）两个区衙门。1848年1月10日，还在大玉兹任命了一名俄国警长（пристав）。该时期，俄国在锡尔河地区还建立了多处工事，例如1847年在距离锡尔河河口70—80俄里的拉伊姆工事（Раим）、1号军事哨所（卡扎雷军事哨所，Казалы）、2号军事哨所（卡尔马克奇军事哨所，Кармакч）。浩罕人从陶舒别克要塞（Таушубек，1851年建立）和阿克梅切季要塞（1853年建立）被排挤出去。必须指出的是：成功将浩罕人和希瓦人从该地区排挤出去的行动，是由时任奥伦堡省长和骑兵将军的佩洛夫斯基伯爵（Василий Алексеевич Перовский）在哈萨克人的支持下实施的。他随后又接受西西伯利亚总督加斯福尔德（Густав Христианович Гасфорд）的建议，将锡尔河军事防线和西伯利亚防线合并。为此，别洛夫斯基决定在科克苏河（Коксу）和伊犁河之间建立多个工事。1854年春，大玉兹的警长别列梅舍利斯基少校（М. Перемышельский）建立了维尔内工事，并于次年（1855年）将警署从卡帕尔迁到此地。维尔内工事从此成为七河边区的中心。

1858年3月，哈萨克人在奥利耶阿塔（Аулие-Ата）爆发了一场规模浩大的反对浩罕统治者的起义，席卷从奇姆肯特（Чимкент）到比什佩克（Пишпек）①的广大地区。起义者在比什佩克和奇姆肯特

---

① 译者注：比什佩克（Пишпек）即今吉尔吉斯斯坦首都比什凯克。

等地多次成功打击浩罕人，还围困了奥利耶阿塔。但在浩罕军队压力下，他们最终未能取得胜利，被迫前往俄国控制的地区。尽管如此，起义者仍占领了一些新地区。1858 年 5 月，起义者控制了苏扎克（Сузак）、梅尔克（Мерке）、绍拉科尔甘（Шолаккорган）等要塞，围困了雅内库尔甘（Яныкурган）和突厥斯坦城。浩罕统治者胡多亚尔汗（Худояр-хан）成功地诱导一部分哈萨克氏族首领站在自己一边，削弱了起义者的反抗，起义基本被镇压。这次起义加速了浩罕政权垮台和哈萨克斯坦归并俄国的进程。

1860 年，趁浩罕在奥利耶阿塔、梅尔克、比什佩克、托克马克加强军队之机，俄军在齐梅尔曼上校（Циммерман）统领下，从卡斯捷克工事（Кастек）出发，经由楚河河谷开赴奥利耶阿塔、奇姆肯特和塔什干。俄军于 8 月 26 日攻占托克马克，经过 5 天围城，浩罕在边疆区的最大支柱比什佩克于 9 月 4 日被攻克。尽管如此，浩罕仍将 2.2 万军队派赴维尔内要塞方向。10 月，浩罕军队在乌曾阿加什（Узын-Агаш）与阿拉套区长官科尔帕克夫斯基（Г. Колпаковкий）指挥的俄军遭遇。10 月 19—21 日，经过三天战斗，浩罕军队被击溃。

为纪念这场胜利，1885 年在乌曾阿加什附近的一个制高点上树立了一座木质纪念碑，1905 年换成石碑，并在石碑顶部雕刻了一只鹰。哈萨克斯坦中央档案馆保存着一些资料，记述了该纪念碑和有关筹措纪念碑建设资金的情况。该纪念碑比较醒目，在晴天的时候，从阿拉木图到塔什干的国道上就可以看到。

俄国的成功进攻始于 1864 年。切尔尼亚耶夫上校（М. Черняев）率领俄军从维尔内要塞出发，于 6 月 4 日攻占了奥利耶阿塔，维列夫金上校（Н. Веревкин）指挥的从阿克梅切季出发的俄军于 6 月 12 日攻占了突厥斯坦城。9 月 22 日，俄军攻占了奇姆肯特。1865 年 6 月 17 日，经过强攻和三天巷战，俄军控制了塔什干。在将锡尔河防线和西伯利亚防线合并之后,俄国军部于 1865 年 2 月 12 日下令组建突厥斯坦州(область),归奥伦堡省(губерния)管辖。切尔尼亚耶夫将军被任命为突厥斯坦州的军事负责人。1866 年春,俄军进入布哈拉艾米尔国。到 1867 年,布哈拉艾米尔国的大部分领土都已并入新建的突厥斯坦总督区(генерал-губернаторство),总督是侍从将官考夫曼(Константи́н Петро́вич фон Ка́уфман)。至此,以前属于中亚诸汗国的哈萨克斯坦领土全部并入俄罗斯帝国。俄国以殖民征服的方式,最终将哈萨克斯坦并入自己的帝国版图。

第六章

18世纪末至19世纪中期哈萨克人民的民族解放斗争

一 1783—1797年塞利姆·达托夫领导的小玉兹哈萨克人起义

18世纪中期，俄国对哈萨克的殖民政策越来越严格。传统上，在雅依克河流域游牧的哈萨克人到了冬天会转场到河对岸，但在俄国殖民时期，由于俄国政府断然禁止，转场放牧已不再可能。因此，中玉兹和小玉兹的哈萨克人积极参加1773—1775年普加乔夫（Емельян Иванович Пугачёв）领导的起义绝非偶然。尤其是小玉兹的哈萨克人参与围困雅依克要塞和库拉金要塞（Курагин），以及约2000名哈萨克士兵参与围困奥伦堡。中玉兹的哈萨克人攻击了普列斯诺格里科夫要塞（Пресно-горьков），直接威胁到其他要塞。现在，哈萨克斯坦西哈萨克斯坦州乌拉尔斯克市有一栋普加乔夫住过的房屋，上挂一块铭牌，写道："领导1773—1775年农民起义的领袖叶梅利扬·伊万诺维奇·普加乔夫于1774年下榻此处。"

普加乔夫起义被镇压之后，小玉兹的局势依然非常复杂，主要原因是缺乏牧场。直到1782年之后，哈萨克人才被允许转场到乌拉尔河对岸的冬营盘，但要交费并得到边防当局发给可汗的专门许可。对于小玉兹可汗努拉雷来说，关心人民是其首要责任。而他履行这一责任的方式也很独特：他向自己的臣民收取必要数目的钱，用于赎买那些因没交转场费而被哥萨克俘获的草原牧民，同时也不忘将其中一部分钱留给自己。发放许可证成为可汗与乌拉尔哥萨克长官的生财之道，由此造成可汗（一方）与部分苏丹、氏族首领、伯克和人民（另一方）间的关系日益尖锐。可汗的威信也因此无可挽回地被削弱。

在俄国加强殖民政策的形势下，小玉兹爆发了骚乱。1782年冬到1783年爆发了大饥荒，牲畜大量死亡。据当时文献报道：在古里耶夫城方向的草原上，有很多死去的牲畜。除了羊以外，还有几千头牛和马死去。不顾禁令而擅自转场到乌拉尔河"内侧"的哈萨克人，遭到哥萨克的"迎接"和劫掠。例如1783年春，哥萨克从哈萨克人那里赶走4000匹马。该事件成为起义的导火索。

起义首领是参加过普加乔夫起义的著名勇士、在乌拉尔河和恩巴河之间游牧的拜巴克特氏族（байбакты）头领塞利姆·达托夫（Срым Датов）。起义于1783年爆发，一直持续到1797年。引发起义的原因很多，包括俄国严酷的殖民政策、剥夺哈萨克人土地、土地问题尖锐化、历史形成的游牧路线被破坏、殖民当局和哥萨克军队的抢掠和暴力、地方贵族的胡作非为等。另外，俄罗斯对小玉兹的殖民征服力度不断加大，也引发并强化了民众对可汗家族的反对和不满。要知道，小玉兹可汗努拉雷、他的弟弟艾楚瓦克（Айшуак）、叶拉雷（Ералы）和多萨雷（Досалы）每年都从奥伦堡当局领取薪水。努拉雷汗在小玉兹随意分配牧场，还要求臣民承担许多草原法律从未规定的义务。

在起义的初期阶段，达托夫与乌拉尔哥萨克主要在下乌拉尔军事防线的奥尔斯克要塞（Орск）进行战斗。起义的主要力量集中在萨格兹河流域（Сагыз）[①]，这是起义的主要策源地。达托夫召集起2700

[①] 译者注：萨格兹河（Сагыз）是哈萨克斯坦西北部的一条内陆咸水河，流经阿克托别州和阿特劳州，全长511公里，流域面积约1.94万平方公里。

多人的队伍,起义人数总计 6000 多人(也有资料说,人数达到 7000 人)。起义者主要是贫苦的佃农(шаруа)。此外,大部分长老、伯克和氏族首领们认为,这场灾难的主要原因是努拉雷汗竭力保持个人权力。例如,小玉兹的长老们在 1785 年 6 月致俄国女皇叶卡特琳娜二世的信中说:"我们是吉尔吉斯—哈萨克汗国的小玉兹的百姓……除了可汗和主管官员之外,所有人都对努拉雷汗感到愤怒……如果您不剥夺阿布海尔汗的子孙们的汗权,我们与您之间将失去和平与安宁,这不是因为我们不能忍受陛下您的什么过失,而是出于对可汗恶行的痛恨。因此我们一致决定:在废除努拉雷汗之前,我们绝不与您谈判,绝不与您讲和。"

小玉兹的大规模起义令俄国殖民当局感到害怕。为了镇压起义,俄国军事部 1785 年 1 月派出以斯米尔诺夫将军(Смирнов)统率的常备军。1785 年春,起义军攻击了安东诺夫前哨站(Антонов),随后又进攻乌拉尔河下游的萨哈尔要塞(Сахар),但守备部队对此早有准备,打退了起义军的进攻。起义军并没有远退,而是有条不紊地攻击就近的军事哨所和要塞。起义军的力量得到加强,小玉兹的努拉雷汗与殖民当局积极合作,更使其威信扫地。哈萨克贵族和民众都远离努拉雷汗,努拉雷汗被迫采取最后手段,请求乌拉尔哥萨克军队保护,以免遭到塔本氏族各村那些"敌视"他的人的侵害,坚持要求乌拉尔哥萨克阿塔曼[①]东斯科夫(Донсков)抓捕那些人。努拉雷写信给西伯利亚总督说:"抓捕他们的原因是,吉尔吉斯—哈萨克人民已与我完全脱离,他们自行沿着乌伊尔河(Уил)到恩巴河上游游牧。"与牧民们一起远去的还有可汗对人民的权力。汗权危机也同时催生了俄国地方行政当局的危机,因为已经不能再用从前的老办法去

---

① 译者注:阿塔曼(Атамáн)系突厥语,草原民族对首领和长者的称号,意思是头目、首领、领导人等。"阿塔曼"的词根是"阿塔"(Ата),突厥语中是父亲、先辈、长辈的意思。此处指哥萨克军队的头领。

管理小玉兹哈萨克人。

在这种形势下，以奥伦堡省长、少将、伊格利斯特罗姆男爵（Игельстром）为首的沙皇行政当局试图废除小玉兹的汗权，借此从内部摧毁原本依靠汗权机制维持的统一的哈萨克社会。为此，伊格利斯特罗姆男爵竭力在汗国的"贵族"和"非贵族"之间制造分裂，利用"非贵族"的领导人塞利姆·达托夫来对抗汗权。

1785年7月中旬，小玉兹的长老和氏族头领召开会议。在小玉兹的32个氏族中，25个氏族参加了会议。大会通过决议，废除了努拉雷的汗位。7月24日，大会决议提交给伊格利斯特罗姆男爵，伊格利斯特罗姆将该决议以及自己所做的关于"可汗无能"的结论一起送往彼得堡。

1786年5月10日，伊格利斯特罗姆向叶卡特琳娜二世建议，在小玉兹各个氏族都设立长老职位，并建立所谓的"农民特别法院"（расправа）①。伊格利斯特罗姆废除小玉兹汗权的做法被称作"伊格利斯特罗姆改革"，并载入史册。此项改革的实质是：小玉兹必须由奥伦堡的边境地区法院（Пограничный суд）进行管理。小玉兹被分为三部分：拜乌勒（байулы）、热季鲁（жетиру）、阿里木勒（алимулы）②，每个部分都设立具有司法功能的农民特别法院，由主席、两名出身显贵的长老出任的陪审员、一名负责文案的毛拉组成。这些人都是领取薪俸的官员。例如，长老和法院主席应领取200卢布薪水和5俄石黑面包③；助手们或陪审员领取50卢布和2俄石黑面包；毛拉领取100卢布。汗权由此被取消。

---

① 译者注：农民特别法院（расправа）系俄国1775—1858年在西伯利亚等边疆地区设立的地方管理机构，具有行政和司法职能。
② 译者注：小玉兹这三部分也有汉文材料译成巴伊乌勒（байулы）、哲德乌勒（жетыру）、阿里木乌勒（Алимулы）。
③ 译者注：俄石（четверть，четь）是俄国14—20世纪时期的体积单位，主要用于粮食、面粉等散装物品和液体的度量。对于散装物，1俄石≈209.91升；对于液体，1俄石=1/4桶（维德罗，ведро）≈3.0748升。

1786年7月6日，俄国女皇叶卡特琳娜二世签署关于废除努拉雷汗权的法令，努拉雷被召到奥伦堡，又从奥伦堡前往乌法，并于1790年作为政治犯在乌法去世。奥伦堡省1786年设立了边境地区法院，1787年设立了农民特别法院，但是这一制度未能推广到整个小玉兹，权力实际上仍集中在长老手中。由于改革不符合哈萨克人早已认可和习惯的规章制度，因此伊格利斯特罗姆改革没有生命力。而且，同时期爆发了法国大革命，废除汗权可能会引发沙皇俄国不愿意看到的后果。众所周知，法国资产阶级大革命始于1789年7月14日攻打巴士底狱，并以通过《人权宣言》、宣布法国为共和国、处死国王路易十六而告终。沙皇政府被法国的前车之鉴吓坏，开始收回在小玉兹实施的革新措施。伊格利斯特罗姆男爵下台，佩乌特林格（Александр Александрович Пеутлинг）任奥伦堡新省长，执行恢复汗权的政策路线。

1790年，达托夫领导的起义队伍集结于乌伊尔河，准备进攻伊列茨克要塞。当年8月，努拉雷汗死在乌法，在沙皇行政当局支持下，其弟叶拉雷（Ералы）1791年宣布为汗。尽管伊格利斯特罗姆男爵已经下台，沙皇当局对待达托夫的立场有些弱化，但新省长佩乌特林格对达托夫的态度仍不友善。早在努拉雷汗被废时期，叶拉雷就领导了镇压达托夫的起义，俄国殖民当局也支持叶拉雷。所有这些情况聚合到一起，使得起义再次被引燃。到1792年夏，起义已席卷小玉兹全境。1792年秋，达托夫试图强攻伊列茨克镇，但未能成功。起义转为游击战。叶卡特琳娜二世下令捉拿达托夫。

1794年夏，叶拉雷汗去世。沙皇政府不敢选举新的可汗，直到1796年10月才宣布努拉雷之子叶希姆（Есим）为汗。叶希姆汗担心遭到达托夫攻击，带着自己的臣民转场到俄国边防要塞附近，在距离梅尔根诺夫要塞（Мергенов）5俄里处择地安置，但在1797年3月27日黎明时分，起义军仍然成功袭击可汗所在的村庄，杀死了叶希姆。

此前，伊格利斯特罗姆男爵被再次启用，任命为奥伦堡省长。沙皇行政当局着手实施新的策略。1797年8月，在小玉兹设立以阿布海尔汗之子、老迈的苏丹艾楚瓦克（Айшуак）为首的可汗委员会（ханский совет）。达托夫被讨伐部队追捕，丧失大部分支持者，于1797年8月30日在1000名士兵陪同下，前往参加可汗委员会的会议，并宣布停止斗争。可汗委员会得以将小玉兹从政治僵局中解脱出来。1797年10月，艾楚瓦克被推举为汗。这意味着持续近14年的达托夫起义最终失败。达托夫本人也遭到努拉雷汗的儿子们和艾楚瓦克汗支持者们的迫害，被迫迁徙至希瓦汗国，于1802年逝世。在阿姆河下游地区，人们传说他是被毒杀的。

众所周知，达托夫被安葬在希瓦汗国境内。哈萨克斯坦独立后，曾为确定这位勇士的安葬地点而进行大量工作。他的墓地位于距离乌兹别克斯坦花剌子模州乌尔根奇市60公里、距离古尔连区古尔连镇（Гурлен）9公里的麦雷申格利（Майлышенгель）。墓地中有块大理石纪念碑。据该时期的史料记载，达托夫是在离开希瓦的路上被人毒死。在他死后，曾经一起起义的战友将遗体运送到最近的居民点，安葬在最高处，一个阿姆河水不会淹到的地方。随着时间流逝，这位勇士的墓葬被称为"盖普博博"（Гайп-бобо）或"盖普阿塔"（Гайп-ата），意为"外来的圣人"（或"已故的先人"）。这位杰出人物的墓葬不同于坟墓周围的当地其他墓葬。达托夫的后人也基本认可此地就是达托夫的安葬地。2007年，达托夫陵墓旁竖起一座大理石纪念碑，上写："先人塞利姆·达托夫，1742—1802年。西哈萨克斯坦的后人和乡亲敬立。"

塞利姆·达托夫领导的小玉兹哈萨克人起义是哈萨克人民反对俄国沙皇殖民政策的第一次公开起义。达托夫也在一定程度上被叶卡特琳娜二世女皇和伊格利斯特罗姆省长利用，作为废除哈萨克斯坦汗权的工具。尽管如此，塞利姆·达托夫领导的人民起义仍在一定程度上延迟了俄国对边疆地区的殖民进程，并迫使俄国当局在处理相关问题时顾及哈萨克人的感受。

希哈孜（Шергазы 或 Сергазы）是俄国官方批准的小玉兹末代可汗。哈萨克历史专家廖夫申（Алексей Ираклиевич Лёвшин）这样描述其登基典礼："在未开化的亚洲人眼里，授予可汗称号是非常重要的事情。俄国政府总是将登基典礼办得富丽堂皇，安排着各种礼仪。这个习惯从推举努拉雷为小玉兹可汗时起就一直保留着。作为例证，我将给好奇的读者们介绍一下 1812 年在奥伦堡附近举行的小玉兹的前苏丹、艾楚瓦克汗之子希哈孜登基汗位的典礼。"

"获知皇帝已经批准推举可汗之后，奥伦堡省长沃尔孔斯基公爵（Волконский）便确定登基典礼日期，通知可汗本人和显贵的苏丹、氏族头领和吉尔吉斯长老们，让他们在 8 月 23 日之前携民众来到乌拉尔河左岸地区。"

8 月 22 日，一名校官率多名尉官和翻译前往草原，对已经抵达边境的可汗宣布说第二天就举行典礼。23 日早上 7 点，要塞鸣放三响礼炮，登基典礼开始。8 点钟，一名校官率两名尉官和护卫队赶到希哈孜住地营帐，报告说全部准备完毕，请他前往典礼地点，同时还派来一辆轿式马车和两辆四轮马车。轿式马车里坐着希哈孜本人，以及一名苏丹、派来的校官和翻译，四轮马车里则挤满了显贵的苏丹和可汗的近人。可汗的轿式马车前边，行走着 2 名军官和 4 名士兵，后边则是 50 名哥萨克队伍，再往后是一队吉尔吉斯骑兵。

在可汗离开营帐的同时，奥伦堡省长也按照礼炮信号从要塞出发。当两人到达典礼地点时，持枪军人致敬，击鼓，奏乐。参加典礼的军队布置是：200 名奥伦堡哥萨克、一个捷普佳里团（тептярский полк）①、

---

① 译者注：捷普佳里人（тептяри）是沙皇俄国时期在里海北部和伏尔加河一带（今俄联邦巴什科尔托斯坦共和国和鞑靼共和国等地区）以服军役为生的人，与哥萨克类似。有人说是一个社会阶层，有人认为是一个民族。有人认为捷普佳里（тептярь）是巴什基尔语，意思是"穷人"。

300名巴什基尔人、一个卫戍步兵团和一个炮兵连。

省长与可汗到达后，一起登上早已备好的高座。省长向前来参会的所有民众宣读俄国皇帝关于批准希哈孜为可汗的圣旨，并下令用俄语和鞑靼语宣读相关圣旨。接着按照事先批准的方式，可汗跪在地毯上，面对《古兰经》，跟随伊斯兰教大穆夫提郑重宣誓效忠俄国。最后，可汗亲吻《古兰经》，并将《古兰经》举过头顶，站起来，把手放在宣誓的那一页，相当于签字盖章。

之后，炮兵部队列队鸣放21响礼炮，要塞的6门大炮鸣放11响，士兵手中的火枪齐射，鼓声敲起，音乐奏响。与此同时，人们给可汗穿上沙皇宫廷专门为他制作的贵重的锦缎衬里貂皮大衣和帽子，以及刻有他名字的金制军刀。为他戴帽子的是少将，为他穿皮大衣的是上校，为他佩金刀的是中校。最后，省长将沙皇颁发的授予他汗位的御旨交给他，可汗亲吻御旨，将其举过头顶。

仪式过后，所有人都散去。但下午4点，省长又派一辆轿式马车和一辆四轮马车来到可汗营帐，邀请可汗及其随从共进午餐。在可汗进入房间时，奏起音乐。吃饭时，伴随礼炮齐鸣，大家为沙皇祝福，为沙皇的健康干杯。午饭后还有舞会。

登基仪式的第二天，俄国当局在草原上款待吉尔吉斯人，但没有仪式。第三天，在草原上给吉尔吉斯人安排了告别餐会，并分发大量礼物。

为希哈孜汗举办登基典礼的那段时期，俄帝国并不安稳。在俄国历史上，1812年正是反对拿破仑侵略的卫国战争爆发的那一年。哈萨克人被编入俄军各部，参加了这场战争。其中许多人在1812年8月24—26日的著名的博罗季诺战役（Бородино）中表现出色。麦雷拜乌雷（Майлыбайулы）是额尔齐斯河方面军某团的一名士兵，因为表现勇敢而被授予银质奖章。萨吉特·哈米图雷（Сагит Хамитулы）是第一捷普佳里团的班长，因为在维亚济玛（Вязьма）城下作战勇敢而被授予圣安娜三级勋章。

第一巴什基尔团加入普拉托夫将军（Матве́й Ива́нович Пла́тов）的顿河哥萨克军队，参加出国远征。该团军士纳伦拜·然日吉图雷（Нарынбай Жанжигитулы）在魏玛、汉诺威、法兰克福等地的作战中表现出色，并在攻克巴黎时获奖，被授予圣乔治勋章。与纳伦拜并肩作战的阿缅·拜巴特鲁雷（Амен Байбатырулы）后来成为民众公认的勇士和诗人。

对于哈萨克人雅科夫·别利亚科夫（Яков Беляков）来说，1812年卫国战争是他参加的第二次大规模军事行动。第一次是在他受洗后，自愿作为奥伦堡第三哥萨克团士兵参加了1809—1810年的俄土战争，并获得库图佐夫元帅（Михаил Илларионович Кутузов）亲自颁发的荣誉勋章。

参加1812年卫国战争的哈萨克人中，还有一些人主动请求将自己编入民兵队伍。志愿兵通常都允许穿戴民族服装，除传统的大刀、长矛和火枪外，他们还成功使用弓箭，也因此被赋予绰号"爱神"。正如第23轻骑兵旅长、上校、杰·马尔博男爵（Де Марбо）所说："哈萨克人、巴什基尔人、鞑靼人的骑兵结实而娴熟的手臂射出的小箭总能准确地命中敌人的眼睛或咽喉。他们技艺精湛地射击目标，力量如此之大，以至于距离15俄丈①远都能穿透人体，甚至射穿一匹马。"

在参加卫国战争的同时，受塞利姆·达托夫起义影响，哈萨克人民反对殖民统治的民族解放运动也不断高涨，表明人民意识觉醒出现新态势。

二　建立布凯汗国和伊萨泰起义

1801年圣诞大斋戒第6周的星期一，俄国皇帝巴维尔·彼得罗

---

① 译者注：俄丈（сажень，又音译为"沙绳"）系俄国旧长度单位，1俄丈＝3俄尺＝2.134米。

维奇（Павел Петрович）早上四五点钟醒来之后，一直到早上 9 点都在处理文件。3 月 11 日的这个早晨是他生命中的最后一个早晨，皇帝巴维尔一世一口气批准了 6 部法律，其中一部就是《关于允许吉尔吉斯民众在乌拉尔河与伏尔加河之间放牧的法》（О дозволении киргизскому народу кочевать между Уралом и Волгой）。

以高加索防线指挥官科诺林格（Карл Фёдорович фон Кнорринг）少将的名义发出的命令中说："在吉尔吉斯—凯萨茨克小玉兹的可汗委员会担任主席的苏丹布凯（Букей）是努拉雷汗的儿子，我很乐意地在我自己家里接待他，允许他在他想去的地方放牧。为了表达善意，我曾授予他一枚带有我头像的金质奖章，他用一条黑色绶带挂在他的脖子上。"

这样一来，在乌拉尔河和伏尔加河之间的下游地区就建立起一个新的民族疆域实体，在沙皇政府的官方文献中称为"布凯汗国"（Букеевская орда）或"内帐"（Внутренняя орда）。俄国政府之所以这么做，是为了在镇压塞利姆·达托夫起义之后，缓和小玉兹地区的紧张局势。沙皇政府先废除汗权再恢复汗权的这种反复无常的做法激化了苏丹上层的内讧。苏丹们为了自己的利益，巧妙地利用那些失去牧场的民众的不满。为避免民众不满再次爆发，首先必须解决牧场不足的问题，办法就是将部分哈萨克人迁徙到卡尔梅克人的土地。从 1771 年起，人数约 3 万帐的土尔扈特人离开伏尔加河草原回到准噶尔境内，卡尔梅克人的土地因此空下许多。

到 1801 年年底，布凯苏丹亲率部分属下迁往乌拉尔河西侧。到 1802 年年底，又有 6266 帐约 3.1106 万人口迁到此地。

布凯汗国以畜群繁盛而知名，俄国商人得到其中最肥最大的牧场。1812 年，布凯汗国有 3.34 万头骆驼、18.7 万匹马、9.25 万头牛、173.75 万只羊，总计 205.04 万头（只）牲畜。尽管 1813 年年底到 1814 年初的寒冷冬季对畜群造成灾难性致命损失，但据档案资料，到 1814 年 7 月，除去卖掉的 34.871 万头牲畜，布凯汗国仍有 202.67 万头（只）牲畜。

布凯汗国的疆域东西长约 370 公里，南北长约 210 公里，与阿斯特拉罕、萨拉托夫、奥伦堡诸省接壤，俄国当局在这些地区从乌拉尔到里海北部渔业区设置了军事防线。

1812 年 7 月 7 日，俄国政府正式宣布布凯苏丹为内帐（布凯汗国）的可汗。资料显示：汗的外貌令人愉悦，身高中等偏上，尽管有些肥胖，但非常壮实，只需一人帮助就可轻松跨上坐骑，几乎每天都骑马。布凯汗住在一个用白毛毡建起的巨大毡帐里，坐在用多条毛毯围设的高座上，穿着挂满金丝带的用威尼斯的深红色天鹅绒做成的长大衣和锦缎做的半大衣，头戴深红色的用黑貂皮镶边并垂着金丝带的高帽。

布凯汗的脖子上挂着金质勋章，是沙皇巴维尔一世（Павел）因他迁徙到内帐有功而赏赐给他的奖章。用布凯汗同时代人的话说："他每年都用上千头最好的羊换取天鹅绒、金色锦缎、珊瑚、珍珠等物，用于居家装饰。"布凯汗国的奠基人布凯汗死于 1815 年 5 月 21 日，葬在今日俄联邦阿斯特拉罕州克拉斯诺亚尔斯克区的小咸海村附近，其墓地于 2011 年 10 月被发现。

较为独特的是：1825 年以后，布凯汗国开始出现土地私有制，这种土地私有制由布凯汗的儿子杨吉尔汗（Жангир，1824—1845 年在位）建立。杨吉尔汗本人掌握着 40 万俄亩土地（约 43.6 万公顷），其弟弟缅德格列伊（Мендыгерей）也有几乎同样大小的牧场。总共 25—30 个最富有的家庭掌握着汗国全部土地的 85%。在这种情况下，1/3 的民众完全没有土地。大部分无地和少地的民众只能租赁富人的土地。

布凯汗国的政治制度也有显著特征。例如，在杨吉尔汗统治时期，沙皇当局任命与可汗亲近的人为氏族头领。司法权主要集中在可汗、伯克（可汗委员会成员）和苏丹（可汗的代表）手中。可汗用自己的权力规定各个氏族的牧场，分发私有土地。在杨吉尔汗统治时期，建立起一个特殊的管理机构，即从苏丹中选出 10 名可汗的代表，有权以可汗的名义解决地方事务。可汗之下还设立一个协商机构"可汗委员会"（ханский совет），由 12 名伯克组成，每个氏族各派出一名委员，工作地点设在可汗的牙帐。此外，可汗还有 12 位长老作为副手（есаул），完成各种委派任务。所有这些人（甚至包括毛拉在内）都由可汗任命，只听命于可汗一人。

至此，在杨吉尔汗时期，从前的汗权管理体制已被官僚化的组织机构替代，目的是确保沙皇当局在布凯汗国的利益。

在俄国日益强化对布凯汗国的殖民政策之际，布凯汗国内爆发了具有反殖民性质的起义，主要原因是土地危机、赋税压榨、沙皇官员的胡作非为、沙皇当局排挤杨吉尔汗及其亲属们（特别是卡拉乌勒霍日·巴巴扎诺夫 Караулхожи Бабажанов）等。

1836 年 2 月爆发了以别里什氏族（бериш）族长、勇士伊萨泰·泰马诺夫（Исатай Тайманов）为首的起义。来自同一氏族的战友马哈姆别特·乌杰米索夫（Махамбет Утемисов）是位诗人，曾在其诗作中描写了这次起义，并表达了人民必胜的信心。他曾写道：

> 为了伏尔加河，我们像狼一样嚎叫，
> 为了乌拉尔河，我们刀劈剑客。
> 为了捷普佳里，我们踏出道路，
> 基加什①从来就是我们的土地。
> 为了平等和自由，
> 我们不会麻木不仁，
> 我们决不交出畜群。

---

① 译者注：基加什（Кигаш）位于今俄联邦阿斯特拉罕州克拉斯诺亚尔斯克区。

阿乌埃佐夫（Мухта́р Омарханович Ауэ́зов）在评价马哈姆别特的个性和创作时写道："马哈姆别特是位勇敢的战士，也是一位睿智俏皮的诗人，其诗作鼓舞了人民，理应被认为是早期和当代最强的哈萨克诗人。"联合国教科文组织2003年曾举办庆祝诗人、勇士、民族解放运动英雄马哈姆别特·乌杰米索夫诞辰200周年活动。

伊萨泰·泰马诺夫（Исатай Тайманов）走村串户，号召夺取哥萨克和巴依老爷们的土地。在爆发起义的地区，可汗政权和殖民行政当局已经不再运转。1837年夏和秋，起义者们攻打那些亲可汗的村落。1837年10月，伊萨泰开始围困杨吉尔汗的大本营，起义人数已达2000多人。沙皇派出1000多人的大军镇压起义，阿斯特拉罕和乌拉尔的哥萨克以及携带两门大炮的可汗军队业已赶来，指挥官是格克中校（Карл Карлович Геке）。

1837年11月15日黎明，起义军与围剿部队在塔斯秋别（Тас-тюбе）相遇并爆发战斗。围剿部队在装备上占据优势，起义军损失近百人后撤退，起义领导人得以脱身。沙皇当局悬赏500银卢布捉拿伊萨泰。

12月13日夜，伊萨泰的部队从一个靠近亚曼哈林军事哨所（Яманхалин）的地方渡过乌拉尔河，前往外乌拉尔草原。伊萨泰和马哈姆别特在此收集七零八落的起义部队，到1838年春集齐大部分部队。格克中校指挥的讨伐部队再次扑来，包括200名奥伦堡哥萨克、150名乌拉尔哥萨克和携带两门大炮的500名边防营士兵。1838年7月12日，驻扎在克伊尔河畔阿克布拉克地区的约500人的起义部队被击溃。伊萨泰牺牲。

伊萨泰·泰马诺夫和他16岁的儿子奥斯潘（Оспан）的牺牲处现位于哈萨克斯坦阿克纠宾斯克州科布达区的扎尔赛（Жарсай）。此处有座纪念碑，上面镌刻着马哈姆别特的诗句：

> 英雄的儿子伊萨泰
> 未能实现夙愿
> 赍志以殁
> 你为我们蒙受苦难
> 我们万分感谢

必须指出的是：伊萨泰的所有儿子都积极参加了起义。其中，生于1811年的儿子扎基亚（Жакия）与伊萨泰一起发动人民起义。他受过教育，伊萨泰写给杨吉尔汗和奥伦堡当局的大多数信函和声明都出自他的手笔。1837年12月，扎基亚与弟弟金巴扬（Динбаян）被俘后受到军事法庭审判，之后的命运无人知晓，但可以肯定的是，他们再没回到过故乡。从史料可知，被俘的起义者均遭到残酷惩处：他们被判鞭刑1000—1500下，经历数次由250名士兵组成的棒阵笞刑，然后被流放到拉脱维亚或芬兰服苦役，或派去参军，或永久流放到西伯利亚。

伊萨泰的另一个儿子阿凯（Акай）的命运也非常悲惨。1837年11月，他在塔斯秋别附近的一次战斗中阵亡，死时年仅20岁。由于伊萨泰已在阿克布拉克战役中与儿子奥斯潘一起牺牲，马哈姆别特便完成他的遗愿，救出伊萨泰14岁的儿子多斯马加姆别特（Досмагамбет）。伊萨泰牺牲后，马哈姆别特带领小股起义军前往希瓦汗国，试图继续发动起义，但遭到逮捕，被送往奥伦堡。马哈姆别特在乌拉尔河地区度过余生，于1846年10月20日牺牲。马哈姆别特·乌杰米索夫的陵墓位于今哈萨克斯坦阿特劳州因杰尔区（Индер），距离因杰尔博尔村（Индербор）40公里处。

起义失败后，围剿部队开始惩治起义参加者。如前所述，他们对起义者施以棒刑、鞭刑、没收财产、永久流放或服苦役，由伊萨泰·泰马诺夫和马哈姆别特·乌杰米索夫领导的1836—1838年起义以此告终。

三 加拉曼·特列奇耶夫起义和萨尔江·卡瑟莫夫起义

19世纪20年代，俄国在乌拉尔河的支流伊列克河地区（Илек）建起了由29处工事组成的新伊列茨克防御线。沙皇当局剥夺了哈萨克小玉兹塔本氏族最好的土地，一块位于乌拉尔河和伊列克河地区的约7000俄亩①的土地，并在这块土地上安置俄国农民以及奥伦堡和乌拉尔军队中的哥萨克。这成为小玉兹哈萨克人起义的主要原因。领导起义的是塔本氏族首领、勇士加拉曼·特列奇耶夫（Жоламан Тлечиев）。19世纪20年代初，加拉曼尝试通过和平方式捍卫哈萨克人的土地权利。他与奥伦堡省长艾斯先（Эссен）的通信已众人皆知，但是无果而终。1823年秋，加拉曼宣称：由于俄国在伊列克河上建立军事防线，他将对俄国开战。"从前，吉尔吉斯人可以自由地在军事防线以内的地方饲养畜群，但现在却只能在缺乏草料的草原上放牧。"1835年，加拉曼起义的影响大幅扩展，扎加尔拜勒、扎普巴斯、阿尔钦、阿尔根、钦察等氏族也加入起义。这些氏族的土地也被俄国剥夺，用于建设1万多平方公里的奥尔斯克（Орск）和特洛伊茨克（Троицк）之间的军事防线。因此，这些氏族也处境艰难，被迫在边境地区放牧，并支付高额的牧场费。哈萨克人对这种处境表示抗议，经常袭击附近的军事防御工事和商队。

1837年中玉兹爆发凯涅萨雷·卡瑟莫夫（Кенесары Касымов）领导的起义后，加拉曼迅速驰援。他联合小玉兹的大部分氏族，并号召他们加入凯涅萨雷起义队伍。到1838年，布凯汗国的起义领导人伊萨泰和马哈姆别特来到小玉兹。小玉兹的起义初具规模。加拉曼统领的起义军人数达到3000人。沙皇政府派出三支队伍前往镇压，分

---

① 译者注：俄亩（десятина），俄制地积单位，1俄亩≈1.09公顷。

别由奥尔斯克的曼苏罗夫上校（Мансуров）、奥伦堡的帕杜罗夫上校（Падуров）和来自伊列茨克的格克上校率领，但这些人均未能完成镇压起义的任务。

小玉兹的加拉曼·特列奇耶夫发起的运动具有反殖民性质，表现为反对俄国剥夺哈萨克人的土地，以及为夺回失去的牧场而斗争。这些目标也是中玉兹的萨尔江·卡瑟莫夫（Саржан Касымов，凯涅萨雷的哥哥）发动起义的原因。尽管卡瑟莫夫家族领导的解放运动从一开始就具有十分明显的政治动机，即在阿布赉汗后人领导下复兴哈萨克汗国，但同时也包含反殖民内容。

导致萨尔江起义的另一个原因是1822年开始实施《西伯利亚吉尔吉斯人条例》。1824年，为了在哈萨克草原上开设首批衙门（приказ），俄国当局装备了两个远征团，其中一队由管理鄂木斯克州的布罗涅夫斯基上校（Броневский）率领，前往卡尔卡拉林斯克（Каркаралинск）；另外一队由格里戈罗夫斯基中校（Григоровский）率领，前往科克切塔夫（Кокчетав）。布罗涅夫斯基远征团刚出现在卡尔卡拉林斯克地区，住在那里的哈萨克人就立即起来反抗，迫使他们缩集在卡尔卡拉林山麓地区。尽管遭到哈萨克人反抗，但衙门最终还是得以设置。领导哈萨克人反抗的领袖是苏丹萨尔江。1824—1836年，他一直坚持反对殖民者的斗争，要求沙皇撤销衙门，从哈萨克草原撤军，恢复从前的秩序。1825—1826年，起义人数已达千人。萨尔江和他的弟弟伊先格利德（Исенгельды）走村串户，号召哈萨克人同殖民当局及其以大苏丹（ага-султан）为首的帮凶做斗争。萨尔江将自己的大本营迁至布加雷（Бугалы）和塔加雷（Тагалы）一带。1826年8月，他对卡尔卡拉林斯克衙门发起攻击，但沙皇当局派卡尔贝舍夫中尉（Карбышев）率队迎战，起义者未能摧毁衙门。卡尔贝舍夫围剿期间，从当地哈萨克人那里强行夺走100只羊、36匹马和10头牛及其他物品。

1832年初，萨尔江又开始积极行动，袭击卡尔卡拉林斯克区已投靠殖民者的村庄。为了镇压起义，沙皇当局派出波塔宁中尉（Потанин）前往镇压，该部队装备有火炮。萨尔江发动进攻之后，双方在距离苏鲁科利（Сулу-Коль）不远的地方爆发了战斗。许多起义者牺牲。这次失败促使萨尔江在当年决定与塔什干的统治者（浩罕汗国）订立同盟，共同对俄斗争。他的建议被接受。萨尔江和塔什干的伯克们集结大军并出现在中玉兹，令沙皇当局忧心忡忡。西西伯利亚总督维利亚米诺夫（Вельяминов）紧急组建多支队伍前往镇压起义，让起义军损失惨重。围剿部队占领了塔什干人建在萨雷苏河上的两处工事。尽管起义遭到失败，但萨尔江并未停止斗争。1833年，他以小股部队继续袭击那些效忠沙俄的村庄、哨所、侦察队和商队。维利亚米诺夫下令抓捕萨尔江，但所有抓获行动都未能成功。

1836年，萨尔江·卡瑟莫夫最终死于塔什干的伯克之手。事情经过如下：遭到沙皇军队围剿后，萨尔江撤到大玉兹境内，准备联合大玉兹的哈萨克人和锡尔河流域的哈萨克人（三个玉兹的哈萨克人都在锡尔河地区游牧），共同与殖民者做斗争。但此举触犯了塔什干伯克们的利益，萨尔江和他的儿子们被残忍杀害。1840年，塔什干人还杀害了萨尔江和他的父亲卡瑟姆。但是，起义并未因萨尔江去世而终止，凯涅萨雷继承了萨尔江的未竟事业。

四　凯涅萨雷·卡瑟莫夫领导的哈萨克人民起义

哈萨克人民的民族解放运动从最初反对剥夺土地的零散反抗活动，逐渐变得越来越有组织性、连续性和针对性。之所以如此，正是得益于苏丹（后来成为可汗）凯涅萨雷·卡瑟莫夫（1802—1847）的领导。他从19世纪20—30年代起义的教训中总结出经验：第一，零散和局部的起义不会成功，必须发动整个民族的力量；第二，哈萨克人的解放运动不能指望中亚地区的统治者，否则很危险。

与其他几次起义相比，凯涅萨雷起义的不同之处在于：起义几乎席卷哈萨克斯坦全境和所有玉兹，人数达到两万人，汗权被恢复，汗国得以重建。在凯涅萨雷写给俄国皇帝尼古拉一世、奥伦堡省长佩罗夫斯基（В. Перовский）和奥勃鲁切夫（В. Обручев）、西伯利亚总督戈尔恰科夫（П. Горчаков）、奥伦堡边防委员会主席汉斯（А. Генс）的往来通信中可以看出，凯涅萨雷要求恢复哈萨克斯坦的领土完整并保持独立。

哈萨克人与哥萨克的最初几次冲突发生在1837年11月阿克套防御工事附近。1838年5月，起义者围困并焚烧了阿克莫拉工事。随后，凯涅萨雷带着部队前往小玉兹的图尔盖河地区。当时在布凯汗国爆发了伊萨泰领导的起义，解放运动席卷小玉兹，凯涅萨雷希望得到支持。小玉兹勇士加拉曼·特林奇耶夫率领的起义部队也加入进来。凯涅萨雷率领的民兵队伍得到扩大和巩固。1839—1840年，他曾与俄国围剿部队多次肉搏并取胜。凯涅萨雷在两条战线发起战斗行动：在北方，与沙皇当局的围剿部队战斗；在南方，与浩罕汗国的统治者做斗争。浩罕人在锡尔河下游地区排挤哈萨克人，而且如前所述，他们背信弃义地杀害了凯涅萨雷的哥哥萨尔江，后来又杀害了凯涅萨雷的父亲卡瑟姆和其他亲属。

1841年8月，凯涅萨雷围困浩罕人掌控的苏扎克（Сузак）、雅尼库尔干（Яныкурган）、阿克梅切季要塞（Ак-Мечеть）和茹列克要塞（Жулек）。攻占多处浩罕工事鼓舞了起义军。1841年9月，在有哈萨克各玉兹代表参加的库里台大会上，凯涅萨雷被推举为大汗，汗权得到恢复，哈萨克汗国得以重建。

必须指出的是：部分哈萨克贵族出于个人目的与殖民当局合作，反对凯涅萨雷，这些人包括阿克莫拉区的大苏丹科内尔库尔扎·库代缅丁（Коныркулжа Кудаймендин）、小玉兹的苏丹艾哈迈德和摩诃末·江托林（Мухамед Жанторин）家族、苏丹艾楚瓦克等，还有凯涅萨雷的个别亲戚。

俄国沙皇尼古拉一世害怕哈萨克民族解放运动，拒绝起义军提出的正当要求，也不承认凯涅萨雷作为可汗的合法性。1843年夏天，俄国政府实施大规模军事行动，镇压起义。这次远征军包括中校列别杰夫（Лебедев）率领的1900名哥萨克、苏丹江托林和艾楚瓦克的部队，以及比扎诺夫中校（Бизанов）的部队，但无果而终。起义军熟悉地形，有情报网络。到1844年7月，起义军击退了苏丹江托林的部队，8月14日攻击了叶卡特琳娜镇，火烧城郊，抓获一批俘虏。为了镇压起义，沙皇政府组建两支部队：一支是由杜尼科夫斯基（Дуниковский）上校率领的奥伦堡部队；另一支是由热姆丘日尼科夫（Жемчужников）将军率领的西伯利亚部队。但凯涅萨雷从围剿部队的追捕中成功脱逃。

沙皇军队同起义军作战7年仍没能取得成功。1845年，俄国从奥伦堡派出一个以多尔戈夫（Долгов）和格尔恩（Герн）为首的使团与起义军谈判。因为起义军要求收复失地，谈判无果而终，但沙皇政府不打算停止对边疆区的殖民进程。

为了将凯涅萨雷汗从小玉兹和中玉兹排挤出去，殖民政府建起了伊尔吉斯要塞（Иргиз）和图尔盖要塞（Тургай），迫使起义军于1846年转场前往七河地区，进入大玉兹境内。殖民当局早已料到这一结果，派出西伯利亚边防局主席维什涅夫斯基（Вишневский）将军指挥的炮兵部队前往七河地区。在优势敌人的压力下，凯涅萨雷渡过伊犁河，转移到阿拉套山麓，抵达吉尔吉斯人的地界。凯涅萨雷汗要求吉尔吉斯人归附自己。阿肯内萨姆拜（Нысамбай）一直与凯涅萨雷在一起，并战斗到最后时日。据他在自己的诗中讲述，凯涅萨雷曾对吉尔吉斯人民说了下面一番话："俄国人从北边发动进攻。除非你们把土地和牲畜交给他们，把自己的子女送去当兵，只有那样你们才能与他们和睦相处。东边与舒尔舒特（шуршуты，即中国）①接壤，南边的浩罕也在排挤我们，凌辱你们的妻儿们。抗拒他们，他们就会把你吊死……"尽管如此，吉尔吉斯人也没有与凯涅萨雷结盟。

1847年4月，已经拥有一万大军的凯涅萨雷侵入吉尔吉斯人的地界，其主要目标是与排挤哈萨克人的浩罕汗国做斗争。但吉尔吉斯的玛纳普们②不支持凯涅萨雷。俄军与吉尔吉斯的玛纳普们制订计划，协同展开军事行动，联合起来反对凯涅萨雷。在凯涅萨雷最艰难的时刻，部分哈萨克统治者离开了战场，其中包括苏丹鲁斯杰姆·阿布尔菲伊佐夫（Рустем Абулфеизов）和瑟帕泰·穆尔扎格利金（Сыпатай Мурзагельдин）。另外，浩罕的伯克们还将自己的军队交给吉尔吉斯人指挥。1847年4月17—25日在托克马克附近，凯涅萨雷发起最后一场战斗。凯涅萨雷军队位于楚河右岸的阿尔玛雷赛峡谷（Алмалысай），距离托克马克五六公里处。距离楚河大约两公里处便是迈托别山（МайТобе），与克克利克先吉尔丘陵（Кекелик Сенгир，吉尔吉斯人称为"捷克利克先吉尔"Текелик Сенгир）相接，组成热特若尔山脉（Жеты Жол）。如果从伊塞克湖一侧沿着楚河顺河而下，那么阿尔玛雷赛峡谷就出现在迈托别山前。决战在此进行。战斗开始前，吉尔吉斯玛纳普奥尔蒙（Ормон）命令士兵沿着哈萨克人视野所及的道路下山，故意卷起大量尘烟，下山后沿着峡谷返回，再重新列队行军。到了夜间，奥尔蒙又下令每个战士燃起一堆篝火，这些做法都是为了对凯涅萨雷及其战士们施加心理压力。奥尔蒙的士兵

---

① 译者注：舒尔舒特（шуршуты）是哈萨克人等游牧民族对清代中国人的蔑称。有一种说法认为，舒尔舒特来自蒙古语，指准噶尔人或卡尔梅克人。还有一种说法认为，舒尔舒特来自蒙古语 jur 或 зүр，即 косуль（狍子）或 джурчин-косульщик（以狩猎狍子为生的人）。

② 译者注：玛纳普（манап）系吉尔吉斯和哈萨克的封建上层人士，贵族。玛纳普分为不同的级别，有的管理数个氏族部落。

还开往楚河方向，占据制高点，对凯涅萨雷军队实施围堵。4月下旬，天气炎热，缺乏饮水，更加剧了哈萨克人的艰难处境。凯涅萨雷最终被俘，与32名苏丹一起牺牲。谢列达（Н. А. Середа）在其1870年发表于《欧洲公报》（Вестник Европы）杂志的札记《吉尔吉斯苏丹凯涅萨雷·卡瑟莫夫（1838—1847）暴动记》（Бунт киргизского султана Кенесары Касымова）中写道："凯涅萨雷死了，但整个哈萨克都记住了他和他的功勋。他的英雄气概广为传颂，成为传奇故事和爱国歌曲中的主人公。"

沙皇政府厚赏了参与镇压起义的人。例如，将凯涅萨雷的人头呈送鄂木斯克的西西伯利亚总督戈尔查科夫大公的"荣耀的"吉尔吉斯人卡雷古尔·阿利别科夫（Калыгул Алибеков）"被授予银质奖章，用乔治丝带①挂在脖子上"。为了表示谢意和友好之情，吉尔吉斯的玛纳普奥尔蒙（Ормон）和江泰（Жантай）给浩罕可汗送去两大车起义军的人头作为礼物，"这些人头被高高挂在塔什干大巴扎的高杆上"。

为了给死去的凯涅萨雷报仇，卡帕尔县（Капал）的哈萨克人采取行动，惩处了多名凶手。凯涅萨雷可汗领导的哈萨克人民的民族解放运动就这样结束了。

凯涅萨雷明白，要想取得反对沙皇殖民主义和中亚汗国斗争的成功，必须结束哈萨克人一盘散沙的状况，并建立一个统一的中央集权国家。他复兴了哈萨克汗国，捍卫了民族利益。伯克、巴伊和勇士是汗国的主要社会基础。在凯涅萨雷的国家里，那些掌管某一部门的勇士们发挥着显著作用，他们是可汗委员会成员。

凯涅萨雷建立起国家机构。国家的首脑是可汗，可汗之下设立一

---

① 译者注：乔治丝带（Георгиевская лéнта）象征战场上的胜利，是黑色和黄色相间的丝带，其中黄色象征火焰，黑色象征硝烟。源于俄罗斯帝国时期的最高军功勋章——圣乔治勋章，获得该勋章者才可佩戴该种款式丝带。十月革命后，该丝带被改称为"近卫军丝带"，苏联解体后改回原名。

个协商机构"可汗委员会",由其战友们组成,包括勇士、伯克以及个别亲属,最终决定权属于可汗。可汗委员会讨论所有内政外交的重大问题。汗国里有专门的人负责司法、外交、财政、军事和财产征收等事务。

凯涅萨雷还确定了税收制度,目的是利用税收充实国库,也是用国家税收取代地方捐税的重要措施。凯涅萨雷保留了对牧民征收"天课"(зякет)和对农民征收"乌舒尔"税(ушур)[①]的做法。对每个村子征收一种特别的村庄税,此外还有其他大量税种。例如,40头以下的畜群无须交税,40—100头的畜群要缴纳一头牲畜,此后每增加40头牲畜就要多交一头牲畜。另外,还可以用衣服、武器和马具等交税。没有人头税和户(帐)籍税。农民缴纳自己收成的1/10作为赋税,商队须缴纳关税。例如,每个驿站(кош)从布哈拉商人收取9件物品。

凯涅萨雷重视外交事务,曾对俄国和中亚诸汗国的领导人展开积极的外交活动。最高司法权集中在凯涅萨雷本人手中。为了解决氏族间的诉讼案件,他任命了一些伯克。司法改革的主要目标是停止劫持牲畜(барымта 或 баранта)和内讧。凯涅萨雷还废除氏族伯克法庭,将司法功能交给他自己任命的伯克们。在司法体系中保留了命金制度(库纳,күн),但创新之处是将其扩展到奴隶,也就是说,凯涅萨雷反对奴隶制。他非常反对氏族内讧和劫持牲畜。他对哈萨克人的习惯法进行重大修改,使其成为全国性法律。

凯涅萨雷在汗国内设置一个财产征收部门,负责罚没那些拒绝帮助起义者的人的财产,由凯涅萨雷的妹妹波派(Бопай)领导。地方行政权由可汗亲自任命的副手(есаулы)掌握,这些人类似"凯涅

[①] 译者注:"乌舒尔"税(ушур)系突厥语,是对农业人口征收的一种税,税率在5%—10%。

萨雷的代表"。为了完成重大任务，凯涅萨雷还起用托连古特人（толенгут）①。同时规定，所有人都必须严格遵守行政纪律，否则即使犯下很小的错误也会受到严惩。汗国建立起拥有两万名年轻战士的军队。军队首领是凯涅萨雷本人，所有涉及军事远征计划和行动的问题都在军事会议上讨论。军队结构以哈萨克人传统的十进制为基础，定期实施军事培训。起义者中有一些是逃亡的俄国士兵、巴什基尔人、吉尔吉斯人、乌兹别克人、卡拉卡尔帕克人、土库曼人等。军纪非常严明，规定对叛变者处以死刑，其他破坏军纪的现象处以诸如"刺刻"（чик）这样的刑罚，即用刀或剑在犯错者的头部刺出伤疤。在军人的肩头和前胸佩戴用红色或蓝色面料做的军衔，以示差别。指挥官佩有军刀，带红色呢套。起义军自己打造武器，有枪和大炮。凯涅萨雷非常重视野战侦查和间谍侦查，不仅在敌军中有情报侦查网络，在行政机构中也有，收集有关哈萨克人的情绪和对政权的态度，还有敌方意图等。

凯涅萨雷还千方百计地在哈萨克推广农业耕种，鼓励发展商业，认为这能够带来巨额关税。

由此可见，通过重建和改革汗国，凯涅萨雷希望在更发达的环境下复兴哈萨克国家。

五　江哈吉·努尔穆哈梅多夫领导的锡尔河哈萨克人起义

19世纪中期，在锡尔河地区游牧的哈萨克人也处境艰难。他们实

---

① 译者注："托连古特人"（толенгут，Толенгит），不属于哈萨克三大玉兹的组成部分，在哈萨克社会属于公务阶层，相当于可汗的近卫军，从事服军役、征税以及可汗交办的其他任务，与成吉思汗后裔形成的"托列"氏族（толе）没有任何关系。关于托连古特人有多种说法，一种认为托连古特人是古代高车人的后裔，一种认为"托连古特"在古突厥语中的意思是"付费的、支付费用的"。托连古特人大部分由突厥或蒙古卫拉特的俘虏而来，逐渐成为专门服侍可汗的阶层。

际上遭受双重压迫：一方面来自希瓦汗国和浩罕汗国，另一方面来自俄国的殖民政策。早在1843年，在小玉兹阿里木勒部落舍克惕氏族（шекты）首领江哈吉·努尔穆哈梅多夫（Жанхожи Нурмухамедов）领导下，哈萨克人摧毁了库万河（Кувандарья）地区的要塞，1845年春又击退了前来重建要塞的2000多人的希瓦军队，攻占了扎纳卡拉要塞（Жана Кала）①。1847—1848年，江哈吉曾多次帮助俄军击退进犯锡尔河工事线上的拉伊姆要塞（Раим）的希瓦军队。到19世纪中期，锡尔河沿线上已经布满了哥萨克和从俄国移居此地的农民。1853年，奥伦堡省长佩罗夫斯基（В. Перовский）夺取阿克梅切季后，建起锡尔河军事防线，开始剥夺很多哈萨克人的土地，并将大量哥萨克和移民安置于此地。例如1857年，约3000个哈萨克家庭被赶出自己的家园，其土地被用来安置新移民。严酷的殖民压迫导致土地问题尖锐，税赋加重，沙皇当局的为非作歹日益加剧。与此同时，哈萨克人与希瓦汗国的关系也严峻起来。希瓦汗国认为锡尔河地区是他们的势力范围。

锡尔河哈萨克人的起义爆发于1856年，领导人是当年曾参加过凯涅萨雷起义的小玉兹舍克惕氏族首领江哈吉·努尔穆哈梅多夫勇士，当时已经90多岁。到1856年年底，起义已席卷整个卡扎雷地区（Казалы）。江哈吉带领1500多名战士围困卡扎雷要塞，摧毁了索尔达特村。沙皇当局起初派出由指挥官米哈伊洛夫（Михайлов）和布拉托夫少校（Булатов）率领的一支部队前往镇压，但徒劳无功，随后又派出菲京科夫少将（Фитингоф）指挥300名哥萨克和320名携带大炮的士兵前来镇压起义。1857年1月9日，双方在阿雷科巴雷克（Арыкбалык）发生决战。尽管起义军人数已达5000人，最终还是遭到失败。江哈吉被迫带领残部越过锡尔河右岸，进入希瓦汗国境

---

① 译者注：扎纳卡拉（Жана Кала）位于今哈萨克斯坦巴甫洛达尔州巴甫洛达尔区的扎纳卡拉村。

内。与他们一起出走的还有 20 个村落的村民。锡尔河哈萨克人的起义就这样结束了。围剿部队摧毁了村庄，仅牛就被掠走 2.14 万头。

小玉兹舍克惕氏族的勇士叶谢特·科季巴罗夫（Есет Котибаров）也带领部队反抗沙皇当局很多年。1847 年 6 月 18 日，叶谢特在恩巴河地区袭击了来自奥伦堡的围剿部队，但因双方力量对比悬殊而失败，被迫撤退。叶谢特领导的斗争一直坚持到 1858 年秋才停止。在那些年代，整个哈萨克斯坦南部都发生了反殖民解放运动。

第七章

19世纪下半期的哈萨克斯坦

一　1867—1868年的行政疆域改革

将哈萨克斯坦并入俄国的进程恰逢俄国实施自身改革。俄国废除农奴制旨在发展资本主义社会关系，这不可能不触及哈萨克斯坦。对哈萨克斯坦来说，最直接的感受就是殖民活动极其活跃。为了让殖民进程更有针对性和系统性，沙皇政府决定在哈萨克斯坦建立既接近于俄国体制，又能最大限度地满足宗主国利益的行政管理机构。改革的主要目的是"将吉尔吉斯草原与俄国的其他部分融合"。例如，在谢苗诺夫（Пётр Петро́вич Семёнов-Тян-Ша́нский）主编的《俄国：我们祖国的地理详述》（*Россия：Полное географическое описание нашего Отечества*）第18卷《吉尔吉斯边疆区》中写道："吉尔吉斯人与俄罗斯民族距离遥远。如果允许他们在辽阔草原上自由放牧，那么所谓的归附于我们就只能是一句空话。"由此可见，自大玉兹并入俄国之日起，就已提出有关"融合"的问题，通过把哈萨克融入俄国等方式，在殖民地区建立新的管理体系。

促使改革殖民地区的行政管理体系的主要原因，是为了强化对哈萨克的殖民进程，开发储量丰富的原料产地和倾销市场。另外，俄国还努力以哈萨克斯坦为基础，建立向中亚继续推进的新平台。为了筹备改革事宜，俄国1865年组建了一个专门的"草原委员会"（Степная комиссия），成员来自内务部、军部和地方当局等机构，主要任务是制订改革方案。1865—1866年，委员会拟订了两份关于管理哈萨克草原的草案。1867年7月11日，亚历山大二世签署《关于七河州和锡尔河州的临时管理条例》（Временное положение об управлении в Семиреченской и Сырдарьинской областях），1868年10月21日又签署《关于奥伦堡总督区和西西伯利亚总督区内的各草原州的临时管理条例》（Временное положение об управлении в степных областях Оренбургского и Западно-Сибирского генерал-губернаторства）。

哈萨克斯坦的疆域本质上是按照玉兹来划分的。依照改革方案，哈萨克斯坦全境分别属于三个总督区（генерал-губернаторство），即突厥斯坦总督区、奥伦堡总督区、西西伯利亚总督区。各总督区的首府分别设在塔什干、奥伦堡、鄂木斯克，这些城市也逐渐不再属于哈萨克斯坦。所有的民事和军事权力都集中在总督（генерал-губернатор）手中，而突厥斯坦总督还拥有与中国和伊朗进行外交谈判的权力。行政管理体制同时兼具军事性质。总督区由若干个州（область）组成，其中奥伦堡总督区包括乌拉尔州和图尔盖州，西西伯利亚总督区包括阿克莫拉州和塞米巴拉金斯克州，突厥斯坦总督区包括七河州和锡尔河州。之前的布凯汗国所辖疆域已于1872年并入阿斯特拉罕省（губерния）。

曼吉什拉克（Мангышлак）半岛的地位比较特殊，因为该半岛具有重要的军事和战略价值。曼吉什拉克半岛经里海与俄国毗邻，南与希瓦汗国接壤，西与高加索相邻。依据1868年《临时条例》，曼吉什拉克半岛划归奥伦堡总督区乌拉尔州的曼吉什拉克行署（приставство）[①]。与其他地方不同，这里的乡长和村长由殖民当局任

[①] 译者注：行署（приставство）系18—20世纪初俄罗斯帝国的州或省下辖的行政单位，相当于区（округ）或县（уезд），归属所在的州或省管理，行使行政和军事管理职能。它是俄国为管理"异族"（非斯拉夫族）地区而设置的行政区划，主要位于中亚和高加索等穆斯林聚居区。

命（不是村民选举）。根据奥伦堡总督的建议，为"保持安宁和方便管理"，曼吉什拉克行署长官有两名吉尔吉斯人担任的署长助理，每人每月薪水 400 银卢布。另外，此地还住着桀骜不驯的阿代人（Адай）①。侍从将官克雷扎诺夫斯基（Николай Андреевич Крыжановский）报告沙皇说："在此之前，我们只能靠武力强制阿代人服从我们。不仅俄国政府不能进入他们的地界，就连手下有 150 名哥萨克部队的哈萨克西部的苏丹统治者也不敢到他们那里。过去 20 年里，阿代人并不按时缴纳贡赋，而且缴纳贡赋的只有 1 万帐（户）。据我们所知，阿代氏族的人口至少比这个数目多一倍。"奥尔科特（М. Олкотт）在其《哈萨克人》（Казахи）一书中强调说："阿代人是一些绝不顺服的家伙。"

曼吉什拉克半岛后来的命运是这样的：1870 年 2 月 2 日，沙皇借口有暴乱威胁，颁布专门谕令，将曼吉什拉克行署由乌拉尔州转归达吉斯坦州管辖，并在那里实施军管。依据 1874 年 3 月通过的《外里海边疆区临时管理条例》（Временное положение об управлении Закаспийским краем），曼吉什拉克行署又转归高加索军区的外里海军事处（военный отдел）管辖。1881 年 5 月 6 日，沙皇颁令组建外里海州，包括高加索军区、阿哈尔捷金绿洲（土库曼的一部分）和曼吉什拉克县。由此，曼吉什拉克半岛完全脱离哈萨克斯坦。

各州政府须服从军事总督（военный губернатор）领导。军事总督既是军区的指挥官，也是辖区内哥萨克军队的阿塔曼（长官）。这些哥萨克分别隶属于奥伦堡、乌拉尔、西伯利亚、七河四支哥萨克军队。各州政府均下辖三个处（отдел）：行政处；经济处；司法处。州政府主席是副总督，有若干顾问，政府各个处的负责人由资深顾问担任。边疆地区的各个州（七河州和锡尔河州）负责边境事务。州下

---

① 译者注：阿代人（Адай, Адайцы, Адаевцы）系哈萨克小玉兹拜乌勒部落联盟下的一个氏族。

辖若干县（уезд），总共有 34 个县。县长既是各县的领导，也是军官，由各省的军事总督提名，总督任命。县长有两名助理：大助理（старший помощник）和小助理（младший помощник）。

县里的警察和军队都归县长领导。各县按地域原则划分为若干个乡（волость），各乡又划分为若干个行政村（аул），各行政村由若干自然村组成。一个行政村通常有 100—200 帐（户，кибитка），一个乡通常有 1000—2000 帐（户），有时候能达到 3000 帐（户）。乡长（волостной управитель）和村长（аульная старшина）每三年通过秘密投票选举一次，并由上级批准。苏丹（султан）们则终身享受退休金，并免交任何税赋。

按照改革方案，哈萨克斯坦的司法机构分为多个等级。在乡村一级保留了以习惯法和伊斯兰教法为基础的、由伯克和卡迪（казий）①组成的法院。在县法院和军事法院则依据俄国的普遍法，负责诸如叛国、反抗政府、损害国家财产、杀害公职人员等案件。

改革方案规定，每年对从事畜牧活动的帐（户）征收货币税的税额分别是：突厥斯坦总督区每帐（户）收取 2.75 卢布，奥伦堡总督区和西西伯利亚总督区每帐（户）收取 3 卢布。对从事农耕的农民则保留传统税制：收取收成的 1/10 实物或等值货币。改革方案还规定了维持地方行政机构、邮路、桥梁、学校、医院以及确保军队辎重运输等义务。每三年清查一次户口。限制穆斯林的宗教活动权利，如推举的毛拉要由州长批准。按照改革计划，所有县城都要开设一所普通中学和医疗点。

虽然 1867 年和 1868 年的两个《条例》是临时条例，俄国政府原本只打算实施两年，但因遭到当地民众的坚决反抗（他们明白这些改革措施将使哈萨克斯坦彻底变成俄罗斯帝国的殖民地），所以《条例》实际执行了 20 年。

---

① 译者注：卡迪（казий，cadi）是突厥语国家的基层宗教法官。

改革造成的最惨重后果是：哈萨克斯坦的土地成为俄罗斯帝国的国有资产。根据 1893 年 3 月 26 日的沙皇谕令，甚至里海水域都已是俄罗斯帝国的国有资产。新的行政区划原则破坏了传统的土地利用办法。纳税服役成为沉重负担，地方贵族的权益也遭到践踏。奥伦堡总督克雷扎诺夫斯基（Николай Андреевич Крыжановский）在谈及此项改革的效果时指出："从今以后，吉尔吉斯草原已真正变成了俄国的疆土。"特内什帕耶夫（Мухамеджа́н Тынышпа́евич Тынышпа́ев）曾详细分析俄国政府推行的这些改革对哈萨克社会造成的消极后果，他坦率地写道："这些改革不能满足哈萨克人的生活需求，带来的只有危害。哈萨克人拒绝接受这个新秩序。"

二　乌拉尔州、图尔盖州和曼吉什拉克[①]半岛爆发起义

1868 年 12 月，图尔盖州和乌拉尔州爆发了反殖民起义，一直持续到 1869 年 10 月。起义军于 1869 年春成立武装队伍，他们抵制政府的委员会，武装对抗沙皇军队，控制了恩巴河附近地区。起义的领导人是谢伊尔·图尔克巴耶夫（Сеил Туркебаев）和别尔金·奥斯塔诺夫（Беркин Останов）。为了镇压起义，沙皇政府从莫斯科军区、彼得堡军区、哈尔科夫军区和喀山军区抽调 5300 人和 20 门大炮（工事里的卫戍部队还未包括在内），组成围剿大军。在围剿部队发起进攻的时候，起义军沿着乌伊尔河（Уил）、萨格兹河（Сагыз）、恩巴河（Эмба）集结。1868 年 5 月 6 日，在离乌伊尔河不远的扎曼赛（Жамансай），起义军袭击了冯·什捷姆佩利（фон Штемпель）[②] 率

[①] 译者注：曼吉什拉克是俄罗斯帝国时期和苏联时期的名称，1990 年代更名为曼吉斯套。

[②] 译者注：冯（фон，von）加在名字前面（通常是德国人名），表示此人出身贵族。

领的由 200 名骑兵和 1 个步兵连组成的部队，将其围困 7 天，迫使其返回卡尔梅科夫要塞（Калмыков）。此外，起义军还在阿希布拉克河（Ашы-булак）附近与皮洛科夫少校（Пирогов）的部队发生战斗。1869 年 3—6 月，将近 3000 人对苏丹、伯克、乡长和村长所在的村庄发起 41 次袭击活动。

被大规模起义吓坏了的沙皇当局要求采取断然行动，对起义军实施镇压。乌拉尔州军事都督韦廖夫金（Николай Александрович Верёвкин）亲率 1700 人的军队征讨。起义遭到镇压。起义军主体是一些贫苦的哈萨克人和佃户（沙鲁瓦）。他们承受着殖民进程带来的重负。实际上，以氏族统治者为首的社会各阶层都参加了起义。例如，领导起义的是苏丹汉加利·阿尔斯兰诺夫（Хангали Арсланов）。不过，苏丹、伯克和长老们立场摇摆，令起义军很失望。在起义被镇压后，围剿部队对参加起义的人实施了惩治。

1870 年 3 月，曼吉什拉克半岛爆发了起义。起义的原因是：曼吉什拉克行署长官鲁金中校（Рукин）威胁要借助军队和哥萨克的力量强迫在此游牧的阿代人接受 1868 年发布的《临时条例》，禁止阿代人在已经建起工事的恩巴河谷使用传统夏季牧场。布扎奇（Бузачи）地区的起义领导人是多桑·塔日耶夫（Досан Тажиев）和伊萨·特连巴耶夫（Иса Тленбаев）。1870 年 3 月 15 日，鲁金带领哥萨克部队，还有各处长官 60 人携 4 门大炮前往一处名叫库鲁普（Куруп）的地方，目的是阻止阿代人转场前往夏季牧场。3 月 22 日，起义军包围并消灭了鲁金的部队，鲁金本人也受伤毙命。鲁金部队被消灭的消息成为发起解放运动的信号。渔民和渔业工人都支持起义军。起义人数达到了 1 万人。4 月 5 日，起义军袭击了尼古拉耶夫镇和亚历山大罗夫军事哨所，火烧了军事哨所的灯塔，摧毁了存放着卫戍部队物资的尼日涅耶工事（Нижнее）。起义军还用夺取来的船只组建起一支独特的舰队，并参加了对亚历山大罗夫军事哨所的围困行动。围困从 4 月 5 日一直持续到 8 日。4 月 9 日，库泰索夫伯爵（Кутайсов）指挥军队从高加索抵达亚历山大罗夫军事哨所。4 月底，库泰索夫伯爵带领 3 个步兵连、1 门大炮和 300 名骑兵开赴草原，意欲阻截向乌斯秋尔特（Устюрт）方向撤退的村民。5 月，从高加索又调来一支新的部队，包括阿布舍隆团的 1 个营、两个射击连、主力营中的两个连、达吉斯坦团的 4 个连、200 名捷列克河哥萨克，还有 4 门大炮。尽管起义军英勇抵抗，但最终还是被镇压下去。沙皇军队占领了曼吉什拉克半岛。起义领导人特连巴耶夫和塔日耶夫被俄国部队追捕，于 1870 年 12 月率部进入希瓦汗国境内。沙皇政府要求阿代人赔偿 9 万只羊。就这样，少部分阿代人反对鲁金部队的活动发展成 6000 人参加的起义，到后来增加到 1 万人参加。也就是说，曼吉什拉克半岛上的大部分民众都参加了起义。连俄国统治者自己都承认："就曼吉什拉克半岛的形势看，俄国对于这个充满愤怒的省份不是在镇压和惩治，而是在重新征服。"1873 年，因沙皇当局为了远征希瓦而夺取阿代人的骆驼，阿代人的反抗活动又重新爆发。

三 1886 年和 1891 年通过的两份《条例》

在行政疆域改革即将完成之际，沙皇政府于 1886 年 6 月 2 日通过《突厥斯坦边疆区管理条例》（Положение об управлении Туркестанским краем），1891 年 3 月 25 日通过《阿克莫拉州、塞米巴拉金斯克州、七河州、乌拉尔州和图尔盖州管理条例》（Положение об управлении Акмолинской, Семипалатинской, Семиреченской, Уральской и Тургайской областями）。至此，俄国在哈萨克斯坦境内已建起两个总督区：一是以塔什干为中心的突厥斯坦总督区，包括费尔干纳州、撒马尔罕州和锡尔河州，州下设立的各县基本不变；二是以鄂木斯克为中心的草原总督区，包括阿克莫拉州、塞米巴拉金斯克州、七河州（1897年划入突厥斯坦边疆区）、乌拉尔州和图尔盖州。1890年2月，俄国通过《外里海州临时管理条例》，规定外里海州包括5个县：曼吉什拉克县、克拉斯诺沃茨克县（Красноводск）、阿斯哈巴德县（Асхабад）①、捷詹县（Теджен）、梅尔夫县（Мерв）。

根据1886年和1891年的《条例》，总督的权力愈加强化。在维尔内、乌拉尔斯克、彼得罗巴甫洛夫斯克、塞米巴拉金斯克等各州的中心城市设立警察局（полицейское управление），在阿克莫林斯克（Акмолинск）、科克切塔夫（Кокчетав）、斋桑（Зайсан）、巴甫洛达尔（Павлодар）、乌斯季卡缅诺戈尔斯克（Усть-Каменогорск）、贾尔肯特（Джаркент）、卡帕尔（Капал）、列普辛斯克（Лепсинск）、库斯塔奈（Кустанай）等县城设立警察所（полицейское приставство）。每帐（户）须缴纳的税额提高到4卢布，使得每帐（户）每年的总税役达到10卢布。全部土地都被宣布为国家财产。司法机构基本上保留了《临时条例》所确立的原则。诸如"民间法庭"（伯克法庭）这样的基层司法机构也得到保留，但基本丧失独立性。总体来说，司法和警察机构的权力得到极大加强。

四 沙皇的移民政策

废除农奴制并没有解决农业这个俄国的主要问题。为了缓解国内社会矛盾，沙皇政府一方面继续在哈萨克斯坦推行殖民政策；另一方面强化其移民政策，逐渐用农民替代军事哥萨克。从19世纪60年代下半期开始，一些俄国农民开始从俄国腹地向哈萨克斯坦移民。该进程的目的性非常明确。从19世纪70年代开始，俄国有计

---

① 译者注：阿斯哈巴德县，1881—1919年叫阿斯哈巴德（Асхабад），1927年改名为阿什哈巴德（Ашхабад）。

划地将俄罗斯和乌克兰农民向哈萨克斯坦各地迁徙，到 80 年代已大规模地进行。

1868 年，在七河州长科尔帕科夫斯基（Г. Колпаковский）倡议下，制定了《关于向七河地区迁移农民的临时规则》（Временные правила о крестьянских переселениях в Семиречье）。该《规则》规定向每个移民（男性移民）划拨 30 俄亩土地，15 年内免交税赋和服役（包括服兵役），提供 100 卢布贷款作为安家费。1885 年，七河州当局感到土地有限，但移民却蜂拥而至，于是制定《七河州定居居民的土地安置规则》（Правила о поземельном устройстве оседлого населения области），略微收回了移民原来享有的特权。例如，划拨给移民的土地面积缩小到每人（男性移民）10 俄亩，移民的免税和免服役期限变成 3 年，此后每年缴纳税额的一半。1886 年又出台关于突厥斯坦边疆区移民安置条件的《条例》。

俄国政府有组织地推进移民进程，限制农民自主和自发地移民到哈萨克斯坦。1889 年 7 月 13 日，俄国政府颁布一项专门法律《关于农村居民和市民自愿移民到国有土地，以及前期已移民至此的上述人群的安置条例》（Положение о добровольном переселении сельских обывателей и мещан на казенные земли и о порядке причисления лиц означенных сословий, переселившихся в прежние времена）。该《条例》规定只有获得相应机构的许可之后才允许移民；可以移民的地区具体包括七河州、阿克莫拉州和塞米巴拉金斯克州。1891 年和 1892 年，当局又将《条例》的适用范围扩大到图尔盖州和乌拉尔州。

在俄国向哈萨克斯坦迁徙农民的过程中，哈萨克人最好的土地被夺走。1885—1893 年，仅在阿克莫拉州和塞米巴拉金斯克州就从哈萨克佃户（沙鲁瓦）手中剥夺了 28.4843 万俄亩耕地。俄罗斯移民大规模涌入七河州，1868—1880 年，共移入 3324 个家庭。鉴于此，俄国内务部1891年颁布特别指令，禁止移民进入七河地区。

西伯利亚铁路委员会（1891年沙皇颁布法令建设西伯利亚大铁路之后成立）对移民政策影响很大。西伯利亚大铁路经过哈萨克斯坦的阿克莫拉州、鄂木斯克县、彼得罗巴甫洛夫斯克县、科克切塔夫县等地区，总共178俄里。为修建铁路，需要征用250万俄亩土地，安置16万移民。

据1897年全俄人口统计数据，由于沙皇政府的移民政策，移民在哈萨克斯坦人口中的比重增加。根据关于俄国亚洲领地的土地和人口资料，亚洲领地分为彼此差别很大的草原边疆地区和突厥斯坦边疆地区两部分。例如，据1897年的有关文件记录，草原边疆地区的俄罗斯移民占20%，本地异族人口（即哈萨克人）占77%，其他外来人口（包括所有其他民族）占3%；突厥斯坦边疆地区的俄罗斯移民人口占3.7%，本地异族人口占94.4%，其他外来人口占1.9%。在整个哈萨克斯坦全境，到19世纪末，移民人口占11.9%，本地异族人口占85.7%，其他外来人口占2.4%。由上述统计数据可知，草原边疆区被安置的移民数量最多，移民人口的比重已达20%。

五　19世纪下半期俄国与中国的关系[①]

从19世纪中期开始，哈萨克斯坦在俄国与中国关系中发挥的作用越来越大。在这个时期，俄国和中国在中亚地区的领土划分问题已

---

① 译者注：晚清时期，清政府与沙俄签订的各项不平等条约都具有特定的背景。在20世纪初，中、俄相继发生革命的情况下，这些条约最终都失去了效力。1917年俄国发生"十月革命"，建立了新政权。1919—1920年间，苏维埃政府接连两次发表对华宣言，宣布"放弃一切在华特权"，"以前俄国政府历次同中国订立的一切条约全部无效"。1924年中苏签订《解决悬案大纲协定》，规定"苏联政府允予抛弃前俄在中国境内任何地方根据各种公约、条约、协定等所得之一切租借等等之特权及特许"。这样，中俄间在旧时代签订的所有不平等条约便不复存在。

提上日程。关于中俄在中亚地区划界的第一份正式文件是1860年11月2日的《北京条约》。根据《北京条约》第二条，俄国和中国之间的边界线走向应该沿着叶尼塞河河源到位于托木斯克总督区和叶尼塞河总督区交界处的沙滨达巴哈（Шабин-дабага）的界标，西南从沙滨达巴哈到斋桑湖，然后到准噶尔的阿拉套山，越过伊犁河，然后从天山直到浩罕属地。同时，该条款也补充说，两国在西部的边界线至今尚未确定，尽管那里的中国哨所已经存在很长时间。

俄国和中国之间的详细领土划界遵照1864年9月25日《塔城议定书》（Чугучакский протокол，即《中俄勘分西北界约记》）进行。《塔城议定书》确认中国承认吉尔吉斯斯坦和七河地区归属俄国。为直观起见，现引用该条约的片断："……遵照京城议定和约，以敦两国和好，在塔尔巴哈台会同，将自沙滨达巴哈起至浩罕边界之葱岭止两国中间应分界址，顺山岭、大河及现在中国常住卡伦，议定交界，绘画地图，图内以红色线道分为两国交界，今将议定界址地名并拟议章程，开列于后。"另外，《塔城议定书》第一条规定："自沙滨达巴哈界牌起，先往西，后往南，顺萨彦山岭，至唐努鄂拉达巴哈西边末处，转往西南，顺赛留格木山岭，至奎屯鄂拉，即往西行，顺大阿勒台山岭；至斋桑淖尔北面之海留图两河中间之山，转往西南，顺此山直至斋桑淖尔北边之察奇勒莫斯鄂拉；即转往东南，沿淖尔，顺喀喇额尔齐斯河岸，至玛呢图噶图勒干卡伦为界。此间分别两国交界，即以水流为凭：向东、向南水流之处，为中国地；向西、向北水流之处，为俄国地。"

应该强调的是，《塔城议定书》第5条规定了一个原则，即无论边界线如何走向，住在划界地区的民众应留在原地："该人丁向在何处住牧者，仍应留于何处住牧，俾伊等安居故土，各守旧业。所以地面分在何国，其人丁即随地归为何国管辖；嗣后倘有由原住地方越往他处者，即行拨回，免致混乱。"但是，俄国和中国之间的国界划分事宜多次修正。例如，1869 年签订了《科布多界约》，1870 年又签订了《塔尔巴哈台界约》。

1881—1883 年，大批维吾尔人和东干人迁徙到七河地区和吉尔吉斯斯坦北部，总计超过 4.5 万名维吾尔人和 5000 名东干人。他们散居在乌谢克河（Усек，伊犁河支流）、恰伦河（Чарын）、奇利克河（Чилик）、塔尔加尔河（Талгар）等河谷。俄国政府在这里设立了扎尔肯特乡（Жаркент）、阿肯特乡（Аккент）、阿克苏恰伦乡（Аксу-Чарын）、马雷巴耶夫乡（Малыбаев）、库拉明乡（Курамин）、卡拉苏乡（Карасу）。据俄罗斯帝国 1897 年进行的第一次人口普查，俄国生活着 1.4136 万东干人和 5.5999 万维吾尔人。

六 19 世纪下半叶哈萨克斯坦经济社会发展

从 19 世纪下半期开始，俄国资本开始积极进入哈萨克斯坦，主要是开采和加工储量非常丰富的矿藏，农业原料加工和商业也发展起来。对于俄国资本来说，哈萨克斯坦的条件非常优越，有丰富的地下矿藏、廉价的土地（花很少的钱就能从当地居民手中租赁或购买到）、便宜的原料以及大量廉价劳动力。例如，热兹卡兹甘铜矿用 100 卢布的低价就能买下，萨兰煤矿仅值 114 卢布。

矿山开采基本上集中在阿克莫拉州和塞米巴拉金斯克州的巴彦淖尔县、卡尔卡拉林斯克县、阿克莫林斯克县以及阿尔泰地区。这里有铜矿和银铅矿及其加工厂，还有煤矿和金矿等。

大部分冶炼铜、银、铅的工厂都属于波波夫（С. Попов）家族的产业。工厂设备落后，主要使用手工劳动，包括雇用女工和童工。波波夫家族通常在 20 年优惠期限结束之前就关闭工厂，然后在旁边再建新厂，重新获得 20 年优惠。1852 年，俄国商人乌沙科夫（Ушаков）在叶卡捷琳堡成立一个工业家团体，吸收佐托夫

（Зотов）、梁赞诺夫（Рязанов）、谢瓦斯奇亚诺夫（Севастьянов）等人加入。同年，乌沙科夫以 86 卢布的价格从托克塔梅索夫（Далабай Токтамысов）手中收购阿克莫林斯克县的一处铜矿，1856 年又以 250 卢布的价格从乌杰波夫（Иглик Уте-пов）手里买下卡拉干达的一处煤矿。在这些矿产基础上，乌沙科夫 1863 年投资成立斯帕斯克炼铜厂（Спасский），平均每年炼铜 3 万普特，价值 25 万卢布，其产铜量在俄国私营铜厂中占第二位（仅次于下塔吉尔工厂 Нижнетагиль），产品供应叶卡捷琳堡和彼得堡的铸币厂，甚至参加下诺夫哥罗德的博览会。1884 年，波波夫成立"银矿产业协会"，1885 年又成立"草原煤矿协会"。

在哈萨克斯坦，规模相对较大、雇用工人数量 300—500 人的企业有斯帕斯克炼铜厂（Спасский）、乌斯宾斯基铜矿（Успенский）、卡拉干达煤矿、埃基巴斯图兹企业（экибастуз）和里德尔企业（риддер）等。1855—1893 年，哈萨克斯坦总计冶炼铅 15.1182 万普特，银 883 万普特，粗铜 21.9186 万普特，纯铜 48.4542 万普特。由于俄国工业家资金不足，政府决定吸引外国投资到此地。1904 年，外国企业家租赁了斯帕斯克—沃斯克列先斯基铜厂（Спасско-Воскресенский）、乌斯宾斯基铜矿、斯帕斯克炼铜厂、卡拉干达煤矿。这些企业的控股权属于英国和法国的企业家，美国、德国、瑞典、奥地利、西班牙等国的投资人是普通股东。1906 年，阿特巴萨尔铜矿股份公司（Атбасар）在英国伦敦成立；1907 年，英国人租赁了热兹卡兹甘铜矿。里德尔和埃基巴斯图兹的企业也是如此。例如，胡佛（后来的美国总统）的资本对里德尔企业的经营发挥了重要作用。恩巴河上的石油工业状况也与此类似。

制盐业是一个重要部门，主要集中在埃利通（Эльтон）、巴斯昆恰克（Баскунчак）、伊列茨克（Илецк）、科里亚科夫（Коряков）等盐场。例如 1880 年，仅一个巴斯昆恰克盐场就生产 280 万普特盐。

渔业在当时的经济中也占重要地位。19世纪末，仅里海就有150多个渔场在运营，并建起鱼类加工厂。此外，人们在乌拉尔河、伊犁河、楚河、锡尔河、咸海、巴尔喀什湖和斋桑湖上也定期从事捕鱼。

到19世纪末，哈萨克斯坦境内的农产品加工企业通常是家庭手工业、手工工场、轻工业工厂等。在阿克莫林斯克、塞米巴拉金斯克、彼得罗巴甫洛夫斯克、乌拉尔斯克、奥伦堡等地有屠宰场、制革厂、熟皮厂、肥皂厂、奶酪厂、面粉厂等。这些企业大部分厂房很小，用砖坯或木头建成，卫生条件极其恶劣。据当时的文献记载，"工人们饱受折磨，不得不与各种疾病做斗争"。他们的工资非常微薄，勉强养家。1882年，奇姆肯特的一家驱虫药生产厂开始运营，其产品出口至英国、美国、德国、印度、日本。奇姆肯特和突厥斯坦还有一些砖厂。维尔内有两家烟草企业。

这一时期，交通和邮政通信也发展起来。从19世纪80年代起，当地政府试图在额尔齐斯河、巴尔喀什湖、伊犁河上运营船运。1874—1876年，奥伦堡铁路的萨马拉—奥伦堡段建成，将图尔盖州和奥伦堡与俄国中部连接起来。西伯利亚大铁路开始发挥重要作用，尤其是西段有178俄里横穿阿克莫拉州。建设该铁路的谕令颁布于1891年。哈萨克斯坦境内总计开通482俄里铁路。到19世纪末，铁路和水上交通以及邮电、电报通信已将哈萨克斯坦同俄国中心地带、西伯利亚、阿尔泰、中亚连接起来。

俄国的国家银行在乌拉尔斯克、彼得罗巴甫洛夫斯克、塞米巴拉金斯克、鄂木斯克、维尔内设立分理处。在阿克莫拉州有很多信贷机构。另外，哈萨克斯坦境内有7家西伯利亚商业银行分行，占第二位的是俄国工商银行，有5家分理处。

资本主义关系对商业影响巨大，主要贸易品种是牲畜。例如，阿克莫林斯克、卡尔卡拉林斯克、萨雷苏等县每年输往俄国6万头牛和20万只羊。

此外，哈萨克斯坦从 19 世纪末开始对外输出谷物和面粉等粮食。乌拉尔斯克、奥伦堡、塞米巴拉金斯克成为粮食贸易中心，粮食主要来自库斯塔奈、阿克纠宾斯克、乌拉尔斯克、图尔盖等县。部分粮食也输往费尔干纳、塔什干和布哈拉。

19 世纪下半期，商品交易会在哈萨克斯坦得到普及。大型交易会有阿克莫拉州的塔因奇库利交易会（Таинчикуль）、康斯坦丁诺夫交易会（Константинов）、彼得罗夫交易会（Петров）、库扬金交易会（Куяндин）、塞米巴拉金斯克州的恰尔河交易会（Чар）、七河州的卡尔卡林交易会（Каркарин）、锡尔河州的奥利耶阿塔交易会（Аулие-Ата）、乌拉尔州的乌伊利河交易会（Уиль）和捷米尔交易会（Темир）。这些交易会规模很大，贸易额在 1 百万卢布以上。不过，交易会上经常发生不等价交换。例如，用 1 只羊换取半俄磅或 1 俄磅茶，一把价值不到 15 戈比的刮胡刀也要用一只羊换取，一个茶炊则需要 20—25 只羊。哈萨克斯坦在俄国同中亚、蒙古和中国的贸易中具有重要意义。

城市在边疆地区的生活中发挥重要作用。其中，一些城市承担贸易功能，另一些承担工业功能，还有一些城市是行政中心。据 1897 年人口统计资料，大城市有乌拉尔斯克（3.6446 万人）、维尔内（2.2744 万人）、塞米巴拉金斯克（2.0216 万人）、彼得罗巴甫洛夫斯克（1.9688 万人）、扎尔肯特（1.6094 万人）、库斯塔奈（1.4275 万人）、奥利耶阿塔（1.1722 万人）、阿克莫林斯克（9688 人）、古里耶夫（9322 人）、乌斯季卡缅诺戈尔斯克（8721 人）、巴甫洛达尔（7738 人）、别罗夫斯克（即阿克梅切季，5058 人）、科克切塔夫（4962 人）、卡尔卡拉林斯克（4451 人）、斋桑（4402 人）、阿特巴萨尔（3038 人）、伊尔吉兹（1512 人）、图尔盖（896 人）。城市里住着贵族、军官、手工业者、商贩、生意人、哥萨克上层、平民知识分子、职员、农民、工人。

资本主义关系渗透到哈萨克斯坦，引发游牧和半游牧的畜牧业以及乡村的传统关系发生分化。19世纪末，游牧经济在锡尔河地区、哈萨克斯坦中部、贝特帕克达拉（Бетпак-дала）、曼吉什拉克半岛、塞米巴拉金斯克州和阿克莫拉州等地区继续存在。畜牧业逐渐适应了市场需求。例如，由于牛肉需求量大但牧场有限，所以减少羊的养殖数量，以便相应增加牛的数量。畜牧业虽然萎缩，但边疆地区的种植业比重却增加。

哈萨克的社会分化加剧。破产牧民无牧可放，因此，"扎塔克"（жатак）队伍扩大，即农业和工业中的雇佣劳动力的来源增加。扎塔克在哈萨克斯坦的北部和东部尤其普遍。例如，扎塔克占科克切塔夫县总人口的4.6%，在阿特巴萨尔县占5.3%—7.9%。扎塔克被巴伊老爷或富裕的移民雇用，或在工厂、矿山里干活，他们日益与原来的村庄失去联系。招工活动多数情况下都是雇主自己组织实施。

随着工业发展，形成了当地的雇佣工人队伍。例如，在哈萨克斯坦的采矿业中，工人数量1855年有1353人，1865年有1848人，1875年有4156人，1885年有7750人，1895年有8960人，1900年有1.1225万人。熟练技术工人主要来自俄国腹地。绝大多数哈萨克人都从事任务繁重但工资低廉的工作。在一些企业，哈萨克人占全部就业人数的60%—70%。廉价的女工和童工也非常普遍。例如19世纪末的采矿业，16岁以下的童工比重达到14%。哈萨克斯坦工业企业的工人平均工资仅为俄国腹地同类企业的1/2或1/3。

由于处境艰难，工人们经常旷工或逃跑，以消极方式表达抗议。不过，旷工或逃走的通常会被抓回，并继续被迫工作。19世纪90年代，甚至对旷工和脱逃的工人实施逮捕，监禁3个月。此后，工人们开始以罢工或罢市等积极方式表达抗议。最早的一次是1849年10月爆发于科克切塔夫山区的马林金矿（Мариин）的采金工人罢工。该金矿的150名工人用丁字镐、铁锹、铁棍、斧子武装起来，停止工作，要求管理者结算工资。1887年和1891年，塞米巴拉金斯克州的乌斯季卡缅诺戈尔斯克县的金矿爆发工人骚乱。这些抗议活动被武力平息，罢工者被鞭笞、罚款、开除。济里亚诺夫铜矿（Зырянов）工人于1898年3月5日发起抗议行动，要求涨工资和改善劳动条件；西西伯利亚铁路工人于1893年、1895年和1899年举行罢工。这些都是哈萨克斯坦工人为了捍卫自己的权益而采取的早期抗议活动。

七 18—19世纪的哈萨克斯坦文化

18世纪的哈萨克民族文化是沿着过去时代传统的轨道继承发展而来。这一时期的文化成就首先表现为诗歌创作的极大繁荣。布哈尔·卡尔卡玛努雷（Бухар Калкаманулы，1693—1787年）是当时的著名吉劳[①]，出生并成长在巴彦淖尔（位于今中国内蒙古自治区）。他的诗歌作品的核心题材是爱国主义，号召人民团结一致，建立功勋，歌颂哈萨克民族反对准噶尔侵略者的解放斗争中的英雄博根拜、卡班拜、贾尼别克等勇士。布哈尔还歌颂阿布赉汗（阿布赉汗渴望联合所有的玉兹，建立一个统一的中央集权国家），他曾经是阿布赉汗的谋士，用言论和行动支持阿布赉汗。在其长诗《萨巴拉克》（Сабалак）中，布哈尔深刻了解阿布赉汗的英明才干，记述了推举阿布赉为可汗的盛况。借助他的诗歌《哦，阿布赉！阿布赉！》（Ой，Абылай，Абылай!）、《哦，圆月亮》（Ей，заман-ай，заман-ай!）、《阿舒兰巴，阿布赉!》（Ашуланба，Абылай!），我们得以获知那个时代发生的重大事件。布哈尔号召同胞"不要沉迷于对牲畜和土地的争斗。牲畜会死去，土地在你死后依然存在。享受上天所赐

[①] 译者注：哈萨克民间文学的演艺和传承方式有多种，例如吉劳（说唱艺人）、萨勒赛里（民间文学的演唱艺人）、巴克思（萨满巫师）、吉尔奇（歌手）、阿肯（民间即兴演唱艺人）、安奇阿肯（既作曲又演唱的民间艺人）、黑萨奇（长篇韵文作品的演唱艺人）等。

的一切时，也想想你的尊严吧！"布哈尔的陵墓位于今哈萨克斯坦卡拉干达州布哈尔吉劳区沙尔卡尔村（Шалкар）以北 25 公里处。

这一时期，歌手和说唱艺人塔季卡雷（Таттикары）、说唱长诗的阿肯阿克塔姆别尔德（Актамберды，1675—1768 年）、阿肯沙拉（Шала）等人的名字在民间广为人知。他们歌颂战士们的英勇事迹，号召人们在祖国的艰难时刻发扬英雄主义。

在当时的民间文学中，描述与准噶尔人斗争的歌曲《哦，我的民族！》、《抖口袋》、《痛苦的远征》已流传下来。

音乐艺术也得到发展。葵依①《塞利姆的沉思》（Сырым сазы）是关于塞利姆·达托夫起义的记忆。杰出的冬不拉演奏者和作曲家拜日吉特（Байжигит）创作了葵依《"大灾难"的岁月》和《桦树奶》，讲述在"大灾难"岁月里，人们为了应对饥荒而不得不喝桦树汁充饥。

19 世纪初的音乐和诗歌作品还反映了伊萨泰·泰马诺夫及其战友、阿肯、歌手马哈姆别特·乌杰米索夫领导的起义。马哈姆别特在《伟大梦想》（Великая мечта）、《纳伦歌集》（Нарын-песни）、《致苏丹拜马加姆别特的呼吁书》（Обращение к султану Баймагамбету）、《致杨吉尔的呼吁书》（Обращение к Жангиру）、《小凤头鸡》（Птичка чибис）等作品中，歌颂自由和自己的祖国，也歌颂起义者的英勇无畏和伊萨泰的英雄主义。葵依《小家伙》（Кішкентай）是当时刚刚走上创作道路的杰出作曲家库尔曼哈兹·萨格尔巴耶夫（Курмангазы Сагырбаев，1806—1879 年）的早期作品，歌颂伊萨泰起义，讲述伊萨泰因力量不足而无法获胜。库尔曼哈兹的陵墓位于俄联邦阿斯特拉罕州沃洛达尔（Володар）区的阿尔腾扎尔村（Алтынжар），那里建起了博物馆和以库尔曼加兹·萨格尔

---

① 译者注：葵依（кюй）是哈萨克族的器乐曲，也是和着乐曲即兴而舞的文艺形式。汉文文献中也有写成"奎衣"。

巴耶夫命名的国际文化中心。

哈萨克斯坦归附俄国，开启了科学家、研究者、旅行家们对边疆地区的地理学、自然资源、经济、历史、民族学的研究进程。当时对哈萨克斯坦研究做出重大贡献的是历史学家、彼得堡科学院首位通讯院士彼得·伊万诺维奇·雷奇科夫（Пётр Иванович Рычков，1712—1777 年）。他撰写了许多关于伏尔加河、乌拉尔河和里海周边地区各民族的考古学、民族学和历史方面的著作。奥伦堡市现在还保留着一栋房屋，是雷奇科夫生活和工作过的地方，上面挂着一块铭牌，牌上写着："1712—1777 年，俄国科学院的首位通讯院士、奥伦堡边疆区的杰出研究者彼得·伊万诺维奇·雷奇科夫曾在这栋房屋中生活和工作。"

雷奇科夫的首部著作《奥伦堡省的地形学研究》（*Топография Оренбургской губернии*）于 1762 年出版。该书从奥伦堡各地的名称及其出现时间入手，考察"由何而来、何时开始"，真正奠定了关于奥伦堡市和奥伦堡省的研究基础，后来的研究者们通常都要引用雷奇科夫的著作。在这部著作中，雷奇科夫用专门章节描述土库曼人、希瓦人、咸海人（住在咸海沿岸和岛屿上的乌兹别克人）、卡拉卡尔帕克人、土库曼领地、塔什干领地以及准噶尔人。例如，在有关突厥斯坦的章节中写道：即使按照欧洲历史的标准，突厥斯坦也称得上是突厥人的古老故土；这里最早建起的城市是突厥斯坦（Тюрюкстан），接着是奥特拉尔（Утрат）和绍兰（Сауран）；突厥斯坦城在古代称作"埃西"（Эсси）（即亚瑟 яссы）；在突厥斯坦的一座清真寺里，至今还有一位和卓的棺椁，这位和卓被当作圣人尊奉，名叫艾哈迈德。在这部著作中，雷奇科夫详细讲述了哈萨克的"小帐、中帐和大帐"，尤其是与俄国接壤的小帐和中帐，记述了小帐（即小玉兹）和中帐（即中玉兹）的放牧路线、冬营地的位置和氏族部落构成，但关于大帐（即大玉兹）哈萨克人的情况比较少，只有一些基本资料。在这部著作中，雷奇科夫还详细描述了阿布海尔（Абулхаир）、阿布尔玛姆别特（Абулмамбет）①、阿布赉（Абылай）、叶拉雷（Ералы）、努拉雷（Нуралы）、艾楚瓦克（Айшуак）等哈萨克可汗的活动。

彼得·西蒙·帕拉斯（Петр Симон Паллас，1741—1810年）是医学博士、自然史教授、俄国皇家科学院院士、圣彼得堡自由经济学会会员、罗马皇家自然实验科学院院士、英国皇家科学学会会员。他是首批赴西伯利亚和中亚的考察者之一，1769年曾率队考察，1773年出版考察成果《俄罗斯帝国各省旅行记》（*Путешествие по разным провинциям Российской империи*）。在这部研究著作中，帕拉斯详细记述了奥伦堡城市，如地理位置、经济、商业、生产、居民民族构成和社会构成，描述了一直延续到雅依茨克城（Яицк，即现在的乌拉尔斯克）的奥伦堡防御工事线上的各个要塞和军事哨所。书中单独记载了关于雅依茨克城的丰富资料，尤其是在当地被奉为头等产业的畜牧业。帕拉斯写道："在这个温暖的国度，牲畜繁育得很好，个头高大，马匹非常独特。"他还写道：从雅依克河往伏尔加河及更远地区赶来很多牲畜，还向喀山、雅罗斯拉夫尔、阿尔扎马斯和其他一些有皮革厂和肥皂厂的地方供应大量油脂和皮革。另外，当地居民还从事狩猎活动，捕获野猪、狼、草原狐狸和沙狐等。

雅依茨克城的主要狩猎活动是捕鱼。此地捕鱼业的组织化程度，俄国其他任何地方都无法相比。帕拉斯考察之后，对当地鱼类和捕鱼业的细致描述几乎可以作为捕鱼专业指南，这里栖息着鲟鱼、欧鳇、裸腹鲟、闪光鲟、小体鲟、鲇鱼、鲤鱼、狗鱼、梭鲈鱼、梭吻鲈、鳊鱼、雅罗鱼、欧鳔鱼及其他鱼类。这些鱼成群结队地嬉游，"多到不计其数，黑暗中都能够清楚地看到"。鱼儿有时候实在太多，以至于堵塞河流，当地居民不得不在岸上架起大炮，以便"用炮声吓走鱼儿"。

---

① 阿布尔玛姆别特汗（约1690—1771年，1734—1771年在位）系中玉兹可汗，博拉特汗的儿子，头克汗的孙子。

帕拉斯详细描述了黑鱼籽酱的制作过程，还讲了一些令人好奇的情况。例如，鱼籽在此是普通民众的"日常素食"，1 普特的普通闪光鲟或压实的黑色咸鲟鱼籽卖 80 戈比，1 普特颗粒状的上等鱼籽酱只要 1 卢布。雅依克河里栖息着一些鲟鱼和闪光鲟，鱼身里有白色鱼籽，味道远远好于普通鱼子，尽管数量少，但在当地都算是普通货。雅依克河捕到的最大的欧鳇鱼达到 25 普特，其鱼籽就重达 5 普特。帕拉斯还记述了雅依克河地区的采盐业和蔬菜种植业。

帕拉斯著作的个别章节记述了哈萨克人的生活方式、职业、信仰、宗教、习俗、传统。书中还有一些关于萨莱楚克城（сорайшик）① 和古里耶夫城的资料。书中还详细介绍了哈萨克斯坦西部地区的动物、植物、自然和气候等资料，配了很多插图，有伊列茨克盐场的分布图、哈萨克骑手的衣饰图、毡帐图示（草原民族的住处）、古里耶夫小城下方的雅依克河河口地形图等。

尼古拉·佩特罗维奇·雷奇科夫（Николай Петрович Рычков，1746—1784 年）又称"小雷奇科夫"，是旅行家和地理学家，曾参加过帕拉斯的考察团，于 1772 年发表《雷奇科夫大尉 1771 年在吉尔吉斯—凯萨茨克草原旅行日记》（Дневные записки путешествия капитана Н. Рычкова в киргиз-кайсацкие степи в 1771 году）。

阿列克谢·伊拉克里耶维奇·廖夫申（Алексей Ираклиевич Левшин，1797—1879 年）1832 年出版著作《吉尔吉斯—哈萨克（吉尔吉斯—凯萨茨克）诸帐和草原述记》（Описание киргиз-казачьих, или киргиз-кайсацких орд и степей），对哈萨克斯坦问题研究做出巨大贡献。廖夫申生于俄国沃罗涅日省一个小地主家庭，曾在哈尔科夫大学求学，1816 年出版《小罗斯信札》（Письма из Малороссии），1818 年供职于俄国外交部亚洲司，1820—1822 年在奥

---

① 译者注：萨莱楚克（Сарай-Жүк，сорайшик）是中世纪城市，是 10—16 世纪欧洲至中国贸易路线上的重要城市，位于今哈萨克斯坦阿特劳以北 50 公里。

伦堡边防委员会任外交官，并从事档案工作，一边与哈萨克人直接交流，了解了他们的历史和日常生活，一边研究乌拉尔哥萨克（哈萨克人的邻居）的生活。1823年，他撰写了第一部关于乌拉尔哥萨克的学术专著《乌拉尔哥萨克的历史和统计学观察》（*Историческое и статистическое обозрение уральских казаков*）。该书在很长时期里都是此研究领域的唯一史料。他于1843年出版的《一个俄罗斯人的庞贝古城游记》（*Прогулки русского в Помпеи*）是第一部对庞贝古城进行系统研究并配有插图的俄文著作。

廖夫申是俄国地理学会奠基人之一，是俄国地理学会成员和主席助理，是俄国科学院和哈尔科夫大学的荣誉院士，是俄国及国外的16个科学学会的荣誉院士或执行院士（包括巴黎地理学会、巴黎亚洲学会、丹麦皇家北方古董学会、麦克伦堡爱国协会、库尔良茨克经济学会、萨克森—爱丁堡与动物良好交流学会等），也是第三届国际东方学家大会的荣誉成员和第八届国际统计学大会组委会成员。廖夫申的全部科学称号和成就远远不止这些。

《吉尔吉斯—哈萨克（吉尔吉斯—凯萨茨克）诸帐和草原述记》是学术界第一部关于哈萨克民族的地理、历史和民族学的奠基性研究著作。该书有三章：第一章描述了哈萨克斯坦的地理形势和自然风光；第二章阐述了关于哈萨克民族的历史；第三章记述了哈萨克民族的日常生活和文化。该书是作者直接收集的有关哈萨克民族的百科全书。书中附有一幅廖夫申制作的1831年哈萨克斯坦的地理图。该书于1840年被译成法文在巴黎出版，个别章节还被译成意大利语，见诸学术刊物。到19世纪中期，关于哈萨克斯坦和哈萨克人的地理、历史、民俗学方面的学术资料开始在俄国和欧洲为人所知，这一切均与廖夫申的名字紧密联系在一起，因此瓦利汉诺夫称廖夫申为"哈萨克民族的希罗多德"。俄罗斯著名地理学家穆什克托夫（Ива́н Васи́льевич Мушке́тов）1886年在评价廖夫申关于哈萨克斯坦的研究著作的意义时表示："不论是在他之前还是在他之后，都没有能够与廖夫申著作比肩的其他著作。廖夫申的著作至今都是了解吉尔吉斯—凯萨茨克草原的最好史料。"从出版至今，廖夫申的著作始终被认为是研究哈萨克历史和民俗的经典著作。哈萨克斯坦独立后，哈萨克斯坦科学院历史学和民族学研究所为该书增加了前言和注释，并于1996年再版。

在研究俄罗斯边疆地区的俄罗斯文化界人士中，达利（Владимир Иванович Даль）是核心人物之一。1833—1841年担任奥伦堡省政府特派员期间，他研究了哈萨克民间口头创作、日常生活和风俗习惯。此外，为了收集有关普加乔夫起义的资料，普希金（Александр Сергеевич Пушкин）1833年曾前往奥伦堡和乌拉尔斯克。俄罗斯诗人茹科夫斯基（Василий Андреевич Жуковский）和作家托尔斯泰（Лев Николаевич Толстой）也分别于1837年和1862年造访乌拉尔斯克。

在19世纪研究哈萨克斯坦的学者中，一些学者享有世界声誉，例如俄国地理学会领导人谢苗诺夫-天山斯基（Пётр Петрович Семёнов-Тян-Шанский，1827—1914年）。他研究天山中部，并到阿尔泰地区和中亚旅行，多次前往哈萨克斯坦，访问七河地区和维尔内市。多卷本的《俄国：我们祖国的地理详述》（*Россия：Полное географическое описание нашего Отечества*）就是在他的领导下编订并出版。其中，《吉尔吉斯边疆区》和《突厥斯坦边疆区》两卷都是关于哈萨克斯坦和中亚的重要文献，记述了哈萨克斯坦的地理条件、自然财富、历史和日常生活。

普尔热瓦利斯基（Николай Михайлович Пржевальский，1839—1888年）是旅行家、彼得堡科学院荣誉院士。俄国政府曾于1870—1885年组织了四次中亚考察，领队就是普尔热瓦利斯基。他首次描述了中亚许多地区的自然风光，发现了很多山脉和湖泊，例如广为人知的普尔热瓦利斯基山脉、普尔热瓦利斯基野马等。普尔热瓦利斯基被彼得堡科学院授予"研究中亚自然条件第一人"特种金质奖章。他去世后，七河州的一个县便以他的名字命名。遵照他的遗嘱，普尔热瓦利斯基被安葬在伊塞克湖岸边。

谢维尔措夫（Николáй Алексéевич Сéверцов）和穆什克托夫（Ивáн Васúльевич Мушкéтов）研究了哈萨克斯坦的植物、动物、天然矿藏。拉德洛夫（Васúлий Васúльевич Рáдлов，1837—1918 年）是著名的东方学家、突厥问题专家、民俗学家、彼得堡科学院院士。他研究阿尔泰、哈萨克斯坦北部地区和七河地区各民族的风俗、礼仪和口传故事，其《突厥各部的民间文学样本》（Образцы народной литературы тюркских плен）记录了哈萨克的童话、长诗和哈萨克民族抒情诗。维利亚米诺夫-泽尔诺夫（Владимир Владимирович Вельяминов-Зернов，1830—1904 年）是东方学研究领域的大学者、考古学家、语言学家、院士，其《卡西莫夫家族诸王及王子研究》（Исследование о касимовских царях и царевичах）和《吉尔吉斯—凯萨克人的历史资料》（Исторические сведения о киргиз-кайсаках）等著作中有很多关于哈萨克斯坦的资料，解释了很多哈萨克斯坦历史方面的关键问题。研究俄罗斯边疆地区历史的著名学者还有多布罗斯梅斯洛夫（Александр Иванович Добросмыслов）、阿里斯托夫（Николáй Яковлевич Áристов）、克拉索夫斯基（Михаúл Витóльдович Красóвский）等。

可与上述学者比肩的还有毕生研究哈萨克斯坦和中亚的考古学家、民俗学家、口传作品研究者、地理学家尼古拉·尼古拉耶维奇·潘图索夫（Николай Николаевич Пантусов）。他 1871 年以获得金质奖章的优异成绩毕业于彼得堡大学东方学系，并留校任教，是著名东方学家格里高利耶夫（Васúлий Васúльевич Григóрьев）的学生。毕业当年，为了研究中亚民俗学和考古学，他去了塔什干。从 1874 年起的长达 30 多年时间里,他一直在维尔内生活和工作。潘图索夫是七河州州长手下的资深高官,领导州统计委员会,研究州内居民历史。1899—1903 年,他出版了 7 卷本《哈萨克—吉尔吉斯方言研究资料》(Материалы к изучению казак-кыргызского наречия),1909 年出版了《吉尔吉斯民间文学样本》(Образцы киргизской народной литературы,实际是哈萨克民间文学)。这些书收录了很多哈萨克谚语、虚构故事、传说、小说、歌曲、徽记、迷信、咒语等。潘图索夫还研究传说长诗《考孜库尔帕西与巴彦苏鲁》(Козу-Керпечь и Баян-Солу)的文本,描述了该长诗的主人公的墓地以及瓦利汉诺夫(Чокан Чингисович Валиханов)的墓地。潘图索夫曾在七河地区和楚河河谷进行考古勘查,是最早研究浩罕诸汗档案的学者之一。遵照潘图索夫提议,1898 年建立了七河州博物馆。在自己的遗嘱中,潘图索夫要求从其名下财产中拨出一部分资金给七河州的儿童慈善救济机构、针对监狱的慈善救济机构、红十字协会、维尔内女子学校委员会、维尔内慈善协会、扎尔肯特县的阿尔班—潘图索夫中学、州统计委员会等,还要留出资金用于资助州统计委员会成员出版著作。

此外,部分俄军总参谋部的军官、俄国行政当局官员和被流放的政治犯也从事历史、民俗、地理资料的收集工作。

在 19 世纪下半期哈萨克斯坦文化和社会思想的发展进程中,学术社团和文化教育机构发挥了重要作用。俄国地理学会于 1868 年在奥伦堡设立分会,1877 年在鄂木斯克设立分会,在塞米巴拉金斯克设立分部;1897 年在突厥斯坦设立分会。这些分会出版一些文集,提供了历史、民俗和地理等方面的文献资料。哈萨克知识分子也与俄国地理学会进行合作。例如,俄国地理学会奥伦堡分会的通讯院士阿尔腾萨林(Ыбырай Алтынсарин)就在这些文集中发表了自己的研究成果。到 19 世纪下半期,哈萨克斯坦各州均成立统计委员会,各州出版《观察》杂志(Обзоры),其中包含统计学、历史、民俗、文化等方面的资料。例如，诗人阿拜（Абай Кунанбáев）曾在塞米巴拉金斯克州统计委员会工作过。俄国的其他一些机构也从事哈萨克斯坦研究，如农业协会；东方考古和历史学爱好者协会；自然科学、人类学和东方学爱好者协会等。在此期间，哈萨克斯坦开始设立公共图书馆。1883年在塞米巴拉金斯克开放的公共图书馆属于最早建立的一批。

归附俄国对哈萨克斯坦的教育发展也产生了影响。父母家境殷实的孩子都在布哈拉、撒马尔罕、希瓦、塔什干的伊斯兰宗教学校（медрес）接受教育。普通牧民的孩子（主要是男孩）则在普通的穆斯林学校（мектеб）里接受启蒙。为了给殖民当局培养职员（译员、文书），俄国政府开始设立一些世俗学校，例如1786年鄂木斯克开设的亚洲学校、1789年奥伦堡设立的政府学校等。在这些世俗学校里，俄罗斯族和哈萨克族的孩子们在一起上学。1825年在奥伦堡和1846年在鄂木斯克开办了中等军事学校，培养军事专业人员和行政人员。世俗中学最早于1841年在布凯汗国设立，1850年在奥伦堡边防委员会之下又成立了一所哈萨克世俗中学。女子教育发展较薄弱。只是在阿尔腾萨林的个人努力下，才于1887年在伊尔吉兹设立了一所女子学校。1890—1896年，图尔盖、库斯塔奈、卡拉布塔克和阿克纠宾斯克等地出现了俄罗斯族与哈萨克族混合的女子学校。1879年建立的突厥斯坦中等教师讲习班和1883年建立的奥伦堡哈萨克教师讲习班是最早的职业学校。

稍后，在阿克纠宾斯克、维尔内、塞米巴拉金斯克和乌拉尔斯克也建立了教师讲习班。这些学校在十月革命之前总共培养了300名哈萨克族教师。在19世纪，哈萨克斯坦还出现了农业学校和护士学校，但没有一所高等学校。

19世纪下半叶是哈萨克斯坦历史上的重要时期。瓦利汉诺夫、阿尔腾萨林、阿拜等哈萨克文化的杰出代表都在此期间生活和创作。

乔坎·瓦利汉诺夫（Чока́н Чинги́сович Валиха́нов 或 Шокан Уалихан-улы，1835—1865 年）生于库什穆伦要塞（Кушмурун，今哈萨克斯坦科斯塔奈州奥利耶科利斯克区库什穆伦村），12 岁之前曾在私立学校学习，1847 年进入鄂木斯克的西伯利亚中等军事学校，1853 年毕业，获得轻骑兵少尉称号。从军校所教授的课程就能看出瓦利汉诺夫所受的教育水平，除战术和野战城防等军事科目以外，还要学习哲学原理、俄国史和世界史、俄国文学和西欧文学、地理学、植物学、动物学、物理学、数学、测量学、建筑学、美术、绘图、欧洲语言和东方语言等课程，研究西伯利亚、哈萨克斯坦、中国、伊朗、阿富汗和印度等国家和地区。1855 年，瓦利汉诺夫作为西西伯利亚总督加斯福尔特（Гасфорт）的副官，参加了从鄂木斯克到外伊犁河的阿拉套地区（建有维尔内工事）的考察，其间收集并整理了大量关于哈萨克历史、宗教、习俗、口传故事等资料。1856 年，瓦利汉诺夫参加了从阿拉库利湖到伊塞克湖的考察，甚至还去了伊宁。在其《伊塞克湖行记》（Дневник поездки на Иссык-Куль）、《吉尔吉斯人手记》（Записках о киргизах）、《中华帝国的西部省份和伊宁城》（Западная провинция Китайской империи и г. Кульджа）等著作中，他记述了对此次旅行的印象和观察。瓦利汉诺夫记录的吉尔吉斯人的标志性长诗《玛纳斯》，对于民间口头文学研究的意义和贡献毋庸置疑。这部长诗后来被译成俄语和其他语言，使得全世界都知道了这部口传诗歌作品。1857 年 2 月，这位年轻学者当选为俄国地理学会会员，证明其学术探索成就得到承认。

1858—1859 年，瓦利汉诺夫继马可·波罗之后首次前往喀什噶尔，在那里收集到很多独特的历史和民俗学资料，还有一些极为罕见的手稿、文书和艺术品等宝贵文物。例如，他发现了米尔咱·海答儿的《拉失德史》（Тарих-и Рашиди）、《东突厥斯坦和卓王朝史》（Историю династии ходжей в Восточном Туркестане）、喀喇汗王朝奠基人《苏丹萨图克·博格拉汗传记》（Жизнеописание султана Сатук Богра-хана）等珍贵的书稿。这次考察的主要成果是成就了瓦利汉诺夫的代表作《关于哲德沙尔汗国或中国南路省（小布哈拉）的六座城市的现状》（О состоянии Алтышара или шести восточных городов Китайской провинции Нан-Лу（Малой Бухарин））。在这部著作中，瓦利汉诺夫分析了中国对东突厥斯坦的管理制度。东突厥斯坦的主要居民是说突厥语的穆斯林，包括维吾尔人、哈萨克人、吉尔吉斯人、乌兹别克人、东干人等。小布哈拉的六座城市叶尔羌、和田、喀什、阿克苏、英吉沙、吐鲁番彼此间相互独立。

1856—1861年，瓦利汉诺夫住在彼得堡，先后在俄军总参谋部军事统计委员会、外交部亚洲司、地理学会等单位工作。在这里，他与东方学家格里戈列夫（Васи́лий Васи́льевич Григо́рьев）和维利亚米诺夫-泽尔诺夫（Владимир Владимирович Вельяминов-Зернов）、学者别克托夫（Андре́й Никола́евич Беке́тов）和瓦西里耶夫（Васи́лий Па́влович Васи́льев）等保持着联系，还与诗人迈科夫（Аполло́н Никола́евич Ма́йков）和波隆斯基（Яков Петро́вич Поло́нский）、作家陀思妥耶夫斯基等互相往来。瓦利汉诺夫与这些人的友谊，早在塞米巴拉金斯克时就已建立。

1861年春，瓦利汉诺夫病重，被迫返回故乡。1865年4月10日，他在科根托汉的捷泽克托列村去世。瓦利汉诺夫留下了丰富的学术遗产。除上述著作之外，还有《阿布赉》（Аблай）、《吉尔吉斯人谱系》（Киргизское родословие）、《古代吉尔吉斯人的武器装备及作战盔甲》（Вооружение киргиз в древние времена и их военные доспехи）、《司法改革札记》（Записка о судебной реформе）、《论草原穆斯林》（О мусульманстве в степи）、《吉尔吉斯人的萨满教遗留》（Следы шаманства у киргизов）、《论吉尔吉斯人的牧场》（О кочевьях киргиз）等。他多才多艺，所到之处都要画大量的速写、草图、结构图、景观等，对于加深认识具有非常重要的意义。他的学术贡献在于：之前外界较少了解中亚地区（例如七河地区、吉尔吉斯坦、东突厥斯坦等），他收集了很多中亚地区的历史、民族、民俗、文学、政治、社会和经济发展等方面的独特资料，从而极大地丰富了俄国乃至世界的学术研究。瓦利汉诺夫是最早将一系列史料荒地（诸如哈萨克和吉尔吉斯长诗、口头创作等）纳入学术研究视野的人之一。他最先提出并解决了许多关于突厥民族历史的关键问题，例如民族起源、社会结构、政治形势、民族解放斗争、伊斯兰教在突厥民族社会生活中的作用等。

瓦利汉诺夫的墓地位于今阿拉木图州克尔布拉克区（Кербулак）的绍坎村（Шокан）。村里有瓦利汉诺夫国家纪念馆和纪念碑。

伊布赖·阿尔腾萨林（Ыбрай Алтынсарин，1841—1889 年）是哈萨克启蒙者、社会活动家、教育家，非常积极地进行创作活动。他幼年丧父，起初由祖父对他进行教育。祖父巴尔哈吉·江布尔钦（Балхожи Жанбурчин）是一位著名伯克、奥伦堡边防委员会的哥萨克中校。后来，阿尔腾萨林又在奥伦堡边防委员会附属的哈萨克学校上学。今天的奥伦堡市还保存着原来学校的一栋房屋，上面挂着一块纪念牌，写着："1850—1857 年，伟大的哈萨克启蒙者、作家伊布莱·阿尔腾萨林曾在此学习。"

阿尔腾萨林创立了哈萨克斯坦最早的初级学校和职业学校。女子学校、手工业学校和农业学校等也在他的努力下得以成立。1879 年，他被任命为图尔盖州立中学的学监。阿尔腾萨林在教育学、民族学、民俗学等领域成就斐然，撰写了《吉尔吉斯文选》（Киргизская хрестоматия）和《吉尔吉斯人学习俄语初级指南》（Начальное руководство к обучению киргизов русскому языку）等教学参考书，发表了《科布兰德勇士》（Кобланды-батыр）和《贾尼别克勇士》（Жанибек-батыр）等哈萨克长诗的摘选以及《钦察人塞特库尔》

（Кыпчак Сейткул）和《拜乌勒》（Байулы）等历史研究资料。在俄国地理学会奥伦堡分会的《札记》（Записка）上，阿尔腾萨林还发表了民俗学论文《奥伦堡辖区内的吉尔吉斯人的说媒和婚礼习俗随笔》（Очерк обычаев при сватовстве и свадьбе у киргизов Оренбургского ведомства）和《奥伦堡辖区内的吉尔吉斯人的下葬和悼念习俗随笔》（Очерк обычаев при похоронах и поминках у киргизов Оренбургского ведомства）。他认为教育乃是自己民族走向进步的途径。

19世纪下半期，民间口头创作继续发展。历史事件、英雄人物、氏族关系、爱情等题材是这些民间传说的创作主题。当时全社会知名的阿肯有很多，例如绍热（Шоже）、绍尔坦拜（Шортанбай）、苏云拜（Суюнбай）、江布尔（Жамбыл）、萨拉（Сара）等。

哈萨克书面文学也与民间口头创作一起发展起来。其杰出代表是阿拜·库南巴耶夫（Абай Кунанбаев，1845—1904年）。阿拜生于塞米巴拉金斯克州钦吉兹山区（Чингиз）的托贝柯惕氏族（тобыкты）族长的家庭。他先在家接受启蒙，然后在伊斯兰学校接受教育。阿拜熟知哈萨克民族的风俗传统，将民间口头创作与东方诗歌以及俄罗斯和西方的经典文学结合起来。1886年发表诗歌《夏天》（Лето）以后，他从此开始持续一生的诗歌创作，还将普希金和莱蒙托夫的作品翻译成哈萨克语。阿拜深信自己民族的创造力量，也深刻了解和领会民众的想法和愿望，被民众誉为"哈萨克民族的脸面"。他的哲学观点淋漓尽致地表现在散文作品《阿拜箴言录》（Гаклия）里。该著作以箴言、寓言和富有哲理的插图等形式，精辟地展现了哈萨克民族的本质问题以及人民的成就。

阿拜纪念建筑群位于东哈萨克斯坦州的日杰拜的卡拉乌尔村（Караул），距离塞米巴拉金斯克市西南178公里，距离阿拜区区府25公里。在阿拜出生和成长的房屋周围，有一座阿拜的半身雕像，还有阿拜以及他的弟弟奥斯潘和沙卡里姆的墓。不远处是阿拜的母亲乌尔然和祖母捷列的陵墓。2006年4月4日，在莫斯科市奇斯托普鲁特林荫大道的阿拜纪念碑揭幕。

在19世纪下半期，哈萨克斯坦还出版了《阿克莫拉州公报》（Акмолинские областные ведомости）、《吉尔吉斯报》（Киргизская газета）、《奥伦堡专页》（Оренбургский листок）等报纸。1870年4月28日，它出版了哈萨克语和乌兹别克语报纸《突厥斯坦地区》创刊号（Туркестан уалааты）。

在19世纪下半期，音乐艺术也发展起来。民间作曲家库尔曼哈兹·萨格尔巴耶夫（Курмангазы Сагырбаев）、达乌列特克烈·舒加耶夫（Даулеткерей Шугаев）、塔基姆别特·哈桑加波夫（Таттимбет Казангапов）、伊赫拉斯·杜肯诺夫（Ыхлас Дукенов）、比尔江萨勒·哈加古罗夫（Биржан-сал Кожагулов）、加亚乌·穆萨·拜扎诺夫（Жаяу Муса Байжанов）、穆希特·梅拉利耶夫（Мухит Мералиев）等人赢得普遍认可。库尔曼哈兹创作的60多首葵依作为器乐精品录入音乐文化宝库，其中有《金色草原》（Сары арка）、《优美》（Балбырауын）、《越狱》（Тюрмеден кашкан）。达乌列特克烈有40多首曲子存世。

在19世纪下半期有一个突出现象是：许多杰出画家关于哈萨克斯坦自然风光和人民的速写与画作都在这个时期涌现出来。例如，1847—1857年被流放至此的舍甫琴科（Tарáс Григóрьевич Шевчéнко）创作的著名画作有《骑马的哈萨克人》（Казах на лошади）、《乞讨的哈萨克小孩》（Казахские дети-байгуши）、《科斯阿拉尔的哈萨克营地》（Казахское стойбище на Кос-Арале）等。占有特殊地位的画家维列夏金（Васúлий Васúльевич Верещáгин）曾于19世纪60年代末到70年代初造访突厥斯坦，创作出著名的突厥斯坦系列画作，如《在阿拉套群山》（В горах Алатау）、《至圣亚萨维清真寺》（Мечеть Хазрета Ясави）等。

19世纪下半期，各种实用艺术也得到完善和发展，例如楼房装修、住房装饰、家居陈设、衣服服饰等。另外，用毛、皮、毡、金属、木头、石头等材料制作的物品也真实地体现出民间创作成就。画家科沙罗夫（Павел Михайлович Кошаров）于19世纪中期为这些制品画过写生，从这些写生画中可以看到哈萨克的实用艺术成就。

由此可见，19世纪下半期的哈萨克斯坦社会经济和文化发展在很大程度上是伴随边疆地区彻底成为俄罗斯帝国殖民地的进程而发展的。

第八章

20 世纪初的哈萨克斯坦

一 20 世纪初哈萨克斯坦的社会经济发展

20 世纪初，俄罗斯帝国社会矛盾激化。在哈萨克斯坦，殖民政策不断强化，在农业领域尤其突出。俄国向哈萨克斯坦的移民力度不断加大。当时，哈萨克斯坦领土被划分为四个移民区：图尔盖—乌拉尔斯克地区（тургайско-уральский）、塞米巴拉金斯克地区（семипалатинский）、锡尔河地区（Сыдарьинский）、七河地区（Семиреченский）。当局建立了移民局，主要任务是寻找"多余"的土地以安置移民。按照规定，每一个哈萨克家庭只能使用 15 俄亩土地，其余全部转为公共用地，由国有资产部门统一管理。这些措施对游牧经济来说具有相当大的破坏性。根据农学家卡乌夫曼（Алекса́ндр Арка́дьевич Ка́уфман）的计算，若想维持畜牧业正常运转，锡尔河地区的每个游牧家庭需要 145 俄亩土地，在七河地区则需要 110 俄亩。而且，在将哈萨克人的土地征用为移民用地的时候，移民局并不考虑牧场、道路、水源这些问题，却经常为了收取过路费而故意阻断现有的游牧路线。当时，哈萨克斯坦境内驻扎着一些哥萨克军团，如奥伦堡军团、乌拉尔斯克军团、西伯利亚军团和七河军团。20 世纪初，这里的哥萨克约为 101.1 万人，占据着

1560万公顷土地。

以当时的七河州地图为例。从地图上看，该州被划分为多个自然历史区域，明确规定了哈萨克居民用地和移民用地。在1908年绘制的七河移民区地图上，标注着移民用地、交通线路、拟征用土地、军事用地、城市用地、哥萨克人的土地等。维尔内县（Верненский уезд）的哈萨克氏族部落分布图在当时比较有代表性。

在由官员卡赞采夫（Казанцев）绘制的小玉兹部落谱系中，可以看到组成小玉兹的各个氏族、各氏族的图腾、各氏族的分支及其代际传承。

"斯托雷平改革"是俄国农业改革的新阶段。改革的实质是，1906年成为俄国首相的斯托雷平（Столыпин Петр Аркадьевич）要在农村建立农业资产阶级——富农阶层。斯托雷平的改革措施包括允许农民退出公社，获得份地，建立属于自己的田庄或农场。斯托雷平特别关注适宜耕种的帝国边远地区（包括哈萨克斯坦在内），制定了一系列优惠政策，鼓励俄罗斯农民移民到此发展富农经济。建立田庄或农场的富农可获得45俄亩耕地和15俄亩草场。当局允许土地管理机构赶走当地的穷人，安排富农迁居到此。

移民潮越来越高涨：迁居至哈萨克斯坦各个草原地区的移民数量，1895—1905年有29.4296万人，1906—1920年超过77万人。草原边疆区（Степной Край）的俄罗斯族居民比重，1897年为20%，1917年1月1日为42%。突厥斯坦边疆区（Туркестанский край）的俄罗斯居民占比从1897的3.7%增至1917年的7.9%。1893—1905年，哈萨克人被夺走400万俄亩土地；1906—1912年，被夺走的土地超过1700万俄亩。1917年前，哈萨克人被夺走的土地总共有4500多万俄亩，其中，塞米巴拉金斯克州、阿克莫林斯克州、乌拉尔斯克州、图尔盖州四个州有4050多万俄亩，七河州有400多万俄亩，锡尔河州约50万俄亩。

20世纪初，哈萨克斯坦的采矿业比较发达，1902年有197家采矿企业，员工人数为1.8695万人。这一时期，加工业也得到发展，1902年有690家企业，员工人数为7297人。当时规模较大的企业有卡拉干达的煤矿、哈萨克斯坦东部和中部的有色金属冶炼厂、乌拉尔—恩巴地区的石油开采企业。实际上，这些企业都由外国人开办，主要是英国人、法国人和美国人。斯帕斯克铜矿公司董事会主席是英国议员阿尔图尔·费勒（Артур Фелл），董事会副主席是法国总统的侄子欧内斯特·让·卡尔诺（Эрнест Жан Карно）。里德尔和埃基巴斯图兹地区则被美国的俄罗斯亚洲公司以租让方式开发，美国总统胡佛和英国金融家约翰·莱斯利（Джон Лесли Уркварт）都曾是该公司的投资人。

随着铁路运输发展，哈萨克斯坦的铁路工人数量大增。奥伦堡—塔什干铁路全长1656公里，职员数量超过3万人。这条铁路建于1901—1905年，是当时的主要交通干线。主要的枢纽站有切尔卡尔（Челкар）、卡扎林斯克（Казалинск）、佩罗夫斯克（Перовск）、突厥斯坦（Туркестан）。大部分工人是哈萨克人，他们大多缺乏熟练技能，通常从事工资最低的繁重体力劳动，而且许多都是季节工，生活非常艰苦。企业的技术和设备都很落后，外国专家和殖民官员通常蔑视劳动人民。广大底层百姓对现实越来越感到不满，最终为改善生活现状而奋起斗争。

二　1905—1907年俄国革命及其对哈萨克斯坦的影响

哈萨克斯坦曾是俄国政治活动家和革命者的流放地。这些人在地处边远的哈萨克斯坦组织革命活动，对当地的社会政治生活影响很大。19世纪后半期，哈萨克斯坦境内出现许多民粹主义小组。1896

年，从俄罗斯乌拉尔地区流放来的工人乌沙科夫（А. Д. Ушаков）在阿特巴萨尔（Атбасар）建立了哈萨克斯坦第一个马克思主义小组。20 世纪初，马克思主义小组在阿克莫林斯克（Акмолинск）、彼得罗巴甫洛夫斯克（Петропавловск）、乌拉尔斯克（Уральск）、库斯塔奈（Кустанай）、塞米巴拉金斯克（Семипалатинск）、维尔内（Верный）等地出现。俄罗斯社会民主工党（РСДРП）也是在各地马克思主义小组基础上组建。这一时期，开始出现工会组织。1905 年，乌拉尔斯克市铁路工会成立，这是最早的工会组织之一。当时规模最大的工会是奥伦堡—塔什干铁路工会。最具影响力的是乌斯片斯克矿区（Успенский рудник）的"俄罗斯—吉尔吉斯反对资本家"联合会（Русско-киргизский союз против капитала），其领导人是托波尔宁（П. Топорнин）、拜恰基罗夫（А. Байчагиров）、涅夫佐罗夫（С. Невзоров）等。

1905 年 1 月 9 日，彼得堡发生"流血星期日"事件，这成为俄国革命的开端。消息传到哈萨克斯坦后，当年 2 月，在突厥斯坦、佩罗夫斯克、朱萨雷（Джусалы）、沙尔卡尔（Шаркар）等许多地方，工人们举行演讲，抗议对示威者的迫害。受彼得堡、莫斯科和俄罗斯其他城市工人运动的影响，哈萨克斯坦工人的革命情绪开始高涨，并逐渐传播到乡村和移民村。1905 年 5 月，维尔内和库斯塔奈发生了工人罢工。

1905 年夏，哈萨克居民的抗议活动变得更具组织性和政治性。在整个事件过程中，以布克伊哈诺夫（Алихан Букейханов）为领导的民族知识分子，宣称自己是哈萨克人民利益的代言人，积极参加抗议活动。1905 年夏，布克伊哈诺夫参加了卡尔卡拉林斯克区的革命运动。其间，来自 31 个乡村的 1.45 万哈萨克居民代表聚集在科扬金斯克大市场（Кояндинская ярмарка），决定向沙皇递交请愿书，这就是著名的《卡尔卡拉林斯克请愿书》。请愿书要求尽快解决国内至关重要的问题，尤其是与征用哈萨克人土地相关的问题，并且反对在思想领域强制推行俄罗斯化。

哈萨克斯坦工人支持 1905 年 10 月在全俄范围内兴起的罢工运动，并在乌斯片斯克矿区、乌拉尔斯克、库斯塔奈、佩罗夫斯克、维尔内等地成立罢工委员会。1905 年 10 月 18—19 日，奥伦堡发生大规模罢工；10 月 25 日，鄂木斯克举行游行示威活动；11 月 16—28 日，塞米巴拉金斯克的邮政和电报员罢工。士兵也加入工农革命行动，11 月 6—7 日，西西伯利亚军团士兵抗议镇压人民运动的行为；11 月 21 日，扎尔肯特①的驻军士兵也提出抗议。哈萨克工人和俄罗斯工人共同参与的乌斯片斯克矿区罢工规模最大。该矿区共有 300 多名矿工，其中 265 名为哈萨克人。"俄罗斯—吉尔吉斯反对资本家"联合会领导了此次罢工，罢工得到卡拉干达工人的支持，罢工人数达到 360 人。1905 年 12 月 6 日，工人们拟好请愿书，内容包括增加工资、改善工作和生活条件、开除专横霸道的职员等。1905 年 12 月 10 日，工人们提出的部分要求得到满足，罢工逐渐平息，但在停止罢工 12 天后，工人们遭到镇压，罢工组织者被逮捕。

在全国各地不满情绪的压力下，沙皇不得不让步。1905 年 10 月 17 日，尼古拉二世（Николай II）签署法令，宣布实施《公民自由的不可动摇的原则》（Незыблемые основы гражданской свободы），并召开国家杜马会议。根据布克伊哈诺夫的提议，法令文本被翻译成哈萨克语，在草原上广泛传播。正如布克伊哈诺夫写道："吉尔吉斯人②到处举行大大小小的会议……人们传阅法令并对它进行评论，讨论将要举行的国家杜马选举。就连最遥远地区的吉尔吉斯人（киргизы）也成群结队前往草原城镇，参加市民们组织的集会。俄

---

① 译者注：扎尔肯特（Жаркент）是位于阿拉木图州潘菲洛夫区的一个城镇。
② 译者注：十月革命之前，哈萨克人被称作"吉尔吉斯人"，本书引用的文章和书籍中均用此称呼。

罗斯人、鞑靼人、萨尔特人①和吉尔吉斯人已经结为兄弟。"

在这次运动中，比较著名的集会是1905年11月15日的卡尔卡拉林斯克市广场集会，约有400人参加集会，许多人的演讲引起关注，如教师阿亚加诺夫（Аяганов）、拜图尔瑟诺夫（Байтурсынов）、切莫达诺夫（Чемоданов）、牧师伊万诺夫（Иванов）、医生博古斯拉夫斯基（Богуславский）、司法调查员米哈列维奇（Михалевич）、调解法官瓦伊谢尔特（Вайсерт）、林业管理员阿斯特列伊恩（Астрейн）、法学硕士阿克帕耶夫（Акпаев）等。

警察局大楼前的即兴演讲台上还有一位出色的演讲者，即受到当局政治管制的索科洛夫（Соколов）。当时的人们都相信了沙皇法令所宣讲的自由。集会结束后人们举行游行，走在队伍最前面的是一位扛着红旗的年轻哈萨克人。这位旗手就是调解法官的书记员科利拜·图连古托夫（Кольбай Туленгутов）。12年后，这位年轻人成为哈萨克社会主义政党——"三个玉兹"党的领导人，并与现在一同走在游行队伍中的立宪党人阿克帕耶夫、拜图尔瑟诺夫等成为对手。

1905年12月，乌斯季卡缅诺戈尔斯克、巴甫洛达尔等一些城市和居民点发生骚乱。革命运动参与者的要求越来越政治化。除提高工资和改善工作条件外，开始出现要求改变现有制度、推翻专制的口号。1906年2月，"哈萨克人大会"在塞米巴拉金斯克举行，会议要求停止向该地区移民、承认土地是哈萨克人的私有财产、宗教信仰自由、语言平等、发展母语教育等。

1906年7月3日，塞米巴拉金斯克发生工人大罢工，罢工人数达到500人。与此同时，反对殖民主义土地政策的农民运动也在高涨，在扎尔肯特县（Жаркентский уезд）、阿乌利耶阿塔县（Аулие-

---

① 译者注：萨尔特人（сарты，Sart）也称"撒尔塔"人，来自突厥语，系15—19世纪中亚游牧民对绿洲地区的定居民的称呼，后期主要指深度波斯化的突厥人和突厥化的塔吉克人。

Атинский уезд)、奇姆肯特县（Чимкентский уезд）、乌拉尔斯克乡（Уральская волость）和图尔盖乡（Тургайская волость）等地均发生了农民抗议活动。

国内的革命事件持续了近两年半时间。1905年10月17日的法令发布之后，沙俄成立了国家杜马，根据法令，"不经国家杜马批准，任何法律都不能生效"。第一届国家杜马任期为1906年4月27日至7月8日，成员全部为立宪民主党人，其中9名议员来自哈萨克斯坦（4名为哈萨克族，5名为生活在哈萨克斯坦的俄罗斯族）。参加第一届国家杜马的哈萨克议员均受过良好教育，别列姆扎诺夫（А. Беремжанов）毕业于喀山大学法学系，布克伊哈诺夫（А. Букейханов）毕业于彼得堡林业大学经济学系，卡利梅诺夫（А. Кальменов）和库尔马诺夫（Б. Кулманов）毕业于彼得堡大学东方学系。

对于新成立的杜马来说，土地问题是如此尖锐，并最终导致其后来被解散。在起草关于土地问题的法律草案时，杜马通过关于强征私人土地分给少地农民的决议。但沙皇政府却反对征用地主的土地。1906年7月9日，尼古拉二世宣布解散首届杜马。作为抗议，杜马议员通过了《人民代表告人民书》，这就是著名的"维堡呼吁书"，号召广大人民抵制纳税和兵役等。

第二届国家杜马于1907年2月20日开始工作。与前任一样，其主要精力仍集中在土地问题上。第二届杜马的成员仍是奉行自由主义的立宪民主党人，有14名议员来自哈萨克斯坦（6名为哈萨克族），其中包括当时一些著名的社会活动家，如律师卡拉塔耶夫（Б. Каратаев）、工程师特内什帕耶夫（М. Тынышпаев）等。由于革命运动走向衰落，1907年6月3日杜马被沙皇解散，标志着革命失败[1]。

---

[1] 俄国革命期间共建立了四届国家杜马。第三届国家杜马的任期是1907年11月1日至1912年6月9日。第四届国家杜马自1912年11月15日开始工作，到1917年2月结束。在俄国沙皇尼古拉二世统治后期，建立国家杜马临时委员会，曾起草沙皇的退位诏书。杜马在形式上存在到1917年10月6日。

哈萨克斯坦民众参加了1905—1907年革命运动，为以后争取民族解放和社会解放的斗争积累了宝贵经验。

三 知识分子在哈萨克斯坦解放运动中的作用

20世纪初，哈萨克斯坦人民的民族意识高涨，民族运动风起云涌，出现了不同的流派，各派的核心人物是民族知识分子。

在哈萨克斯坦历史上，著名政治家、学者和评论家布克伊哈诺夫（1866—1937年）的地位显著。他出生在塞米巴拉金斯克州的卡尔卡拉林斯克县（Каркаралинский уезд），是中玉兹贵族的后裔，曾在卡尔卡拉林斯克的俄罗斯—哈萨克学校、鄂木斯克中学、彼得堡林业大学等地学习。1896年（即在林业大学学习的第三年），布克伊哈诺夫参加了由著名学者谢尔比纳（Фёдор Андре́евич Щерби́на）率领的考察哈萨克斯坦的科考队。科考工作为布克伊哈诺夫系统研究哈萨克斯坦的经济、文化和民族志奠定了基础。一次偶然的机会，他成为系列出版物《俄国：我们祖国的地理详述》的编辑和写作组成员，为关于哈萨克斯坦的第18卷的编纂起到重要作用。

20世纪初，在俄日战争以及随后的"流血星期日"的打击下，俄罗斯帝国的政治危机已经发展到非常紧张的程度，催生了一大批自由主义民主派知识分子，如司徒卢威（П. Б. Струве）、图甘巴拉诺夫斯基（М. И. Туган-Барановский）、米留可夫（П. Н. Милюков）、古奇科夫（А. И. Гучков）、维尔纳茨基（В. И. Вернадский）。他们组建了俄罗斯自由主义的政党。1905年10月11—18日，立宪民主党在莫斯科召开成立大会，布克伊哈诺夫代表鄂木斯克参加大会。1905年12月，在布克伊哈诺夫的倡议下，哈萨克斯坦五个州的代表在乌拉尔斯克召开会议，决定建立立宪民主党的哈萨克民族分支。但是该倡议没有得到立宪民主党中央委员会的支持，也没有得到立宪民主党第二次代表大会的支持。他们认为，俄罗斯是统一和不可分割的，建立民族分支不符合这一原则。在沙皇法令宣布将举行第一届国家杜马选举之后，布克伊哈诺夫参加选举并成为首届杜马议员。1906 年 7 月 9 日，尼古拉二世下令解散杜马，布克伊哈诺夫因参与签署反对解散杜马的《维堡呼吁书》而被捕，被投入塞米巴拉金斯克监狱。获释后，又被流放到萨马拉，在顿河土地银行做统计员。萨马拉生活期间，他与百科全书出版商布罗克加乌兹（Ф. А. Брокгауз）和叶夫罗恩（И. А. Ефрон）等人积极合作，参加了百科全书第 4—20 卷的出版工作，并在论文集《当代国家中的民族运动方式》中发表论文《吉尔吉斯人》（即《哈萨克人》），论述了哈萨克民族的发展历史、文化，以及国家的发展和形成。这期间，布克伊哈诺夫还研究了凯涅萨雷汗的生平，发表了关于诗人阿拜生平的随笔。布克伊哈诺夫的研究范围广泛，涵盖哈萨克斯坦君主专制下的移民和土地政策，哈萨克人的经济、政治和文化生活，哈萨克斯坦未来的国家制度问题以及国家制度的理论和法律研究等。布克伊哈诺夫发表著作时通常使用笔名"草原之子"。

当时社会上出现许多杰出人物，他们共同致力于唤起民族觉醒，报刊出版成为他们有效的思想传播方式。1913 年 1 月 5 日，草原边疆区总督苏霍姆利诺夫（Сухомлинов）通知乌拉尔斯克州军事总督，允许拜图尔瑟诺夫（А. Байтурсынов）在奥伦堡用吉尔吉斯语出版周报《哈萨克人》（Казак）。布克伊哈诺夫为《哈萨克人》报确定了政治方向，而作为诗人、翻译家、语言学家、教育家的拜图尔瑟诺夫是该报编辑。如今，在俄联邦奥伦堡市的奇切林路 75 号仍保留着拜图尔瑟诺夫当年工作和生活过的一座两层小楼。楼房的墙壁上挂着一块铭牌，上写："1913—1918 年哈萨克学者和教育家拜图尔瑟诺夫曾在此工作和生活。"

《哈萨克人》报在第一期就为自己规定了任务：保存历史记忆、唤醒民族自觉、开悟群众、激发广大民众对政治的兴趣。该报出版人认为，为了维护民族独立，首先要做的是传播文化和教育。拜图尔瑟诺夫明确提出民族自我意识的思想："历史告诉我们，当外来民族在文化领域强于土著居民时，后者就被吞并了……吉尔吉斯人的生存问题本身就是一个非常尖锐的问题。为了维护我们的独立，我们首先必须发展民族文化。"

根据出版计划，《哈萨克人》报的内容包括：发布官方的指示和政府令，国家杜马的工作报道；刊登国内外新闻，介绍哈萨克人民的历史与风俗、民族志、文化，报道有关经济、教育、医学、卫生、兽医学等方面的新闻；发布信函、电报、地方大事记等。总之，《哈萨克人》报的出版人围绕"哈萨克斯坦的命运和未来"这一重要话题，将"对哈萨克人进行宣传"作为工作目标，为自己设定了内容广泛的文化教育任务。

经过全面细致的准备工作，报纸一经面世便在全国范围内引起关注。出版第一年发行量为3000份，第二年（1914年）就达到8000份，到1917年年底为1.8万份。

在哈萨克斯坦的所有地区，包括图尔盖州、塞米巴拉金斯克州、乌拉尔斯克州、锡尔河州、七河州和阿克莫林斯克州，人们到处都在传阅《哈萨克人》报。此外，报纸还进入费尔干纳、撒马尔罕、外里海州、乌法、喀山、托木斯克，以及莫斯科和圣彼得堡等地。

奥伦堡成为《哈萨克人》报的出版地（1913—1918年）。编辑部聘请国内杰出的知识分子，如著名诗人和散文作家杜拉托夫（М. Дулатов，1885—1935年），他在1909年出版诗集《醒来吧，哈萨克人！》（Оян, казак!）。诗集以其中一首诗作为书名，这首题为《醒来吧，哈萨克人！》的诗成为被压迫人民的宣言，引起沙皇当局的恐慌，所有的印本均被没收。杜拉托夫的著作有长篇小说《不幸的扎马尔》（*Несчастная Жамал*，1910 年）①，描写哈萨克底层妇女的艰难命运，还有诗集《阿扎马特》（*Азамат*，1913 年）和《宣叙调》（*Терме*，1915 年）②。

哈萨克斯坦知识分子的另一位杰出代表是阿布海尔汗（хан Абулхаир）的后代卡拉塔耶夫（Б. Каратаев，1860—1934 年）。卡拉塔耶夫受过良好教育，1890 年毕业于彼得堡大学法学系。作为来自乌拉尔斯克州的第二届国家杜马议员，他曾于 1907 年 5 月 16 日在国家杜马发表简短演讲，首次引发俄国社会对哈萨克人状况的关注。下面是关于他演讲内容的会议记录：

> 卡拉塔耶夫：从来没有人在这个讲台上代表吉尔吉斯—凯萨克人（киргиз-кайсаки）③发言。我们的国家想把农民们迁往包括乌拉尔斯克州、图尔盖州、阿克莫林斯克州、塞米巴拉金斯克州和七河州在内的草原地区，以此来解决越来越尖锐的土地问题。我们那些坐在权力座椅上的兄弟，特别希望通过将农民们迁居到中亚来解决土地危机。在议会，持有这种观点的有负责农业和土地规划的瓦西里奇科夫公爵（Васильчиков）以及斯托雷平首相。但目前，关于在亚洲地区是否还有多余的土地来安置移民？是否有人研究了北方各地的自然历史、经济统计数据、土壤和气候？这些问题，国家杜马的代表还没有问及，当然也无从问及。也没有一个人问过，这种移民与农民以及与吉尔吉斯人的极

---

① 译者注：扎马尔是突厥民族的常用女人名，意思是漂亮美丽。
② 译者注：阿扎马特是突厥民族常见的男人名，意思是伟大的、弘大的。宣叙调又称"朗诵调"，是歌剧、清唱剧等大型声乐中类似朗诵的曲调。
③ 译者注："凯萨克"（кайсак）是俄罗斯人初期对哈萨克语"哈萨克"的音译，随着接触增多，发音逐渐规范，后演变为"哈萨克"（казах）。另外，俄罗斯人刚到西伯利亚时，分不清吉尔吉斯人和哈萨克人，于是统称为"吉尔吉斯—凯萨克人"（киргиз-кайсаки）。

端窘困是否有关？与当地吉尔吉斯人农场的破产和解散是否有关？无论如何，如果移民安置不符合当地居民利益，它就是不公平的，是强者强加给弱者的。毋庸置疑，吉尔吉斯人或所谓的吉尔吉斯—凯萨克人，他们是弱者，处于社会最底层，因此，有人觉得可以对他们使用暴力。而我们，吉尔吉斯—凯萨克人，却深深懂得，俄罗斯的土地问题如此尖锐，必须尽快解决。我们深切理解并感受到我们的农民兄弟对土地的渴望，我们可以去捕猎，以便腾出一部分土地给他们，如果我们有多余的土地，我们绝不会像坐在我们右边的这几位同仁那样，舍不得用自己的土地来缓解农民缺地的问题。但事实是，到目前为止，国家并没有对草原地区进行深入研究，不了解这里的自然历史和经济状况。可是，我们的同事捷捷别文科夫（Тетепевенков）议员今天却表示，亚洲有大量土地可以用来安置移民，可以满足移民对土地的需要。

著名学者谢尔比纳（Щербина）研究了草原地区的北部各地，包括土地肥沃的图尔盖县、阿克莫林斯克县和塞米巴拉金斯克县，但没有研究南部各县。如果他能对包括气候和土壤在内的所有条件进行总体研究，那么毫无疑问可以得出结论：剩余的土地非常少。因为在草原地区的南部各县，土壤呈碱性、沙质，那里基本上是无水的沙漠或碱土，根本不适合移民。目前，由于俄罗斯土地问题的严重性，农业和土地规划部门不仅向草原地区迁移农民，同时还大量驱逐那些长期定居在土地肥沃地区并且从事耕作的吉尔吉斯—凯萨克人，迫使他们离开家园，离开定居点和村庄。对此，我可以列举官方数据来证明。直到现在仍有很多人认为，吉尔吉斯人属于游牧民族。不，先生们，虽然吉尔吉斯人中有人游牧，但他们大部分已经在草原地区土地肥沃的北部各县定居，在那里居住了几十年并从事耕作。他们有人住木头房子，有人住土坯房或砖房，还有人住在松树搭建的房子里。总而言之，他们拥有自己的住宅和生产场所。对这些定居的吉尔吉斯人来说，土地耕作是财富的主要来源，而畜牧业仅仅是副业，在畜牧业上花费的劳动力要少于土地耕作。这些吉尔吉斯人几十年前就选择住在淡水河或淡水湖岸边，这是最适宜定居的地方。而现在，农业部门，或者说是负责农业和土地规划的官员们，在向草原地区迁移农民的时候，把这些吉尔吉斯人从他们居住多年的家园赶走。

主持人：先生，10分钟过去了。

卡拉塔耶夫：先生们，我们当中至今还没有人谈过向草原地区移民的问题。或许，国家杜马能够体谅并继续倾听我的发言。

主持人：请结束发言。

卡拉塔耶夫：先生们，我无法完成关于向草原地区移民的评价报告，但我想说，国家杜马应该记住，如果为了维护俄罗斯13万地主的利益而把农民迁移到本属于吉尔吉斯—凯萨克人的土地上，让吉尔吉斯—凯萨克人感到屈辱，那么，吉尔吉斯—凯萨克人将永远将那些强征其土地以满足其他农民土地要求的人视为敌人。请记住，目前不是将吉尔吉斯人从土地上"迁走"，是将他们"驱逐"出家园并把原本属于他们的土地交给其他农民。我希望俄罗斯的劳动人民和知识分子能够意识到，可怜的吉尔吉斯—凯萨克人正在遭受欺辱，他们被夺走的不仅是土地，还有住房和生产建筑。我这里有很多数据资料可引以为证。很遗憾，我没能完成我的发言。

主持人：请将这些数据交给委员会。根据36名议员的建议，讨论结束。

在这一时期，报纸《哈萨克人》和杂志《镜子》（*Айкап*）（1911—1915年）成为国内各流派知识分子交流和表达政治思想观点的阵地。《镜子》的出版人和编辑是谢拉林（Мухамеджан Чувакович

Сералин，1856—1919 年）。他是首批从喀山大学法学系毕业的哈萨克人之一。他的第一份工作在内务部自治事务处（Земский отдел министерства внутренних дел）①，但文书工作使他感到乏味。三年后，他设法调到兹拉托乌斯托夫斯克县（Златоустовский уезд）工作，担任乌法地方法院的调查员，这份工作为他后来的职业生涯积累了丰富经验。1908 年，他到特洛伊茨克（Троицк）任地方法院法官。谢拉林性格直率、诚实，结交了一些像他一样对时局不满的人。以《镜子》作为杂志的名称具有象征性，反映了该刊的办刊宗旨，即寻求社会发展的唯一正确道路。谢拉林与他的同伴共同创办杂志，分担编辑工作。许多著名的哈萨克知识分子，如谢伊达林（Ж. Сейдалин）、卡拉塔耶夫（Б. Каратаев）、托赖格罗夫（С. Торайгыров）、赛福林（С. Сейфуллин）、马伊林（Б. Майлин）等，都曾在此工作。

1905—1907 年革命后，哈萨克斯坦移民进程加快，导致土地问题急剧恶化，国内殖民主义进一步加强。20 世纪第二个 10 年已经开始，劳动者反抗压迫的斗争日益高涨。1911 年 5 月，阿特巴沙尔铜矿公司的工人举行罢工。1912 年，民主运动再次掀起高潮：拜科努尔煤矿工人罢工、塞米巴拉金斯克工人集会和罢工，在图尔盖县、鄂木斯克、奥伦堡、佩得罗巴夫洛夫斯克、乌斯季卡缅诺戈尔斯克等地，以及多索尔油田和恩巴油田，工人们也都举行了集会和罢工。

四　1916 年民族解放起义

1914 年 8 月 1 日，俄国参加第一次世界大战。这场战争给哈萨

---

① 译者注：内务部自治事务处（Земский отдел министерства внутренних дел）是负责监督管理地方自治机构及相关事务（земство）的机构。1858 年 3 月 4 日，俄国决定在内务部框架内设置中央统计委员会，以便及时掌握和分析国内动态。中央统计委员会下设两个处：统计处和自治事务处。自治事务处后来壮大，并成为内务部直属机构，负责管理地方社会自治事务、生产经营、农民、兵役等。

克斯坦人民带来沉重负担,大批男性居民被调往前线。为了帮助那些应征入伍的俄罗斯移民家庭,许多哈萨克人被强制到俄罗斯移民的农场劳动。另外,由于战争需要大量的牲畜、食物、运输工具、饲料、钱款,当局向哈萨克居民征用大批牲畜和饲料,大幅增加税收,强制要求购买国债,征收特别军事税。战争开始以来,税收规模增加了3—4倍,有时甚至增加15倍。在战争年代,从突厥斯坦边疆区(Туркестанскмй край)共运走30万普特①肉,几十万普特鱼,7万匹马,约1.3万匹骆驼,约1.4万顶帐篷,以及4万多普特的棉花,几千普特的棉籽油、肥皂。战争第一年,仅从七河地区运走的牲畜和畜牧产品的总价值就达3400万卢布。

战争时期,移民的生活状况也随之恶化。1915年3月,在维尔内县、列普辛斯克县、普尔热瓦利斯克县,农村居民奋起反抗物价和税收增长、差役增加。士兵也开始暴动,许多人开小差。为了稳定局势,当局不惜动用军队。

在城市,工人的生活也同样艰难。战争初期,哈萨克斯坦进入紧急军事状态,禁止集会和罢工,新闻检查和警察的监督更加严格。工人们在外国企业的工作条件日益艰苦,矿山和矿井的工作时间经常达到12—14小时,日平均工资仅有20戈比。1915年6月,卡拉干达、埃基巴斯图兹、斯帕斯克的工人举行罢工,要求提高工资和改善工作条件。1916年夏,工人运动席卷里杰尔、恩巴油田、埃基巴斯图兹和拜科努尔的煤矿、斯帕斯克的铜矿、奥伦堡—塔什干铁路和西伯利亚大铁路,以及热兹卡兹甘、乌斯片斯克、孔恩拉德、卡尔萨克帕伊的矿区和工厂等。此外,在战争期间,哈萨克斯坦成为战俘关押地。1914年12月,两万多名不同国籍的战俘被关押在草原总督区(Степное генерал-губернаторство)的中部,其中大部分在草原边疆区的东北部,少部分在突厥斯坦军区的关押所。

---

① 译者注:普特(пуд)是沙皇时期俄国的重量单位,1普特=40俄磅≈16.38千克。

俄国参加第一次世界大战，加剧了哈萨克斯坦国内的殖民压迫，激化了国内社会矛盾。沙皇政府推行强制俄罗斯化政策，向哈萨克斯坦大规模移民并借此大量征用土地，再加上地方政府的专横，导致1916年爆发了席卷哈萨克斯坦乃至整个中亚的民族解放运动。起义的原因是：1916年6月25日沙皇下令征召"异族"居民在军事区修建防御性工事和后方服役。19—43岁的男子均属于征役范围。哈萨克斯坦和中亚地区共有40多万人被征去服役。所谓"异族"包括：哈萨克人、吉尔吉斯人、乌兹别克人、塔吉克人、土库曼人、东干人、维吾尔人等非斯拉夫族。国家机关公职人员、地方政府中担任领导职务的公职人员、神职人员、高等和中等教育机构的学生、贵族、荣誉公民等可免除服役。这一政策造成了社会分裂。上述哈萨克社会的特权阶层成为沙皇法令的执行者。在沙皇法令宣布之后，他们就开始编制征役名单。这些人滥用职权，对一些没有出生证明的哈萨克人大肆索贿。

当局的行径引发了大规模骚乱。愤怒的人们开始攻击乡管理所、村长、警察和官员。他们放火焚烧办公室，毁坏办公用品，撕毁服役名单。随着事态发展，群众的自发性行为逐渐演变成以激进领导人为首的有组织的行动。1916年，占吉尔金（А. Джангильдин）和伊马诺夫（А. Иманов）领导图尔盖州起义，缅捷舍夫（С. Мендешев）和艾季耶夫（А. Айтиев）领导乌拉尔斯克州起义，梅恩巴耶夫（Ж. Мынбаев）领导曼吉什拉克起义，迈库托夫（А. Майкутов）领导阿特巴萨尔起义，赛福林（С. Сейфуллин）领导阿克莫林斯克起义，鲍金（Т. Бокин）和阿舍克耶夫（Б. Ашекеев）领导七河州起义，雷斯库洛夫（Т. Рыскулов）领导锡尔河州起义。与此同时，由布克伊哈诺夫为首的《哈萨克人》报周围的知识分子则持有不同立场。他们向当局建议暂缓征役，在经过适当的准备之后再进行，并且希望在俄国战胜后建立民族自治。他们要求民众不要与当局对抗，以免遭到镇压。1916 年 8 月 7 日，图尔盖州、乌拉尔斯克州、阿克莫林斯克州、塞米巴拉金斯克州和七河州的哈萨克人在奥伦堡召开非正式会议，由布克伊哈诺夫主持，会议材料记录了上述言辞。会议的《备忘录》写道，1916 年 6 月 25 日的沙皇法令以地方当局告知的形式公布，从未正式颁布。对哈萨克人来说，这项法令简直就是晴天霹雳，要知道哈萨克人从来没被要求过服兵役，更不用说这样大规模的强制征役。地方当局以蛮横粗暴的方式执行法令。例如，在库斯塔奈县（Кустанайский уезд），当局下令被征役人员在 9—15 天报到，但哈萨克的许多乡村距离集合点有 200—400 俄里。在阿克纠宾斯克县，当局下令报到的时间仅有 10 天，而那里的哈萨克人却零散地居住在距离集合点 200—400 俄里的地方。此次会议强调，哈萨克人的年龄登记与事实不符，他们被随意列入登记表，有些记录显然是错误的。"草原上有很多 20 岁的村或乡一级行政官员，但按照法律规定，他们至少应该是 25—35 岁。此外，乡里有些官员借用征役的幌子公报私仇，编制名单时将其所有的敌人都列入征役范围，许多人不得不与他进行交易，出钱修改年龄。"

这些做法导致民怨沸腾。在库斯塔奈县的卡拉巴雷克斯克乡（Карабалыкская волость）和乌拉尔斯克县（Уральский уезд）的钦吉尔拉乌斯克乡（Чингирлауская волость），有些官员因横征暴敛而被杀。一些乡级官员为了报复自己的敌人，诬告他们抵制征役并向上级报告。《备忘录》写道：官员们滥用职权，向各处派遣哥萨克部队以维护治安。在钦吉尔拉乌斯克乡的各个村庄里驻扎着 75 名哥萨克，为保障他们的生活，吉尔吉斯人每天须提供 25 头羊和 25 普特燕麦。在库斯塔奈县的阿拉卡拉盖斯克乡（Аракарагайская волость）驻扎着 125 名哥萨克，在基尼阿拉尔斯克县（Киньаральской уезд）和明德加林斯克县（Миндыгаринской уезд）也驻扎着 125 名哥萨克。

《备忘录》进一步指出，哥萨克部队出现在草原上，使这片广阔地区的居民感到害怕。此前安静等待征役的吉尔吉斯人开始不安起来：他们抛下自己所有的财产，全家仅带着两套毡房架和一块毡布，向南方迁移。年轻人则离开村庄去往草原而不知去向。到处都可见吉尔吉斯人丢掉的即将成熟的庄稼，草垛上的干草被大风吹得四散。许多农场自征役告示宣布后就再也无人经营，造成无法弥补的损失。在七河州的列普辛斯克县，吉尔吉斯人不知去向，牲畜吃掉了所有庄稼和草。这就是1916年8月的哈萨克人非正式会议《备忘录》里所呈现的当时哈萨克斯坦各地的场景。

起义席卷了整个草原，七河州成为起义中心之一。沙皇法令宣布之后，1916年7月初，七河州很多乡的哈萨克人举行会议，决定采取武力抵抗。7月17日，突厥斯坦边疆区实行戒严。起义军与宪兵的冲突主要发生在阿瑟（Асы）、卡尔卡拉（Каркара）、萨姆萨（Самса）等地，还有卡斯捷克（Кастек）、纳伦科尔（Нарынкол）、恰伦（Чарын）、库拉姆（Курам）等地区。1916年8月中旬，起义几乎遍布整个七河州。为了镇压起义，俄国派出95个连、24个哥萨克中队（每个中队约有50名士兵），配备16门火炮和47挺机枪。据1916年10月9日《突厥斯坦公报》（Туркестанские ведомости）报道："宪兵不断追击暴动者，对他们进行持续打击，并解放了许多俘虏。但这还不是全部：部队联合作战，所有叛乱者走投无路，被迫退入山区，饥饿和寒冷使他们很快尝到疯狂起义的后果。"尽管起义军英勇抵抗，但还是在1916年10月被镇压下去。大批起义军被逮捕并受到特殊军事法庭的审判。宪兵不仅镇压起义军，还迫害平民百姓，几十个村庄被毁，30多万哈萨克人和吉尔吉斯人逃往中国。

锡尔河州也爆发了起义。起义军一直在阿乌利耶阿塔县和奇姆肯特县活动，9月底，他们遭到当局的残酷镇压，一部分队伍转移到图尔盖州。在塞米巴拉金斯克州和阿克莫林斯克州，起义军与宪兵展开殊死战斗。为了镇压起义，当局向这里派遣了12个骑兵队和11个加强步兵连，这足以说明当时斗争的残酷性。1916年9—10月，在斋桑县、乌斯季卡缅诺戈尔斯克县、卡尔卡拉林斯克县、阿克莫林斯克县、阿特巴萨尔县发生了尤为激烈的冲突，10月底，起义被镇压下去。在哈萨克斯坦西部的乌拉尔斯克州也发生了大规模起义，起义军在古里耶夫斯克县和特米尔斯克县进行了顽强抵抗。

图尔盖州发生的起义规模大，持续时间长，组织性强，席卷了州内所有县。尼亚兹（Нияз-бий）[①]伯克的后裔阿布季加帕尔·让鲍瑟诺夫（Абдигапар Жанбосынов）在民众中享有威望，被选为起义军领导人。凯涅萨雷汗（Кенесары-хан）的战友、著名勇士伊曼（Иман）的孙子阿曼格利德·伊马诺夫（Амангёльды Иманов，1873—1919年）被推举为起义军总司令。图尔盖州当地人阿利比·占吉尔金（Алиби Джангильдин）也成为起义军领导人之一。起义军以十进制建制，纪律严明。当时的图尔盖草原还有来自锡尔河州、阿克莫林斯克州、塞米巴拉金斯克州等哈萨克斯坦其他州的起义军。1916年10月，这里聚集了大约50万人。前往图尔盖草原镇压起义的军队包括17个步兵连、18个哥萨克中队（每个中队约有50名士兵）、4个骑兵连，带着18门炮和10挺机枪。10月22日，起义军开始围攻图尔盖市，但遭遇拉夫连季耶夫（А. Лаврентьев）中将的阻击而失败。在这之后，大部分起义军都集中在距离图尔盖150公里的巴特帕卡尔地区（Батпаккар），在那里开展游击战，袭击宪兵。起义一直持续到1917年，成为二月革命的一部分。

中亚和哈萨克斯坦的起义从一开始就引起俄罗斯自由民主党人的关注。1916年7月，国家杜马中的穆斯林、立宪民主党和劳动党等党团的议员呼吁人们关注有关在后方征役工作中所出现的公然违反法律和人的正常思维的行为，要求内务部和军队立即对相关工作做出详

[①] 译者注：尼亚兹（Нияз-бий）是18世纪哈萨克汗王阿布赉的谋士、伯克，阿布赉汗有时甚至称他为"汗"。

细明确的规定。但是，这些反对派的努力并没有取得任何结果。1916年8月，国家杜马议员克连斯基（А. Ф. Керенский）和捷夫克列夫（К. Б. Тевкелев）代表其政党前往突厥斯坦了解情况。大约1/3的杜马议员（从左翼到温和的右翼）都认为，沙皇政府此次征役行动在政治和法律方面都存在过失，征召"异族"居民在后方服役属于违法行为。但议会的意见不具有法律效力。

1916年起义是哈萨克人民解放运动和民族解放斗争的一部分。

五　第二次资产阶级民主革命后的哈萨克斯坦

1917年2月27日，俄国发生资产阶级民主革命，沙皇政权被推翻，被迫将权力转交临时政府。为支持革命，哈萨克斯坦广大民众召开了大大小小的各类集会和会议。革命重新点燃了哈萨克人对取缔殖民化、建立国家自治机构等问题的期望。临时政府执政后，原殖民政府的官员纷纷被免职。1917年3月，乌拉尔斯克州副州长、西西伯利亚总督区总督、图尔盖州州长，以及乌拉尔斯克、鄂木斯克、彼得罗巴甫洛夫斯克、奥伦堡的许多县的县长和一些宪兵军官被捕。3月30日，突厥斯坦总督被撤职入狱。在七河州和塞米巴拉金斯克州也发生了清理殖民政府官员的类似行动。

1917年3月，临时政府的地方机构遍布各州和各县，随后，乡、村、镇也建立了执行委员会。一些哈萨克民族知识分子的代表成为临时政府的成员，如图尔盖州的布克伊哈诺夫（Алихан Букейханов）、七河州的特内什帕耶夫（М. Тынышпаев）、突厥斯坦的绍凯（М. Шокай）等。此外，原塞米巴拉金斯克合作社联盟主席利亚什科维奇（К. Ляшкевич）被任命为塞米巴拉金斯克州临时政府委员会主席。1917年3月8日，临时政府任命原乌拉尔斯克州负责军事的州长比贾诺夫（Г. Бизянов）为该州临时政府委员，列普科（Н.

Лепко）为阿克莫林斯克州临时政府委员，扎科诺夫（И. Законов）为整个草原总督区临时政府委员。1917年4月7日，为了管理突厥斯坦边疆区，临时政府成立了突厥斯坦委员会，由国家杜马议员谢普金（Н. Щепкин）领导。哈萨克各州和各县的委员会成为州政府的主要机构。西伯利亚、奥伦堡、乌拉尔斯克和七河等地区的哥萨克驻军成立了哥萨克委员会。为了支持临时政府，各地建立了穆斯林联合会、鞑靼人联合会、库里台大会。

1917年3月，社会民主党的布尔什维克在哈萨克斯坦积极开展工作，其活动几乎遍布所有州县。作为人民权力机构的"苏维埃"，成为哈萨克斯坦的第二个实际政权。1917年3—4月，工人、农民和士兵代表苏维埃的数量超过25个。社会民主党人孟什维克和社会革命党人在大多数苏维埃中起主导作用。

哈萨克人的社会政治生活活跃起来，主要表现为参与国家建设、组建国家社会政治组织、制订社会经济改革方案等。这些政治话题也是各州哈萨克人大会（即库里台大会）需要解决的问题。

1917年4月2—8日，图尔盖州的哈萨克人大会在奥伦堡举行。此次大会引起各方关注，来自各地的300名代表出席，另外还有嘉宾，包括喀山和乌法的穆斯林联合会代表、奥伦堡穆斯林联合会代表、鞑靼语《时代报》的编辑卡里莫夫、奥伦堡和阿克纠宾斯克的公众代表等。在大会开幕式上，大会主要组织者之一、《哈萨克人》报常任编辑拜图尔瑟诺夫（А. Байтурсынов）致欢迎词。他说："现在，我们最重要的任务是维护秩序和安宁。为此，必须保持组织团结，支持新政府的方针政策。"

经过选举，拜图尔瑟诺夫被选为大会主席团主席，副主席有卡利梅诺夫（А. Кальменов）、塔纳舍夫（В. Танашев），秘书有卡基尔巴耶夫（С. Кадирбаев）、阿尔马索夫（О. Алмасов）、别克姆哈梅多夫（Ш. Бекмухаммедов）。奥伦堡社会革命党的代表西里乌斯

（М. Сириус）和阿克纠宾斯克公民执行委员会（Гражданский исполнительный комитет）主席尼古拉耶夫（Г. Николаев）向大会致贺词。图尔盖州州长艾维尔斯曼（М. М. Эверсман）本来也打算致贺词，但遭到与会者的一致反对，只好离开会场，一周后被罢免州长职务（1917年4月11日，该州的管理权由临时政府委员布克伊哈诺夫掌管）。

拜图尔瑟诺夫向与会代表宣读大会议程。大会议题主要涉及以下内容：（1）组建公民社会安全委员会；（2）召开"全体哈萨克人大会"和"全俄穆斯林大会"；（3）政府机构的形式和立宪会议；（4）思想管理；（5）教育；（6）土地问题；（7）法院；（8）地方自治；（9）出版物；（10）邮政；（11）公共资金；（12）农民事务官制度和贪官污吏[①]；（13）对战争的态度；（14）图尔盖州由于征召哈萨克人后方服役而引发的事件。

与会代表表示，要协助政府巩固新制度，稳定国内秩序，保障城市和军队的食品供应，促进群众自觉参与立宪会议的选举。代表们通过决议，要求在村、乡、县、州组建"公民社会安全委员会"，发挥其权力执行机构的作用和职能。决议规定了该委员会的建立和运作程序。公民社会安全委员会将通过选举和任命相结合的方式产生，由图尔盖州下辖四个县共同选出专门委员会来监督其整个产生过程。

库里台大会的第二个议题很快获得通过。代表们决定组建8人组委会，为召开全体哈萨克人大会制定纲领、地点和时间。会议选举4名代表参加第一届全俄穆斯林大会，其中包括全体哈萨克人大会组委会成员卡基尔巴耶夫。

库里台大会的第三个议题讨论结束后，代表们认为：立宪会议的选举必须以直接、平等、保密、全民投票、保障少数民族权利（各

[①] 译者注："农民事务官"的俄文为 крестьянский начальник。俄国最早于1898年在西伯利亚设该职位，职责是管理农民日常事务。

民族按比例选举代表）为基础。关于国家体制，代表们认为，应建立"民主的、权力分立的议会制共和国"。

在关于精神和宗教问题的决议中，大会支持建立世俗的民主共和国的思想，认为教会必须与国家分离，同时决定将图尔盖州穆斯林并入奥伦堡大穆夫提。

教育问题的讨论也很顺利。代表们一致认为：应该增加学校数量，将小学教育列入全民义务教育；男女生应该在一起学习，小学一至三年级教学必须使用母语；教育机构的开支应由地方政府和国家拨款。

关于土地问题，代表们倾向于保留传统的土地使用方式，建议俄罗斯中央政府停止土地扩张。会议决定土地问题由立宪会议作出最终决定。代表们虽然原则上同意可以没收哈萨克人的土地以满足全国需要，但同时认为，应将非法征用且无人居住的土地以及非法租赁的土地归还给原来的主人——哈萨克人。

关于法院，代表们提议："在彻底改革前"，先保留传统法院，并在全州所有法院推广陪审员制度。

关于地方自治、出版物和公共资金，大会决议指出：必须实行地方自治，提高《哈萨克人》报的出版周期，用过去多年积累的社会救济资金向为争取自由而牺牲的人员提供帮助。

关于农民事务官制度和贪官污吏的讨论非常活跃。与会代表明确表示：应消灭该制度，并列举前政权官员公然滥用职权的事实，尤其是图尔盖州移民局高级顾问阿加波夫（П. П. Агапов）和负责征召哈萨克人后方服役的图尔盖县军务官扎盖诺夫（Загайнов）。决议列举了他们的恶劣行径，认为正是这些官员的行为导致各地民众起义。关于阿加波夫，决议写道："阿加波夫无法无天。正是他的一贯行为，让吉尔吉斯人产生了不安，更何况当时又派来军队。阿加波夫曲解了自己的使命，将出行变成讨伐，但他的讨伐对象却恰恰是和平的顺民。他不去追捕闹事的吉尔吉斯人，却用恐怖手段来对待平民，而这正是他此行的目的。他这样做就是为了报复，而且是故意地、一贯地进行报复。最令人发指的是，他逮捕了伊尔吉兹斯克县（Иргизский уезд）的 98 名吉尔吉斯人，将他们投进库斯塔奈的监狱。这些人在 4 个月后遇到特赦才被释放，但是他们的村庄早已被洗劫一空。只能说，是当局的腐败催生了阿加波夫的行为。"

扎盖诺夫的行径更加罄竹难书。他下令逮捕城内所有的吉尔吉斯人，残酷对待他们。许多吉尔吉斯人身患疾病，缺少衣物，但他依然让他们从事各种体力劳动，甚至按照一天 50 戈比的价格向居民出售劳动力，却把钱装进自己腰包。

大会第 12 号决议是关于对战争问题的态度。大会表示支持国防政策，争取战争胜利，维护后方的和平生活。大会特别关注后方服役人员状况，要求当局立即疏散病人，对服役人员进行体检，允许 10% 的后方服役人员请假，让家庭唯一的劳动力回家，调整工资的发放，向贫困家庭提供补贴，后方服役人员交由地方自治委员会管理。

大会第 13 号决议是《关于图尔盖州因征召吉尔吉斯人在后方服役而引发的事件》。大会要求临时政府任命一个特别调查委员会（参议员巡视）[①]，调查所有公职人员在招募吉尔吉斯人在后方服役以及在镇压图尔盖州吉尔吉斯人叛乱过程中的违法行为。

紧接着，七河州组织召开第二个州级库里台大会。大会于 1917 年 4 月 12—23 日在维尔内市召开，共有 81 名代表出席，其中 54 名代表来自维尔内县。前专制政府的官员几乎全部到场，有州驻军司令阿列克谢耶夫（А. Алексеев）、代理副州长古谢夫（А. Гусев）、维尔内区法院代理检察官佩特罗维赫（В. Петровых）、州食品委员会主席科尔萨克（С. Корсак）、维尔内市公共管理局代理局长卡德金

[①] 参议员巡视制是根据沙皇彼得一世 1722 年 4 月 4 日颁布的法令而建立的监察制度。为明察地方事务，沙皇每年向各地派出一位参议员，并从中央各部派一名官员协助其工作。

（Н. Кадкин）等。官员的出席及其冗长的致辞占去了会议相当一部分时间。这表明，旧政权依旧牢牢掌握着该州的最高权力。

大会选举著名社会活动家贾伊纳科夫（И. Д. Джайнаков）为大会主席，乌尔达巴耶夫（Г. У. Урдабаев）为副主席，奇吉罗夫（К. Чигиров）和贾库普巴耶夫（Н. Джакупбаев）为大会秘书。

大会议程与图尔盖的库里台大会基本重复，只是一些重要问题未能引起关注，如筹备全体哈萨克人大会、全俄穆斯林大会以及立宪会议选举工作等，对一些涉及全俄和民族问题的事项也态度模糊。在维尔内召开的这次大会没能解决重大问题，它比较关注经济问题，尤其是七河州的重要经济问题。另外，大会还通过关于宗教事务的决议。

大会提议在彼得格勒（Петроград）建立最高穆斯林宗教管理局。代表们认为，伊斯兰教是与东正教平等的宗教。应该指出，七河州大会与图尔盖州大会不同，不仅没有主张教会与国家分离，反而将宗教地位抬得更高。

在通过关于地方自治问题的决议时，代表们呼吁取消州内的军事管理制度，撤销总督，实行公民管理。他们强烈建议各级部门必须任命两名领导（委员），其中一名俄罗斯人，一名穆斯林。这项建议与临时政府及其突厥斯坦委员会（第一届）的政策相吻合，临时政府随后便向七河州派来两名委员：什卡普斯基（Орест Шкапский）和特内什帕耶夫（Мухамеджан Тынышпаев）。

大会认为可以保留当地的乡级官员和村长，但要大幅削减他们的权力。大会决议强调："政府机关任命的乡级官员、村长和人民法官若不能得到公众认可，应立即免除职务并依法选举他人任职。"

在讨论有关法院问题时，代表们强调："吉尔吉斯与俄罗斯或其他民族之间的诉讼事务应由有吉尔吉斯代表参加的陪审团参与审理。"

由于1916年事件使民族关系变得更加紧张，因此关于协调民族关系的决议非常引人关注。决议阐述了推动哈萨克人与俄罗斯人相互了解的方法，并认为各地哈萨克人委员会（местные казахские комитеты）所提出的关于各乡村之间建立经济联系的倡议非常重要。决议特别强调，必须没收移民村的武器，以防止发生冲突。

乌拉尔斯克州的库里台大会（1917年4月19—22日）是规模最大的州一级哈萨克人大会，有800多名代表出席。会议的筹备工作非常细致：在大会召开之前，州执行委员会和组织局组建了乌拉尔斯克州哈萨克人临时委员会，由古拜杜拉·阿利别科夫担任（Губайдулла Алибеков）主席。阿利别科夫致大会开幕词，提议选举主席、两名副主席和三名秘书。根据选举结果，让沙·多斯穆哈梅多夫（Жанша Досмухамедов）当选主席①，阿利别科夫和卡利梅诺夫（А. Кальменов）当选副主席，杰特皮索夫（Г. Джетписов）、阿赫梅特申（Х. Ахметшин）和阿尔甘切耶夫（Н. Арганчеев）担任秘书。当代学者赛福林（С. Сейфуллин）写道："主席团由在哈萨克斯坦享有威望且受过良好教育的著名人士组成，他们的举止令人愉快，语言机智风趣。"

向大会致辞的人不是很多，有乌拉尔斯克州临时政府委员、哥萨克中尉比贾诺夫（Г. Бизянов）和几位社会组织的代表。与会代表们一致决定向一些机构和政要发送贺电，包括发给临时政府总理利沃夫公爵、国家杜马主席罗德江科（М. В. Родзянко）、彼得格勒苏维埃，以及司法部部长克连斯基（А. Ф. Керенский）等。

根据阿利别科夫的建议，大会开始审议议程前三项，即国家管理的形式、对临时政府的态度、对战争的态度。代表们认为必须结束君主制，建立民主共和国。大会关于建立各民族地区的联邦制国家的讨论暂时没有取得结果。大会对临时政府表示有条件的支持，该条件

---

① 根据大会备忘录，让沙·多斯穆哈梅多夫担任托木斯克地方法院副检察官职务，当时正在乌拉尔斯克度假。

是:"临时政府的工作目的和任务是落实已经公布的方案,并保护民主利益。"大会没有无条件支持临时政府在战争问题上的立场,但代表们表示必须继续作战,直到德国军国主义彻底失败,并以彼得格勒苏维埃提出的"不割地、不赔款"原则为基础建立和平。

代表们讨论了复杂的土地问题,认为"全俄罗斯严峻的土地问题以及乌拉尔斯克州吉尔吉斯人的问题,都应该在立宪会议上得到彻底解决"。代表们一致认为:土地所有者应该将土地用于生产;乌拉尔斯克州应停止安置移民,不再征用哈萨克人的土地。

关于宗教问题,决议指出,乌拉尔斯克州代表同意图尔盖州代表的意见,将本州的穆斯林团体合并到奥伦堡大穆夫提。

哈萨克人大会第三天,代表们专门听取了哈列尔·多斯穆哈梅多夫(Халел Досмухамедов)和让沙·多斯穆哈梅多夫关于重组乌拉尔斯克州哈萨克地区管理局的报告,审议了《乌拉尔斯克州草原地区管理暂行条例》。该条例包括100个条款,明确规定了州、县、乡、村各级权力和管理机构的组建和工作细则。

乌拉尔斯克州的库里台大会对有关权力和管理机构的设置及其任务等作出详细规定,既表明哈萨克人有实现独立管理的愿望,也说明这一复杂问题有可能得到解决。实际上,这相当于在变相申请实行自治。

在解决地方面临的问题时,大会也没有忘记全俄的问题。大会选派本州主要的政治活动家哈列尔·多斯穆哈梅多夫、让沙·多斯穆哈梅多夫和阿利别科夫前往莫斯科参加全俄穆斯林大会。

1917年4月21日,布凯汗国(Букеевская орда)①的哈萨克人

---

① 译者注:布凯汗国(Букеевская орда)也称为"布克依翰儿朵"或"内帐汗国"(Внутренняя орда),是1801—1845年俄罗斯帝国阿斯特拉罕省下辖的一个哈萨克汗国,位于乌拉尔河和伏尔加河之间,由1801年小玉兹迁来的5000多个家庭共同创建。可汗是布凯(Букей,俄罗斯人的姓习惯以 ов 或 ев 后缀结尾,布凯的名字后面也加上这个后缀,成为"布凯耶夫),系小玉兹努尔·阿里汗之子,其可汗称号后来因反俄起义被沙皇废除。

大会在可汗大帐举行。大会按照传统方式，首先选举主席团。民意代表瓦利德汉·塔纳舍夫（Валидхан Танашев）当选大会主席，主席团成员有医生马日特·丘姆巴洛夫（Мажит Чумбалов）和喀山大学学生沙夫卡特·别克穆哈梅多夫（Шафкат Бекмухамедов）。然后是向为争取自由而牺牲的战士致敬和祈祷。接下来，来自布凯汗国、阿斯特拉罕和喀山的社会代表致辞。在宣读了《哈萨克人》报编辑部、图尔盖州的哈萨克族居民以及巴斯孔恰克盐田（Баскунчак）的哈萨克族工人发来的贺电之后，大会开幕式结束。

大会的议题与图尔盖州和乌拉尔斯克州的相似，几乎涵盖了全俄和全民族范围内的所有问题。

布凯汗国哈萨克人大会的代表赞同"立宪会议是最高权力机构"的主张，希望立宪会议在俄罗斯建立民主的联邦的共和制国家。

关于建立全新的权力和管理机构问题，大会通过决议：取消布凯汗国临时管理委员会，设立"阿斯特拉罕边疆区吉尔吉斯人民中央管理委员会"；设立"阿斯特拉罕边疆区吉尔吉斯人民委员"及其助理两个职位，第一届国家杜马议员库尔马诺夫（Б. Кулманов）和教师缅迪哈诺夫（И. Мендыханов）分别当选。

阿克莫林斯克州的哈萨克人大会在鄂木斯克召开[①]，从 1917 年 4 月 25 日至 5 月 7 日持续近两周。大会召开之前，专门组建了以伊特巴耶夫（Б. Итбаев）为首的组委会。在参会的 250 名代表中，有来自阿克莫林斯克县、阿特巴萨尔县、科克切塔夫县（Кокчетавский уезд）、鄂木斯克县（Омский уезд）和彼得罗巴甫洛夫斯克县（Петропавловский уезд）的代表。大会主席团成员有：图尔卢巴耶夫（А. Турлубаев）任主席，伊特巴耶夫（Е. Итбаев）和杜拉托夫

---

① 译者注：在阿克莫林斯克召开的哈萨克人大会（库里台大会）上，鉴于当时"哈萨克"与"吉尔吉斯"这两个概念并未严格区分，代表发言和大会决议中更多使用"吉尔吉斯人"一词，实际上就是阿克莫林斯克地区的哈萨克族。

（М. Дулатов）任副主席，萨马托夫（М. Саматов）、谢伊托夫（А. Сеитов）、托克巴耶夫（Е. Токбаев）任秘书。向大会致辞的有鄂木斯克军区司令格里高利耶夫将军（А. Григорьев）、阿克莫林斯克州临时政府委员扎科诺夫（И. Законов）、农民代表苏维埃①执委会主席尤尔克维奇（Юркевич）、鄂木斯克穆斯林管理局代表卡里莫夫（Каримов）和伊巴图林（Ибатулин）、图尔盖州的哈萨克人代表杜拉托夫（М. Дулатов）。

大会议程包括17个问题，但实际上大部分问题与图尔盖州的哈萨克人大会相仿，只有工人和女性是两个新问题。

大会通过决议，继续执行布克伊哈诺夫及其支持者在奥伦堡召开的图尔盖州哈萨克人大会上的观点。另外，大会详细说明了立宪会议选举的准备工作。与布凯汗国哈萨克人大会一样，为完成立宪会议选举的各项准备工作，大会建议在州、县、乡、村建立吉尔吉斯人的执行委员会。执行委员会的其他职能与图尔盖州、乌拉尔斯克州和布凯汗国的执行委员会职能相同。

阿克莫林斯克州大会决定：为了讨论和解决全体吉尔吉斯人的问题，必须尽快召开全体吉尔吉斯人大会，具体地点和时间由在奥伦堡召开的图尔盖州吉尔吉斯人大会上组建的特别委员会确定。马格让·茹马巴耶夫（Магжан Жумабаев）当选为全俄穆斯林大会代表。

大会最后一项是选举本州哈萨克人委员会，委员会成员共10人，艾达尔汉·图尔卢巴耶夫（Айдархан Турлубаев）当选为主席。

塞米巴拉金斯克州的哈萨克人大会与阿克莫林斯克州的哈萨克人大会几乎同时召开，大会时间为1917年4月27日至5月7日，来自塞米巴拉金斯克州所属5个县的约200名代表和来自相邻的阿尔泰边

---

① 译者注：农民代表苏维埃（Совет крестьянских депутатов）系俄国境内各地1905年7月革命期间建立的维护农民利益的政治组织，后被解散。1917年革命期间重新建立，1918年1月与工人代表苏维埃和士兵代表苏维埃合并。

疆区（Алтайский край）比斯克县（Бийский уезд）的两名代表参加了大会，其中有 7 名妇女代表。在组委会主席拉伊姆让·马尔谢科夫（Раимжан Марсеков）发言后，代表们选出了大会主席团：法学硕士阿克帕耶夫（Ж. Акпаев）当选大会主席，副主席是加巴索夫（Х. Габбасов）、马尔谢科夫（Р. Марсеков）、鲍什塔耶夫（М. Боштаев）、萨尔谢涅夫（Б. Сарсенев），秘书是叶尔梅科夫（А. Ермеков）、奥罗扎林（Э. Орозалин）、马尔特巴耶夫（М. Малдыбаев）、阿克帕诺夫（Ш. Акпанов）。第一个向来宾致辞的是历史学家和作家库代别尔季耶夫（Ш. Кудайбердиев），然后是巴甫洛达尔县的代表、布凯汗国代表以及妇女、学生和工人代表。鄂木斯克、托木斯克、奥伦堡、塔什干以及布克伊哈诺夫本人也发来贺电。

大会议程包括 16 个问题。与其他大会议程相比，新问题是自治和自治权、医学和兽医。与鄂木斯克的大会一样，妇女问题被列入议程。在听取了组委会报告之后，代表们选出了由 20 名委员和 10 名候选人组成的州民族委员会，其中包括一名妇女委员库莉贾诺娃（Н. С. Кульджанова）。

大会决议大部分与图尔盖州的大会决议相同，一部分与布凯汗国的大会决议相同。不同的是，本次大会讨论了有关国家管理和哈萨克人民的自治问题。代表们强调，鉴于俄罗斯领土辽阔，民族众多，文化差异大，应建立联邦制的民主共和国。

在《关于临时自治和地方委员会》的决议中，塞米巴拉金斯克州的哈萨克人大会提出俄罗斯中央政府应颁布关于各州的行政和经济管理的条例，还强调塞米巴拉金斯克应整体加强与国家的联系，特别是与其他各地方之间的联系。代表们认为，俄罗斯不顾民族特性而与人民对立的任何企图都是非常危险的。

代表们就召开全体哈萨克人大会表达了自己的看法，同意图尔盖州的组织局（Оргбюро тургайцев）落实大会的组织筹备工作，并提议大会地点选在彼得罗巴甫洛夫斯克，时间定在 7 月。会议决定，大会工作结束后，与会者将向各县的哈萨克人委员会作详细报告。

综上所述，1917 年春各州召开的哈萨克人大会基本上都讨论了民众所关心的问题。正是 1917 年春这些会议提出的思想，为后来的第一届和第二届全体哈萨克人大会决议以及"阿拉什"党（партия Алаш）纲领的形成奠定了基础。

为控制哈萨克斯坦局势，临时政府采取了一些措施，但毫无成效。1917 年 3 月 20 日，临时政府颁布特别法令，宣布废除任何民族的和宗教的一切特权和限制，大赦 1916 年起义的参与者，向七河州在起义期间蒙受损失的居民提供帮助。另外，将根据 1916 年 6 月 25 日法令征召的后方服役人员改编为工人纠察队（рабочие дружины）的问题也提上日程。但临时政府在诸如土地、民族区域制度和专制政体等最重要问题上的政策仍保持不变，即继续参加第一次世界大战、土地问题的解决被推迟到立宪会议召开之前、不给予哈萨克人民民族自决权、殖民机构仍在各地保留并发挥作用。民族歧视现象和大国政策依然存在，移民管理局仍继续工作。临时政府的这些政策使得革命进程不但未消退反而进一步发展。在大约 15 万后方服役人员和前线士兵被遣返故乡之后，哈萨克社会政治分化进一步加剧。

二月革命并没有实现以布克伊哈诺夫及其同伴为首的民族知识分子的愿望。社会民主党人仍继续积极进行活动。1917 年 4 月底，布克伊哈诺夫宣布退出立宪民主党，因为临时政府主要由立宪民主党人组成，但临时政府在哈萨克斯坦的重要问题上采取保守立场。布克伊哈诺夫在《我为什么退出立宪民主党》一文中，阐述了他与立宪民主党人的分歧：第一，立宪党人的纲领规定"地方自治"，但仅限于"文化自治"，而不是国家法律自治，布克伊哈诺夫反对"文化自治"，主张"民族自治"，即民族自决；第二，立宪民主党人承认宗教"在国家生活各个方面的首要地位"，而布克伊哈诺夫主张"宗教与国家分离";第三,立宪民主党人主张实行土地私有制,而布克伊哈诺夫认为这为时过早。

六 哈萨克人委员会的成立和活动

二月资产阶级民主革命后,临时政府建立了各级机构,在各地执行圣彼得堡中央政府的政策。社会各阶级成立了各种各样的政权机构,如工人、士兵和农民代表苏维埃。在哈萨克斯坦,沙皇行政管理机构被消灭之后,各州建立了"哈萨克人委员会"(Казахские комитеты)。哈萨克人委员会具有明确的民族取向,希望建立哈萨克民族自治国家,解决土地、教育、司法和宗教等问题。1917年春天,各州举行"哈萨克人大会",赋予哈萨克人委员会合法地位。例如,1917年4月19—22日召开的乌拉尔斯克州哈萨克人大会的会议纪要指出:"州临时吉尔吉斯人委员会主席阿利别科夫向大会汇报了临时委员会在大会当天的工作,并宣布解除临时委员会所有委员的职务,建议参加大会的吉尔吉斯人从自己信任的人中选出新一届州吉尔吉斯人委员会。"哈萨克斯坦其他州组建哈萨克人委员会的情况也与此类似。1917年3—4月,在维尔内、阿克莫林斯克、塞米巴拉金斯克、阿乌利耶阿塔等地相继建立了州、县、乡、村各级哈萨克人委员会。

临时政府机构与哈萨克人委员会之间相互独立。哈萨克人委员会主张实施真正必要且符合当地居民利益的措施,包括维护和平秩序、组建村级和乡级警察局等。由于临时政府保留了移民局并忽视哈萨克人在土地关系上的诉求,哈萨克人委员会在这些问题上与其存在尖锐分歧。哈萨克人委员会提出:应终止移民局的活动,禁止征用土地,扩大哈萨克人的土地使用权。哈萨克人委员会寻求与苏维埃等其他团体和社会运动的合作。塞米巴拉金斯克州哈萨克人委员会与"工人与士兵代表苏维埃""农民和哥萨克代表苏维埃"、州执委会等机构达成了同盟协议。但事实上，哈萨克人委员会与上述苏维埃之间的合作案例很少。

可以说，二月资产阶级民主革命后成立的哈萨克人委员会，是哈萨克斯坦在反对临时政府的单一制政体主张的过程中，对解决民族国家制度问题的首次实践与尝试。

突厥斯坦边疆区的情况与此类似。专制政权被推翻后，该区建立了三种政权机构：各类苏维埃、临时政府执行委员会、穆斯林团体。前两个机构仍然奉行原来的政策，极少考虑当地民众的利益，而民族知识分子领导的穆斯林团体却重视当地民众所关注的问题。

立宪会议选举中，哈萨克人委员会和"阿拉什"党的候选人在各选区获得的选票分别为：七河区 57%；草原区 85.5%；图尔盖区 57.5%；乌拉尔斯克区 75%。另外，在 1917 年夏的塔什干市杜马选举中，穆斯林团体获得 112 个席位中的 73 个。这些事实证明，哈萨克人委员会和穆斯林团体在群众中拥有较高的威望。

七 第一届全体哈萨克人大会

1917 年春夏，哈萨克斯坦开始出现工人组织、民主革命青年团体和一些政党。在维尔内成立了穆斯林工人联盟，在扎尔肯特成立了工人联盟，在突厥斯坦边疆区成立了穆斯林劳动者联盟。建立了大约 20 个由知识分子、青年学生和教师组成的团体和组织，例如在阿克莫林斯克地区以赛福林为首的"年轻哈萨克人"（Жас казак）、在阿乌利耶阿塔县的梅尔克（Мерке）由雷斯库洛夫（Т. Рыскулов）领导"哈萨克青年革命联盟"、在斯帕斯克（Спасск）工厂建立的"年轻的心"（Жас журек）、在鄂木斯克建立的"青年民主学生会"、在彼得罗巴甫洛夫斯克的"塔拉普"（Талап）、在塞米巴拉金斯克的"扎纳尔"（Жанар）等①。

1917年7月21—28日在奥伦堡举办了第一届全体哈萨克人大会。第一届和第二届全体哈萨克人大会均在奥伦堡的州管理局所在地举行。这座建筑保留至今，位于俄联邦奥伦堡市普希金路39号，建筑上的铭牌写着："1917年，第一届和第二届全体哈萨克人大会曾在此举行，这是哈萨克斯坦建立民主国家进程的重要里程碑。"

来自阿克莫林斯克州、塞米巴拉金斯克州、乌拉尔斯克州、七河州、费尔干纳州和布凯汗国的代表出席了会议。哈列尔·多斯穆哈梅多夫被选为大会主席。大会议题有14项：国家管理的形式；哈萨克各州的自治问题；土地问题；民兵问题；地方自治问题；教育问题；司法问题；宗教问题；女性问题；哈萨克各州代表参加立宪会议的准备工作；伊斯兰联合会举办全俄穆斯林大会；哈萨克斯坦政党问题；七河州的情况；派遣哈萨克代表参加全俄联邦主义者大会，以及参加学习小组。针对所有问题，大会都通过了具有民族民主内容的建设性决议。此次大会决定建立哈萨克民族主义政党——"阿拉什"党。

布克伊哈诺夫、拜图尔瑟诺夫、杜拉托夫、古马罗夫（И. Гумаров）、扎日基巴耶夫（Т. Жаждибаев）、比尔梅卡诺夫（А. Бирмеканов）等共同制定了阿拉什党的纲领。纲领分为10条，刊登在1917年11月21日的《哈萨克人》报上。纲领认为：（1）应该在俄罗斯建立民主的联邦制共和国。各联邦主体"拥有自治权，基于平等的权利和利益实现自我管理"；（2）俄罗斯的国家机构应该包括立宪会议、国家杜马、总统、内阁；（3）国家权力机构的选举应当是直接、平等、秘密的；（4）哈萨克人的自治应建立在与联邦其他民族平等的原则上。纲领宣布民主价值观为：权利平等；人身不可侵

---

① 译者注："塔拉普"（Талап）是哈语，意思是要求、建议、倡议等。"扎纳尔"（Жанар）是哈语，意思是明亮的、可燃烧的、日光等。

犯；新闻、言论和结社自由。阿拉什党认为：宗教应与国家分离；法律面前人人平等；每个民族的法庭都要尊重本民族的习俗。阿拉什党的任务是：(1) 建立保护人民的军队；(2) 发展社会伙伴关系；(3) 帮助穷苦阶层；(4) 发展民族教育；(5) 解决土地问题。在落实上述任务过程中，应以民主和人道主义原则为基础。党的出版物1918年1月前是在奥伦堡出版的《哈萨克人》报，之后由《萨雷阿尔卡》(Сары Арка)报所取代，另外还出版杂志《阿拜》(Абай)。阿拉什党的领导人是布克伊哈诺夫。当时许多著名的知识分子都加入该党，包括拜图尔瑟诺夫（А. Байтурсынов）、特内什帕耶夫（М. Тынышпаев）、茹马巴耶夫（М. Жумабаев）、库代别尔季耶夫（Ш. Кудайбердиев）、托莱格罗夫（С. Торайгыров）、加巴萨夫（Х. Габбасов）、哈列尔·多斯穆哈梅多夫、让沙·多斯穆哈梅多夫等。

1917年3月14日，"伊斯兰支持者苏维埃"（Шуро-и-Исламия或Совет сторонников ислама）在哈萨克斯坦南部地区成立，领导人有阿普杜拉希德哈诺夫（М. Абдурашидханов）、绍凯（М. Шокай）等。伊斯兰支持者苏维埃的指导思想以"突厥穆斯林人民的统一和获得民族自决权"为基础，反映了当地民众的利益。在伊斯兰支持者苏维埃倡议下，1917年4月16日在塔什干召开了"全突厥斯坦穆斯林大会"，参加大会的有哈萨克人、乌兹别克人、土库曼人以及突厥斯坦其他民族的代表，共150余名。阿普杜拉希德哈诺夫和拉平（С. Лапин）当选大会主席，绍凯为大会秘书。大会议题主要涉及对临时政府的态度以及专制君主被推翻后的突厥斯坦管理问题。大会表示支持临时政府，并提出俄罗斯应该成为由总统和立宪会议领导的议会制民主联邦共和国，应给予包括突厥斯坦在内的各州自治权。大会决定成立全突厥斯坦的穆斯林组织——"突厥斯坦穆斯林苏维埃"（Туркестанский мусульманский совет，又称为"边疆区穆斯林苏维埃"）。1917年6月12日，突厥斯坦穆斯林苏维埃正式成立，绍凯当选为该苏维埃主席。该组织积极联合具有民族民主性质的政治势力，包括与阿拉什党发展合作。1917年11月2日，伊斯兰支持者苏维埃通过"关于不承认苏维埃政权"的决议。1917年11月，在伊斯兰支持者苏维埃努力下，第四届边疆区穆斯林非例行大会决定建立"浩罕自治国"①。总之，伊斯兰支持者苏维埃主张突厥斯坦的穆斯林民众享有民族和宗教自治权，他们创办以自己名称命名的报纸，报纸后来改名为《协商》（Кенгаш）②，宣传突厥联邦的思想。1918年年初"浩罕自治国"终结后，伊斯兰支持者苏维埃也随之被解散。

事实上，二月革命之后，在哈萨克斯坦已经出现一些代表哈萨克人民利益的政治力量，主要有：（1）阿拉什党，其成员主要是奉行民族和民主主义的知识分子；（2）"三个玉兹"党，由激进的、具有亲布尔什维克倾向的民众组成；（3）伊斯兰支持者苏维埃，宣传伊斯兰主义和突厥主义。伊斯兰主义者赞同"纯粹的伊斯兰教"，而突厥主义支持者则强调现代主义和实用主义。最初，伊斯兰支持者苏维埃综合了这两派的思想，但在该组织成立三个月后，组织内部发生分裂，其中一派于1917年6月另外组建"纯粹伊斯兰教的伊斯兰支持者苏维埃"，其余人在律师拉平的领导下，坚持"在纯粹的伊斯兰原则和伊斯兰法典基础上，实现穆斯林自决的合法权益"。

三个玉兹党主要在哈萨克斯坦东北部地区活动，其中央委员会设在鄂木斯克，创始人是穆凯·艾特佩诺夫（Мукан Айтпенов）。托古索夫（Кольбай Тогусов）是三个玉兹党内非常有影响的人物，这位政治家在1905—1907年第一次俄国革命时期进入政界，并于1917年年底进入公众视线而广受关注。

---

① 译者注：浩罕自治国（Кокандская автономия）的正式名称是"突厥斯坦自治国"（Туркестанская автономия），系1917年11月28日至1918年2月22日在突厥斯坦建立的短暂政权。俄国帝国时的突厥斯坦总督区涵盖今乌兹别克斯坦、吉尔吉斯斯坦和哈萨克斯坦南部地区，包括七河地区、费尔干纳地区和锡尔河地区。

② 译者注：《协商》报（Кенгаш）后来又改名为《苏维埃》报（Совет）。

托古索夫本名是图连古托夫（Кольбай Туленгутов），毕业于斋桑农业学校。他当过邮递员、翻译和调解法官的书记员。托古索夫第一次有名的政治活动是参与轰动哈萨克斯坦的卡尔卡拉林斯克群众集会和游行。这是革命的民主主义者因沙皇 1905 年 10 月 17 日颁布的法令而组织的集会活动。由于参加游行，他被警方拘留和审问，不得已返回家乡斋桑县。在那里，托古索夫代表 16 个乡的民众向当地政府和沙皇提交了一份请愿书，要求履行沙皇法令中所规定的自由。1905—1906 年，托古索夫在《塞米巴拉金斯克专页》报（*Семипалатинский листок*）上发表文章，认为沙皇的法令没有给人民带来任何实际好处。

革命的失败和随后的镇压使《塞米巴拉金斯克专页》等自由主义出版物遭到停刊。失去在媒体发表言论的机会之后，托古索夫又投身于实际法律工作，为受当局迫害的人进行辩护。由于通晓俄语，托古索夫结识了许多法院公职人员。因服务对象里有很多政府反对派成员，更加引起警察对他的注意。因与革命民主党人联系密切，托古索夫于 1909 年 8 月和 1910 年 12 月两次被捕，第二次被捕后被判两年监禁，直到 1912 年 8 月才获释。出狱后，他又被流放到七河州的小城镇卡帕尔（Капал）三年，并且不得从事文学创作和出版工作。不过，托古索夫仍设法将其手稿交给巴什基尔和奥伦堡的出版人。他撰写的剧本《无知的受害者》在乌法出版。该书尖锐地批判了歧视妇女和巫术治病的陋习。

在卡帕尔流放期间，托古索夫始终与奥伦堡州特洛伊茨克市（Троицк）的革命党人保持着密切联系。在穆罕默江·谢拉林的帮助下，托古索夫从 1911 年 1 月起就在特洛伊茨克市出版社会政治类半月刊《镜子》（*Айкап*）。托古索夫利用这份杂志论述土地关系、文化、哈萨克农民与俄罗斯农民的关系、哥萨克的状况等问题。

1916 年年中流放期结束后，托古索夫移居塔什干。在那里，他与志同道合者共同筹备出版《阿拉什》报。但表面上，该报的编辑是托古索夫的妻子玛丽亚姆（Марьям）。

《阿拉什》报于1916年12月面世。其内容大体上延续了《镜子》（1915年停刊）的风格。二月革命推翻帝制之后，托古索夫与《阿拉什》报的编委会成员共同发表一系列文章，鞭挞罪孽深重的沙皇专制政策和殖民主义制度。

1917年早春，托古索夫与伊斯兰支持者苏维埃领导人来往密切。他加入该组织，接受锡尔河州委员会的指示前往奇姆肯特、突厥斯坦、卡扎林斯克（Казалинск），在支持者集会上演讲，强烈呼吁突厥斯坦人民团结一致捍卫自己的利益。

托古索夫的政治活动能力不仅出众，而且被广泛承认。他两次作为代表参加全俄范围的大会，包括1917年5月1—11日在莫斯科召开的全俄穆斯林大会和5月4—28日在圣彼得堡召开的"全俄农民大会"，并均被选为大会执委会成员。他带着这两个当时全国最重要团体的执委会委员委任状回到家乡。

在斋桑，托古索夫创立了"哈萨克劳动者联盟"（Трудовой казахский союз）。该联盟提出发展卫生事业和农业，为游牧民族引进农学和畜牧学等倡议。哈萨克劳动者联盟大会推选托古索夫为西西伯利亚州和鄂木斯克州的议员。自此，西西伯利亚和哈萨克斯坦东北部地区成为托古索夫的政治活动区。

为了制衡阿拉什党，托古索夫决定建立一个具有社会主义倾向的政党。1917年11月，在托古索夫及其同伴的努力下，哈萨克成立社会主义性质的"三个玉兹"党。1917年11月17日，关于该党的成立消息刊登在鄂木斯克出版的报纸《革命思想》上。文章写道："对著名立宪民主党人布克伊哈诺夫领导的阿拉什党的党纲不满的吉尔吉斯人组建了一个特殊的社会主义政党——三个玉兹党。党的宗旨是统一俄罗斯境内的突厥鞑靼部落，并建立联邦制的俄罗斯共和国。三个玉兹党将提出自己的参加立宪会议的特殊名单。"

起初，托古索夫在其 1917 年 11—12 月的演讲中，大多是将阿拉什党和三个玉兹党作为兄弟党。党的机关报《三个玉兹》最初刊登的文章也反映了这种思想。在这些文章中，哈萨克社会主义者称自己是自由主义者的"小弟"。但后来，为了在立宪会议中能有自己的代表，以及推动本党由全民党向阶级党的转变，三个玉兹党开始调整自己的政治路线。党的领导人托古索夫宣称：三个玉兹党是苏维埃式的阶级政党，奉行左派社会革命党纲领。

从此，托古索夫开始推行"反对阿拉什党，并将其驱逐出哈萨克斯坦政治舞台"的路线。许多三个玉兹党的积极分子甚至一些领导人都谴责这一立场，其中包括党中央委员会主席穆凯·艾特佩诺夫和其他几位领导人。为了维护自己在党内的地位，托古索夫紧急召集中央委员会会议，坚持通过对他有利的决议。结果，艾特佩诺夫被解除党主席职务，托古索夫本人亲自领导党的中央委员会，沙伊梅尔坚·阿利贾诺夫（Шаймерден Альджанов）成为中央机关报的编辑。

1918 年年初，托古索夫被提名担任多项行政职务：西西伯利亚土地和国有资产管理局人民委员、鄂木斯克州司法委员会委员和调查委员会副主席。同时，他还是彼得罗巴甫洛夫斯克苏维埃成员。

在与阿拉什党领导人的斗争过程中，托洛索夫只能取得部分成功。三个玉兹党将自己的对手排挤出鄂木斯克、彼得罗巴甫洛夫斯克、阿克莫林斯克，但阿拉什党却在塞米巴拉金斯克站稳了脚跟，这一点出乎他们的意料。

1919 年 3 月，托古索夫作为"苏维埃活动家"遭到枪杀。三个玉兹党也在失去领导者后停止活动。

第九章

苏联时期的哈萨克斯坦

一 十月革命期间的哈萨克斯坦

1917年秋,哈萨克斯坦民众的政治情绪日益左倾。广大贫苦民众越来越多地向布尔什维克及其盟友靠拢。劳动人民的生活状况越来越差,饥荒笼罩着整个锡尔河州和七河州等地区。1917年9—10月,彼得罗巴甫洛夫斯克、乌拉尔斯克以及奥伦堡—塔什干铁路沿线许多车站的工人举行罢工,在维尔内、阿乌利耶阿塔和其他城市出现了群众性抗议活动[①]。大大小小的罢工与城市贫民的抗议活动同时进行,并且得到士兵的支持。民众对当局土地政策的抗议规模越来越大。几个月后,临时政府不但没有采取切实措施来满足劳动者的要求,还动用武力镇压罢工,由此失去了民众对其政权的支持。

1917年10月24日,彼得格勒首先发生了武装起义。10月25日凌晨,苏维埃政权掌握了火车站、发电站、邮电大楼、政府机关和银行等城市重要设施。临时政府官员被逮捕。10月25日上午,苏维埃政权发布列宁起草的《告俄国公民书》,宣布临时政府已被推翻,政权已转交由彼得格勒的无产阶级和驻军所领导的"军事革命委员

---

① 译者注:维尔内和阿乌利耶阿塔系旧称。维尔内(Верный)即今阿拉木图市,阿乌利耶阿塔(Аулие-Ата)即今塔拉兹市。

会"，即彼得格勒的工人和士兵代表苏维埃。民众要求立即落实民主自由，废除地主土地所有制，实行工人监督生产，建立苏维埃政权，保证人民奋斗的事业得以顺利实现。

1917年10月25日晚，第二届"全俄苏维埃代表大会"在斯莫尔尼宫召开，大会宣读了列宁起草的《告全世界工人、士兵和农民书》，宣告临时政府被推翻，各地全部政权一律转归苏维埃。文件写道："按照绝大多数工人、士兵和农民的意愿，依靠彼得格勒工人和士兵起义所取得的胜利，全俄大会现已掌握政权，临时政府被推翻！"

1917年10月26日，苏维埃政权通过第一批法令，即《和平法令》和《土地法令》。《和平法令》提出苏维埃政府"向一切交战国的人民及其政府建议，立即就公正的民主和约进行谈判"。《土地法令》取消了土地私有权，宣布土地归国家所有。

1917年11月3日，苏维埃政权发表《俄国各族人民权利宣言》，宣布各族人民拥有平等和自主权，享有完全自决乃至分离并建立独立国家的权利，废除任何民族的和宗教的一切特权和限制，居住在俄国境内的各个少数民族和部族都可以自由发展。1917年11月20日，苏维埃政府发布《告俄国和东方全体穆斯林劳动人民书》，宣布穆斯林的民族和文化团体、信仰和习惯是自由和不可侵犯的。

至此，苏维埃掌握了彼得格勒的政权。彼得格勒武装起义取得胜利并建立苏维埃政权的消息传到哈萨克斯坦之后，苏维埃政权开始在这里建立起来。1917年10月30日，佩罗夫斯克（Перовск）① 的工人和士兵代表苏维埃宣布掌握当地政权；11月1日，经过战斗，苏维埃政权在塔什干建立；11月6日，苏维埃在阿乌利耶阿塔掌握政权；11月初，苏维埃政权以和平方式在切尔尼亚耶夫（Черняев）②

---

① 译者注：佩罗夫斯克（Перовск）即今哈萨克斯坦克孜勒奥尔达市。
② 译者注：切尔尼亚耶夫（Черняев）即今哈萨克斯坦奇姆肯特市。

建立；12月，在布凯汗国、彼得罗巴甫洛夫斯克、科克切塔夫①、阿特巴萨尔、库斯塔奈等地也相继成立了苏维埃政权。1918年1月在阿克纠宾斯克以及1月18日在奥伦堡，苏维埃击败杜托夫（А. Дутов）领导的武装抵抗，在当地建立政权。1918年2月17日塞米巴拉金斯克建立苏维埃政权后，乌斯季卡缅诺戈尔斯克、卡尔卡拉林斯克和斋桑也先后建立苏维埃政权。1918年3月3日，维尔内成立苏维埃政权。1918年3月，苏维埃政权在整个七河州地区建立。但苏维埃政权在乌拉尔斯克的建立颇费周折：苏维埃政权于1918年1月15日宣布成立后，3月29日就被推翻，直至国内战争期间才最终确立。

1917年11月26日，第四届"边疆区穆斯林大会"在浩罕举行，300多名代表参会，其中包括布克伊哈诺夫、特内什帕耶夫、绍凯等。11月27日，大会通过建立"突厥斯坦自治国"②的决议，同时成立由12人组成的临时政府，其中8人来自本地民族，4人为其他民族，特内什帕耶夫当选为总理兼内务部长，绍凯当选为外交部长（不久后又成为总理）。另外，由54人组成国民议会，其中1/3为非本地民族。1917年12月1日，突厥斯坦自治国发表《告边疆区人民书》，宣告突厥斯坦是俄联邦民主共和国的自治部分。由于大会在浩罕召开，并且这里是领导机构所在地，所以"突厥斯坦自治国"又被称为"浩罕自治国"。

1918年1月，布尔什维克向突厥斯坦自治国施加压力，并向自治国总理绍凯发出最后通牒，要求其承认苏维埃政权，发表声明交出武器，解散警察机关等，但遭到拒绝。为了消灭该自治国，苏维埃政权从2月5日晚到6日派来约11列满载着骑兵、炮兵和步兵的军用

---

① 译者注：科克切塔夫（Кокчетав）即今哈萨克斯坦科克舍套市。
② 译者注："突厥斯坦自治国"的俄文正式名称为 Туркменистан Мухтариати 或 Туркестанская автономия，又译为"浩罕自治国"。

列车。2月6—7日,浩罕城被布尔什维克摧毁,自治国政权被消灭,"伊斯兰支持者苏维埃"也随之解散。

由于当时哈萨克斯坦各地区社会经济状况不同,政治力量分布不均,苏维埃政权在各地的建立过程也各不相同。在许多地区,苏维埃政权的建立经历了很长时间并付出血的代价;而有些地方则相对和平,如奇姆肯特、阿乌利耶阿塔、布凯汗国、突厥斯坦、卡扎林斯克、科克切塔夫和阿克莫林斯克。在举行武装起义之后,苏维埃政权在图尔盖州、乌拉尔斯克州和七河州的许多地区建立起来。1917年10月至1918年3月,除乌拉尔斯克外,苏维埃政权在哈萨克斯坦所有地区都得以建立。当时,反对苏维埃的势力主要位于奥伦堡、乌拉尔斯克和七河地区。

1917年十月革命后,为了制定适应当时形势的行动纲领,第二届全体哈萨克人大会于1917年12月5—13日在奥伦堡举行。来自布凯汗国、乌拉尔斯克州、图尔盖州、阿克莫林斯克州、塞米巴拉金斯克州、七河州、撒马尔罕州和阿尔泰总督区的哈萨克斯坦各地区代表出席了大会。大会组织者有布克伊哈诺夫、拜图尔瑟诺夫(A. Байтурсынов)、奥马罗夫(И. Омаров)、多夏诺夫(С. Дощанов)、杜拉托夫(M. Дулатов),库尔马诺夫(Б. Кулманов)担任大会主席。

大会首先讨论哈萨克斯坦南部的饥荒问题。由于饥荒,当地居民四散逃离,当局却不能控制局势。讨论之后,大会通过决议,其中第一条便号召人民团结一致,停止党派斗争。大会接着讨论以下议题:对西伯利亚和突厥斯坦两个地区自治的态度和立场;对东南部联盟的态度;哈萨克各州的自治;警察;民族苏维埃;教育;国家基金;伊斯兰教的穆夫提委员会;人民法院;乡村管理;粮食安全等。

大会的主要议题是关于哈萨克自治的问题。布克伊哈诺夫作相关报告。这份报告与关于哈萨克自治问题的决议一起交由大会特别委员会审议。加巴索夫(Х. Габбасов)代表特别委员会发言。在对报告进行讨论之后，特别委员会认为："临时政府在10月底被取缔后，俄罗斯共和国已经失去拥有信任和道德威望的政权。国内处于无政府状态，混乱此起彼伏，已蔓延至全国的城市和乡村。混乱状态越来越严重……摆脱这种困难局面的唯一出路，就是建立一个能够得到哈萨克各州人民承认的强有力的政权。"大会一致决定建立一个由哈萨克各州共同组成的自治国，并以"阿拉什"命名。当时成立了"阿拉什自治国"（Алаш Орда）[①]临时人民苏维埃，由25名成员组成，其中10名是俄罗斯人和边疆区其他民族的代表。阿拉什自治国首都为塞米巴拉金斯克。政府总理（即全哈萨克人民苏维埃主席）的候选人有布克伊哈诺夫、库尔马诺夫（Б. Кулманов）和图尔卢巴耶夫（А. Турлубаев）。最终，布克伊哈诺夫当选。

阿拉什自治国的领导人曾与苏维埃政权进行接触，哈列尔·多斯穆哈梅多夫和让沙·多斯穆哈梅多夫曾与列宁和斯大林会面，加巴索夫也曾与时任民族事务人民委员的斯大林进行谈判。阿拉什自治国寻求与苏维埃政权相互承认，但没能成功。之后，其领导人转而与在奥伦堡被苏维埃政权击败的杜托夫（А. Тутов）、萨马拉的立宪会议委员会、鄂木斯克的西伯利亚临时政府等建立联系并结盟，从此改变了与苏维埃政权妥协的立场，开始与苏维埃政权对立。1918年6月，阿拉什自治国通过一项法令，宣布"苏维埃政权在自治的阿拉什境内发布的所有命令均无效"。1918年8月，第一支阿拉什骑兵团在塞米巴拉金斯克建立。

1918年9月11—14日，著名的"乌法执政内阁"[②]会议在乌法

[①] 译者注：阿拉什自治国（Алашская Автономия），哈萨克语为"Алаш-Орда"，1917—1920年存在于今哈萨克斯坦境内，由阿拉什党领导。

[②] 译者注：乌法执政内阁（Уфимская директория）又称"临时全俄政府"（Временное Всероссийское правительство），系1917年十月革命推翻临时政府后，俄罗斯境内的反苏维埃势力于1918年9月在乌法成立的政权，并称自己是临时政府的延续，当年11月因主要成员被捕而解散。

召开。这次会议汇聚了各方代表，包括：全俄立宪会议的成员；西伯利亚临时政府全权代表；来自奥伦堡军团、乌拉尔军团、西伯利亚军团、伊尔库茨克军团、七河军团、叶尼塞军团、阿斯特拉罕军团的哥萨克军队代表；来自巴什基尔、阿拉什自治国、突厥斯坦自治国的政府代表；地方自治机构的代表；政党代表等。乌法执政内阁决定：自执政内阁建立之日起，俄罗斯恢复统一的中央集权政府，各自治管理机构必须停止其存在。1918 年 11 月 4 日，乌法执政内阁颁布特别公文宣称：停止各州政府的活动。其中，第一段的内容如下："阿拉什自治国政府已被视为停止存在。"由此，乌法执政内阁在联合了所有反对苏维埃的势力之后，以一纸决议废除了阿拉什自治国。

此时的阿拉什自治国已经分裂为东部和西部两个部分。1918 年 9 月 11 日，以让沙·多斯穆哈梅多夫（Ж. Досмухамедов）为首的一派在乌拉尔斯克州成立了阿拉什自治国的"西部分支"，首府设在扎姆别伊特（Джамбейты）①。关于成立西部分支的决议写道："由于战争和交通不畅，为了对阿拉什自治国的西部进行切实管理，特成立阿拉什自治国的分支。"西部分支包括乌拉尔斯克州、布凯汗国、图尔盖州的曼吉什拉克县（Мангышлакский уезд）、阿克纠宾斯克县（Актюбинский уезд）和伊尔吉兹斯克县（Иргизский уезд）②。从地图上可以看出，扎姆别伊特是整个哈萨克斯坦西部的地理中心。如今，这里仍保留着一栋两层建筑，1918—1919 年阿拉什自治国西部分支政府曾在此办公。阿拉什自治国东部分支的行政中心是塞米巴拉金斯克州的阿拉什市。

---

① 译者注：扎姆别伊特（Джамбейты），即今西哈萨克斯坦州瑟雷姆区首府日姆皮特（Жымпиты）。

② 译者注：阿拉什自治国西部分支的俄文名称常见为 Западное отделение、Уильский оляят、западная часть автономии Алаш 等。1918—1920 年，哈萨克斯坦境内反对苏维埃政权的中心主要有两个：一个位于东部的塞米巴拉金斯克，一个位于西部的乌伊利斯克省，因此阿拉什自治国西部分支又称为"乌伊利斯克省"（Уильский оляят）。

1919 年上半年，阿拉什自治国游走于白色与红色政权之间。苏维埃政府意识到，为了吸引广大哈萨克民众，必须与阿拉什自治国合作。于是，苏维埃政府于 1919 年 11 月 4 日颁布法令，宣布特赦阿拉什自治国的领导人。1919 年 12 月 21 日，阿拉什自治国通过决议，接受苏维埃领导。1920 年 3 月 9 日，关于取消阿拉什自治国的决议通过，阿拉什自治国停止存在。

二　建立吉尔吉斯苏维埃社会主义共和国

　　苏维埃政权建立后，那些被其推翻的政治力量开始武装反抗。这些武装力量汇集成大规模的抵抗运动并逐渐发展为国内战争。1917 年 11 月，以杜托夫为首领的奥伦堡哥萨克起兵反对苏维埃政权。起初，杜托夫的哥萨克军队约有 7000 人，到 1918 年春已聚集 2.2 万人，包括骑兵和步兵。七河地区也是抵抗苏维埃政权的策源地。1917 年 11 月初，哥萨克军人苏维埃（казачий войсковой совет）接管了七河地区的政权。1918 年 3 月，乌拉尔斯克哥萨克首领托尔斯托夫（В. Толстов）将军夺取了古里耶夫（Гурьев）[①] 的政权。
　　1918 年 5 月叛乱的捷克斯洛伐克战俘军团，是反对苏维埃政权的主要抵抗力量。叛军攻下了西伯利亚、乌拉尔、伏尔加河中游一带的许多城市，包括新西伯利亚、车里雅宾斯克、托木斯克、鄂木斯克等。反革命分子 1918 年 5 月 31 日攻克彼得罗巴甫洛夫斯克，6 月攻克阿克莫林斯克、阿特巴萨尔、库斯塔奈、巴甫洛达尔、塞米巴拉金斯克。至此，乌拉尔斯克州、阿克莫林斯克州、塞米巴拉金斯克州和图尔盖州的大部分地区都掌握在白军手中。原海军上将高尔察克（А. В. Колчак）在西伯利亚建立了"西伯利亚临时政府"。1919 年春，高尔察克指挥的前线士兵和军官有 13 万人。

[①] 译者注：古里耶夫即今哈萨克斯坦阿特劳市。

在此情况下，苏维埃全俄中央执行委员会（ВЦИК）1918年5月29日发布法令，规定红军由自愿服役改为义务兵役制。1918年夏，组建若干民族军，有哈萨克分队、穆斯林分队、东干分队、维吾尔分队等。国内战争期间，匈牙利人、捷克人、德国人、波兰人以及其他民族的人民曾经与哈萨克斯坦劳动人民一起参加战斗。根据有关数据，1918年1月至1919年12月，在中亚和哈萨克斯坦共组建了20支民族军。

国内笼罩着"白色"和"红色"恐怖。根据官方数据，1918年，全俄肃反特别委员会（ВЧК）的机构共镇压了3.1489万人，其中6185人被枪杀，2.1236万人被关押在监狱和集中营。与此同时，仅高尔察克部队杀害的人数就超过2.5万。

国内战争期间，哈萨克斯坦已成为各路红军的军事行动舞台，既有东部军团、突厥斯坦军团、乌拉尔斯克军团等大型的全俄部队，又有阿克纠宾斯克军团和七河军团等地方部队。

1918年夏，奥伦堡地区局势非常复杂。7月3日，杜托夫占领奥伦堡，控制了奥伦堡—塔什干铁路沿线地区。红军沿铁路撤退到阿克纠宾斯克。为阻止白军向南进入塔什干，红军在阿克纠宾斯克开辟战场，指挥官是季诺维也夫（Г. В. Зиновьев）。为支援前线，当时组建了由草原边疆区特别委员占吉利金（А. Джангильдин）领导的考察团。考察团于1918年7月18日从莫斯科出发，携带可装备数千人的军服和武器，沿伏尔加河和里海行进，经过曼吉什拉克，于11月11日抵达阿克纠宾斯克的切尔卡尔（Челкар）。

占吉利金（1884—1953年）出生在图尔盖县凯达乌尔镇，1903年从奥伦堡宗教学校毕业，1904—1905年在喀山中等师范学校学习，1906年进入莫斯科神学院。1910—1912年，他的足迹遍布欧洲、中东、非洲和亚洲许多国家，包括波兰、奥地利、匈牙利、瑞士、塞尔维亚、保加利亚、土耳其、叙利亚、巴勒斯坦、埃及、阿比西尼亚、阿拉伯半岛、美索不达米亚地区、伊朗、印度、锡兰半岛、马来群岛、印度支那、中国南部（包括台湾）、日本等。占吉利金是首届哈萨克斯坦苏维埃大会筹备工作的组织者之一。

阿克纠宾斯克军团在苏联国内战争中发挥过重要作用。1918年10月，白军对阿克纠宾斯克展开进攻，目的是进入中亚和哈萨克斯坦南部地区，但遭到阿克纠宾斯克军团阻击并被击退。1919年，奥伦堡、乌拉尔斯克、奥尔斯克（Орск）等地被解放后，当年秋，阿克纠宾斯克军团并入东部军团。

1918年夏秋，七河州的战斗非常激烈。白军试图夺取伊犁边疆区（Илийский край）和维尔内，继而向哈萨克斯坦南部和中亚地区进军。白军占领了谢尔吉奥波利（Сергиополь）、乌尔贾尔（Урджар）、萨尔坎德（Сарканд）及其他一些居民点。为了防止白军从这些地区向南前进，1918年夏，红军在此开辟了七河北部战线，主要位于加夫里洛夫斯克村（Гавриловское село），指挥官是叶梅列夫（Л. П. Емелев）。1918年秋，七河地区北部被白军占领，但苏维埃政权仍掌握着列普欣斯克县广大地区（以切尔卡斯克村为中心）。1918年6月至1919年10月发生在这个地区的"切尔卡斯克防御战"被载入史册。白军为了突破防御，特地从塞米巴拉金斯克调来西伯利亚哥萨克军团的安年科夫（Б. Анненков）率领的一个师。

国内战争期间，在哈萨克斯坦，以阿克莫林斯克州和塞米巴拉金斯克州为中心发生了大规模的游击战和人民起义，其中影响较大的有库斯塔奈起义、舍莫奈欣斯克（Шемонаихинск）起义，以及驻扎在塔尔巴加泰（Тарбагатай）和阿尔泰地区的"山鹰"游击队。

1919年夏，海军上将高尔察克的主要兵力在东部战线被击败，这为哈萨克斯坦西部、北部、东部和七河地区的解放创造了条件。到当年年底，哈萨克斯坦的大部分领土已从白军占领下解放出来。1920年3月，哈萨克斯坦境内的最后一个军团——七河北部军团被撤销。

十月革命之后，苏维埃政权立即颁布法令，在哈萨克斯坦实行大型工业企业、银行、交通设施的国有化。超过300多家大型工业企业完成了国有化改造。国内战争期间，为了调动和节省物资，全国实行了被称为"战时共产主义政策"的紧急措施，主要涉及粮食问题。根据1919年1月11日人民委员会（CHK）颁布的法令，国内实行粮食配给制，同时建立了义务劳动制。总体来说，"战时共产主义政策"的内容包括：取消市场经济和商品货币关系；用非经济的强制性手段取代经济发展动因；国家严格控制所有经济领域；将平均主义作为平等观念的体现。

在国内战争前夕，苏维埃政权建立后立即废除了旧的政权机构，代之以新的政权机构。苏维埃政权内第一个专门管理哈萨克斯坦的机构是1918年5月11日成立的俄罗斯苏维埃联邦社会主义共和国民族事务人民委员会下属的哈萨克处。1919年7月10日，通过《关于成立管理吉尔吉斯（哈萨克）边疆区的革命委员会》的法令。佩斯特科夫斯基（С. Пестковский）担任委员会主席，委员有著名社会活动家拜图尔瑟诺夫（А. Байтурсынов）、卡拉塔耶夫（Б. Каратаев）、占吉利金等。根据法令，哈萨克边疆区革命管理委员会是边疆区的最高军事和民事管理机构，其辖区包括乌拉尔斯克州、图尔盖州、阿克莫林斯克州、塞米巴拉金斯克州，以及阿斯特拉罕总督区内的哈萨克人居住区。但直到1921年上半年，阿克莫林斯克州和塞米巴拉金斯克州实际上都处于西伯利亚革命委员会的管辖之下。

哈萨克边疆区革命管理委员会的主要任务是筹备边疆区自治。1920年8月26日，全俄中央执行委员会和苏维埃人民委员会通过由加里宁和列宁共同签署的《关于成立吉尔吉斯苏维埃社会主义自治共和国的法令》，自治共和国是苏维埃联邦社会主义共和国的一部分，首府设在奥伦堡。1920年10月4—12日，在奥伦堡举行自治共和国苏维埃成立大会，通过《吉尔吉斯苏维埃社会主义自治共和国劳动者权利宣言》，进一步巩固了吉尔吉斯苏维埃社会主义自治共和国的地位。大会还选举出缅杰舍夫（С. Мендешев）领导的自治共和国中央执行委员会和拉杜斯-津科维奇（В. Радус-Зенькович）领导的人民委员会①。

吉尔吉斯苏维埃社会主义自治共和国成立大会在奥伦堡的公共会议大厦举行。该建筑物上挂着一块铭牌，上写："1920 年 10 月，吉尔吉斯苏维埃社会主义自治共和国成立大会在此举行。"吉尔吉斯苏维埃社会主义自治共和国政府 1920—1925 年的办公地点在原来的奥伦堡总督府大楼。该建筑物上挂着一块铭牌，上写："1920—1925 年，吉尔吉斯（哈萨克）苏维埃社会主义自治共和国执行委员会和人民委员会所在地。"

吉尔吉斯苏维埃社会主义自治共和国人口约 500 万，领土约 200 万平方公里，包括塞米巴拉金斯克州、阿克莫林斯克州、图尔盖州、乌拉尔斯克州、曼吉什拉克县、克拉斯诺沃茨克县（Красноводский уезд）的一部分，以及阿斯特拉罕总督区内的哈萨克人居住区。两个哈萨克州（即七河州和锡尔河州）于 1918 年 4 月 30 日在塔什干举行的突厥斯坦苏维埃第五次代表大会上被划入突厥斯坦苏维埃联邦共和国。突厥斯坦苏维埃联邦共和国的辖区包括除布哈拉和希瓦以外的突厥斯坦地区。

1922 年 12 月 30 日，《苏维埃社会主义共和国联盟成立条约》签署。起初，苏联包括四个共和国，即俄罗斯苏维埃联邦社会主义共和国、乌克兰苏维埃社会主义共和国、白俄罗斯苏维埃社会主义共和国、外高加索苏维埃联邦社会主义共和国（包括格鲁吉亚、阿塞拜

---

① 译者注：1917 年俄国发生十月革命后，哈萨克成立"阿拉什自治国"。1920 年 8 月 26 日建立归属于俄罗斯联邦的"吉尔吉斯苏维埃社会主义自治共和国"，首府是奥伦堡（今俄罗斯联邦奥伦堡市）。1925 年 4 月 19 日改称"哈萨克苏维埃社会主义自治共和国"，迁都至克孜勒奥尔达。1936 年 12 月 5 日定名为"哈萨克苏维埃社会主义共和国"，并由苏联中央直辖，成为苏联 15 个加盟共和国之一。

疆、亚美尼亚）。哈萨克斯坦当时属于俄罗斯苏维埃社会主义联邦共和国的一部分。

三 1921—1925 年的哈萨克斯坦

1916 年的事件、1917 年革命和国内战争使哈萨克斯坦经济几近崩溃。在 307 个已经国有化的企业中，250 个处于停产状态。例如，热兹卡兹甘矿区和乌斯片斯克矿区（Успенский рудник）被淹，斯帕斯克的选矿厂被烧毁，里德尔的矿区被淹。恩巴油田的 147 口油井中，只有 8 口在运转。铁路由于燃料短缺而停运，道路也遭到破坏。农业生产下降，播种面积减少 200 万俄亩，粮食总产量减少 2/3，牲畜数量减少 1080 多万头。在此情况下，余粮征集制仍在继续实行，布尔什维克党和苏维埃机关想尽办法征集更多的粮食、肉类和农业原料。例如，1920 年在余粮征集制下，哈萨克斯坦居民被征走 150 万普特粮食，使这里的粮食缺口达到 200 万—250 万普特。

乡村民众开始表示抗议。1920—1921 年，在塞米巴拉金斯克州、库斯塔奈县、阿克莫林斯克县、彼得罗巴甫洛夫斯克县、科克切塔夫县，有人公开演讲表示不满，喊出"建立没有共产党人的苏维埃！""打倒余粮征集制！""打倒粮食独裁！"等口号。在这种情况下，必须建立新的管理模式。

1921 年 3 月 8—16 日，俄共（布）召开第十次代表大会。大会通过决议，以"新经济政策"取代"战时共产主义政策"。用粮食税代替余粮收集制，废除义务劳动制，允许自由贸易，允许出租土地，允许雇用劳工，鼓励发展合作社，推广经济核算。

1921 年夏，哈萨克斯坦遭受严重旱灾，在乌拉尔斯克州、奥伦堡州、阿克纠宾斯克州和库斯塔奈州，庄稼几乎颗粒无收。境内有 230 多万人处于饥饿之中，灾荒一直持续到 1923 年的收获季节。

1922 年的哈萨克斯坦人口相比 1914 年减少了 100 多万人。

"新经济政策"在 20 世纪 20 年代中期取得了成效。1925 年前，国民经济基本得到恢复。工业产品的总体生产水平约为战前水平的 2/3。60% 以上的企业投入运营，交通运输得到恢复，农作物播种面积接近 300 万公顷，粮食总产量基本恢复到战前水平，棉花总产量超过战前水平。与 1922 年相比，牲畜数量翻了一番，超过 2600 万头。乌伊利斯克（Уильский район）、捷米尔斯克（Темирский район）、库扬金斯克（Куяндинский район）等地区的集市也得到恢复，哈萨克斯坦共有 128 个大集市，总贸易额为 2000 万—2300 万卢布。

1921—1922 年，哈萨克斯坦进行了土地改革，目的是将西伯利亚哥萨克军团和乌拉尔斯克哥萨克军团所征用的土地归还哈萨克人，包括位于额尔齐斯河中下游、乌拉尔河左岸、七河州和哈萨克斯坦南部的土地。由此，农民们得到 138.5 万俄亩的土地使用权。1921 年，穷苦农民成立"庄稼人"协会（Кошчи），积极参与土地改革。

殖民政策遗留给哈萨克斯坦的后果，是整个边疆地区被划分成一个个单独的行政区域。新成立的吉尔吉斯苏维埃社会主义自治共和国面临一个尖锐难题，就是统一哈萨克土地。该问题主要涉及阿克莫林斯克州、塞米巴拉金斯克州、乌拉尔斯克州、七河州和锡尔河州等地区。

1921 年，哈萨克斯坦西部、北部以及西西伯利亚地区进行了区划工作。有关部门为中亚的行政区域划分和哈萨克的土地规制问题进行了大量准备工作。1924 年 10 月 27 日，苏联中央执行委员会会议做出如下决定：（1）建立"乌兹别克苏维埃社会主义共和国"（其组成包括塔吉克苏维埃社会主义自治共和国）；（2）建立土库曼苏维埃社会主义共和国；（3）卡拉吉尔吉斯自治州并入俄罗斯苏维埃联邦社会主义共和国；（4）卡拉卡尔帕克自治州并入哈萨克苏维埃社会主义自治共和国。

行政区域重划之后，下列地区划归哈萨克斯坦：卡扎林斯克县（Казалинский уезд）、阿克梅切季县（Ак-Мечетинский уезд）、突厥斯坦县、奇姆肯特县，以及阿乌利耶阿塔县的大部分、锡尔河州塔什干县和米尔扎丘利斯克县（Мирзачульский уезд）的一部分、撒马尔罕州吉扎克县（Джизакский уезд）的六个游牧乡。七河州包括阿拉木图县、扎尔肯特县（Джаркентский уезд）、列普欣斯克县、卡帕尔县（Капальский уезд）、皮什别克县（Пишпекский уезд）的格奥尔基耶夫斯克乡（Георгиевская волость）、楚河乡（Чуйская волость）、卡拉库努斯克乡（Кара-Кунусская волость）。

由此，吉尔吉斯苏维埃社会主义自治共和国领土增加了1/3（近70万平方公里），达到270万平方公里，人口增加146.8万人，总人口达到523万。根据1926年的人口普查数据，哈萨克族占自治共和国总人口的61.3%。1925年，自治共和国首都迁往阿克梅切季（Ак-Мечеть），并改名为克孜勒奥尔达（Кзыл-Орда）。同年，经自治共和国苏维埃第五次代表大会申请，苏联中央执行委员会决定将共和国的名称中去掉"吉尔吉斯"，恢复为正确的"哈萨克苏维埃社会主义自治共和国"。1928年，哈萨克斯坦的行政区划中取消省（губерния）、县（уезд）、乡（волость），改为州（округ）和区（район）。

四　工业化、农业集体化和肃反扩大化

20世纪20年代上半期，苏维埃政权在国内得到确立，建立了各级国家机关，成立了苏维埃社会主义共和国联盟（简称"苏联"）并通过宪法，受革命和国内战争破坏的国民经济基本得到恢复。因此，关于社会主义建设的理论在苏联从20世纪20年代中期开始才真正得到实施。该理论主要包括三个环节：一是工业化，即加快从农业国向

工业发达国家的转变；二是集体化，即建立社会主义集体农业；三是文化革命，即消灭文盲，建立教育、科学、文化体系，培养社会主义新型知识分子，建立新的生活方式。

建设社会主义的第一步是实现工业化。1925年12月召开的联共（布）（ВКП（б））十四大确定了国家工业化的方针。根据这一方针，哈萨克苏维埃社会主义自治共和国必须以最快速度从农业国向工业发达国家转变。工业化实施之前，农业在哈萨克斯坦国民生产总值中的比重为84.5%，农村人口比重为90%。工业化伊始，联盟中央就确定哈萨克斯坦的工业发展方向是原料型工业，即开发丰富的矿产资源，发展采掘、有色金属冶炼、煤炭和石油工业。到20世纪20年代末和30年代初，为了解境内的自然资源状况，哈萨克斯坦国土基本都经过了勘测。境内地质勘测机构1928—1929年共有50个，1931年增至140多个。

突厥斯坦—西伯利亚铁路是工业化进程中的大型项目之一。这条铁路连接西伯利亚与中亚，全长1445公里，于1927年4月开工建设。由于全民动员参加铁路建设，工程最终于1930年4月25日提前17个月完工。当时正在建设的其他大型项目还有奇姆肯特铅厂、巴尔喀什铜冶炼厂、阿奇赛（Ачисай）多金属联合企业等。刚刚开工建设的大项目有捷克利（Текели）多金属联合企业、热兹卡兹甘铜冶炼联合企业、乌斯季卡缅诺戈尔斯克铅锌厂等。这些企业不仅在哈萨克斯坦，而且在整个苏联都可称为大型有色金属冶炼企业。

在奇姆肯特和阿克纠宾斯克等地区建成多家化工企业。电力企业的数量也大大增加。卡拉干达中央电力系统、乌里宾斯克水电站、巴尔喀什铜冶炼联合企业的热电厂等，是当时非常有影响的建设项目。恩巴石油产区发展很快。在扩展原有油田的基础上（如科沙格尔油田和马卡特油田等），又开发了新油田，如库利萨雷油田（Кульсары）和萨格兹油田（Сагыз）。哈萨克斯坦有色金属产量在苏联加盟共和国中位居第二，煤炭产量位居第三，卡拉干达成为苏联第三大煤炭基地。

在工业化年代，这里建起一系列大型食品加工企业，包括塞米巴拉金斯克肉联厂、古里耶夫鱼罐头厂、阿拉木图水果罐头厂、江布尔糖厂、梅尔克糖厂、塔尔迪库尔干糖厂等。

工业化取得了成效，工业已成为哈萨克斯坦经济的主导产业。1939年，工业在国民经济中的比重为58.9%。许多小镇变为城市，如卡拉干达、里杰尔、巴尔喀什、咸海等。哈萨克斯坦的城镇数量1926年仅有44个，1939年增至81个，城市人口比重同期从8.2%增至27.7%。国内形成了高素质的工人和工程技术人员队伍。国民经济从业人口中，工人比重1926年仅占10.7%，1939年达到33.8%。

与此同时，工业化也产生一些消极后果。工业化需要的巨额建设资金主要来自农业和国内贷款。在全国性的工业化规划中，哈萨克斯坦被定位于发展原料型工业，缺乏油气加工、金属加工、机械、机床、仪表、汽车等加工企业；电力生产和铁路运营里程在全苏所占比重较小；来自俄罗斯、乌克兰、白俄罗斯和其他地区的移民数量有所增加。由于移民，哈萨克斯坦城市人口1928—1939年在10年间净增长180万人。受20世纪二三十年代饥荒和移民的影响，哈萨克族在哈萨克斯坦总人口中的比重1939年降至38%。

1925—1933年，职业革命家戈洛晓金（Ф. Голощекин）任联共（布）哈萨克边疆区委员会领导人，他是斯大林路线在哈萨克斯坦的忠实执行者，提出在哈萨克斯坦进行"小十月革命"的思想。一些领导人由于反对他的做法而受到迫害，如雷斯库洛夫（Т. Рыскулов）、萨德瓦卡索夫（С. Садвакасов）、赛福林（С. Сейфуллин）、霍贾诺夫（С. Ходжанов）、梅恩巴耶夫（Ж. Мынбаев）等。

1927年12月，联共（布）第十五次代表大会召开，这就是著名的"集体化大会"。根据大会决议，要在1932年春之前的短时间内建立集体农庄，将国内的个体小农经济联合为大集体经济。

集体化采用强制方式进行，完全不考虑本地居民的生活特点。哈萨克斯坦农场的集体化率1928年仅为2%，到1930年4月1日已经达到50.5%，1931年10月达到约65%。许多地方甚至超过这一突击式速度，例如，乌拉尔斯克州和彼得罗巴甫洛夫斯克州的集体化率就超过70%。在哈萨克苏维埃社会主义自治共和国下辖的122个区中，1931年秋之前有78个农场集体化率达到70%—100%。伴随这一进程的是非法逮捕、剥夺选举权、驱逐等暴力措施。1933年，仅在哈萨克斯坦境内，被国家政治保卫总局逮捕的人数就超过2.1万。

推行集体化的同时，政府还实施了消灭富农和农场主阶层的政策。1928年8月27日，哈萨克斯坦中央执行委员会和人民委员会通过《关于没收巴依财产和驱逐半封建主的法令》，允许没收巴依（地主或牧主）的财产并将其驱逐。8月30日又通过该法令的《实施细则》，规定依照折算后的大牲畜数量，凡是在游牧区拥有超过400头牲畜和在半游牧区拥有超过300头牲畜的农场主，都具有社会危害性，应被没收财产并驱逐；折算后拥有牲畜数量低于这一标准的人，地方政府同样认为其具有社会危害性。还有一些原本属于特权阶层的人，不论其财产状况如何，也都遭到驱逐。1928年10月17日，哈萨克苏维埃社会主义自治共和国中央执行委员会和人民委员会通过《关于反对没收巴依财产和驱逐半封建主所应承担的刑事责任》。为了集体化的顺利进行，专门成立由叶尔纳扎罗夫（Е. Ерназаров）领导的"没收巴依财产和消灭巴依阶层中央委员会"。1928—1929年，共有1027个农场被没收，14.5万头牲畜（按折算后的大牲畜数量计算）被充公，大量农具转归集体农庄，1034名农场主遭到镇压。1929年11月7日纪念十月革命胜利12周年前夕，《真理报》刊登斯大林的署名文章《重大转折的一年》。这篇文章的名称就非常具有象征意义。

为了进一步说明苏联领导层采取的反对富农的措施，特转引以下文件（略有删节）。

绝密

联共（布）中央政治局决议
莫斯科，1930年1月30日

一、关于在全盘集体化地区消灭富农经济的措施

以下措施在全盘集体化地区必须立即实施，在其他地区可根据大规模集体化的开展情况酌情实施：

（一）在全盘集体化地区，针对个体农业经济，取消关于土地租赁和农业雇佣劳动等法律的效力。

（二）没收这些地区内的富农的生产资料、牲畜、生产经营设施、生活设施、加工企业、饲料和种子储备。

（三）坚决镇压富农的任何反抗苏维埃政权和集体农庄所实施措施的反革命企图，对富农采取以下措施：

1. 第一类是反革命富农分子。应以关进集中营的方式予以立即消灭。对于实施恐怖活动、反革命行动和叛乱组织的组织者，在没有采取最高镇压措施之前，也采用此类措施；

2. 第二类是其他富农分子，特别是最富有的富农和半地主。对其采取的措施是流放到苏联的偏远地区。若其在偏远的边疆地区，则流放到该边疆区的最边缘地带。

二、流放和驱赶富农

近期应采取的措施包括：

建议国家政治保卫总局在最近4个月（2—5月）内针对第一类和第二类富农采取镇压措施。预计将有6万人被关进集中营，有15万富农被驱逐到偏远地区。

全苏范围内，被流放到北方边疆区的有7万个家庭，到西伯利亚的有5万个家庭，到乌拉尔地区的有2万—2.5万个家庭，到哈萨克斯坦的有2万—2.5万个家庭。这些流放地基本上都是无人居住或人烟稀少地区，被流放人员须从事农业劳动或副业（林业、渔业和其他）。被流放的富农被安置在这些地区的小村庄里，由指定的军事代表管理。

对于哈萨克人而言，悲惨的是游牧民和半游牧民在集体化过程中被强制定居。1930年有8.7136万个农户由游牧和半游牧转为定居，1933年有24.2208万个。定居制度被简单地理解成在一个地方集结数百户人家，然后按照农村的模式建立固定居住点。上述情况都发生在强制集体化过程中，定居的游牧民和半游牧民立即被注册加入集体农庄。这一时期，建起了由数百个农户组成的大型集体农庄，占地半径达200公里甚至更大。集体农庄的牧场用绳索做围墙，里面都是集体化过程中被没收充公的牲畜。由于草场面积有限，牲畜也开始死亡。

在农业方面，由于农民的土地被收归国有，粮食产量急剧下降。畜牧业遭受灾难性破坏。集体化前夕，哈萨克斯坦有4050万头牲畜，到1933年1月1日仅剩下大约450万头。

这一系列事件最终导致1930—1932年发生大饥荒悲剧。据当时文件记载，哈萨克斯坦饥荒非常严重，饥饿夺去大约210万人的生命。在此，我们引用1930年4月19日哈萨克边疆区委员会写给中央的一封信，其中谈道："从各州和区机关的报告中可看到粮食短缺的严重程度。"

乌拉尔斯克州：在捷普洛夫斯克区（Тепловский район）、外乌拉尔区（Зауральный район）、沙波什尼科夫斯克区

（Шапошниковский район），由于饥饿，集体农庄的庄员进食鼠类和粮食替代品，从而患上瘟疫。许多庄员因饥饿而患上浮肿和严重疾病，甚至死亡。

阿克纠宾斯克州：在阿克布拉克区（Акбулакский район）和捷米尔区（Темирский район），由于饥饿，人员发病率提高。由于粮食不足，普利戈尔诺耶村（Пригорное）的集体农庄解散。由于同样原因，在马尔图克区（Мартукский район）的巨人集体农庄（Гигант），两天之内就有110人离开。

巴甫洛达尔州：部分居民缺乏食物。州里分配的粮食数量甚至不能保证正常播种，许多人由于体力衰弱而生病。由于粮食匮乏，区里有数百人出现浮肿。许多人只能吃粮食替代品。在有些地方，人们吃掉种子和牲畜，大批人被迫外出谋生。

另外，1930年7月12日，哈萨克苏维埃社会主义自治共和国国家政治保卫总局驻联共（布）哈萨克边疆区委员会全权代表在一份绝密文件《阿克纠宾斯克区的粮食匮乏情况加重》中写道："根据1930年7月12日的报告，饥饿人口已超过4万人，主要是贫农和集体农庄的庄员。情况到了最坏的程度，饥饿的人们吃掉黄鼠、动物腐肉和一切能够替代食物的东西。大量来自饥饿地区的请愿民众、代表团，还有怀抱待哺婴儿的妇女，包围着区和州的机关，请求并哀求给予帮助。"

哈萨克斯坦知识分子对此感到震惊。其中，雷斯库洛夫（Т. Рыскулов）于1932年9月29日和1933年3月9日两次写信给斯大林，详细描述了当时的情况。

为了逃离饥饿和镇压，超过100万人离开哈萨克斯坦，其中61.6万人再没有回来。根据人口学家的估计，这场悲剧的后果将影响150—170年。由于集体化的悲剧，哈萨克人现在分散到许多国家。

目前，在哈萨克斯坦境外共有约 450 万哈萨克人，分别生活在 14 个原苏联成员国和 25 个其他国家。其中，中国有 107 万，蒙古国有 13.7 万，土耳其有 12 万，还有许多哈萨克人散居在阿富汗、伊朗以及西欧和北美国家。不过也有专家认为，境外哈萨克人中只有约 80 万从哈萨克斯坦移民出来，其余 370 万原本就生活在那些国家。

哈萨克斯坦居民不满强硬的集体化政策并举行了武装抵抗。在整个集体化过程中，共和国内共发生 372 次大规模的反抗和起义。据不完全统计，大约有 8 万人参加了起义。佃农和农民的大规模反抗活动几乎遍及整个共和国境内。为了重现当时的场景，我们引用哈萨克斯坦总统档案馆保存的苏联内务人民委员会卡扎林斯克区委会负责人的报告。报告内容如下。

1930 年 3 月，在卡扎林斯克区较有威望的依禅①塔索夫·阿克穆尔扎（Тасов Акмурза）领导下，形成了穆斯林地主分子组成的武装匪帮，也有部分贫农和中农参加。该匪帮的主要活动目的是抗拒国家粮食征购，拒绝缴纳公粮。这些匪帮的活动范围覆盖卡扎林斯克区的 8 个行政村和卡尔马克钦斯克区（Кармакчинский район）的部分村庄。阿克穆尔扎匪帮被歼灭后，1930 年 8 月又出现以地主阿克马姆别特·阿克然（Акмамбет Акжан）为首的匪帮。他们反对党和政府的粮食收割和公粮上缴政策。由于首领来自小玉兹的阿桑部落（асан），该匪帮被称为"阿桑匪帮"。红军的正规部队参加了镇压阿克穆尔扎和阿桑匪帮的战斗。匪帮的领导人和组织者被苏联内务人民委员会国家政治保卫总局（ОГПУ НКВД）逮捕并镇压，部分组织者设法逃脱并移居阿富汗。

---

① 译者注：依禅是中亚和新疆地区对伊斯兰苏菲派教长的称呼。

锡尔河州苏扎克区（Сузакский район）的起义以顽强和有组织性而闻名。起义队伍占领了该区中心城市苏扎克，但遭到正规部队的残酷镇压。当时，塞米巴拉金斯克州、阿拉木图州和阿达耶夫斯克草原（Адаевская степь）等地区的民怨最大。20世纪20年代中期，阿达耶夫斯克州内活动着60多个起义组织，形成乌伊利斯克、乌斯秋尔特和曼吉什拉克等起义中心。1929—1932年，阿达耶夫斯克起义席卷了广袤的哈萨克斯坦西部，一直蔓延到土库曼斯坦和卡拉卡尔帕克自治州（Каракалпакия）。托巴尼亚兹·阿尔尼亚佐夫（Тобанияз Алниязов）是领导人之一。红军和国家政治保卫总局从达吉斯坦、巴库和萨拉托夫调来1000多人镇压阿达耶夫斯克起义。起义被镇压下去，一部分义军官兵被迫迁移到哈萨克斯坦境外。

哈萨克斯坦知识分子代表布克伊哈诺夫（А. Букейханов）反对强制集体化和强迫哈萨克人定居。他们认为，哈萨克人转为定居生活方式需要一个渐进的转变过程。杜拉托夫（М. Дулатов）警告说："哈萨克人的游牧原因并不是他们喜欢游牧，而是气候条件所致。"萨德瓦卡索夫（С. Садвакасов）强调："文明并不排除畜牧业，相反，它能促进畜牧业发展。"雷斯库洛夫（Т. Рыскулов）在苏联全俄中央执行委员会会议上的发言广为传颂。当时他谈到只允许哈萨克人养6—7头牲畜作为个人财产这一规定所引发的灾难性后果，连斯大林本人对此也不得不承认。在1930年3月《真理报》发表的《成功的眩晕》文章中，斯大林承认集体化过程中"出现了非常过激的行为"。

在文化领域，苏维埃政权确定的战略任务是：抛弃传统的生活方式；宣扬无神论；为党政机关培养新人才。在这些战略任务的实施进程中，教育是重点之一。

1919年12月26日，苏维埃人民委员会签署关于扫除文盲的法令，为此专门成立全俄扫盲特别委员会。在1920—1921学年，哈萨克斯坦设有 2412 个扫盲站，有 7.2232 万人在此学习。政府宣布在农村开展大规模文化行动：建立了移动扫盲站；设置了开展妇女工作的"红色毡房"；建成包括小学、初中和高中在内的教育体系；开办超龄学生专门学校和寄宿学校；建立工农速成中学；在乡村建起小型学校，让学生们学习最基本的阅读、写作和数学等技能。1930 年 8 月 27 日，哈萨克苏维埃社会主义自治共和国中央执行委员会和人民委员会通过关于小学实行普遍义务教育的法令，该法令对发展教育具有非常重要的意义。出版了哈萨克语教科书，作者是拜图尔瑟诺夫（А. Байтурсынов）、艾毛厄托夫（Ж. Аймауытов）、赛福林（С. Сейфуллин）；第一本哈萨克语代数教科书的作者是萨特帕耶夫（К. Сатпаев）；第一本哈萨克语地理教科书的作者是布克伊哈诺夫。必须指出，1928 年哈萨克语字母从阿拉伯文转为拉丁文，这是对民族传统和文化的背离，是对语言的严重破坏。

当时情况下，培养知识人才，特别是教育工作者，是一项非常重要的任务。1924 年，哈萨克斯坦只有 5.8% 的教师受过高等教育。当时高等教育人才主要在莫斯科、列宁格勒和塔什干等地培养。为培养教师队伍，哈萨克斯坦各地开办了长期和短期培训班。1928 年建成境内第一所大学"哈萨克国立师范学院"（1935 年命名为"国立阿拜师范大学"，现为哈萨克国立师范大学），1929 年成立阿拉木图兽医学院，1930 年成立哈萨克农学院，1931 年成立阿拉木图医学院，1934 年成立哈萨克国立大学。1935 年，由阿斯芬季亚罗夫教授（С. Асфендияров）撰写的《哈萨克斯坦古代史》出版发行。

当时也建起了一批科研机构。早在吉尔吉斯（哈萨克）边疆区革命军事委员会时期，曾下设学术委员会，后来变成科学处，它后来又转为人民教育委员会的下属机构。此外，还成立了边疆区档案馆、博物馆和其他一些科研机构，如植物保护站、兽医细菌学研究所、肥料和农业土壤学研究所等。1932 年，苏联科学院在阿拉木图建立了一个固定的研究基地。

1926年，由沙宁（Ж. Шанин）领导的第一个哈萨克民族剧院正式开放，上演的第一个剧目是《恩利克与科别克》①。1934年建成歌剧院，即今天的阿拜歌剧和芭蕾舞剧院。当时，话剧《阿伊曼—绍尔班》的演出获得极大成功。第一个哈萨克歌剧《丝绸姑娘》也在这里上演。1934年成立库尔曼加济交响乐团②，由著名作曲家茹巴诺夫（А. Жубанов）领导。1936年建成江布尔音乐厅。1936年5月在莫斯科举行第一届"哈萨克艺术节"。拜谢伊托娃（К. Байсеитова）被授予"苏联人民演员"荣誉称号。卡斯捷耶夫（А. Кастеев）也是当时非常优秀的哈萨克艺术家。1934年成立哈萨克斯坦第一家电影制片厂。1938年，列宁电影制片厂拍摄了第一部描写哈萨克民族的有声电影《阿曼格尔德》③。民族学家和作曲家扎塔耶维奇（А. В. Затаевич）为哈萨克斯坦的音乐艺术发展作出重要贡献，他的代表作品有《一千首哈萨克民歌》（1925年）和《500首哈萨克民歌和乐曲》（1931年）。

20世纪二三十年代是哈萨克斯坦文化史上的艰难时期，因为除了教育和科学，文学和艺术领域的成就实际上都产生了负面后果。1939年，共和国的人口识字率达到65%，哈萨克族识字率达到40%。1940年前，劳动人口的扫盲工作基本完成。但从另一角度看，这是民族文化被阉割的年代，即民族文化脱离了自己的历史根源和世界文明成就。这一时期，哈萨克斯坦知识分子不断遭受压制。

1928年，44名所谓的"资产阶级民族主义者"（原阿拉什自治国的活动家）以"莫须有"的罪名被逮捕，其中包括布克伊哈诺夫、

---

① 译者注：《恩利克与科别克》（Енлік-Кебек）讲述了骑手恩利克与美丽的姑娘科别克的爱情悲剧。

② 译者注：库尔曼加济（Курмангазы）是哈萨克民族音乐家、作曲家。

③ 译者注：电影《阿曼格尔德》描述了1916—1919年发生在哈萨克斯坦的事件。阿曼格尔德·伊马诺夫当时领导哈萨克农民反抗沙俄当局征召当地农民赴前线参战。

拜图尔瑟诺夫、茹马巴耶夫（М. Жумабаев）、艾毛厄托夫（Ж. Аймауытов）。1937 年 9 月 27 日，72 岁的阿拉什党领袖和阿拉什自治国政府主席布克伊哈诺夫被枪杀；同一天，哈萨克苏维埃社会主义共和国苏维埃政府主席努尔马科夫（Н. Н. Нурмаков）也被枪杀。他们两人同被葬在莫斯科顿河公墓的 1 号集体墓地。墓碑上的墓文这样写道：

> 傲慢的世界啊，
> 请看看我！
> 如果你不知道我是谁，
> 我是哈萨克的儿子！

1930 年，又有一批知识分子约 40 人遭到镇压，其中包括特内什巴耶夫（М. Тынышпаев）、多斯穆哈梅多夫（Х. Досмухамедов）。除了上述几位，受到迫害的国家和社会知名活动家还有雷斯库洛夫（Т. Рыскулов）、萨德瓦卡索夫（С. Садвакасов）、伊萨耶夫（У. Исаев）、占多索夫（У. Джандосов）等；受到迫害的哈萨克文学家有赛福林（С. Сейфуллин）、迈林（Б. Майлин）、占苏古罗夫（И. Джансугуров）等；受到迫害的学者有茹巴诺夫（К. Жубанов）、阿斯芬季亚罗夫（С. Асфендияров）等。

20 世纪 20 年代末，斯大林体制在苏联得到确立。1929 年 11 月 6 日，全俄中央执行委员会（ВЦИК）和苏联人民委员会（СНК СССР）通过决议，决定在苏联最偏远和难以开发但拥有丰富自然资源的边疆地区（包括北部地区、乌拉尔、远东和中亚）建立劳改营，用于隔离危险的罪犯并强迫其劳动。根据法院裁决或国家政治保卫总局的特别决议，犯人须在劳改营从事为期 3—10 年的劳动。

1930 年 5 月 13 日，苏联人民委员会委员通过决议，决定建立

"卡拉干达集中营"。卡尔卡拉林斯克州为此划拨了 11 万公顷土地。卡拉干达集中营管理局位于距离卡拉干达 45 公里的多林卡村（Долинка）。

卡拉干达集中营在刚建成的时候关押着 47 个民族的 2567 名犯人，1933 年关押人数达到 2.0262 万人（其中 2493 名哈萨克族），1937—1938 年达到 4.3 万人。集中营系统内设有 292 个生产点和 26 个相对独立的分营。

在此需要特别提及的是关押叛国者家庭成员的特别集中营，又称"阿克莫林斯克叛国者妻子集中营"。它设在距离阿克莫林斯克不远的马利诺夫卡村（Малиновка）。这里关押着大约 1 万名妇女和儿童，他们都是被镇压者的家庭成员，其中包括许多著名人物的母亲、姐妹、妻子，比如雷斯库洛夫（Т. Рыскулов）、茹尔格诺夫（Т. Жургенов）、阿斯芬季亚罗夫（С. Асфендиаров）、阿库贾瓦（Б. Окуджава）、图哈切夫斯基元帅（Тухачевский）、演员普利谢茨卡娅（М. Плисецкая）、歌唱家鲁斯拉诺娃（Л. Русланова）、作家谢列布里亚科娃（Г. Серебрякова）等。

哈萨克斯坦总统档案馆中保存着哈萨克斯坦共产党（布）中央委员会政治局 1937 年 11 月 19 日通过的《关于进一步增加在押犯数量的决议》文本。该决议指出，根据联共（布）中央委员会的指令，哈萨克斯坦的 I 类反苏活动在押犯数量须再增加 2000 人，其原计划是 1975 人，但哈萨克共产党中央委员会第一书记米尔佐扬（Л. Мирзоян）将所有的数字都四舍五入，其他指标也同样如此，II 类在押犯数量增加 3000 人，共计增加 5000 人。该文件的最后一段甚至规定"I 类犯罪人员的后备数量为 350 人，II 类犯罪人员的后备数量为 400 人"。在政治局成员的投票记录纸上，所有人都投了赞成票。由此，决议计划得到确认，为了完成指标，必须寻找"罪犯"。

哈萨克斯坦发生"伊犁案件""奇姆肯特案件""卡尔卡拉斯

克案件"等"叛国""反革命"案件后，也举行了对"反革命集团"参与者的公开审判。官方文件曾经有这样一条指示："法院的人员组成应能保证快速组织公开审判。"判决往往由内务人民委员会的三人小组作出，不经过法庭，并在"刑法条例"（即判处被告的刑法依据）一栏里写上："外国代理人""反革命宣传""破坏活动"等。

这一时期比较重要的事件是：1929年哈萨克斯坦首都从克孜勒奥尔达迁至阿拉木图；"哈萨克苏维埃社会主义自治共和国"改称为"哈萨克苏维埃社会主义共和国"，即根据1936年12月5日通过的《苏联宪法》，哈萨克自治共和国提升为苏联的加盟共和国。

五　反法西斯卫国战争年代的哈萨克斯坦

1941年6月22日，伟大的卫国战争开始。根据法西斯战略家制订的"巴巴罗萨"计划，哈萨克斯坦领土应该划入"大突厥斯坦国"（Гроссуркестан）。但苏联人民的勇敢抵抗挫败了德国侵略者的"闪电战"计划。

从战争刚刚爆发的那一刻起，哈萨克斯坦境内就开始组建大大小小的战斗队伍。当时共组建了12个步兵师、4个骑兵师、7个步兵旅、约50个不同兵种的独立团和独立营，其中包括第310、第312、第314、第316、第391等5个步兵师，而且3个骑兵师和2个步兵旅全部是哈萨克族。第316步兵师（后来的"潘菲罗夫近卫步兵第8师"）组建于阿拉木图，部队驻地当时是一所学校，现在是阿姆列·卡沙乌巴耶夫[①]第一儿童音乐学校所在地。学校大楼悬挂的铭牌上写道："1941年7—8月，以苏联少将潘菲洛夫命名的第8（316）近卫步兵师的指挥部和政治部在此驻扎。"

[①] 译者注：阿姆列·卡沙乌巴耶夫（Амре Кашаубаев）是苏联时期的哈萨克歌手、演员、音乐家，哈萨克民族戏剧艺术的创始人之一。

在卫国战争年代，哈萨克斯坦有119.4164万人参战，67万人响应号召从事工业生产。与此同时，约有150万人被疏散或遭送至哈萨克斯坦。

战争初期非常艰难。1941年年底，苏联失去了乌克兰、白俄罗斯和俄罗斯的欧洲部分（前沿已抵达莫斯科）等大片领土。这些地方聚集着大量的战略资源和生产设施，因此，它们的丢失使得哈萨克斯坦的重要性陡然提高。由于战争需要，须扩大黑色金属和有色金属的冶炼规模，增加煤炭、石油和稀有金属的产量，哈萨克斯坦开始为满足军需而重建经济。例如，当时苏联所有的锰矿开采区都被敌方占领，而没有锰就无法制造高合金钢。为适应战时需要，热兹金斯克的锰矿仅开发38天就投入生产。

哈萨克斯坦接收了许多从苏联欧洲部分搬迁过来的企业。1941—1942年，来自乌克兰、白俄罗斯、摩尔多瓦、莫斯科和列宁格勒的220家各类工厂、车间和劳动集体迁至这里，其中包括54家重工业工厂和4家轻工业工厂。这些企业被安置到阿拉木图、乌拉尔斯克、彼得罗巴甫洛夫斯克、奇姆肯特、塞米巴拉金斯克、卡拉干达、阿克纠宾斯克等地。1941—1945年，加上搬迁来的企业，哈萨克斯坦境内共有460家企业。哈萨克斯坦已经能够供应整个苏联85%的铅、35%的铜、60%的钼、65%的铋、79%的多金属矿石。在战争年代，哈萨克斯坦的卡拉干达煤矿共开采了3400万吨煤炭，石油开采量也增加了39%。

尽管2/3的农业从业人员应征入伍，许多集体农庄的庄员约80%是女性，但这些庄员却表现出极大的劳动热情。在阿克纠宾斯克州的库尔曼集体农庄（Курман），别尔西耶夫（Ш. Берсиев）领导的小队创造了黍米产量的世界纪录，每公顷收获2.02万公斤；在克孜勒奥尔达州的克孜勒图集体农庄，扎哈耶夫（И. Жахаев）领导的小队也创下水稻种植的世界纪录，每公顷收获1.72万公斤；与克孜勒图集体农庄相邻的先锋集体农庄（Авангард），每公顷水稻产量也达到1.5万公斤。

在国家最艰难的岁月里，这里涌现出一大批劳动英雄，特别突出的有牧羊人穆卡舍夫（Ж. Мукашев）、甜菜种植者穆哈梅季耶夫（М. Мухамедиев）、养马场女工舒加伊波娃（Ш. Шугаипова）等。值得一提的是，哈萨克斯坦农业劳动者在向前线提供面包、肉和各种原料的同时，不仅保持并增加了原有的种植面积和牲畜总数，还养活了从前线地区疏散来的大约37万头牲畜。

哈萨克斯坦人民开始收集能够用于制造坦克和飞机的各类物资，而且经常生产出整个坦克纵队和航空中队。用爱国者的自愿捐助组装的坦克和飞机被命名为"哈萨克集体农庄庄员""突厥斯坦—西伯利亚铁路工人""卡拉干达矿工""哈萨克石油工人""哈萨克冶金工人""哈萨克少先队员"等。整个卫国战争期间，哈萨克斯坦共为前线自愿捐款4.8亿卢布，另外还向前线士兵送去慰问品和礼物，其中慰问品数量近250万件，送到前线的各种礼物装满1600节车厢。

在战争年代，许多科研和艺术机构撤离到哈萨克斯坦。被安置到阿拉木图的有：莫斯科电影制片厂和列宁格勒电影制片厂；20多个科研机构和一些著名科学家，包括院士维尔纳茨基（В. И. Вернадский）、奥布鲁切夫（В. А. Обручев）、潘克拉托娃（А. М. Панкратова）、斯科钦斯基（А. А. Скочинский）等。在阿拉木图，以莫斯科电影制片厂和列宁格勒电影制片厂为基础建起了中央联合电影制片厂，拍摄了大量电影和纪录片，如《两个士兵》《前线》《她在保卫祖国》《等着我》等。这些影片鼓舞了人们的胜利信心。

文学作品成为战胜敌人的精神武器。文学家们创作了大量描写前线和后方英雄事迹的作品，例如诗歌与散文大师江布尔（Жамбыл）、阿乌埃佐夫（М. Ауэзов）、穆卡诺夫（С. Муканов）、斯涅金（Д. Снегин）、年轻作家穆尔达加利耶夫（Д. Мулдагалиев）、马乌列诺夫（С. Мауленов）、谢伊托夫（С. Сеитов）、萨因（Ж. Саин）等。约有 90 名哈萨克斯坦的作家和诗人在前线作战。

卫国战争伊始，哈萨克斯坦人民就在前线表现出真正的爱国主义。在战争初期反击法西斯分子的具有传奇色彩的布列斯特要塞保卫战中，就有来自哈萨克斯坦的弗尔索夫（В. Фурсов）和图尔季耶夫（К. Турдиев）。哈萨克斯坦勇士们在莫斯科会战中的事迹广为流传。组建于阿拉木图的第 316 步兵师在战斗中表现英勇，被改编为"潘菲罗夫近卫步兵第 8 师"。维赫列夫（П. Б. Вихрев）作战顽强，被追授"苏联英雄"称号。中尉莫梅舒雷（Б. Момышулы）指挥一个营英勇作战，于 1990 年被授予"苏联英雄"称号。托赫塔罗夫（Т. Тохтаров）和加布杜林（М. Габдуллин）等在莫斯科近郊的战斗中建立了功勋，被授予"苏联英雄"称号。

1943 年 2 月 12 日，《为了祖国》报①发表一篇文章，记载着莫斯科会战中被俘的法西斯分子在受审时讲述的哈萨克斯坦人的英雄事迹："我们开始进攻，一些皮肤黝黑的战士向我们冲过来。他们的猛烈和勇气让我们恐惧、退缩，无法抵挡。后来我们听说，跟我们战斗的是哈萨克人。我们没想到，世界上竟有这样无所畏惧的民族。"为歌颂潘菲罗夫近卫步兵第 8 师的英雄壮举，诗人江布尔写下这首诗歌："我感到自豪和幸福，激动难以掩饰！在俄罗斯白雪覆盖的土地上，哈萨克人在战斗。他们冲在前面，近卫军的旗帜在头上飘扬。"

前线的俄语和哈萨克语报纸会定期发表民族歌手的诗歌，很多战士都熟悉《给儿子的信》《无法攻克的堡垒》等。在 1941 年 9 月最艰难的日子里，整个苏联都在传颂一首鼓舞人心的歌曲《列宁格勒人，我的孩子们！》。2003 年在圣彼得堡的江布尔街巷内竖起了江布

---

① 译者注：《为了祖国》报是潘菲罗夫近卫步兵第 8 师的报纸，其合订本现保存在哈萨克斯坦国家图书馆的珍本库中。

尔的纪念碑。

1942年5月27日,《为了祖国》报发表江布尔的诗《致祖国的儿子们》。老诗人教导战士们说:"……什么是我们胜利的保障?是复仇的渴望,是齐心协力,是我们广阔富饶的土地不可分割。"

来自哈萨克斯坦的第310师和第314师参加了列宁格勒防御与突围战。在这里,哈萨克战士不仅在陆地作战,还在海上作战。仅基洛夫号巡洋舰上就有156名哈萨克战士。在列宁格勒保卫战中,苏联英雄拜玛加姆别托夫(С. Баймагамбетов)用胸膛堵住敌人堡垒的枪眼,献出自己的生命。

1942年秋,斯大林格勒战役期间,西哈萨克斯坦州成为最靠近前线的地区。这里部署了斯大林格勒方面军的120多个部队及其办公机构。在哈萨克斯坦组建的5个步兵师、1个骑兵师、1个海军陆战旅、1个迫击炮团和1个桥梁建设独立营参加了斯大林格勒战役。其中,来自卡拉干达的飞行员阿布季罗夫(Н. Абдиров)、迫击炮手斯帕塔耶夫(К. Спатаев)、中尉拉马耶夫(Г. Рамаев)等,用自己的生命建立了"苏联英雄"的功勋。战役期间,法西斯空军轰炸了位于哈萨克斯坦境内的赛欣(Сайхин)、顺盖(Шунгай)、贾尼别克(Джанибек)等车站。

在库尔斯克战役以及解放乌克兰、白俄罗斯、波罗的海国家和摩尔多瓦的战斗中,成千上万的哈萨克斯坦人为赢得战争胜利而献出生命。他们在强渡第聂伯河、杰斯纳河(Десна)、普里皮亚季河(Припять)、德维纳河(Двина)时,在解放波兰、匈牙利、捷克斯洛伐克、维也纳的战斗中,都表现得非常英勇。在攻克柏林的战斗中,科什卡尔巴耶夫(Р. Кошкарбаев)是将胜利旗帜最先插上国会大厦的战士之一。成千上万的哈萨克斯坦人积极参加游击战争和抵抗运动。在乌克兰的游击队中有1500多名哈萨克斯坦战士在战斗;220名哈萨克斯坦战士在列宁格勒州战斗;270名哈萨克斯坦战士在斯摩棱斯克州战斗；在白俄罗斯的 65 个游击队中有 1500 多名哈萨克斯坦战士①。游击英雄凯谢诺夫（К. Кайсенов）、阿赫梅季亚罗夫（Г. Ахмедьяров）、图列舍夫（С. Тулешев）、乌拉兹巴耶夫（В. Уразбаев）等人的美名远扬。哈萨克斯坦人还积极参加远东的抗日战争。2000 多名哈萨克斯坦人在打击日本关东军的战斗中被授予勋章和纪念章，其中包括"解放朝鲜"纪念章和"战胜日本"纪念章。

在伟大的卫国战争中，约有 500 名哈萨克斯坦人被授予"苏联英雄"称号。强击机飞行员别格利季诺夫（Т. Я. Бегельдинов）、别达（Л. Й. Беда）、帕夫洛夫（И. Ф. Павлов）和歼击机驾驶员卢甘斯基（С. Д. Луганский）两次获得"苏联英雄"称号。哈萨克姑娘玛梅托娃（М. Маметова）和莫尔达古洛娃（А. Молдагулова）也被授予"苏联英雄"的光荣称号。另外，还有 110 名哈萨克斯坦人被授予三级荣誉勋章。约 41 万哈萨克斯坦儿女再也没能从战场返回家乡。

在卫国战争年代，纳粹试图利用一些反对苏维埃政权的俄罗斯移民和战俘建立反对苏联的专门团体和军事机构。因为，仅在苏维埃政权建立的最初几年，就有约 200 万人从俄罗斯移民到欧洲。1942 年，纳粹成立"突厥斯坦民族统一委员会"。依照法西斯侵略者的计划，在占领苏联之后，苏联境内的突厥民族和穆斯林将组成"伊杰利乌拉尔国"（Идель-Урал）②和"大突厥斯坦国"（Гросстуркестан）。"大突厥斯坦国"的领土包括土库曼斯坦、塔吉克斯坦、乌兹别克斯坦、吉尔吉斯斯坦。"伊杰利乌拉尔国"领土包括巴什基尔、鞑靼斯坦、楚瓦什、马里埃尔、莫尔德瓦、乌德穆尔特和其他一些州。由此，哈萨克斯坦将被分成两部分：南部和七河地区划入"大突厥斯坦国"，西部划入"伊杰利乌拉尔国"。

---

① 译者注：卫国战争时期，苏联的游击队建制分为营、团、旅、师。
② "伊杰利乌拉尔国"系纳粹在伏尔加河流域计划建立的突厥和穆斯林国家。"伊杰利"系伏尔加河在中世纪的旧称。

纳粹将非斯拉夫族的苏军战俘组成"东方军团"。众所周知，苏联政府从战争伊始就明确表达了对待战俘的态度和立场，即"苏联没有战俘，只有叛徒"。据资料记载，东方军团的人数高达 25 万人，其中 18.1402 万来自突厥斯坦。自 1942 年 5 月开始，"东方军团"便听从德国法西斯第 162 步兵师的指挥。军团主要按照民族成分进行编制，例如，突厥斯坦营的第一步兵连由吉尔吉斯人组成，第二步兵连由乌兹别克人组成（内设塔吉克排），第三连是哈萨克人，第四连是土库曼人（内设东方鞑靼排）。军团内也有由吉尔吉斯人、乌兹别克人、哈萨克人共同组成的混合机枪连、混合反坦克排、迫击炮排和工兵排等。德国法西斯在波兰华沙近郊开办了一所专门学校，用于训练东方军团的军官和士官。不过，东方军团的军人组织了反法西斯起义并转而与苏军共同作战。例如，穆萨·贾利利（Муса Джалиль）曾在"伊杰利乌拉尔"军团从事反法西斯的地下活动，后来被授予"苏联英雄"称号；哈萨克人库尔马舍夫（Г. Курмашев）、安达舍夫（А. Андашев）由于进行反法西斯活动而遭到杀害。

德国法西斯分子还想利用绍凯（М. Шокай）的威望，建立所谓的"突厥斯坦军团"，以实现自己的目的。绍凯（1890—1941 年）是乡长的儿子，出身于钦察家族，其母系谱系可以追溯到哈萨克汗。绍凯受过良好的教育，曾就读于穆斯林私塾、塔什干俄语中学、圣彼得堡大学法律系。1916 年，他创建了"突厥斯坦统一"社团，并酝酿建立"突厥斯坦联盟"。1917 年成立"浩罕自治国"，特内什帕耶夫（М. Тынышпаев）离职之后，绍凯被一致推选为领导人。"浩罕自治国"被苏维埃政权推翻后，绍凯设法隐藏起来并途经巴库、巴统、伊斯坦布尔来到巴黎。流亡期间，他联合一批来自突厥斯坦的同胞，谴责苏联政权的迫害行为，并与"高加索、突厥斯坦和乌克兰人民友谊协会"保持合作。从 1924 年起，绍凯出版杂志《年轻的突厥斯坦》（*Яш Туркестан*），并在伦敦、德国和波兰发行。另外，他还撰写了一本分析深刻的书《苏维埃政权下的突厥斯坦》。德国法西斯包围并侵占巴黎之后，逮捕绍凯并送至柏林，之后又派其前往波兰和乌克兰了解战俘情况。1941年12月27日，绍凯去世。1942年4月，"突厥斯坦军团"成立。绍凯被安葬在柏林的土耳其人墓地。其碑文上用拉丁字母写道："穆斯塔法·绍凯，卒于1941年12月27日，享年52岁。"

苏联人民赢得伟大卫国战争的胜利，将整个人类从法西斯主义的扩张中拯救出来，这是全世界的重要历史事件。

六 向哈萨克斯坦强制迁徙人口

在肃反时期，毫无根据的惩罚性措施不仅适用于个人、社会团体代表、阶级代表和宗教代表，还按照全民集体负责的原则，适用于个别民族。对于个别民族，苏联采取的处置方式就是驱逐，即大规模强制迁移。被驱逐的人们都受过各种惩罚，对此，1993年4月14日通过的《哈萨克斯坦共和国为大规模政治迫害受害者平反法》有相关描述。苏联使用各种强迫措施，如剥夺自由、驱离居住地、流放、强制迁徙、在限制自由的情况下强制劳动、剥夺或限制权利与自由、根据民族属性判定某民族的民众是对国家具有危害性的人。

对此，哈萨克斯坦总统档案馆内收藏的一份区内务人民委员会主任的报告具有代表性，可引用该文件来进行说明。该报告写道："鉴于苏联与德国法西斯发生战争，据我们掌握的材料显示，反苏分子在居民中散布各种挑衅性谣言。全区范围内具有反苏情绪的敌对分子中，有原匪帮成员93人，朝鲜族和日耳曼族936人。"

例如，苏联人民委员会和联共（布）中央委员会在1937年8月21日发布的关于迁徙远东朝鲜族的命令中，说明此做法是"为了防止日本间谍在边疆区渗透"。也就是说，根据民族属性原则，远东的所有朝鲜族人都自然而然地被当作潜在的日本间谍，全部被判定对社会具有危害性。1941年8月28日，苏联最高苏维埃主席团发布《关于迁徙居住在伏尔加河地区的日耳曼人的命令》。该命令认为日耳曼族人中"有成千上万的破坏者和间谍，一旦德国发来信号，必将发生爆炸"，即从事反苏行动。

在这一时期，有300多万人被驱离故土，强制迁徙到苏联的北部、西伯利亚、乌拉尔、中亚和哈萨克斯坦等地区。哈萨克斯坦是接纳被强制迁徙人员最多的地区，只有西伯利亚可与之相比。据哈萨克斯坦总统纳扎尔巴耶夫在第四届哈萨克斯坦人民大会上的报告，被强制迁徙到哈萨克斯坦的人数高达120万。也就是说，苏联境内38%的日耳曼族人、83%的车臣和印古什族人、59%的朝鲜族人、58%的卡拉恰族人（карачаевец）、55%的巴尔卡尔族人（балкарец）、76%的希腊族人、62%的库尔德族人等被强制搬迁到哈萨克斯坦，并被安置到哈萨克斯坦各州。从内务人民委员会的命令中可以看到当时的情况："根据秘密命令，对于不可靠的人，不能将其迁至边境地区定居，避免他们与外国情报人员接触"，"要将其迁至远离铁路的地方定居，防止逃跑"，"居住应紧凑，以利于监视"。被强制迁徙者须在当地的警备司令部登记注册。

哈萨克斯坦人民将这些特殊移民安置到俱乐部、废弃清真寺、马厩、猪场、草棚、仓库，而自己却露宿街头。

移民中流行病猖獗。很多人患上伤寒、斑疹伤寒、痢疾、麻疹等疾病；坏血病流行；受虱虫叮咬影响，鼠疫和霍乱暴发。

气候变化剧烈、生活条件恶劣、粮食不足、缺医少药等，这些因素造成被强制迁徙者接二连三地死亡。甚至连内务人民委员会工作人员都在有关的现场报告中写道："我们认为这种现象近乎犯罪，是完全不能接受的。"还有报告说，连马匹都忍受不了这样的恶劣工作条件。内务人民委员会工作人员要求给他们的工作配备较耐寒的动物——牛。

在对"不可靠"人群的大规模强制移民过程中,那些被强制迁徙到哈萨克斯坦的人们虽然承受着巨大压力,并且没有任何生存手段,却在哈萨克人民兄弟般的帮助下生存下来。当时的哈萨克人民,尽管自己也遭遇史上最严重的饥荒,承受着同样大的压力,却没有考虑这些。他们不顾自己的安危,向这些处于人生最艰难时刻的人们伸出援助之手。在当地人民的帮助下,这些被强制迁徙的人们在哈萨克斯坦找到的不单纯是一个用于苦熬度日的地方,更是一个他们自己及其后代的家园和故乡。这些人幸存下来,保留着自己的民族特性,在多民族的哈萨克斯坦占有一席之地。

1937 年秋,第一批被强制迁徙者被运送到现在的阿拉木图州乌什托别市（Уштобе）境内的巴斯托别山（ropa Бастобе）的山脚下。那里至今保留着他们居住过的窑洞旧址及其山丘状的坟墓。2012 年 5 月 28 日,在强制迁徙 75 周年之际,那些遭到强制迁徙的民族共同树立了一块纪念碑,上写:"向哈萨克人民致以谢意。"

七 1946—1964 年的哈萨克斯坦

伟大的卫国战争结束后,苏联的境况非常艰难。曾被法西斯占领的城市和乡镇已成废墟。国家 1/3 的财富遭到破坏,包括 1710 个城市、7 万多个村镇、大量的工厂和矿山、数千公里铁路等。最新数据显示,约 3000 万苏联公民失去生命。尽管遇到困难,但必须在最短的时间内恢复国民经济。在此情况下,哈萨克斯坦人民积极参加国家经济的恢复建设,为几十个城市和地区提供援助。成千上万的哈萨克斯坦人,有工人也有专家,到列宁格勒、斯大林格勒、布良斯克、顿巴斯、北高加索、乌克兰和白俄罗斯等地工作。

哈萨克斯坦自身也开始经济重建工作，重点是生产轧钢、水泥以及黑色和有色金属冶炼设备，发展采掘和煤炭工业。这一时期，工业发展的指导思想依旧是优先发展重工业，同时增加国防工业能力。哈萨克斯坦由此成为苏联军工综合体中的最重要环节。这里建成了军工生产基础设施、塞米巴拉金斯克核试验场和其他军事设施。在此期间，铁米尔套冶金厂和阿克纠宾斯克铁合金厂投产；乌斯季卡缅诺戈尔斯克铅锌联合企业生产出第一批锌；巴尔喀什铜冶厂的铜产量增加；恩巴油田新增两口油井（卡拉通、穆纳伊雷），使得该油田1950年的石油产量相比战前增加了52%；卡拉套矿业化工联合企业一期工程开工。1954—1958年，在乌斯季卡缅诺戈尔斯克、阿克纠宾斯克、奇姆肯特、卡拉干达和塞米巴拉金斯克先后建成了730余家工业企业和车间。

在轻工业领域，哈萨克斯坦只有65家企业。这表明日用品等生活资料的生产处于落后状态。这个时期，莫因特—楚河（Моинты - Чу）和江布尔—绍拉克套（Жамбыл - Шолактау）铁路修建完毕。1958年哈萨克铁路公司成立，将哈萨克斯坦境内已有的铁路整合为统一的系统。阿拉木图的自动电话交换站也开工建设。1960年，哈萨克斯坦的电力产量是1945年的10.5倍。

在农业方面，由于合并了规模较小和生产能力较弱的集体农场，集体农场的总体数量减少，1952年有2047个，比1945年减少2/3。牲畜数量增加，灌溉面积增加16%。

在这个时期，教育、科学和文化领域取得了一定成就。1946年5月，哈萨克苏维埃社会主义共和国科学院成立，萨特帕耶夫（К. И. Сатпаев）任主席。到1950年年底，哈萨克科学院共下设19个研究所。阿乌埃佐夫（М. Ауэзов）1947年完成了长篇史诗《阿拜》的第二部，1949年被授予苏联国家最高文学奖。当时出版了许多出色的哈萨克文学作品，如穆卡诺夫（С. Муканов）的《锡尔河》、穆斯塔芬（Г. Мустафин）的《百万富翁》，还有作家舒霍夫（И. Шухов）的长篇小说，以及扎罗科夫（Т. Жароков）等人的作品。

与此同时，在哈萨克斯坦发生了"别克马哈诺夫案件"。别克马哈诺夫（Е. Бекмаханов）是一位有才华的历史学家。卫国战争期间，他在一个学术团体工作，其中包括知名历史学家库奇金（А. П. Кучкин）、潘克拉托娃（А. М. Панкратова）、格列科夫（Б. Д. Греков）、德鲁日宁（Н. М. Дружинин）等人。别克马哈诺夫负责《哈萨克苏维埃社会主义共和国历史》的编纂工作，该书于1943年出版。1947年，别克马哈诺夫撰写了专著《19世纪20—40年代的哈萨克斯坦》，书中的观点被认为具有民族主义错误倾向和政治错误。1952年12月4日，别克马哈诺夫被判刑25年，直到1954年春斯大林去世后才回到哈萨克斯坦。茹巴诺夫（А. Жубанов）、茹马利耶夫（Х. Жумалиев）、苏列伊梅诺夫（Б. Сулейменов）等学者和作家多姆布罗斯基（Ю. О. Домбровский）也受到非难。另外，杰出的学者萨特帕耶夫（К. И. Сатпаев）、阿乌埃佐夫（М. О. Ауэзов）也被迫离开哈萨克斯坦前往莫斯科。

1949年8月29日，塞米巴拉金斯克试验场首次进行核弹试验。1964年之前，核试验均在大气层中进行，共爆炸了113次。自1964年开始，核试验改在地下进行。

1953年3月斯大林逝世后，赫鲁晓夫继任苏共中央委员会第一书记，开始提倡国内政治生活民主化。1956年2月，第二十届苏共代表大会召开，提出关于消除个人崇拜的问题。不过总体来说，行政命令体系在苏联依然发挥作用。

1954年2—3月（2月23日—3月2日），苏共中央委员会召开全体会议，通过《关于继续增加国内粮食生产，开发荒地和休耕地的决议》。做出这一决议的背景是：苏联国内粮食短缺日益严重。从理论上讲，当时有两种选择：一是经济向市场调节机制过渡，但这与当时的社会主义思想相违背；二是开发荒地和休耕地。实际上，如果能够将现有耕地的粮食单产每公顷增加 100 公斤，就等于所有新开垦荒地的产量。但是苏联领导层却选择第二种方案，即以量取胜，通过开垦新土地来解决粮食短缺问题。1954 年，全苏共开垦 1340 万公顷荒地，其中哈萨克斯坦 650 万公顷，约占 50%。苏联国内掀起群众性的垦荒运动。仅 1954 年 3 月至 1955 年 3 月，哈萨克斯坦就建成 337 个国营农场，分布在阿克莫林斯克州、科克切塔夫州、库斯塔奈州、巴甫洛达尔州和北哈萨克斯坦州，其名称也很能说明问题，如莫斯科农场、列宁格勒农场、基辅农场、库班农场、罗斯托夫农场、敖德萨农场、坎捷米尔人农场、塔曼人农场等。1954—1955 年，全苏共开垦 2970 万公顷荒地和休耕地，其中 1800 万公顷（占 60.6%）位于哈萨克斯坦。按照国际惯例，人均粮食产量约 1000 公斤就已足够，但苏联开垦的荒地可使人均粮食产量超过 2000 公斤。这一时期，沙亚赫梅托夫（Ж. Шаяхметов）被解除哈萨克斯坦共产党中央委员会第一书记的职务，由波诺马连科（П. Пономаренко）继任，勃列日涅夫为第二书记，库纳耶夫（Д. Кунаев）为部长会议主席。

从垦荒至今，哈萨克斯坦不仅解决了国民的粮食供给问题，还成为世界粮食出口国。当然，开垦荒地也带来负面后果。1960 年，哈萨克斯坦的垦荒地区有 900 万公顷土壤遭到风蚀。由于来自俄罗斯、乌克兰、白俄罗斯和摩尔多瓦的大批移民，垦荒地区的人口增长了 61%。1954—1962 年，约有 200 万人从苏联的欧洲部分来到哈萨克斯坦开垦荒地，使得哈萨克族在共和国的人口比重降至 30%，这对哈萨克民族语言和社会制度构成威胁。1962 年，在赫鲁晓夫倡议下，哈萨克斯坦北部各州统一组成"垦荒边疆区"（Целинный край），阿克莫拉市更名为"垦荒城"（Целиноград）。

在发展种植业的同时，畜牧业也得到发展。到 20 世纪 50 年代末，哈萨克斯坦共有 3640 万头牲畜。

在1953—1964年的"赫鲁晓夫十年"间，苏联领导层一方面试图落实苏共第二十大和特别决议《消除个人崇拜及其后果》中所宣讲的民主化，通过调整税收政策和提高农牧产品采购价格等措施刺激农业发展；另一方面，仍然奉行唯意志论，用主观决定和粗放方法发展经济。

八 1965—1985年的哈萨克斯坦

1964年10月，苏共中央委员会召开全体会议，调整领导结构。赫鲁晓夫被撤销领导职务，由勃列日涅夫接任苏共中央第一书记，柯西金任部长会议主席。

20世纪60年代中期，苏联实施经济改革。1965年9月召开的苏共中央委员会全体会议批评了以行政命令管理经济的做法，提出要增强企业自主性、发展经济核算、建立经济和物质激励机制。由于实施这些措施，"八五计划"期间（1966—1970年），苏联国民经济获得自实行计划经济以来的最高增长率，这五年甚至被称为"黄金五年"。

20世纪60年代，哈萨克斯坦也进行了大规模工业建设，但由于共和国经济的原料属性，采矿业依然成为优先发展领域。1961—1970年，一批新的企业和车间投入建设，1709个项目获得改造和技术更新。一大批企业快速发展起来，如索科洛夫斯科—萨尔拜钢厂、卡拉干达钢厂、叶尔玛科夫铁合金厂，以及位于列宁诺戈尔斯克、热兹卡兹甘、巴甫洛达尔、乌斯季卡缅诺戈尔斯克的有色金属冶炼企业等。曼吉什拉克油田成为重要石油产区之一。卡拉套矿山化学联合企业是最大的化学产品供应商。哈萨克斯坦的黄磷产量占全苏的90%，饲料磷酸盐占40%，铜、锌、铅产量占70%，铬开采量占第一位，煤、铁矿和锰矿开采量占第三位。

1965年3月，苏共中央委员会召开全体会议，决定尝试制定更有效的农业政策，包括提高农产品价格、对超额销售部分给予补贴、巩固集体农庄和国营农场的物质基础、改变税收政策、引进农业经济核算制等。尽管这些政策落实得并不彻底，但也取得了一些实际成效。正如上文所说，"八五计划"是最好的计划之一。由于生产效率提高，1970年工业产值增长70%。20世纪60年代后半期，农业总产值增长28%。

20世纪70年代初期，始于60年代中期的改革开始收缩，社会生产效率已无法继续提高，经济增长只能依靠粗放式消耗国家资源，特别是原材料和燃料能源。1970—1985年，工业产品总量增加了一倍，机械制造和化工行业的产品总量增加两倍多。大约有1000家新建工业企业投入生产，其中包括哈萨克天然气加工厂、舍甫琴科塑料厂、卡拉干达橡胶制品厂、巴甫洛达尔炼油厂、奇姆肯特炼油厂、卡拉干达冶金联合企业的白铁皮车间、埃基巴斯图兹电厂、叶尔马科夫电厂、卡普恰盖电厂、扎伊列姆采矿选矿联合企业等。而且，形成了多个地区性的工业综合体，包括曼吉什拉克工业综合体、卡拉套—江布尔工业综合体、巴甫洛达尔—埃基巴斯图兹工业综合体。

苏联经济发展以中央的指令性计划和强制性任务为基础。哈萨克斯坦约一半的工业属于联盟部委管辖，但这些部委却忽视哈萨克斯坦的利益，不关注其社会发展、干部人才培养和生态环境保护。塞米巴拉金斯克核试验场和咸海的生态灾难就是最好的例子。咸海水位下降14米，水域面积减少40%，水量减少65%，干涸的湖底成为盐尘暴的源头。环境因素导致肝炎和结核病等流行性疾病的传播，咸海地区的癌症发病率是全苏的15倍多。拜科努尔航天中心也存在非常严重的环境问题。该中心占地6717平方公里，但哈萨克斯坦境内460万公顷土地都处于其影响范围，成为各级火箭脱落后沿运动轨迹的落地之处。此外，塞米巴拉金斯克核试验场占地面积为1.85万平方公里，有约200个水平坑道用于核武器试验。在该试验场进行了470次核爆炸（整个苏联总共进行了715次），其中125次在开放的大气环境中进行（地面和空中）。卡拉干达州、巴甫洛达尔州、东哈萨克斯坦州三地总计有30.4万平方公里土地受核试验影响。地下核试验在里海低地的阿兹吉尔核试验场（полигон Азгир）进行了17次，在哈萨克斯坦的其他地区进行过21次。

由于优先发展原材料经济，20世纪70—80年代，哈萨克斯坦的加工业和消费品生产比较落后，约60%的非食品商品依靠其他加盟共和国供应。而且，这些商品经常由哈萨克斯坦的原材料制成。

苏联经济越来越不景气，表现为工业增速下降，国民收入减少，国家发展计划难以完成。工业产值年均增长率1970—1975年为8.4%，1980—1985年仅有3.8%，而同期国民收入增长从4.4%降至1.4%。尽管如此，根据1977年通过的新版《苏联宪法》，苏联社会"已经进入发达社会主义阶段"。

以行政命令管理经济、忽视经济动因、粗放型发展、公有制占主导地位、劳动者脱离生产资料、中央的强制命令等，这些因素导致哈萨克斯坦经济在20世纪80年代中期出现危机。

农业危机表现为：1981—1985年，农业总产值停留在原来水平，种植面积虽然大（粮食播种面积有2500多万公顷），但粮食产量却呈平稳下降态势；在畜牧业生产中，除家禽外，其他生产均处于亏损状态。国营农场和集体农庄中，经营亏损的1970年占15%，1985年占51%。羊的存栏量1971—1981年增加了3.4万只，1981—1985年几乎没有增长。羊肉产量1970—1985年下降了19%。羊的膘肥度也在下降，20世纪80年代人们排长队购买的都是所谓的"空腹"羊。

由于生产体系存在危机，尽管苏联的农业用地面积居世界首位，为6.03亿公顷（美国为4.315亿公顷，加拿大为7800万公顷），但1981—1985年苏联却是世界最大的食品进口国，每年从国外购买38亿美元的食品。1985年,苏联1/3的白面包、一半的通心粉都是用美国、加拿大、阿根廷和土耳其进口的粮食加工而成。

20世纪七八十年代,苏联居民的实际收入下降。消费品短缺情况日益严重,长时间排队购物已成普遍现象。1985年,哈萨克斯坦居民的平均消费结构中,购买日用品仅需2—3个月的工资,而其余9—10月的工资却因商品短缺而花不出去。商店里到处排着长队,1985年,苏联居民因排队所浪费的工作时间相当于3500万劳动力一年的工作量。人们将花不掉的钱存到储蓄银行。苏联解体前,哈萨克斯坦储蓄银行共有727.4万笔存款,共计78.7亿卢布。这些钱后来由于急剧通货膨胀和货币改革而贬值,引发了严重的社会问题。

1979年的"垦荒城事件"表明,中央完全无视哈萨克斯坦的利益,使得民族关系中的矛盾日益增多。事件发生的原因是:苏共中央政治局1979年春决定在哈萨克斯坦成立"日耳曼自治州",行政中心定在叶尔缅套(Ерментау),并将阿克莫林斯克州、巴甫洛达尔州、卡拉干达州和科克切塔夫州的部分地区划归该自治州。当年6月,在垦荒城、阿特巴萨尔、叶尔缅套和科克切塔夫等多地发生了反对联盟中央决定的集会和游行。

与此同时,为加强国际影响和巩固政治统治,苏联于1979年12月27日出兵阿富汗。作为对这一行动的回应,美国对苏联实施了粮食禁运,并号召抵制莫斯科奥运会。104个国家在联合国投赞成票,谴责苏联武装入侵阿富汗。1989年2月15日之前,苏联军队在阿富汗实际上有8万人,但对外则宣称兵力"有限"。官方数据显示,苏联在阿富汗战场共牺牲1.3万多人,另有3.7万名士兵伤残。数千名哈萨克斯坦人经历了阿富汗战争,几百人没能生还。

由此可见,20世纪70—80年代,危机现象在各个领域都有所增强。

九 1985—1991 年戈尔巴乔夫改革年代的哈萨克斯坦

1985 年 3 月，戈尔巴乔夫任苏共中央总书记。4 月，苏共中央委员会召开全体会议，确定了加快国家社会经济发展进程的方针。该方针虽然被广泛讨论，却并没有真正付诸实施。实际上，社会危机正逐渐加深。1986 年发生在哈萨克斯坦的"十二月事件"，正是已经宣布的改革方针与既有现实之间的矛盾日趋尖锐所致。

1986 年 12 月 16 日，哈萨克斯坦共产党中央委员会全体会议在阿拉木图召开。中央委员会第一书记库纳耶夫（Д. А. Кунаев）被解除职务，由此前担任乌里扬诺夫斯克州党委第一书记的科尔宾（Г. В. Колбин）继任。近百年来，哈萨克斯坦治理模式①已经形成传统。因此，这次联盟中央无视哈萨克斯坦利益的行为遭到公开和坚决的抵制，具体表现为哈萨克族青年在阿拉木图的抗议活动。12 月 17 日早晨，数百人聚集在哈萨克共产党中央委员会大楼前的广场上，抗议联盟中央的行为。1987 年夏，苏共中央委员会通过决议，将 1986 年 12 月在阿拉木图发生的事件定性为"哈萨克民族主义"的表现。这再次体现了联盟中央强制性命令的一贯做法。

1986 年阿拉木图"十二月事件"后，在苏联其他地区也发生了捍卫民族利益、反对联盟中央强制性命令的事件。这些事件最终导致苏联解体，以及在后苏联空间建立独立主权国家。

戈尔巴乔夫改革期间，苏联国内的社会经济矛盾日益加深。由于哈萨克斯坦发展原料型经济，导致国内加工业和消费品生产非常

---

① 译者注：所谓"哈萨克斯坦治理模式"是指由哈萨克族人出任哈萨克斯坦的最高管理者。当时，接任哈萨克共产党第一书记的科尔宾是俄罗斯族，因此遭到哈萨克族民众的强烈反对。

落后。

当时，生态灾难在哈萨克斯坦越来越严重。"内华达—塞米巴拉金斯克"反核试验运动（Невада-Семипалатинск）是共和国最早的群众性团体之一。该团体成立于1989年，由著名的社会活动家和诗人苏列伊梅诺夫（О. Сулейменов）领导，其目的是关闭塞米巴拉金斯克核试验场和其他试验场。此外，还成立了"巴尔喀什和咸海问题委员会"，由诗人和社会活动家沙哈诺夫（М. Шаханов）领导。

20世纪80年代末，哈萨克斯坦的国家主权问题越来越突出。1988年，哈萨克共产党中央委员会决定为在20世纪20—50年代遭到迫害的民族精英恢复名誉，包括：库代别尔季耶夫（Ш. Кудайбердиев）、布克伊哈诺夫（А. Букейханов）、拜图尔瑟诺夫（А. Байтурсынов）、茹马巴耶夫（М. Жумабаев）、阿伊马乌厄托夫（Ж. Аймауытов）、杜拉托夫（М. Дулатов）等。1989年，成立了历史教育组织——"公平"协会（Справедливость）。

语言问题是非常重要的国家政策之一，这是因为它是国家最重要的标志，是其裸露的神经，是民族文化、历史、生活经验和传世力量的体现。

1989年9月22日通过《语言法》，这一事件具有重大意义。根据该法，哈萨克语是国语，俄语是族际交流语言。

在走向主权的道路上，祖国的历史和国语成为动员和团结全社会的纽带。

1990年4月24日，哈萨克苏维埃社会主义共和国设立总统职位。在共和国最高苏维埃会议上，纳扎尔巴耶夫当选总统。各加盟共和国开始着手改革苏联，将其转变为"主权国家联盟"。

1990年夏，在哈萨克斯坦成立了公民运动"阿扎特"（Азат）、"统一"族际运动（Единство）和其他团体。

1990年10月25日，哈萨克斯坦最高苏维埃通过《哈萨克苏维埃社会主义共和国国家主权宣言》。这份文件第一次奠定了哈萨克斯坦人民的主权基础。该宣言的序言指出："哈萨克苏维埃社会主义共和国最高苏维埃，表达哈萨克斯坦人民的意愿，追求为共和国所有公民创造体面和平等的生活条件，将巩固和加强居住在共和国内的人民的友谊作为首要任务，承认《世界人权宣言》和民族自决权，肩负为哈萨克民族命运而奋斗的责任，决心建立人道的、民主的法治国家，在此宣布国家拥有主权。"《宣言》充满和平、和谐与团结的思想。其第5条保障所有人享有权利和自由，不分国籍；侵犯民族平等将受到法律制裁。第12条保障居住在哈萨克斯坦的各民族均享有法律上的平等，在公共生活的所有领域机会均等。

1991年8月19日，苏联宣布成立"国家紧急状态委员会"。当时，身在克里米亚福罗斯（Форос）度假的苏联总统已被软禁。实际上，这是企图政变的行为。但是，这场叛乱遭到失败，国家紧急状态委员会领导人被捕。该事件破坏了当年8月20日签署新版联盟条约的计划，加速了苏联解体，并导致苏联共产党的解散。

1991年8月29日，哈萨克斯坦总统签署《关于关闭塞米巴拉金斯克核试验场的命令》，至此，这个使哈萨克斯坦饱受折磨的问题终于得到解决，哈萨克斯坦成为无核区。纳扎尔巴耶夫总统在其《和平的震中》一书中对此事进行了详细描述。1991年，哈萨克斯坦是一个巨型的大规模杀伤性武器库，存有1216枚洲际弹道导弹和重型轰炸机所用的核弹头。在哈萨克斯坦中部的阿克莫林斯克州驻扎着战略导弹部队第38师，装备约60口发射井。第57导弹师驻扎在哈萨克斯坦东部，装备60口发射井。在克孜勒奥尔达州有一套综合性发射装置，由14口发射井组成。另外还有12口弹道核导弹发射井部署在塞米巴拉金斯克区的帕拉班（Балапан）。也就是说，哈萨克斯坦境内共部署148口用于发射陆基洲际弹道导弹的发射井，井内有104

枚洲际弹道导弹，每枚导弹都配备数量可达10枚的可单独制导的分弹头，负载7.6吨，杀伤半径约1.2万公里。此外，在塞米巴拉金斯克地区还驻扎着空军第79师，配备40架重型战略轰炸机，装备着远程巡航核导弹。另外，哈萨克斯坦还为苏联的核设施提供85%的核燃料。

1991年9月7日，哈萨克共产党召开紧急会议，决定解散哈萨克共产党，改组为社会党。

1991年12月1日，哈萨克斯坦举行总统选举，纳扎尔巴耶夫当选，并于12月10日就职。就职当日，哈萨克苏维埃社会主义共和国更名为"哈萨克斯坦共和国"。

第十章

独立的哈萨克斯坦

一 哈萨克斯坦恢复国家独立

1991年12月16日,《哈萨克斯坦共和国国家独立法》通过并颁布,这是哈萨克斯坦真正独立的开始。苏联解体之后,所有加盟共和国都同时处于寻求独立发展的起跑线上,就像站在多维的坐标轴零点上,在四个方向或前进或后退。

但这些国家的实际发展结果却不尽相同。并不是每个国家都能够成功顺应历史的转折,继而进入全球化的发展轨道:有的能够顺势而为,有的在原地打转,还有的向后倒退。这些鲜活的事例说明,民众的政治文化、精英的立场、领导者的远见和意志等,均对社会发展具有决定性作用。

那么,哈萨克斯坦是如何赢得主权的呢?首先,需要重建属于自己的经济。苏联时期的经济遵循指令性管理,听从来自中央的命令。哈萨克斯坦几乎一半的工业都处于联盟中央各部委的管理之下,但这些中央部委并不考虑哈萨克斯坦的利益。

美国著名的中亚问题专家、《哈萨克人》(1987年)一书的作者奥尔科特(Martha Brill Olcott)关于新独立的中亚国家选择自己发展模式的论述具有一定的代表性。1992年,她写道:乌兹别克斯坦大量借鉴了土耳其的经济发展模式和中国模式，塔吉克斯坦选择了波斯模式，土库曼斯坦以伊朗模式为蓝本，遭受转型影响最严重的吉尔吉斯斯坦因土耳其承诺给予其援助而选择了土耳其模式。至于哈萨克斯坦，奥尔科特写道："在所有中亚国家领导人中，哈萨克斯坦总统纳扎尔巴耶夫最不倾向于选择某种现成的发展模式。他积极探索借鉴能够直接适用于哈萨克斯坦的国外经验，先是韩国，然后是土耳其，还有美国模式的市场经济。现在看来，纳扎尔巴耶夫总统很清楚，关于哈萨克斯坦发展问题的答案其实就在哈萨克斯坦本身。"奥尔科特接着写道："纳扎尔巴耶夫经常强调，哈萨克斯坦应该成为一个政治多元化且遵循市场经济发展的多民族共和国。"随着时间推移，纳扎尔巴耶夫的这些思想和模式在实践过程中聚合为综合的整体，这就是举世闻名的"哈萨克斯坦道路"。

在这个艰难时期，尽管哈萨克斯坦需要进行政治改革、巩固和发展民主，民族关系在这个多民族国家也极其重要，但国家仍将主要精力用于发展经济。这一点在纳扎尔巴耶夫总统的转型思想中体现得很明显，即"先经济后政治"。根据这一思想，在进行政治、社会和文化改革的同时，首先要发展经济和提高人民生活水平。

哈萨克斯坦独立初期，各地原有的经济、交通和人文联系因苏联解体而一夜之间全部断裂，这让本来就复杂的经济社会形势愈加严峻。苏联时期，作为苏联一部分的哈萨克斯坦与邻国联系始终密切。例如，南哈萨克斯坦州的电力须从吉尔吉斯斯坦获取，北哈萨克斯坦州的电力则位于俄罗斯西伯利亚电网范围内。这样的格局让北哈萨克斯坦州的工业经济与俄罗斯西伯利亚地区的关系远比它与国内南方地区的关系更密切。苏联解体则让哈萨克斯坦陷入政治不稳定和经济孤立。奥尔科特写道："哈萨克斯坦经济陷入困境，商品短缺，物价飞涨。"国内大众传媒充斥着各类负面消息，如铁路车站货物拥堵或机场某航班取消等。奥尔科特认为："人们的神经已经几乎崩溃。"

民族关系是苏联遗留给中亚地区的严重问题。苏联体制造成吉尔吉斯族、乌兹别克族和塔吉克族之间以及乌兹别克族、土库曼族与哈萨克族之间均存在领土纠纷，而俄罗斯族在这些国家人口比重均较大。

独立之初，哈萨克斯坦国内的民族关系状况是这样的：哈萨克是主体民族。早在苏联加盟共和国时期，哈萨克族就已拥有形式上的地位，现在需要的只是填充实际内容。从数量上看，在这块祖先留下的土地上，哈萨克族约占总人口的40%，但哈萨克语却面临着丧失社交功能的威胁，因为境内大部分居民都使用俄语。俄罗斯族大都生活在城市，主要在工业企业工作，其他民族的大部分人实际上处于社会经济、文化和政治生活的边缘。哈萨克斯坦成为独立的主权国家后，这种状况得到大大改观。哈萨克语被赋予国语地位，俄语成为官方语言，各个族群都成为整个社会的政治和社会结构的组成要素。

独立国家联合体（独联体）的复杂建立过程始于1991年12月。12月8日，白俄罗斯、俄联邦和乌克兰三个国家的首脑在明斯克（别洛韦日森林）共同签署《建立独立国家联合体协议》即《别洛韦日协议》。协议里写道：这三个作为签署1922年《联盟条约》的苏联创始国确认，苏联作为国际法主体和地缘政治实体停止存在。与此同时，"基于各国人民的历史共性以及业已形成的联系，依据已签署的双边条约，为建立民主法治国家……达成协议的各方建立独立国家联合体"。也就是说，该协议废除了1922年关于建立苏联的联盟条约，同时建立了独联体。

1991年12月13日，包括哈萨克斯坦在内的中亚各国领导人在土库曼斯坦首都阿什哈巴德会面。各国领导人分析了《别洛韦日协议》，表示愿意成为新组织的全权成员。12月21日，曾经是苏联加盟共和国的 11 个独立国家的首脑汇聚阿拉木图，签署《关于建立独立国家联合体协议的备忘录》。它写道："阿塞拜疆共和国、亚美尼亚共和国、白俄罗斯共和国、哈萨克斯坦共和国、吉尔吉斯共和国、摩尔多瓦共和国、俄罗斯联邦、塔吉克斯坦共和国、土库曼斯坦、乌兹别克斯坦共和国和乌克兰在平等原则基础上，作为达成协议的各方，建立独立国家联合体。"这次会晤在阿拉木图的友谊宫举行。那里有座纪念墙，上面写着："1991 年 12 月 21 日，各国首脑在这座建筑物内举行会晤并签署《建立独立国家联合体协议》。"

同一天，还通过了关于成立独联体的《阿拉木图宣言》，确认组成独联体的各个国家力求建设民主的法治国家，并按照以下原则发展相互关系：相互承认和尊重国家主权；享有不可剥夺的自决权；平等和不干涉内政；不使用武力和不以武力相威胁，不施加经济或其他任何方式的压力；和平解决争端；尊重人权和人的自由（包括尊重少数民族的权利）；认真履行所承担的义务和其他公认的国际法原则和规范。

根据《独联体章程》，独联体成员在平等基础上建立协调机构，并通过共同的协调机构发展相互协作。在这些协调机构中，每个国家都拥有平等的一票，以协商一致的表决方式通过决议。国家元首理事会每年召开两次会议，政府首脑理事会每年召开四次会议，也可召开这些协调机构的特别会议或联席会议。独联体的常设执行与协调机构是由政府副总理组成的协调—协商委员会。在独联体框架内建立并运作的机构还有跨国议会大会。

1992 年 3 月 2 日，哈萨克斯坦成为联合国正式成员国，得到国际社会的承认。1992 年 5 月，纳扎尔巴耶夫总统在第 47 届联合国大会发表演讲。在题为《每个国家的宽容是地球安宁的保障》的讲话中，他倡议建立"亚洲相互协作与信任措施会议"（简称"亚信会议"）。这一倡议的意义在于，希望在整个亚洲范围内参照欧洲安全与合作组织的模式建立亚洲的地区安全与合作组织。

1999年9月14日,亚信会议在阿拉木图召开了首届成员国外长会晤,会议签署《亚信会议成员国相互关系原则宣言》(即《阿拉木图原则宣言》)。根据该文件,亚信会议成员国相互关系的基本准则是:相互尊重主权和领土完整;互不干涉内政;和平解决争端;不使用武力或以武力相威胁;发展经济、社会和文化合作;人权和基本自由。

此次会晤及其通过的《亚信会议成员国相互关系原则宣言》成为当代历史的一块里程碑。正如会晤中所强调的,在亚洲生活着35亿人口(超过地球人口一半),生产全世界55%的国民生产总值,40%的世界贸易集中在此,但是该地区的局势却极不稳定。由此,"时间已经证明哈萨克斯坦这个倡议具有现实迫切性"成为本次会议的主题。亚洲16个国家的代表签署了《亚信会议成员国相互关系原则宣言》。

2002年6月4日,首届亚信会议元首峰会在阿拉木图举行。出席会议的有来自阿富汗、阿塞拜疆、埃及、中国、印度、伊朗、以色列、吉尔吉斯斯坦、蒙古、巴勒斯坦、巴基斯坦、俄罗斯、塔吉克斯坦、土耳其、乌兹别克斯坦等成员国的领导人。参加论坛的国际组织有联合国、欧安组织、阿拉伯国家联盟。亚信会议的观察员国澳大利亚、美国、印度尼西亚、日本、泰国、越南、乌克兰、韩国等也派代表出席会议。会议由哈萨克斯坦总统纳扎尔巴耶夫主持,通过了《阿拉木图文件》和《关于消除恐怖主义和促进文明对话的宣言》。

成为联合国正式成员国后,哈萨克斯坦积极参加联合国各机构的活动,如联合国教科文组织、联合国儿童基金会、联合国经社理事会、联合国难民署等,还与大型国际组织合作,如国际货币基金组织、世界银行、欧洲安全与合作组织等。

独立伊始，哈萨克斯坦就确定了多元化的对外政策，积极参与经济合作组织①、集体安全条约组织、中亚经济联盟、上海合作组织等区域合作机制框架内的一体化进程。

哈萨克斯坦主权的确立过程可分为以下几个阶段。

第一阶段为1989—1990年。在这一阶段，社会经济危机加深。一方面，政治矛盾激化，许多工作半途而废；另一方面，苏联的联盟中央领导人举棋不定。哈萨克苏维埃社会主义共和国通过《语言法》，并决定设立总统职位。

第二阶段自1990年10月25日发布《哈萨克苏维埃社会主义共和国国家主权宣言》至1991年12月苏联解体。在此阶段，哈萨克斯坦领导人积极维护国家经济独立，各类政治组织、政党和政治运动的活动更加激进，建立了一些民族文化社团。

第三阶段自1991年12月16日颁布《哈萨克斯坦共和国国家独立法》至1992年年底。在这一阶段，哈萨克斯坦宣布国家独立，确立统一的哈萨克斯坦国籍，建立独立的经济体系、金融和信贷体系，设置税务和海关机构，确立国家象征。在此阶段，哈萨克斯坦加入联合国（1992年3月2日）。1992年5月，纳扎尔巴耶夫总统发布《作为主权国家的哈萨克斯坦的形成和发展战略》。他在文件中写道："我们不能按照马克思列宁主义的模糊方案来建设'光明的未来'"，但这并不意味着哈萨克斯坦没有前途，"无论是人，还是政权或社会，如果没有明确的目标，就无法生存"。哈萨克斯坦模式的发展目标就是要建立开放的社会，成为民主和爱好和平的国家，"哈萨克斯坦将要建设的既不是自由资本主义或人民资本主义，也不是纯粹的社会主义或现代化的社会主义，而是具有多种市场经济成分的正常的民

---

① 译者注：此处的"经济合作组织"（ОЭС：Организация экономического сотрудничества）系伊朗、土耳其和巴基斯坦三国于1977年根据《伊兹密尔条约》而成立的区域合作组织。苏联解体后，中亚五国、阿塞拜疆和阿富汗于1992年加入，1995年获得联合国观察员地位。秘书处设在伊朗的德黑兰。

主社会"。《作为主权国家的哈萨克斯坦的形成和发展战略》指出哈萨克斯坦的特点，即"既有发达国家的特征（国民普遍识字，拥有发达的科研体系，具备航天研究能力），也有发展中国家的特征（资源型经济，许多地区存在生态污染，需要外国投资和进口新技术，基础设施落后）"。此外，哈萨克斯坦是多民族国家，地处内陆，地域宽广，自然资源丰富。

1992年6月4日，哈萨克斯坦共和国确立了国旗、国徽和国歌。国家象征反映了哈萨克斯坦的历史和文化，展现了哈萨克斯坦的独特魅力，表达了公民的自我意识。国旗根据总统令《哈萨克斯坦共和国国家象征》而设计，设计者是尼亚兹别科夫（Шакен Ниязбеков）。国旗呈长方形，旗地为浅蓝色，旗面中间是一轮放射光芒的太阳，其下有一只展翅翱翔的雄鹰，靠旗杆一侧有一垂直竖条，为哈萨克民族的传统装饰图案。太阳、光芒、雄鹰和哈萨克图案全部为金色，浅蓝色是游牧民族的传统颜色，象征和平、宁静、康乐；太阳象征生命、财富和富足，雄鹰象征自由、尊严、勇气和崇高理想。国旗边条上的装饰图案呈羊角状，这种图案在哈萨克斯坦境内从早期游牧时代起就已经相当普及。

国徽根据总统令《哈萨克斯坦共和国国家象征》而设计，设计者是马利别科夫（Жандарбек Малибеков）和瓦利汉诺夫（Шота-Аман Валиханов）。国徽以蓝色和金色为主色，中间是蓝色的毡房天窗，从天窗向四周闪耀金色光芒，毡房两侧是两匹长着翅膀的天马。国徽的上部有一颗五角星，底部饰带上用哈萨克文写着国名"哈萨克斯坦"。毡房的圆形天窗象征天穹、祖先的居所、世界和宇宙。马是游牧民族的生活伴侣，与其物质和精神生活紧密相连。长着翅膀和角的天马，寓意着追求建立强大和繁荣的国家。五角星表达哈萨克斯坦人民希望与世界五大洲的各个国家和人民紧密联系的心愿。

哈萨克斯坦国歌的曲作者是图列巴耶夫（Мукан Тулебаев）和

布鲁西洛夫斯基（Евге́ний Григо́рьевич Брусило́вский）、哈米吉（Латыф Хамиди），词作者是阿利姆巴耶夫（Музафар Алимбаев）、梅尔扎利耶夫（Кадыр Гинаятович Мырзалиев）、摩尔达加利耶夫（Туманба́й Молдагали́ев）、达里巴耶娃（Жадыра Дарибаева）。国歌由三段独唱和合唱组成，分别描写哈萨克斯坦的过去、现在和未来，其中的合唱表达出哈萨克斯坦人民的团结一致。2006年1月，经议会批准诞生了新的哈萨克斯坦国歌。新国歌的曲作者是卡尔达亚科夫（Шамши Калдая́ков），词作者是纳日梅杰诺夫（Жумекен Сабырович Нажимеденов）和总统纳扎尔巴耶夫。

  1992年9月29—30日，第一届世界哈萨克人大会在阿拉木图召开，来自世界33个国家的800多名代表出席大会。会上建立了世界哈萨克人联合会。首届世界哈萨克人大会指出：第一，大会的意义和宗旨是"分散在世界各地的哈萨克人共同分享内心深处关于未来的看法"。在此，年轻和独立的哈萨克斯坦须确定自己对待海外哈萨克人的基本态度和立场。第二，大会的所有材料都强调境外哈萨克同胞是统一的哈萨克民族的代表，"对故乡的难以遏制和无法消除的思念之情是他们身上固有的情感，也是将所有人联系在一起的纽带"。第三，境外的哈萨克同胞较好地保持了自己的民族特性，最好的明证就是"他们对待民族传统的态度总是令人感动。境外哈族细心呵护自己的母语，无论何种条件下都尽力保护她，这是我们民族特别值得骄傲的一件事"。第四，大会认为，"作为承认国际条约和秉承不干涉政策的文明国家，哈萨克斯坦只能在与境外同胞居住国已签署的双边条约的基础上，满足境外同胞的需求和要求"。大会还声明，独立自主的哈萨克斯坦将一如既往地维护境外同胞的利益。

  大会通过一项决议：哈萨克斯坦将致力于创造良好的条件，使每一位哈萨克人，无论居住在哪个国家，都能够感到自己是这个民族的全权代表。纳扎尔巴耶夫总统表示："我们认为，在不妨碍其他国家和民族的权利，并且不需要他们经费的情况下，有必要采取措施保护和发展哈萨克族群。"

世界哈萨克人大会的主要任务是：在思想文化、科学教育和商业领域与生活在故乡之外的哈萨克人建立联系。目前，已实施的项目可分为两类：思想文化和经济。在项目实施过程中，合作方式多种多样，例如，组织有关科学理论与科学实践的会议、国际研讨会、圆桌会议；召开涉及侨民现实问题的研讨会；举办各种文化晚会、展览会（书展、艺术展、应用艺术展等）、体育节等。此外，还在国外组织小型的哈萨克人会议。

1992年12月召开了哈萨克斯坦人民论坛，维护民族和睦与政治稳定成为哈萨克斯坦国内政治发展的主要目标。

第四阶段自1993年1月颁布第一部哈萨克斯坦宪法至1995年3月。在此期间，在这个主权国家发生的重要历史事件是：根据纳扎尔巴耶夫总统1993年11月12日发布的总统令，哈萨克斯坦发行本国货币，自此坚戈成为哈萨克斯坦境内唯一合法的支付工具。总体来说，在该阶段，哈萨克斯坦积极采取措施，确保对外政策得到实施，国际威望大大增强。

1994年3月29日，哈萨克斯坦总统纳扎尔巴耶夫在其首次正式出访俄罗斯期间与莫斯科大学师生会面时，首次提出关于建立"欧亚联盟"的倡议，并将其作为处理中亚国家与俄罗斯和其他原苏联成员国相互关系的战略方针，确定这些国家彼此间的关系原则、合作机制和地缘政治框架。在莫斯科基督救世主大教堂修复期间，纳扎尔巴耶夫总统1997年3月27日向其捐赠产自哈萨克斯坦江布尔州的花岗岩，教堂内有专门为纪念此事而立的纪念碑。

10年之后的2004年4月2日，在阿斯塔纳的国立古米廖夫欧亚大学举行了"欧亚联盟：从思想到实践"国际会议。会议认为，欧亚联盟构想提出后的10年间，尽管世界已发生巨大变化，新世纪出现了新威胁、新挑战、新风险和新机遇，但令人惊讶的是，作为欧亚共同体基础的欧亚联盟思想不仅仍具有强大的现实意义，还增添了新内容。新独立国家参与一体化是客观进程，它与每个主权国家的独立自主原则并不矛盾。欧亚共同体不但已经形成，还历史性地获得生根发展。

第五阶段自1995年3月开始。原因是哈萨克斯坦宪法法院判决最高苏维埃代表的资格不合法，最高苏维埃也因此被解散。

这个阶段的一项重要事件是成立了哈萨克斯坦人民大会。在独立初期局势复杂的情况下，纳扎尔巴耶夫总统曾在1992年12月14日召开的第一届哈萨克斯坦人民论坛上表达出将所有的民族文化社团合并为一个统一组织"哈萨克斯坦人民大会"的愿望，以便让各个民族都能在这里找到属于自己的家园。哈萨克斯坦是单一制的国家，需要一个能够促进民族关系和谐的机制。

1995年2月16日，纳扎尔巴耶夫总统接见多家民族文化社团的负责人。这次接见说明，苏联解体后，一些后苏联国家因民族或族群矛盾而爆发了军事冲突，导致数以万计的人或失去生命，或流离失所成为难民和孤儿[1]。但幸运的是，由于实施了正确的民族和谐和解政策，哈萨克斯坦躲过这些劫难。民族文化社团对此功不可没。为此，总统向这些社团的负责人表示诚挚的谢意。纳扎尔巴耶夫总统指出，为了保持并继续巩固民族和谐，有必要在国内建立一种新的社会机制——哈萨克斯坦人民和谐与统一大会，作为总统下属的咨询和协商机构。人民大会的主要任务是促进哈萨克斯坦各民族的精神复兴和道德发展，并在文明和民主原则基础上，以及在尊重各民族利益的民族政策基础上，塑造民族关系文化。由此，在解决民族矛盾纠纷和问题时寻求政治妥协的办法，以及审议有关涉及民族利益的法律文件等，

---

[1] 根据联合国难民事务高级专员办事处的数据，苏联解体之后的10年间，移民达900万，为第二次世界大战结束以来最大规模的人口迁移。

成为人民大会的主要工作。

民族文化社团是各族群在哈萨克斯坦这个多民族国家内的自发组织形式。通过这些社团，各个族群都能切实地保护和发展自己的特性、历史、文化、语言、风俗和习惯。但是为了能够在全国范围内集中代表和表达各族群的利益，必须建立一个专门的统一机构，即哈萨克斯坦人民大会。

这次总统接见之后不久，哈萨克斯坦各州便启动了首届哈萨克斯坦人民大会的准备工作。各州都建立了基层的人民大会，并从中选出260名代表参加1995年3月24日在阿拉木图举行的首届哈萨克斯坦人民大会。首届人民大会的参会代表来自40个民族文化社团。作为总统下属的咨询和协商机构，在共和国最高苏维埃已经解散的情况下，首届哈萨克斯坦人民大会提议就延长总统任期举行全民公投。全民公投于1995年4月29日举行，95.4%的选民赞成将纳扎尔巴耶夫的总统任期延长至2000年12月1日。

建立哈萨克斯坦人民大会，标志着哈萨克斯坦的民族政策进入制度化建设阶段。实践表明，哈萨克斯坦人民大会是一项真实和有效的公民社会制度，是一项能够将民族团结政策文明实施的措施手段。

国家为哈萨克斯坦人民大会提供了基础设施保障。2003年，在阿斯塔纳召开的第一届"世界和传统宗教领袖大会"上，纳扎尔巴耶夫提出修建和平和谐宫。三年后，著名的英国建筑师诺曼·福斯特（Norman Foster）将其变成现实。2006年9月1日，纳扎尔巴耶夫总统参加了和平和谐宫的盛大开幕庆典，77米高的独特的金字塔形建筑位于阿斯塔纳市的一座人工堆起的山坡上。

第六阶段始于2007年。这一年，在独立的哈萨克斯坦历史上，第一次由人民大会选举产生了议会下院议员。

当年的宪法改革提升了哈萨克斯坦人民大会的地位和职能，使其成为哈萨克斯坦的主要民主机制之一，民族和谐也成为民主宪政的基本原则之一。2007年,人民大会被正式命名为"哈萨克斯坦人民大会",就是这一进程的最好证明。

2008年10月28日,哈萨克斯坦通过《哈萨克斯坦人民大会法》。这是人民大会发展过程中的又一个历史阶段。该法规定了哈萨克斯坦人民大会的形成办法和工作规则,明确人民大会的职能是贯彻国家民族政策,确保哈萨克斯坦的社会政治稳定。

根据此法,人民大会的机构设置包括:代表大会、常设理事会、办事机构(秘书处)、各地分支机构。人民大会的最高领导机构是代表大会,由总统召集,每年至少举行一次。

从2007年开始,除议会下院有9名由人民大会选出的议员之外,在议会上院也有哈萨克斯坦人民大会的代表,即总统经与人民大会协商后任命的6名上院议员。由此,几乎1/10的议员都在为保障各民族利益而发挥重要作用。

哈萨克斯坦人民大会拥有自己的传媒资源,包括全国性的哈萨克语和俄语版的科学信息、文艺和时事评论杂志《友谊》、《我的国家》。哈萨克斯坦电视台有"我的哈萨克斯坦"栏目,专门报道人民大会的活动。人民大会依靠各族群的传媒,建立了记者俱乐部。为开展相关研究工作,人民大会成立了由60多名学者和分析人士组成的专家委员会,并制定了《哈萨克斯坦民族统一的学说》,作为指导人民大会工作的思想纲领。

哈萨克斯坦1995年8月30日根据全民公决结果通过新版《宪法》,当年12月又根据新宪法举行两院制议会选举。纳扎尔巴耶夫总统在其专著《站在21世纪门槛上》(阿拉木图,1996年版)中,总结了哈萨克斯坦独立五年来的独特发展道路,其中第一章《想起不远的过去》分析了苏联解体的原因;第二章《道路的抉择》讲述了哈萨克斯坦为寻找国家发展的"万能药方"所经历的复杂过程,内容不仅涉及从理论和实践上探索政治体制的现代化,还有关于"从议会危机到新宪法诞生"的曲折道路；《东西方之间》一章则详细介绍了哈萨克斯坦对外政策的形成过程。

1996年10月，纳扎尔巴耶夫总统首次正式向哈萨克斯坦人民发表国情咨文。自此，这一在很多总统制国家的习惯做法在哈萨克斯坦得到传承。总统的国情咨文既评估当前局势又展望未来，成为国家的纲领性文件。

1997年，纳扎尔巴耶夫总统发表《哈萨克斯坦——2030：繁荣、安全和全体哈萨克斯坦人民的福利改善》国情咨文，详细分析国家现状，阐述哈萨克斯坦的当前任务和长远目标，包括：国家安全；内政稳定和社会和谐；建立在发达市场经济和高水平吸引外资基础上的经济增长；卫生保健、教育和社会福利；能源资源；基础设施，特别是交通和通信；最小化和专业化的国家机构。

在这个阶段，哈萨克斯坦首都从阿拉木图迁至阿克莫拉（Акмола）。对此，总统、总理和议会上下两院议长1997年12月11日在《哈萨克斯坦真理报》联合发表《告人民书》。文中写道：自1997年12月10日起，阿克莫拉成为我们国家的首都，祖国的心脏在这里跳动；"哈萨克斯坦是欧亚国家，阿克莫拉是欧亚大陆的地缘政治中心之一"。另外，阿克莫拉完全符合一个国家对首都选址的所有要求。文章结尾这样写道："在20世纪富有戏剧性的历史阶段，我们第一次独立自主地确定自己国家的首都。在即将迈入21世纪门槛之际，我们宣布自己的选择，将晴朗天空下的一座位于古老的'萨雷阿尔卡'（Сары-Арка，即哈萨克大草原）① 的城市作为我们的新首都。"1998年5月6日，阿克莫拉更名为阿斯塔纳。

从阿克莫林斯克（Акмолинск）、切利诺格勒（Целиноград，又

---

① 译者注：萨雷阿尔卡（Сары-Арка）是哈萨克语，"黄色山岭"的意思。萨雷（Сары）是金色、黄色的意思，阿尔卡（Арка）是山脊、山岭、山坡的意思。萨雷阿尔卡是位于哈萨克斯坦中部的隆起地区，地势不高（不是崇山峻岭），是传统的哈萨克草原所在地。其北部是西伯利亚草原，东部是伊犁河和额尔齐斯河谷地，西部是咸海，南部是图兰低地。

名"垦荒城")到阿克莫拉和阿斯塔纳,其前身是建于中世纪(公元8世纪)的城市鲍佐克(Бозок),在公元10—11世纪的钦察汗国时期就已成为汗国的政治和文化中心,在公元13—15世纪的蒙古人统治时期以及后蒙古人统治时期也发挥相当重要的作用。俄罗斯地质学家尚金(Пётр Иванович Шангин)在1816年对该地进行考察时曾经提到这座城市遗址。1998年,考古学家阿基舍夫(К. Акишев)在距阿斯塔纳5公里的伊希姆河左岸的河滩谷地、卡拉奥特克利渡口（Караоткель）的西南方发现了该城市遗址。在卡拉奥特克利浅滩区域内,共发现20多处突厥汗国的居民点和城市,说明该地区在哈萨克草原历史上曾在政治、文化和经济等领域发挥过重要作用。鲍佐克古城遗址由三部分组成：中心部分包括住宅小区,周围有护城河和围墙；北部是住宅和生产场所；南部是墓葬区。城内建有水利灌溉系统。

在向真正的主权国家迈进的道路上,哈萨克斯坦曾遇到一系列困难：经济危机、社会局势紧张、居民生活水平下降、失业、环境恶化、犯罪高发等。为了克服这些困难并在国际社会上获得应有的地位,需要调整经济结构,发展现代化的科学密集型产业,在机会均等原则基础上建立社会导向型市场经济,推进私有化改革,实行价格自由化,制定完善的投资政策,建立法治国家和公民社会制度,发展文化、教育和科学。

联合国开发计划署从1990年开始每年发布《人类发展报告》。人类发展指数成为经济社会进步的新衡量标准。人类发展指数根据一系列指标来确定：居民人均收入、健康状况、环境状况、人均寿命、教育、信息的可获得性等。从指标体系看,人类发展指数主要分为经济、卫生和教育三大方面。1995年,《人类发展报告》在哈萨克斯坦首次发布。

据联合国开发计划署数据,苏联解体后,哈萨克斯坦的人类发展指数也随之下降。例如，1991 年的下降原因中，84% 由于经济下行，13% 由于人均寿命降低，3% 由于教育程度下滑。从 20 世纪 90 年代中期开始，哈萨克斯坦的人类发展指数开始上升。根据联合国开发计划署的指标体系，人类发展指数低于 0.5 的国家属于经济社会不发达国家，包括中部非洲、一些面积较小的岛国、巴基斯坦和印度等；人类发展指数为 0.5—0.799 的属于中等发展水平国家；人类发展指数为 0.8 及以上的为发达国家。发达国家中又包括工业发达国家和资源丰富国家，如石油输出国。依照这个标准，1996 年哈萨克斯坦的人类发展指数为 0.7，其中阿特劳州的指数为 0.813，曼吉斯套州为 0.835，阿拉木图为 0.844。指数提升是哈萨克斯坦经济社会状况得到改善的明证，也与民众对 20 世纪 90 年代中期的感受相符。

1999 年，纳扎尔巴耶夫总统专著《在历史长河中》出版发行。书中讲道："我们正在建设多民族国家，所有人都拥有平等的权利和机会。在这方面，总统作为宪法的保证人，有义务对全体哈萨克斯坦人民负责，对 130 个民族负责"，"我们必须努力利用下一个急转弯道，将民族文化的庞大身躯重新融入历史长河中。这一任务要求我们必须吸取过去的深刻教训。在这条宏大澎湃的现代化道路上前进，过去的陈旧办法已不再适用。否则，我们就可能在寻找过去的过程中错失未来"。

这本书阐述了与哈萨克斯坦的过去和现在有关的八个重要问题：保护本民族特性中的"我"；哈萨克草原是伟大突厥国家的一部分；文化的前景；阿拉什（Алаш）① 的继承及其现代化；民族认同；极权主义和民族主义；中亚国家的独立和历史教训；历史轮回和民族记忆。

---

① 译者注："阿拉什"是突厥语音译，哈萨克人的共同祖先的名字，是哈萨克汗国形成前哈萨克人对自己的自称（即 15 世纪前），相当于中国的"炎黄"。中国人称自己是炎黄子孙，哈萨克人称自己是阿拉什的后代。传说阿拉什有三个儿子，其家族分别是后来的大、中、小三个玉兹。

1999年，哈萨克斯坦进行了独立后首次人口普查。苏联时期，哈萨克斯坦境内的哈萨克族人口比重不断下降，俄罗斯族人口大量增加，国家的多民族性越来越强。根据1989年苏联最后一次人口普查数据，苏联解体前夕，在哈萨克斯坦总人口中，哈萨克族占39.7%，俄罗斯族占37.8%，其他民族占22.5%。

在此应当指出，哈萨克斯坦独立后所继承的该多民族结构主要形成于苏联时期，基本来自各种形式的被迫迁徙移民，包括被驱逐出境等残酷方式。生活在哈萨克斯坦的大部分民族当初都是在复杂的高压环境下被迫移民至此。尽管自己同样身处艰难，但好客的哈萨克土地和慷慨的哈萨克人民依然接纳了他们。经历了"小十月革命"① 期间大饥荒的哈萨克人民，让出自己的食物和住处，给予这些移民帮助和支持，使他们不仅能够活下来，还保留了自己的民族特性以及对未来的信心。这些心存感激的民族不会忘记这一切，也正是这些历史记忆铸就了哈萨克斯坦民族团结统一的基础。

根据1999年人口普查结果，与1989年的1619.9154万人口数量相比，哈萨克斯坦总人口为1495.3131万人，减少124.6023万人。与此同时，哈萨克族人口数量在10年内增长22.9%，从649.6858万人增至798.5039万人，增加148.8181万人，在全国人口中的比重也从40.1%增至53.4%。

根据2009年第二次人口普查结果，哈萨克斯坦总人口为1600.48万。各民族人口数量分别为：哈萨克族1009.86万人，俄罗斯族379.7万人，乌兹别克族45.72万人，乌克兰族33.32万人，维吾尔族22.31万人，鞑靼族20.33万人，日耳曼族17.82万人，其他民族71.42万人。

---

① 译者注："小十月革命"（Малый октябрь）是指苏联1926—1927年在哈萨克斯坦实施的一系列整顿哈萨克族精英、改造游牧社会、建立苏联体制的措施，由时任哈萨克共产党第一书记戈洛晓金（Филипп Исаевич Голощёкин）提议并实施。一些知名的哈萨克知识分子被抓，农业集体化加速发展，国家的控制力加强。

1999 年成为哈萨克斯坦民主进程的重要里程碑。从这一年起，哈萨克斯坦议会下院首次实行政党比例选举制度。在议会下院的 77 个席位中，有 10 个席位根据政党比例制选举产生。各政党第一次获得了直接争夺议会席位的机会。政党名单上登记了 84 名候选人，来自 9 个政党，分别是：人民大会党（Народный конгресс）、复兴党（Возрождение Казахстана）、劳动党（Республиканская политическая партия труда）、祖国党（Республиканская партия Отан）、共产党（Коммунистическая партия）、阿扎马特党（Азамат）①、公民党（Гражданская партия）、农业党（Аграрная партия）、阿拉什党（Национальная партия Алаш）。

根据投票结果，共有 4 个政党获胜：1999 年 2 月在阿拉木图举行成立大会并获得总统候选人纳扎尔巴耶夫支持的祖国党得票率为 30.89%，在议会下院占 4 个席位；成立于 1991 年 10 月的哈萨克斯坦共产党得票率为 17.75%，占两个席位；1999 年 3 月注册的农业党得票率为 12.63%，占两个席位；1998 年 11 月在阿克纠宾斯克市成立的公民党得票率为 11.23%，占两个席位。

哈萨克斯坦宣布 2000 年是"支持文化年"。

2001 年，美国发生了震惊世界并从根本上改变人类命运的事件。美国东部时间 9 月 11 日 8 点 45 分，一架客机撞上纽约世贸中心两座 110 层高楼中的一座。9 点 3 分，第二架客机撞到世贸中心的另一座高楼上。9 点 45 分，第三架飞机撞击了华盛顿的五角大楼。在华盛顿政府大楼里的工作人员（包括白宫和国会大厦）开始疏散。这场震惊世界的恐怖主义行为表明国际恐怖主义开始了与人类文明社会的斗争。

"9·11"事件发生后，纳扎尔巴耶夫总统立即以哈萨克斯坦人

---

① 译者注："阿扎马特"（Азамат）是阿拉伯语音译，通常作为男性穆斯林的名字，意思是伟大、宏伟。

民及其个人的名义致电美国总统,就美国人民所遭受的灾难表示深切慰问。9月12日晨,纳扎尔巴耶夫总统召集总理和其他主要部门负责人,听取他们关于加强安保措施的汇报。

为反击针对美国的恐怖活动,2001年10月7日,美国开始在阿富汗实施反恐怖行动。当天晚上,美国国务卿鲍威尔受小布什总统委托,致电纳扎尔巴耶夫总统通报此事。依照鲍威尔所言,此次行动的目的是摧毁基地组织的组织网络和军事设施,消灭其领导人。哈萨克斯坦则明确表达了自己的立场,用纳扎尔巴耶夫总统的话说:"我们是反恐联盟的成员。"

2001年是哈萨克斯坦成立10周年。在筹备这一庆典的过程中,发生了一系列重要事件,其中包括9月22日教皇约翰·保罗二世(Папа Римского Иоанна Павил Ⅱ)对哈萨克斯坦进行国事访问。这次访问对中亚地区非常重要,因为天主教会的领袖在全世界的信徒中享有声望。

2001年12月16日,在阿斯塔纳举行了纪念国家独立10周年庆祝集会。纳扎尔巴耶夫总统在题为《十年相当于一百年》的演讲中指出:"毫无疑问,这10年来我们走过了相当于过去几个10年所走的路。我们赢得了独立,共同建立了新国家。我们历尽艰辛捍卫了国家的独立并对此有了更深刻的认识。"

2002年被确定为"健康年"。政府为此开展了下列活动:为尽可能多的公民提供预防性医疗检查;改善地方卫生防疫状况;让儿童和青少年能够休息和健康休闲;提高初级医疗卫生服务;打击吸毒、酗酒和吸烟;确保卫生领域的有效监管等。

建立人权监察机构是国家法律体系改革的重要一步。国际最流行的人权监察模式是:监察员有权对侵犯人权的事实进行调查并就消除其后果提出正式建议。实行人权监察制度,表明哈萨克斯坦在保护公民人权问题上的态度。

哈萨克斯坦领导人早在1995年就提出建立人权监察制度的想法。总统下属的人权委员会和联合国开发计划署对建立这项制度起到关键作用。1998—1999年，在阿斯塔纳和阿拉木图举行了一系列人权问题国际会议。在这些重大活动期间，国内政治活动家和法学家结合哈萨克斯坦国情，讨论了有关建立新机构的问题。2002年8月，纳扎尔巴耶夫总统在庆祝宪法颁布7周年的讲话中指出：人权监察机构存在于民主国家，哈萨克斯坦在不久的将来必须建立该机构。2002年9月19日，哈萨克斯坦根据总统令组建了国家人权监察机构，旨在保护人权免受国家公职人员的侵犯；为立法和执法提供保障，以及制订和实施教育方案。

人权监察员的工作原则是公开、公正和客观。此原则在相关法律中得到切实体现，即哈萨克斯坦所建立的人权监察制度符合《巴黎原则》（《关于促进和保护人权的国家机构的地位的原则》）的规定。

哈萨克斯坦总统经与议会代表协商之后，依法任命了人权监察员。法律规定，监察员独立行使权力，不得对其活动进行任何干涉；为保障其独立性，监察员不向任何人汇报工作。

人权监察员拥有广泛的权力来保护和促进人的权利和自由。"人"不仅包括哈萨克斯坦公民，还有国内依法管理的外国公民和无国籍人士。在自己的工作范围内，监察员有权进行下列活动：（1）就侵犯人权行为进行必要的调查，包括：紧急面见各级国家公职人员，索要并获得一切必要信息；自由进入包括军队和拘留所在内的任何国家机关的办公地点。（2）就恢复被侵犯的人权向国家公职人员提出建议。国家公职人员必须在一个月内就所采取的措施进行答复。（3）按照规定程序在媒体公布自己的调查结果。（4）在必要情况下，监察员可直接约见哈萨克斯坦总统、议会和政府。（5）推动国家立法工作，确保其符合国际标准。（6）促进国际合作。（7）通过制订教育方案、组织宣传和其他形式的活动，鼓励和促进人权。

2003年，纳扎尔巴耶夫总统的专著《转折的十年》面世。书中写道："形象地说，世界画面和世界秩序变化得如此之快，以至于艺术家和鉴赏家根本来不及调制政治理论和社会理论的颜料……为了增加色调，必须引进新的概念，其中意义最大和最普遍的是'全球主义'和'国际恐怖主义'。"《转折的十年》分析了上述现象，并阐述了哈萨克斯坦乃至全世界在形势快速变化条件下的发展问题。

纳扎尔巴耶夫在谈到全球化进程时强调：对一些人来说，这是"新的巴比伦王国"①，一个让民众更加分化的力量，但对另一些人来说，这是一种"统一场理论"，能够团结各方力量并考虑他们的利益。换句话说，对于反对者而言，全球化是新殖民主义、新西方化和新现代化，是这些旧现象的新称呼；对于拥护者而言，他们拿出实质性的论据和直观的证据，认为全球化能够促进落后地区的科技和社会进步。纳扎尔巴耶夫认为哪种观点是正确的呢？针对这个问题，他的答案是"真相通常隐藏在背后"。"全球化将一些人推回到石器时代，但也给另一些人带来生活能量和日益繁荣。全球化已走进我们的生活，它究竟是起积极还是负面作用，最终取决于我们自己，取决于我们能否从思想上和制度上保障民众追求和谐与富裕。很大程度上（如果不是全部）取决于一系列因素，如文化潜力、历史传统、经济状况、资源禀赋、处世态度、现实感悟等。"

纳扎尔巴耶夫总统在谈到有关迅速而残酷地进入我们日常生活并抢夺国际话语权的国际恐怖主义时，认为这是国际社会因政治、社会和经济发展不平衡而患上的慢性病。他指出："恐怖主义是一场战争。与所有战争一样，我们是反恐联盟的成员。"2001年9月11日，一场所谓的"不对称"战争震惊了整个世界。国际恐怖主义作为一

---

① 译者注：巴比伦王国是大约公元前19世纪至公元前8世纪（大体相当于中国的夏朝至春秋时期）在美索不达米亚地区（底格里斯河与幼发拉底河之间的两河流域）建立的国家。由于没有天然屏障，四周往来方便，产生了多样文化发达的古巴比伦文明，后因内乱、阶级斗争、外族入侵而逐渐衰退亡国。

股新的地缘政治势力，以最骇人听闻和残酷的方式出现在世人面前，让人们第一次感受到，敌人已在全球范围内存在。这些敌人能够带来死亡和毁灭，他们为达到不可告人的目的而不择手段：他们不承认国际法，国家边界不能阻止其活动或让其有所收敛；他们不惧怕"和平的捍卫者"，无论这些捍卫者有多么强大。书中专门开辟一章《恐怖的帝国和恐惧的言辞》，对恐怖主义和反恐斗争等问题作出详细分析。

鉴于伊斯兰教与"文明冲突""世界大战""宗教对抗"（如基督教和伊斯兰教）等现象之间的关系已被当今世界的一些政治家说成"具有完整的逻辑证明体系和可靠的理论基础支撑"。纳扎尔巴耶夫在书的第二章《宗教中不存在极端主义》中写道："在当代大众媒体中，甚至在个别政治家的公开声明中，越来越经常和顽固地出现一个包含新含义的概念，即所谓的'伊斯兰威胁'。"对此，纳扎尔巴耶夫用最原始的基础原理来反驳："对于所有人来说，宗教不是征服的手段和动机，而是生存的手段和动机。"[1]

接下来的一章叫作《关注领域》，专门讨论毒品这个让当代世界和所有国家都饱受折磨的问题。纳扎尔巴耶夫总统在书中引用了令人可怕的数据："在21世纪之初的今天，地球居民中有1.42亿人经常和主动吸食大麻，3050万人用安非他明和合成毒品麻醉自己，1340

---

[1] 译者注：纳扎尔巴耶夫认为伊斯兰教本身是非常好的宗教，反对那些认为伊斯兰教是造成文明冲突、宗教对抗和世界战争等不稳定现象的原因的观点。纳扎尔巴耶夫在《转折的十年》的第二章《宗教中不存在极端主义》中写道："至于认为恐怖主义根植于这种或那种宗教的说法，完全不值一驳。原因很简单，因为恐怖主义是一种手段，所有的意识形态都可以利用它。除伊斯兰教有恐怖主义现象外，应该说天主教也有，在北爱尔兰也有此倾向，分裂主义也往往包括宗教内容……在当代大众媒体中，甚至在个别政治家的公开声明中，越来越经常和顽强地出现一个包涵新含义的概念，即所谓的伊斯兰威胁。显而易见，这个组合词从直观看已具有全新内容，某种程度上还带有全球化的意味。大家是否发现，此处说的已不是个别的宗教极端主义、分裂主义或恐怖主义，而是直接来自作为宗教流派本身的伊斯兰教的威胁。威胁不是来自个别的宗教狂人或极端组织，而是来自整个宗教流派，那些在亚洲、欧洲、非洲、北美和其他大陆许多国家被几十亿民众信奉的宗教流派。实际上，概念已被偷换，新概念被植入十分可怕的、危险的内涵，带有完全不可预知的后果。"

万人吸食可卡因，800万人在海洛因和阿片剂的控制下失去人形。"摇头丸、精神药物和其他新型毒品（现在已知的就有130种毒品、120种精神药物和18种毒品前体）让形势愈加严峻。

随着2001年9月11日开始国际反恐行动，里海作为基督教、伊斯兰教和佛教的三角区，在当代世界的重要性大大增强。也就是说，这个地区不仅汇集了所有的世界文明和宗教，还蕴藏着大量能源和生物资源。据估计，里海地区已探明的石油储量为40亿—60亿吨，占世界储量的3%。目前，该地区的石油开采量占世界全部开采量的1.5%，占中东地区全部开采量的4%。2010年前夕，里海地区年石油开采能力达到1.5亿—2亿吨，相当于中东国家这一时期开采能力的12%。包括美国、俄罗斯、中国、土耳其、伊朗和其他波斯湾国家在内的几大力量中心的至关重要的利益在里海地区交互碰撞。为此，纳扎尔巴耶夫总统在书里用专门的一章《世纪之交的里海》，讲述了德士古—美孚、BP阿莫科、壳牌、雪佛龙等美国和西欧的跨国公司以及东南亚和中东国家的企业在哈萨克斯坦的投资经营活动，介绍了新的国际交通和通信项目，例如欧洲—高加索—亚洲交通走廊（TpaCEKA）、南北运输走廊（Север-Юг）、欧洲陆地光缆（TAE ВОЛС）和里海管道联盟（KTK）等。书的最后一章名为《安全道路》，针对现实情况和当今时代要求，提出具体的建议和措施，极大地丰富了"集体安全"的概念和表现。

2003年2月13日，首届"国际和平与和谐大会"在阿拉木图开幕。这次会议是具体落实纳扎尔巴耶夫总统关于切实推动不同民族和文明间开展交流对话的倡议的措施。纳扎尔巴耶夫总统被选为大会主席。参加会议的嘉宾有：吉尔吉斯斯坦总统、塔吉克斯坦总统、土耳其、阿塞拜疆和阿富汗的政府高级代表、外交官、国际组织领导人、著名社会政治活动家等。美国、土耳其和乌克兰的总统，以及以色列总理和多位美国参议员向大会和纳扎尔巴耶夫总统发来贺电。纳扎尔巴耶夫在讲话中强调，会议的目的是"建立不同国家、宗教、文化和文明间的公开对话，使我们这个身处复杂时代的世界变得更安全"。大会最后通过了《走向和平与稳定》的联合宣言。

2003年3月，世界局势再次紧张。当年3月20日爆发伊拉克战争。鉴于此，哈萨克斯坦总统要求政府内阁和各部门负责人采取以下措施：首要任务是保障哈萨克斯坦公民的安全；对战略设施加强防护；提高边界和领空的警戒；关注生态环境的监测工作，特别是里海地区的生态；建立经济保护机制，考虑到能源出口对国家具有特殊意义，须采取措施应对国际原料市场价格大幅波动的影响；制定各种预防措施，防止国内局势恶化。同时，哈萨克斯坦领导人明确表明自己的立场，同意在安全和反恐等问题上与国际反恐联盟合作，并愿意参加伊拉克的重建工作。

为了在经济多元化和现代化基础上保障国家稳定发展，以及为增加有竞争力的产品生产和扩大出口创造更好条件，2003年5月17日经总统批准，颁布了《2003—2015年工业创新发展战略》。该战略是2015年前的国家经济政策，旨在通过经济多元化以及将资源型经济转向发展加工业等方式，保障国家稳定发展。

工业创新发展战略的主要任务是：（1）加工业产值年均增长率达到8%—8.4%，劳动生产率2015年相比2000年提高至少3倍；单位GDP能耗下降50%。（2）提高加工业固定资产的利用率。（3）创造有利于经营环境的社会机制，丰富社会机制的结构和内容，促进私营经济发展，提高竞争优势，鼓励企业掌握各具体生产环节的附加值要素，以便获得最大附加值。（4）推动建立出口导向型的技术密集产业和高科技产业发展。（5）发展多元化出口潜力，增加高附加值的货物和服务出口，加快向国际质量标准过渡。（6）发展与区域经济和世界经济的一体化，融入世界科技和创新进程。

成功实施工业创新发展战略，可以促进哈萨克斯坦经济结构发生根本性转变，使国家能够在有效利用人力资本、生产资本和自然资本的基础上获得稳定发展，同时推动哈萨克斯坦在社会发展和稳定方面达到新高度。

2003年9月23—24日，第一届"世界和传统宗教领袖大会"在阿斯塔纳召开，继续落实推动哈萨克斯坦关于世界对话和世界稳定的方针。

2003年，哈萨克斯坦与俄罗斯的友好关系又获得了新动力。当年2月17—18日，哈萨克斯坦总统纳扎尔巴耶夫访问莫斯科。访问期间，两国总统出席俄罗斯的"哈萨克斯坦年"开幕仪式。2004年1月9日，俄联邦总统普京正式访问哈萨克斯坦首都阿斯塔纳。在两国总统相聚的庆典上，普京总统宣布哈萨克斯坦的"俄罗斯年"开幕，举办"俄罗斯年"的目的是"巩固双方关系的积极趋势，维护业已形成的友好气氛"。2003年俄罗斯举办的"哈萨克斯坦年"扩大了两国在地方、企业以及科教文化机构之间的业务往来，巩固了俄罗斯与哈萨克斯坦的友好联盟关系。

2004年是哈萨克斯坦文化政策发展的重要一年。1月13日，纳扎尔巴耶夫总统批准了《国家文化遗产计划》，目的是"发展思想和教育领域，确保国家文化遗产得到完好保存和有效利用"。《国家文化遗产计划》分两个阶段实施：第一阶段为2004—2006年，第二阶段为2007—2009年。主要内容有：重建重要的历史和建筑古迹；建立完整的文化遗产研究体系，包括当代民族文化、民俗学、民族传统和风俗等；总结已传承多个世纪的民族文化和文献，建立详细分类的艺术和科学系列；参考世界最优秀的科学思想、文化和文学成果，用国语为人文教育创作完整的基础材料和教材。借助该计划的实施，哈萨克斯坦出版了一系列历史研究书籍，包括两卷本《哈萨克斯坦的历史来源》、10卷本《俄罗斯文献中的哈萨克斯坦历史资料》《国外文献中的哈萨克斯坦历史》和《世界历史思想》等。

2004年1月31日，阿萨尔党（Асар）① 召开第一次全国大会，约有700名来自各地的代表参会。该党在注册之日有7.7万名成员，在大会开幕之日有9万多名成员。根据党主席纳扎尔巴耶娃（Д. Назарбаева）的报告，该党获得的最大成就是在国家议会和塔拉兹、卡拉干达、阿特劳和阿拉木图等州议会中建立了阿萨尔党团。党的政治和思想基础是根据纳扎尔巴耶夫总统提议而制定的"哈萨克斯坦2030年战略"。在谈到该党的任务和前景时，纳扎尔巴耶娃宣布阿萨尔党的主要活动方向之一，是将哈萨克斯坦建成真正的社会国家。该党的出版物有哈萨克语版和俄语版的《阿萨尔—时代》（Асар-Заманы）和《阿萨尔—哈萨克斯坦》（Асар-Казахстан）。

2004年2月6日，哈萨克斯坦垦荒50周年纪念大会在阿斯塔纳召开。纳扎尔巴耶夫总统发表演讲，题为"得到发展的荒地是友谊和团结的象征"。在谈到垦荒的历史意义时，他强调"这是20世纪的一项宏伟社会经济工程，世界史上没有其他工程可与之相比"。总统指出："由于开发荒地，哈萨克斯坦许多地区的经济、教育、卫生和文化状况在短时间内得到改观，培养了大批干部，造就了科学潜力。"这项工程的主要成就是："由于这些垦荒者的工作，一劳永逸地解决了苏联卫国战争后一直困扰我们的面包问题。"纳扎尔巴耶夫认为："垦荒是养活我们整个国家的明智想法，它成功了，变成了现实。"在报告的结尾，纳扎尔巴耶夫总统表示："无须宣扬也无须公告的事实是，我们的农民每年可从垦荒地收获1200万—1500万吨粮食。对我们来说，年产10亿普特②已经习以为常，而且这还不是全

---

① 译者注："阿萨尔"（Асар）为哈萨克语音译，意思是互助、不求回报的帮忙等。阿萨尔党由纳扎尔巴耶夫总统的大女儿达莉娅·纳扎尔巴耶娃（Дарига Нурсултановна Назарбаева）2003年创建，2006年并入纳扎尔巴耶夫总统领导的祖国党。

② 译者注：普特（пуд），俄国旧重量单位，相当于16.38公斤。10亿普特大约是1638万吨。

部所得。我们的粮食出口量基本稳定在每年 400 万—500 万吨。我们的粮食生产能力巨大，可播种面积为 1600 万—1700 万公顷，每年可产粮 2000 万吨。"

2004 年 3 月 19 日，纳扎尔巴耶夫总统向哈萨克斯坦人民发表例行国情咨文，题目是《建设有竞争力的哈萨克斯坦、有竞争力的经济、有竞争力的国家！》。国情咨文阐述了 2005 年的国家内政外交政策。在谈到当前局势时，总统强调，当前经济形势已发生积极变化，例如，GDP 规模在最近 4 年内总体增长近 50%；自国家独立以来，2003 年加工业的产值增速首次超过采掘业增速，仅机械制造业的产值增速就超过 20%。

国内养殖业成绩斐然，家畜数量稳定增加，肉、蛋、奶产量增加了 17% 还多。哈萨克斯坦不仅能够满足自己的粮食需求，还出口 500 多万吨粮食。农产品加工量在 2003 年实际增长了 99.5%。

由于社会经济发展，哈萨克斯坦的主要指标超过东南欧国家，已非常接近中欧的许多国家。

在后苏联空间、里海和中亚地区，哈萨克斯坦的影响和威望得到巩固，国家在世界政治和经济版图上的地位大大提高。

关于发展前景，总统在国情咨文的标题中就已提出"三位一体"的任务。为了实现这个任务，必须建立有竞争力的经济，进一步推进经济的自由化和非官僚化，加大开放力度，实施工业创新发展战略，实现农村发展规划，发展基础设施建设。

根据纳扎尔巴耶夫总统的设想，提高民族竞争力必须解决所有哈萨克斯坦人关心的住房、教育和卫生等问题。为此要完成的任务是：落实住房建设新政策，实施重大的系统性的医疗卫生改革，将教育系统提高到国际水平。显然，社会问题始终是需要优先解决的问题。

发展国家的竞争力，就是要提高哈萨克斯坦在国际舞台上的地位和威望，提高解决国内居民所面临紧迫问题的能力和国家服务的质量。

2005年2月18日，纳扎尔巴耶夫总统在阿斯塔纳的议会两院联席会议上，向哈萨克斯坦人民发表了年度国情咨文《哈萨克斯坦走在经济、社会和政治加速现代化的道路上》。国情咨文的核心内容是确定了国家在2010年前对内对外政策的主要方向，为今后加快发展提出了具体规划。整个文件围绕一个思想，即国家的经济和政治发展已进入一个全新阶段，进一步现代化和民主化任务已提上日程。

在为现阶段规定目标任务之前，纳扎尔巴耶夫总统回顾了过去："哈萨克斯坦在开始走上主权之路时，国内经济社会和政治形势危急，经济萧条，财政空虚，政治制度落后，我们在世界上不受重视，国际社会关心的只是我们的核力量。现在，我们的本国货币已发行了10年，经济独立成为现实。我们的宪法业已颁布10年，国内局势变得稳定，经济得到繁荣。"

纳扎尔巴耶夫总统指出：独立以来，哈萨克斯坦人的生活发生了根本变化。体现在哪里呢？我们创建了有效运行的市场经济；衡量居民生活质量的主要指标大大提高，根据世界银行的分类，如今的哈萨克斯坦已经进入中等收入国家行列。在我们的历史上，第一次创建了独立的国家，这个国家建立在西方民主原则上，吸取了东亚先进国家的经验，并考虑到多民族国家和多元化社会的特点。哈萨克斯坦成为受国际伙伴尊重的地区领头羊，是打击恐怖主义、打击贩毒和防止核武器扩散领域的国际斗争的积极参与国。在国情咨文的结语部分，纳扎尔巴耶夫总统强调："如今，哈萨克斯坦已经成为世界上发展最快的国家之一，这一点已经得到大家的公认。"

《我们走向何方？》这一部分是国情咨文的最主要内容。这部分既展望哈萨克斯坦的未来，又指出今后的努力方向。有哪些方向呢？文章说得非常清楚和具体，即巩固国家体制，将哈萨克斯坦发展成为现代化的、民主的和法治的国家；确保国内和地区的长期稳定；促进区域和国际合作；按照全球化的要求加快经济发展，开发新技术，重点发展非原料部门；发展能够适应 21 世纪要求的教育、职业培训和社会领域；继续建设公民社会，保障公民的权利和自由；继续发扬哈萨克人的道德和精神价值观；保障信仰自由和宗教和谐；反对腐败；与各种形式的恐怖主义、毒品和极端主义展开全球性的斗争；发挥哈萨克斯坦作为欧亚两大洲联系枢纽这一独一无二的地缘政治优势，维护本国和国际社会的利益。

纳扎尔巴耶夫总统在结尾部分说道："我们应当建设一个能够让各种潜能得到充分发挥的社会。在已有基础上，我们现在面临着加快前进的最佳时机。这条路，就是带领哈萨克斯坦迈进世界繁荣和发达国家行列的道路。"

总统选举是 2005 年的标志性事件。选举在当年 12 月 4 日举行。中央选举委员会确认了 5 位总统候选人资格。法律要求所有总统候选人都应通过国语考试。根据选举结果，纳扎尔巴耶夫获得 91.15% 的选票。哈萨克斯坦人民再次以自己的行动证明他们支持纳扎尔巴耶夫总统实施的政治和社会经济改革。

建立一个拥有新的疆界、新的国家机关、军队和金融体系的年轻主权国家，是哈萨克斯坦独立后需要解决的重大且刻不容缓的任务。伴随这个建设过程的是政治经济制度发生根本变革，以及意识形态、文化和整个生活方式的调整变化。历史证明，这些变化中的每一项都需要整整一个时代来完成。但在当前条件下，它们只能在同一时间段和同一空间内发生。为此，需要采取不同寻常的方式方法，以保证在这个历史时期不仅能够生存下去，维护国家的独立，还要为未来发展打下坚实基础。

二 2006—2012 年哈萨克斯坦的发展

2006 年，纳扎尔巴耶夫总统在向哈萨克斯坦人民发表的国情咨文中提出了具体的战略目标：2030年前进入世界50个最发达和最具竞争力的国家之列。为了实现新的飞跃，实施新的战略目标，需要制定主要的竞争力标准。

（一）国家的现代化——加快工业创新发展

国家的现代化，即达到国际上文明社会的先进标准而进入全新发展阶段。"拥有竞争力的国家"和"智慧国家"是哈萨克斯坦国家现代化的重要标准。从成为主权国家伊始，这两个标准就成为哈萨克斯坦国家现代化的基础。例如，1993年11月5日，纳扎尔巴耶夫总统批准设立总统奖学金"博拉沙克"①并拨款，用于资助大学生在国外接受高等教育，以便他们进一步积累经验，更好地服务于国家。

在该奖学金资助下，大学生们得以在世界32个国家的630所领先教育机构学习。"博拉沙克"计划现已培养了两万多名年轻专家，许多毕业生都在哈萨克斯坦的经济、国家管理和其他领域的关键岗位工作。哈萨克斯坦总统在2004年国情咨文《建设有竞争力的哈萨克斯坦、有竞争力的经济、有竞争力的国家！》和2005年国情咨文《哈萨克斯坦走在经济、社会和政治加速现代化的道路上》中，均提出关于国家现代化的任务，旨在提高国家竞争力。2006年国情咨文确定了"哈萨克斯坦进入世界最具竞争力的50个强国行列"的战略，2010年制定了《智慧国家——2020》国家计划。

在人民生活水平得到提高和社会经济发展取得一系列成就的基础上，哈萨克斯坦的主要指标已非常接近中欧的一些国家。按照世界银行的标准，哈萨克斯坦的收入水平已进入中高等国家行列。

根据联合国开发计划署发布的《人类发展报告》，哈萨克斯坦的人类发展指数2006年为0.744，2007年在世界117个国家中排第73

---

① 译者注：博拉沙克（Болашак）是哈萨克语音译，意思是"未来"。"博拉沙克"总统奖学金是哈萨克斯坦政府设立的精英培养计划。

位。2007年人类发展指数领先的国家有冰岛、挪威、澳大利亚、加拿大和爱尔兰。挪威曾连续多年排名世界第一，但在2007年让位于冰岛。瑞典排第6位，瑞士排第7位，日本排第8位，法国排第10位，芬兰排第11位，美国排第12位，英国排第16位；在原苏联国家中，乌克兰排第76位，亚美尼亚排第83位，格鲁吉亚排第96位，阿塞拜疆排第98位，土库曼斯坦排第109位，摩尔达维亚排第111位，乌兹别克斯坦排第113位，吉尔吉斯斯坦排第116位，塔吉克斯坦排第122位。

专家们认为，人类发展指数是哈萨克斯坦进入世界前50强国家行列的评价标准之一。按照联合国开发计划署的预测，哈萨克斯坦很快就能进入"高人类发展水平"的国家行列。为此，哈萨克斯坦须保持人均GDP高速增长（高于9%），因为足够高的GDP总值能够使其人类发展指数迈过0.8门槛，进入"高人类发展指数"国家行列。

在联合国开发计划署2007—2008年度《人类发展报告》中，哈萨克斯坦的人均GDP为7857美元，在独联体国家中排第3位；按照全国人口中5—24岁居民的入学率指标，哈萨克斯坦为93.8%，排第1位。

2010年2月1日，哈萨克斯坦通过根据总统倡议而制定的国家纲要《智慧国家——2020》，旨在"用新思想体系培养教育国民，使哈萨克斯坦成为拥有竞争力的人力资本的国家"。它的主要内容包括三个方面：一是教育体系的创新发展，让年轻人不仅掌握，更要创造新知识；二是信息革命；三是青年人的思想教育。考虑全球化进程对青年人的影响，针对年轻一代加强民族文化价值观和道德观的教育。

在按照长期战略规划"哈萨克斯坦——2030"继续发展之际，关于哈萨克斯坦在国际社会的竞争力问题也提上日程。

国家竞争力首先取决于该国的教育水平。毋庸置疑，若想与国际教育体系完全一体化，必须将国内教育体系提高到国际水平。

2010年12月7日，纳扎尔巴耶夫总统在纳扎尔巴耶夫大学发表演讲《科学与知识的创新产业：哈萨克斯坦21世纪的战略资源》。他指出，哈萨克斯坦必须拥有科技产业和知识产业，必须拥有能够独立培养国际水平专家的能力。总统还强调："全国正在实施创建20所培养天才儿童的智力学校的计划，可使孩子们深入学习数学和自然科学等课程。"根据联合国教科文组织的数据，2009年，在世界129个国家的教育发展指数排名中，哈萨克斯坦排第1位。

现代化是国家政策的中心环节。人民福祉是国家和民族进步的主要条件。21世纪的创新和科学发明关系国家的未来腾飞。哈萨克斯坦应当成为这样的国家，即在这里，勇敢的创新活动可在科学实验室和现代生产过程中获得活力并被输入新鲜养料和血液。为此，需要确定"100个完全创新项目"，从中挑选出10个最有前景的项目并在未来20年时间里倾尽全力去实施。这应当成为哈萨克斯坦开足马力前行的动力，也是在国内形成一个能够影响国家发展的创新群体的关键。在21世纪第3个10年开始之初，我们必须创造各种条件，使哈萨克斯坦进入世界工业发达国家之列。

为实现这一任务，哈萨克斯坦领导人制定了一系列国家纲要和战略规划，基本的纲领性文件包括：《2020年前国家发展战略规划》（由2010年2月1日的总统令批准）和《2010—2014年加快工业创新发展国家纲要》（由2010年3月19日的总统令批准）。

纳扎尔巴耶夫总统在2011年度国情咨文中指出："1991年12月，在将国家稳定和独立确定为自己的战略目标之后，我们开始前行，为每一个新阶段都制订了新的发展计划。我们为自己树立了值得自豪的目标并将其付诸实施。在此，我仅列举一个标志国家进步的综合指标。1994年，我们的人均GDP只有700美元多一点，到2011年1月1日这个指标增长了11倍，达到9000多美元。这个水平，我们原本计划在2015年前达到。从国际经验看，至今没有一个国家能够在独立仅仅 20 年的时间里做到这一点。例如，韩国人均 GDP 在其独立后的 20 年时间里只增长了两倍，马来西亚增长了 1 倍，新加坡增长了 3 倍，匈牙利增长了 4 倍，波兰增长了 3 倍。"

《2020 年前国家发展战略规划》确定了未来 10 年的重要发展方向：通过工业化和发展基础设施，加快多元经济发展，确保经济稳定增长；为提高人力资本竞争力而加大投入；确保居民能够享受高质量的社会、住房和公共服务；加强民族和谐、安全和国际关系的稳定。

为了提升国内经济的稳定性，使其不受周期性经济危机的影响，同时为了提高哈萨克斯坦人民的福利水平，必须实施加快工业创新政策。《2010—2014 年加快工业创新发展国家纲要》是一份将《2003—2015 年国家工业创新发展战略》《30 家领军企业国家纲要》和其他关于工业化的纲领性文件整合集成到一起的政策文件，是正在实施的经济多元化政策的逻辑延续，旨在确保国家的长治久安和经济稳定增长。加快工业创新政策的主要优先方向包括：在传统的出口导向型经济领域实施大规模投资计划；有针对性地发展"哈萨克斯坦含量"①；为中小企业增加新的商业机会等。

（二）"世界和传统宗教领袖大会"

根据哈萨克斯坦总统纳扎尔巴耶夫的提议，从 2003 年开始，在阿斯塔纳举行世界和传统宗教领袖大会。这项活动不仅表明哈萨克斯坦的对外政策方针，还体现了提倡宗教和谐与对话的哈萨克斯坦模式的有效性。

人类历史证明，人类相互关系中最复杂的领域是宗教关系，这种关系最难协调。宗教冲突的特点是不妥协、狂热和残酷。因此，宗教

---

① "哈萨克斯坦含量"（Казахстанское содержание）大体相当于"国产化比例"，就是"在合同总价值中，所聘用的哈籍员工以及所购买的哈萨克斯坦商品、工程劳务和服务所占的比例"。

和谐变得越来越重要。阿斯塔纳宗教论坛就是哈萨克斯坦为加强全球文明对话和宗教关系所作的巨大贡献。

2003年9月23—24日，第一届世界和传统宗教领袖大会在阿斯塔纳召开。来自亚洲、美洲、中东和欧洲的世界各宗教代表参加了大会。出席大会的还有联合国秘书长，美国、法国、英国、意大利、埃及等国家的领导人，一些著名社会和政治活动家，以及来自世界各国的17个代表团。

大会通过的宣言和决议认为，论坛的参加者信奉宽容、真诚、正义、爱情等永恒的价值观。此后，该论坛被称为"世界和传统宗教领袖大会"，至少每三年举办一次。

2006年9月12日，第二届世界和传统宗教领袖大会在阿斯塔纳的和平和谐宫举行，来自20多个国家的43个代表团参加会议。纳扎尔巴耶夫总统出席开幕式。他在发言中阐述了哈萨克斯坦宗教关系政策的基本原则，并强调"首先，要为信仰自由提供法律和制度保障。《信仰自由与宗教团体法》就为宗教团体的自由运行提供了法律基础。哈萨克斯坦已加入40个国际人权协议和条约，其中包括联合国关于人权的主要公约。其次，我们从国家的职责出发，为各宗教发挥自己的作用而创造平等和良好的条件。宗教政策放宽，使得哈萨克斯坦国内的宗教机构数量急剧增长，从独立至今增加了4倍。哈萨克斯坦的大部分居民都是穆斯林，但我想强调，在这里占有优势的伊斯兰教绝不会阻挠其他宗教的任何活动。最后，我们工作的重要方向是在哈萨克斯坦加强宗教间的对话"。

独立以来，哈萨克斯坦宗教团体在质和量上均得到发展。40多个宗教和教派共建立4137个宗教团体。众所周知，哈萨克斯坦的大部分居民（70%）都是穆斯林。但应该指出，穆斯林在哈萨克斯坦的优势地位并不妨碍其他宗教的任何活动。独立以来，国内伊斯兰教团体的数量从46个增至2441个，与此同时，东正教团体的数量从62

个增至293个，天主教团体数量从42个增至86个。宗教团体共拥有3129个礼拜场所，其中2229个穆斯林清真寺、258个东正教教堂、93个天主教教堂、6个犹太教堂、548个新教教堂和祷告屋。这些宗教团体起初没有任何一种报纸和杂志，但目前已有44种定期出版物。哈萨克斯坦确定的宗教节日有穆斯林的古尔邦节和东正教的圣诞节，均被定为非工作日，以便信徒能够安心欢度自己的宗教节日。

2009年7月，第三届世界和传统宗教领袖大会在阿斯塔纳召开，纳扎尔巴耶夫总统出席，共有来自35个国家的77个代表团参加了论坛。大会期间，代表和来宾讨论的重要话题是关于宗教领袖在以宽容、相互尊重和合作为基础的构建和平的过程中的作用。在分组讨论时，举办了"道德和精神价值观，国际道德标准""对话与合作"、"团结，特别是危机时期的团结"等研讨会。与会者均强调宗教在维护和平与和谐、保持宽容与相互理解、巩固社会道德基础等方面所起的作用。在当前世界发生危机的复杂时期，宗教的这个作用更加强大。因此，与会者一致认为，必须将这一崇高的思想原则应用于危机后重建和平的主要机制中。纳扎尔巴耶夫总统表示，他相信第三届世界和传统宗教领袖大会所取得的结果对推动不同文明、文化和宗教间对话起到的重要理论和实践作用，能够拉近人与人之间的距离，加强世界各宗教之间的相互理解。"我想强调的一点是，建立开放的文化间和宗教间对话，始终是哈萨克斯坦对内对外政策的一个重要方面。"纳扎尔巴耶夫总统在出席闭幕式时强调，大会举办的关于当代现实问题的专题讨论，再次体现了齐聚阿斯塔纳的思想领袖们对这些问题的高度关注以及愿意加入对话的态度。所有发言都表现出对这个复杂多变世界的命运的一致关注，并致力于探索和寻找有助于加强国家、人民、各宗教代表之间和谐与相互理解的途径。阿兹哈尔大伊玛目穆罕默德·赛义德·坦塔维（Мухаммад Саид Тантауи）代表会议所有参加者感谢纳扎尔巴耶夫总统为此次大会所做的工作，并指出此次大会对组织全球各教派之间的对话具有重要意义。

2012年5月30—31日，第四届世界和传统宗教领袖大会在阿斯塔纳召开。大会的主要议题是"和平与和谐：人类的选择"。分组会议确定了四个题目：宗教领袖对实现可持续发展所起的作用；宗教与多元文化；宗教与女性：思想价值观与当代挑战；宗教与青年。来自40个国家的85个代表团参加了大会。每一届大会的参加国和代表团数量都比上一届有所增加，说明大会对于世界的重要性均有质和量的提高。大会组织了一系列活动。2012年5月31日，正值哈萨克斯坦的"政治迫害和大饥荒遇难者纪念日"，当天举办了1932—1933大饥荒遇难者的纪念碑揭幕仪式；参观阿尔日尔（Алжир）博物馆并为政治迫害遇难者共同祈祷。2012年是哈萨克斯坦大饥荒80周年和大规模政治迫害75周年。当时，在俄罗斯、乌克兰、白俄罗斯和哈萨克斯坦有700万人失去生命，其中包括150多万哈萨克斯坦人。

根据纳扎尔巴耶夫总统的提议，第四届世界和传统宗教领袖大会建立了宗教领袖理事会，其成员包括伊斯兰教、基督教、犹太教、佛教、印度教、神道教、琐罗亚斯德教等世界主要宗教的代表。宗教领袖理事会实际上成为第一个宗教间多方协作的工作机制，它的建立将宗教间的对话提升到一个新的水平：第一，在该理事会框架内，可协调与其他世界性对话机制的协作；第二，这个具有巨大潜力的新常设机构的建立，将成为全球范围内调解争端的重要工具，它所拥有的威望和潜力使之有能力接受请求和呼吁（包括在可能发生冲突的情况下）；第三，在该理事会框架内能够对信众权利和自由的维护进行全球监测；第四，在该理事会框架内得以统一的宗教精神力量，能够在世界发展进程中起到重要的平衡作用；第五，以后历届大会的组织和举办工作都将在更高质量和水平上完成。

纳扎尔巴耶夫总统在大会发言时提议：为加强宗教和谐，通过开办专门互联网门户网站的方式，就形成和加强全球性宽容和信任等问题建立互联网资源，它也可以成为"G-Global"交流平台的一部分。同时，纳扎尔巴耶夫总统谴责那些亵渎宗教圣物的行为，包括：当众焚烧圣书；亵渎和焚烧清真寺、寺庙、犹太教堂和其他宗教建筑物；侮辱神职人员；殴打和杀害教徒代表等。

世界和传统宗教领袖大会每次都是在复杂的全球进程处于高潮时召开。第一届大会的召开是为了应对宗教冲突，应对利用宗教为国际恐怖主义和极端主义服务的威胁。第三届大会召开之时，正值最大规模的国际金融危机紧张时刻。第四届大会也是在危机时刻召开，全球性国际秩序的变革已经开始，人类正在经历系统性危机阶段，世界正处于全球性衰退的门槛，许多国家受到大规模社会问题爆发的威胁；全世界超过10亿的人口处于失业状态，其中一半是年轻人，不少人受过良好的教育，失业和社会保障减少使这些年轻人变得激进甚至走向犯罪；全球性的道德价值观危机日益增长，并试图将宗教排挤到社会进程的边缘。在评价大会的意义时，纳扎尔巴耶夫总统认为："在让和平与和谐、全球性宽容、宗教之间相互了解和相互尊重等成为所有人的世界观方面，我们已经迈出了新的一步。"总统提议宗教领袖理事会下设专门委员会，职责是就解决全球性问题和减少冲突向联合国、所有相关论坛和国家提出建议。

阿斯塔纳举行的世界和传统宗教领袖大会是划时代的事件，可能全世界还没有意识到这一点。要知道，关系复杂的世界不同宗教派别的领袖在哈萨克斯坦坐在同一张桌子前，这具有多么深刻的象征意义。哈萨克斯坦向国际社会展示，民族间和宗教间的和平共处与建设性互动，可以从愿望转换到具体解决实际问题。

总之，世界和传统宗教领袖大会成为世界对话的重要组成部分，得到联合国、联合国教科文组织、伊斯兰教科文组织、著名政治家和学者的支持，其倡议得到国际社会的赞同。加强不同宗教间和文化间的相互理解成为大会的主题。可以说，世界和传统宗教领袖大会对防止世界跌入文明冲突的深渊起到重要作用。

（三）哈萨克斯坦担任欧洲安全与合作组织轮值主席国

只有确保国内的和平与和谐并以此获得世界威望，才能够得到其他国家乃至整个国际社会的承认和尊重。维护国内民族宗教和谐这一最重要问题得到解决，是哈萨克斯坦成为欧亚一体化思想倡导者（欧亚一体化思想与亚信会议、集体安全条约组织、上海合作组织等同样具有全球性意义）以及担任欧安组织和伊斯兰会议组织轮值主席国的基础。

1992年1月，哈萨克斯坦成为欧安组织成员后，积极参与全欧进程，在实践中参与制定并落实欧安组织1975年《赫尔辛基最后文件》和其他文件所确定的原则。2003年2月，哈萨克斯坦在欧安组织常任理事会会议上首次阐述其工作目标，这些目标成为哈萨克斯坦担任欧安组织轮值主席国这一战略任务的先决条件。2007年11月29—30日，欧安组织部长理事会第15次会议在西班牙首都马德里召开，经过谈判，会议就哈萨克斯坦2010年担任欧安组织轮值主席国事宜达成协议。哈萨克斯坦成为中亚国家中第一个担任该职务的独联体国家。欧安组织的这一决定是对哈萨克斯坦在建设民主社会以及在忠实执行确保国家政治稳定的对内对外政策过程中所取得成就的肯定。在此之前，担任该组织轮值主席国的全部是西欧国家、欧盟的成员或候选国，没有一个独联体国家之前想过并获得过如此崇高的职务。

哈萨克斯坦2010年担任欧安组织轮值主席国的决议一经作出，纳扎尔巴耶夫总统便在2008年2月6日发布的国情咨文中提出为担任轮值主席国创造条件而制定《通往欧洲之路的国家专项纲要》的任务。2008年8月29日，2009—2011年度国家纲要得到总统批准。该纲要的目的是让哈萨克斯坦成为欧洲先进国家的战略合作伙伴。文件确定了哈萨克斯坦与欧洲国家发展并深化合作的主要方向，包括技术、能源、经贸、人文等领域，还有"在民族宗教和谐方面交流经验，使哈萨克斯坦积累正面经验，建立确保民族宗教和谐的有效机制，为形成信仰自由和宽容的欧亚共同体作出贡献"。

2010年1月1日，哈萨克斯坦正式担任欧安组织轮值主席国。为此，纳扎尔巴耶夫总统发表演讲，宣布哈萨克斯坦作为主席国的基本原则由四个"T"组成，即Trust（信任）、Traditions（传统）、Transparency（透明）和Tolerance（宽容）。总统在讲话中确定了哈萨克斯坦在担任这一崇高职务期间的优先工作方向。他讲道："接受欧安组织赋予的这一崇高使命，哈萨克斯坦感到责任重大。我们在当代历史最复杂的时期担任主席国。由于发生了国际金融危机，全球范围内的世界秩序也发生了结构性变化，而且这一进程远没有结束。"纳扎尔巴耶夫接着指出：现代文明面临挑战，这些挑战包括大规模杀伤性武器、恐怖主义、人文和生态灾难、饥饿、贫穷、流行病、能源资源减少、民族和宗教冲突等。应对这些挑战需要借助欧安组织的力量。尽管这些挑战让哈萨克斯坦在担任欧安组织轮值主席国期间经受更严峻的考验，但哈萨克斯坦有能力去应对。从获得独立之日起，哈萨克斯坦就一直为巩固本地区和全球的安全作出实际贡献，如放弃核武器。在哈萨克斯坦倡议下，联合国大会通过决议，将每年的8月29日定为"禁止核试验国际日"。哈萨克斯坦倡议召开的亚信会议也成为在亚洲成立的类似于欧安组织的机构。需要强调的一个原则是："哈萨克斯坦的特殊性在于，它是一个多民族和多宗教的国家。在这个大家庭里生活着140个民族和40多个宗教教派的代表。哈萨克斯坦创造的民族宗教和谐模式，是对推动不同宗教派别相互协作这一全球事务所作的实际贡献。从2003年开始，在哈萨克斯坦倡议下，世界和传统宗教领袖大会在阿斯塔纳已召开三届大会，从而使这个独有的宗教对话论坛获得了生命。"

纳扎尔巴耶夫阐述了哈萨克斯坦作为轮值主席国的四个"T"原则。第一个"T"表示我们期盼已久的相互信任;第二个"T"表示坚持欧安组织的基本原则和价值观;第三个"T"表示国际关系中最大限度的公开和透明,没有双重标准和分界线;第四个"T"反映了全球文化间和文明间对话的趋势不断加强,这个趋势在当代世界变得越来越重要。

哈萨克斯坦作为欧安组织轮值主席国的最主要倡议之一,是2010年在阿斯塔纳举行欧安组织峰会。这一倡议得到许多成员国的支持。因为上一次峰会于1999年在伊斯坦布尔召开,此后至今的这段时间里,世界已发生巨大变化。而且,哈萨克斯坦担任轮值主席国期间,正值欧安组织建立35周年、《新欧洲巴黎宪章》通过20周年、第二次世界大战结束65周年。由于历史原因,哈萨克斯坦成为世界上民族最多的国家之一,积累了很多关于多元社会宽容与和平发展的独特经验。哈萨克斯坦的重要任务之一,就是与欧安组织的伙伴国分享自己在维护民族宗教和谐方面的丰富经验。具有象征意义的是,根据哈萨克斯坦的提议,联合国通过特别决议,将2010年定为"国际文化和解年"。在保持国内民族宗教和谐方面拥有实际经验的哈萨克斯坦,认为欧安组织空间内的宽容问题是自己担任主席国工作的最优先方向。在选择轮值主席国时,欧安组织这个欧洲权威机构已经注意到哈萨克斯坦在建立民族宗教和谐方面的经验。在哈萨克斯坦担任主席国期间,这些经验被用于发展东西方之间的对话。

欧安组织阿斯塔纳峰会上签署了《向安全共同体进发》。该宣言指出:在欧安组织伊斯坦布尔峰会之后11年,该组织56个成员国的国家元首和政府首脑相聚在阿斯塔纳,旨在重申自己对于从温哥华到符拉迪沃斯托克的欧洲大西洋地区和欧亚地区的看法,对这个以协商一致原则及共同承诺和共同目标为基础的,自由、民主、统一和不可分割的统一安全空间的看法。宣言还表达了对主席国举办此次峰会的深切感激之情，感谢哈萨克斯坦为担任 2010 年欧安组织轮值主席国所倾注的努力。

2011 年，哈萨克斯坦成为伊斯兰会议组织的轮值主席国。伊斯兰会议组织是世界最大的政府间国际组织之一，在四大洲共有 57 个成员国。为了积极参与伊斯兰世界的政治、经济、文化和人文进程，哈萨克斯坦于 1995 年加入伊斯兰会议组织。哈萨克斯坦担任该组织轮值主席国期间的基本原则是和平、合作和发展。

作为预防国家间和各国国内政治冲突的国际调解人，伊斯兰会议组织发挥了巨大作用。哈萨克斯坦在欧安组织和亚信会议框架内积累的经验，对其在伊斯兰会议组织内开展活动也有很大帮助。

担任伊斯兰会议组织主席国期间，哈萨克斯坦为自己制定了三大任务：一是确保自己作为主席国进行卓有成效的工作；二是巩固哈萨克斯坦作为伊斯兰世界与西方之间桥梁的作用；三是提高伊斯兰会议组织的威信。在提高伊斯兰会议组织威信方面，主要工作包括：落实伊斯兰会议组织的《十年行动计划》；帮助伊斯兰国家应对挑战；加强国际和地区安全，巩固核不扩散制度等。另外，促进中亚地区的安全、合作与发展也具有特殊意义。

哈萨克斯坦主张对话，并以宗教和睦与宽容的精神来消除伊斯兰恐惧症。作为伊斯兰会议组织轮值主席国，哈萨克斯坦建议制定长期规划，向伊斯兰世界的最不发达国家提供经济和金融援助。此外，在阿斯塔纳召开的第七届"世界伊斯兰经济论坛"、伊斯兰国家卫生部长会议及其他一系列活动，也为解决穆斯林国家的问题作出重要贡献。

（四）新的社会政策

2011 年 1 月 28 日，总统纳扎尔巴耶夫发表《我们共同建设未来!》的国情咨文，着重阐述了全球趋势、地区性事件、国家面临的任务等，强调将继续秉承以往国情咨文所确定的国家政策方针。当时的国际形势引起哈萨克斯坦的关注。2011年，世界经济危机尚未结束，在非洲大陆发生的悲惨事件即是证明，而社会和经济问题是导火索。发生在中东和北非的事件表明，不解决社会问题就不可能实现可持续发展与安全。民族间矛盾大大加深的难题，不仅发生在哈萨克斯坦周边国家，甚至在欧盟也有发生。多元文化危机是欧洲出现此类现象的主要原因，最早出现在德国，然后是法国和英国。

在此背景下，2011年国情咨文的意义在于顺应当前全球发展的要求和挑战。独立以来，哈萨克斯坦形成了总统制共和国所独有的传统，即国家首脑向民众发表国情咨文。每一篇国情咨文都各具特色。2011年度国情咨文的特点在于，它是哈萨克斯坦独立20周年的国情咨文。如果说2010年国情咨文《新的十年、新的经济增长、哈萨克斯坦的新机遇》阐述了国家工业创新发展纲要，即未来经济任务的话，则2011年国情咨文宣布了未来10年的社会现代化问题，即未来的社会任务。

"社会现代化""新社会政策""全新的社会纲要"等，纳扎尔巴耶夫总统使用的这些概念本身就反映了一个重要问题，即哈萨克斯坦已进入"社会国家"阶段（见《哈萨克斯坦共和国宪法》第一章第一条），提高居民生活质量将成为国家政策的优先方向。

国家政策必须充分体现"社会国家"的本质，由此在制定经济领域的工业化和技术发展规划时，就要以提高人民福祉为主要目的。因此，社会的现代化是重点，包括制定教育、语言和卫生等主要社会领域的国家发展规划，还有新的就业战略、住房和公共服务的现代化、保障居民清洁用水等。这些规划旨在解决广大百姓的日常生活问题，有助于提高哈萨克斯坦人的生活质量。

在教育领域，中小学校计算机化已经完成，学校配备了多媒体工作室和互动设备，12年制中等教育模式也在逐步推进落实。由此，国家在教育领域的具体任务是：制定鼓励高校开展创新活动的机制；利用新的融资工具，支持普及教育和提高教育质量；制定助学储蓄贷款制度；建立国家职业技术人才培训委员会，委员会中应有商业协会代表和雇主参加。教育工作的具体指标是：（1）接受学前教育和普通教育的儿童占儿童总数的比重2015年前达到74%，2020年前达到100%，2020年前完成向12年制教育模式的过渡。（2）新建中小学校2015年前不少于200所，由国家预算拨款，地方预算按照相同数额拨款。（3）采用电子教学的教育机构比重2015年达到50%，2020年达到90%。（4）按照国际标准通过国家认证的高等教育机构比重2020年达到30%。（5）从事创新活动和将科研成果转化为生产的高等教育机构比重2015年前达到5%。（6）终身教育成为公民的个人信条。

在卫生领域，国家预算拨款规模从2002年占GDP总值的1.9%增至2010年的3.2%；首次具备可以在全国各地进行最复杂医学手术的能力；建成了150所能够与国外先进诊所在线联系的远程医疗中心。由此，人口出生率增加了25%，死亡率降低了11%，人口自然增长了70%。国家计划在2013年前建设完成国家统一卫生系统，实施一整套监测目标人群健康状况的国家方案，重点放在改善农村居民就医条件上。这些任务完成后，哈萨克斯坦居民的寿命有望到2015年前增至70岁，到2020年前增至72岁或更高。另外，2015年前新建350所医疗门诊和产科诊所。

在发展语言领域的任务是：掌握国语的哈萨克斯坦居民比重2017年前不少于80%，2020年前不少于95%；2020年后，所有的中学毕业生都掌握国语；2020年前，掌握英语的居民比重不少于20%。

在就业领域，必须提高劳动力市场的工作效率，因为新型经济需要具有新技能的一代人。自主就业者是经济的庞大后备军。

在住房和公共服务领域，2000—2010年，住房面积增加了3000

万平方米，约有 100 万居民已经乔迁新居。总之，伴随住房和公共服务现代化国家纲要的落实，预计可有 150 万居民入住多居室住宅。

居民清洁用水问题是改善国民健康状况的最重要和最优先任务。此项工作始于 2003 年，至今已取得一定成效。农村居民点的集中供水率达到 41%，城市达到 72%，依赖外运水的居民数量减少了 75%。不过，仍有不少村庄需要改善供水系统。计划 2020 年前，全国清洁饮用水的普及率达到 98%，水质符合所有卫生标准，城市集中供水率达到 100%，农村地区的集中供水率达到 80%（是原来的两倍）。

改善居民生活质量的最重要条件是提高收入。此任务主要包括提高退休金、奖学金以及预算内人员的工资。

国情咨文的下一部分内容对社会稳定具有非常重要的意义。纳扎尔巴耶夫总统宣布 2011 年为"国家独立 20 周年"。这 20 年，围绕"独立"的国家建设成为一股巨大的凝聚力，它创造了一个新社会，提出并解决了很多需要依靠奉献精神和集中全力才能完成的重大任务。这 20 年，也是一个曾让整个社会体系都遭受人类历史上罕见的动荡不安经历的重要时期。

关于现代化，要知道，现代化的对象往往是我们已经创造出来或建设完毕的事物。换句话说，大家同心协力地建设新大厦 20 年后，现在脚手架已经撤下，今后该做什么？哈萨克斯坦人民团结的深刻含义就体现在 2011 年国情咨文的题目《我们共同建设未来！》中。该国情咨文清晰阐述了"2020 年前国家发展战略"，这就是哈萨克斯坦的国家统一学说。国情咨文围绕庆祝国家独立 20 周年的主题，用一条红线贯穿所有相关活动，从口号"20 年的和平与创造"开始，到"哈萨克斯坦道路"的基本价值观而结束。"哈萨克斯坦道路"的基本价值观就是独立以来形成的自由、统一、稳定和繁荣。

2011 年国情咨文的特殊之处在于，文中没有关于维护和巩固民族和谐与稳定的一般表述，因为这方面的所有工作都已贯彻到具体事务中，而且有明确的考核指标。如国情咨文的《发展语言》部分，这里强调切实发展语言，首先是发展国语，因为语言是哈萨克斯坦社会统一的客观和具体的表象。在发展国语的问题上，文件强调两点：一是哈萨克斯坦居民怀着崇敬和自豪的心情开始学习国语，学习这个用自己赖以生存并让国家走向富足的原生土地命名的哈萨克语；二是应好好利用当前的良好学习环境，切实掌握国语。

2011年举行了非例行总统选举。该选举因有人提议延长纳扎尔巴耶夫总统的任职期限而起。这一建议最早于2010年10月20日在第16届哈萨克斯坦人民大会代表大会上提出。当年12月23日，建议发起人在乌斯季卡缅诺戈尔斯克市举行会议，提出举行全民公决，以决定是否可以将国家首任总统、民族领袖纳扎尔巴耶夫的任期延长至2020年12月6日。来自哈萨克斯坦14个州和阿斯塔纳、阿拉木图两个直辖市的850多人参加了这次会议，建立了由320人组成的全民公决倡议工作组，根据宪法关于全民公决的规定，工作组必须收集到至少20万人的签名支持。

2010年12月27日，全民公决倡议工作组在哈萨克斯坦中央选举委员会注册，开始收集签名。工作组共收集签名500多万。2011年2月11日，纳扎尔巴耶夫总统在祖国之光党第13次代表大会上表示，为维护国家最崇高的利益，决定用提前大选来代替全民公决，非例行选举日期定在2011年4月3日，有四位总统候选人。根据中央选举委员会的数据，选民总数为920.0298万人，参加投票的有827.9227万人，占89.98%。根据选举结果，参加投票的选民中有95.55%的人支持纳扎尔巴耶夫当选总统。

2011年4月8日举行总统就职典礼。在就职演讲中，纳扎尔巴耶夫总统为国家领导层和国民确定了新的优先任务："我们用20年时间改变了自己的国家，让哈萨克斯坦人民的生活变得更好。但是，世界不会止步不前，国家和人民面临新的、更加复杂的挑战和任务。决定哈萨克斯坦在 21 世纪取得成就的关键，是四个划时代的概念，即现代化、人民福祉、创新和一体化。这四个概念涵盖我竞选纲领的主要思想和'2020 年前国家发展战略'的实质内容。"

总统提前大选后，议会下院的提前选举问题提上日程。2011 年 9 月 16 日，纳扎尔巴耶夫签署《关于解散第四届议会下院和确定议会下院议员非例行选举的命令》。根据该总统令，本届议会下院解散，新一届议会下院选举定于 2012 年 1 月 15 日举行，哈萨克斯坦人民大会将于 2012 年 1 月 16 日举行会议，推举自己的议员。

根据审查结果，最初有 8 个政党有权参加选举，它们被依次列入选举公报：祖国之光党、爱国者党；精神党、光明道路党、社会民主党、共产党、农村社会民主党、正义党。由于精神党因故被注销资格，实际参加非例行议会选举的只有 7 个政党。根据中央选举委员会的最终统计结果，全国 75.45% 的选民参加选票，其中祖国之光党得票率 80.99%，获得 83 个席位；光明道路党得票率 7.47%，获得 8 个席位；共产党得票率 7.19%，获得 7 个席位。其余党派得票率均未达到进入议会所必需的 7%，其中农村社会民主党得票率为 1.19%，爱国者党得票 0.83%，正义党得票 0.66%。2012 年 1 月 16 日，哈萨克斯坦人民大会第 17 次代表大会选举出 9 名议员。哈萨克斯坦产生由 3 个政党组成的议会下院。

2011 年 1 月 31 日至 2 月 6 日，阿斯塔纳和阿拉木图两市首次承办第七届亚洲冬季运动会，这是一项重要的国际事件。这次大会共设 11 个项目总计 69 块奖牌，来自 27 个国家的 1000 多名运动员参加，其中不乏奥运会和世界赛事的优秀运动员。亚洲冬季运动会的开幕式在阿斯塔纳的"阿斯塔纳大舞台"体育场举行，纳扎尔巴耶夫总统致开幕词，并宣布此次运动会同时开启了哈萨克斯坦独立 20 周年的庆祝活动。哈萨克斯坦国家队创下亚洲冬季运动会的历史纪录，共夺得 70 块奖牌，其中 32 块金牌、21 块银牌、17 块铜牌。正如哈萨克斯坦总统所言:"哈萨克斯坦已成为能够承办高级别国际赛事的内陆强国之一。亚洲冬季运动会是实力、美景和高雅的辉煌胜利。我们将体育节日变成和平与友谊的节日!"

2011年是哈萨克斯坦历史上特殊的一年——哈萨克斯坦独立20周年。为了进一步巩固国家独立,加强哈萨克斯坦人民的思想团结,保障国家不断向前发展,纳扎尔巴耶夫总统于2011年1月27日签署《关于宣布2011年为哈萨克斯坦共和国独立20周年》的总统令。

纪念年的口号是"和平与创造的20年"。纪念活动的指导纲领主要有:(1)独立是国家存在的基础,巩固国家独立是所有国家机构的工作核心,国家和每一位公民都应倾注最大的力量来捍卫独立,这是一个最重要的价值观。(2)纪念年的历史基础在于:哈萨克人为追求独立奋斗了很多个世纪,在赢得独立的过程中,多少代人为此付出了艰辛努力。因此,对于哈萨克斯坦人民来说,庆祝活动具有特殊的意义。(3)生活在当下的这一代人肩负着巩固和捍卫独立的特殊历史责任。(4)纪念年的思想基础表明,独立20周年纪念不仅仅是对2011年的评价,也是对哈萨克斯坦独立以来这些年的总结。(5)纪念年的国际意义在于,国际社会高度评价哈萨克斯坦在建设稳定、成功、有竞争力的国家以及巩固国家统一方面所取得的成就。独立的哈萨克斯坦曾经主导了最权威的国际组织。

独立20周年庆祝活动的指导思想是:(1)自由。自获得独立开始,国家、人民和每一位公民就拥有了真正的自由,可以独立自主建设自己的未来。(2)统一。在独立前夕,哈萨克斯坦就已将建立在平等、友谊与和谐基础上的全国人民的统一作为发展的基础,并且多年来一直坚持这一原则。(3)稳定。哈萨克斯坦取得的所有成就都归功于国家政治、经济和社会生活的稳定。(4)繁荣。由于选择了正确的优先发展方向,哈萨克斯坦经受住了转折时期的所有考验,走上了稳定发展和人民福祉不断提高的道路。

庆祝独立20周年的主要目的是巩固哈萨克斯坦国家制度和人民的统一，使整个社会围绕基本价值观（独立、稳定、和平、和谐）团结在一起。为了落实各项活动，哈萨克斯坦政府制定了详细的庆祝独立20周年活动日程。

2012年1月27日，哈萨克斯坦总统发表了年度国情咨文《社会经济的现代化：哈萨克斯坦的主要发展方向》。该文件的独特之处在于，它发表于国家独立20周年之际，对国家独立发展的第一个20年进行了总结，并为下一个10年发展指明方向，即社会经济的现代化（这一点在文件的名称中就已得到体现）。国情咨文的核心是："要在取得经济成就与保障公众利益二者之间找到最佳平衡点，这对于哈萨克斯坦至关重要。"

根据国情咨文的内容，社会经济的现代化需要在未来10年内，在居民就业、住房、地方发展、提高公共服务质量、改善国家管理干部人才队伍、推进司法和执法体系的现代化、提高人力资源质量、完善退休金体系、实施工业创新方案、发展农业等10个领域实施一系列措施。

2012年7月10日，纳扎尔巴耶夫总统发表署名文章《哈萨克斯坦的社会现代化：迈向全民劳动社会的二十个步骤》。文章认为，哈萨克斯坦迈过了独立20年的门槛，国家面临新的未来。但是，世界并不平静。全球性危机并未消除，国际社会仍处于紧张状态。现代世界已非常紧密地联系在一起，这是必须承认的现实。这就要求哈萨克斯坦调整好自己的社会政策，因为公民的日常生活和自身感受主要取决于社会问题是否能够解决。独立以来，哈萨克斯坦建立了坚实的社会国家基础，客观地说，哈萨克斯坦已经非常接近中欧国家的社会发展水平，国民生活标准也相应提高。

然而，已经取得的成就使另一个问题变得更具现实意义，即如何使我们的社会政策更加平稳和更具有建设性。答案的实质在于，20

世纪 60 年代开始普及的消费社会概念,其虚幻性越来越明显,整个世界尖锐地意识到消费思想的害处,它使发达国家出现大量社会依赖,成为全球危机的主要原因之一。这种错误思想,无论是在全世界还是在发达国家,都不应得到传播,应该为其找到具有建设性的替代物。这个替代物就是全民劳动社会思想,它并没有创造任何特殊的想法,归根到底,世界文明的所有价值观、经济和文化财富都由人的劳动所创造,而不是虚拟的金融制度创造。因此,我们应该将真正的生产劳动作为社会现代化政策的基础,这是真正的务实思想。今天,在全球竞争条件下,劳动作为 21 世纪的决定性社会因素,必须放在首位。

为了顺利实现社会现代化,必须最大限度地同步完成经济现代化。除此之外,现代化进程伴随着公民积极性的提高和创造力的发挥,人们更加希望维护自己的权利和自由,社会自组织的程度也会提高。在此条件下,依赖思想和社会幼稚病就不能被容忍。社会现代化的目的和意义在于:利用工业创新经济的新条件,让社会更接近于生活;找到加快哈萨克斯坦经济发展与广泛保障社会福利之间的最佳平衡点;确立以权利和公正原则为基础的社会关系。

文章向哈萨克斯坦政府、祖国之光党、各部委和机关提出 20 项任务,主要内容有:通过公正的法律和明确的预防性法律文件;调解和解决冲突;整个社会关系体系的运转;制定高质量的居民社会标准和职业技能体系;以国家伙伴关系、私有部门和职业团体为基础创建有效的社会劳动关系模式;发展社会的自组织原则,包括地方自治机构和公民社会制度;提高信息在社会生活中的作用,普及互联网技术,促进信息传播,加强国家与国民之间的互动;为中产阶级发展创造条件;消除依赖思想和社会幼稚病。社会现代化应当建立在责任共担、进化演进、伙伴式参与、激励、职业化等原则上。

2012 年 12 月 14 日,纳扎尔巴耶夫总统发表国情咨文《哈萨克斯坦——2050：健全国家的新政策方针》，简要总结了"哈萨克斯坦——2030"战略，分析了 21 世纪面临的挑战，明确了 2050 年前国家新政策方针的目标是：一切为了处于迅速变化历史条件下的新哈萨克斯坦。

（五）民族和谐的哈萨克斯坦模式

民族关系模式能够系统地、有针对性地在思想上对各民族发展及民族间相互关系产生影响，并造成一定效果。由于民族间关系具有形成过程复杂、涉及范围广泛、管理难度大等特点，而且与经济、社会、政治、文化、语言、思想和心理等发展进程密切相关，因此，构建民族关系模式是一项艰难且重大的任务。

"模式"的意思是样板、某种现象或进程的路线图。因此，"民族和谐的模式"就是在多民族的社会里，实现和保障民族和谐的成功样板，或者实现和保障民族和谐的既定路线图。

民族政策决定民族和谐的模式，它首先要符合国家的政策方针。任何多民族国家的民族关系模式都来自于理论并在实践中实施。它既要符合民族历史、传统和国民心理，更最主要的是，还要符合国家的发展目标和任务。这一点具有现实性和客观必要性。生活在这个社会的人们必须明白，民族的归属及民族关系的性质决定着自己的生活现状和前景。

在建设和巩固国家独立的阶段，哈萨克斯坦的民族关系模式须考虑哈萨克斯坦社会的下列特点：（1）整个社会存在和发展于世代居住的哈萨克土地上。（2）哈萨克族是主体民族并以主体民族的名字命名国家。（3）哈萨克斯坦是单一制国家，哈萨克是团结的民族。（4）在这个多民族国家里生活着 130 个民族。（5）大多数民族来到哈萨克斯坦的原因都是不同形式的被迫迁徙，包括被驱逐出境。（6）哈萨克族和俄罗斯族占社会多数。（7）哈萨克语为国语。(8) 社会上大多数人说俄语，俄语实际上成为族际交流语言。(9) 哈萨克斯坦各民族语言都应得到发展。(10) 哈萨克斯坦是一个多宗教的社会，有超过 40 个教派。(11) 民族间和宗教间宽容的传统在社会上已经根深蒂固，这是哈萨克人固有的精神，是哈萨克斯坦各民族共同的遗产和价值观。(13) 社会发展的重要价值观是：公民社会、民主、市场关系、意识形态多元化。(14) 哈萨克斯坦是世界和平的捍卫者，放弃核武器，向国际社会提出建立亚洲相互协作与信任措施会议、欧亚经济共同体、集体安全条约组织、上海合作组织，并曾担任欧安组织轮值主席国。哈萨克斯坦民族关系模式的独特性和复杂性在于，必须将上述所有的特性都和谐地融合在一起。

从独立之日起，哈萨克斯坦就确定了基础性的、意识形态的、不可动摇的民族政策原则，无论是过去还是现在，这些原则均被无条件地遵从和执行。该原则的主要内容有：(1) 哈萨克的民族复兴和民族发展、民族自由和民族独立、哈萨克的国家性，以及哈萨克人的历史、语言、风俗、传统、文化等，是哈萨克斯坦的社会基石，更是其团结的基础。(2) 被誉为"国家主权之路第一块砖"的《哈萨克斯坦共和国国家独立法》里这样表述：被历史命运安排到一起的哈萨克斯坦各民族公民，均享有平等的权利，共同组成统一的哈萨克斯坦民族；国家的一项重要职责，就是维护哈萨克族和生活在哈萨克斯坦的其他民族的民族尊严。

这些长期实行的方针政策是哈萨克斯坦独立以来联系和贯穿国家民族政策的一条红线。将维护稳定和保障民族和谐作为国家政策的优先考虑事项，是成功实施改革、发扬民族特性、保护哈萨克斯坦民族文化多样性的不可或缺的条件。努力维护和平与和谐，是哈萨克斯坦在后苏联时代形成的建国模式的显著特点。在多民族社会开展和推广关于民族和谐的教育，已被列入国家政策。

每一种民族关系模式都有自己的规则体系。这一规则体系由相互关联的若干原则组成,这些原则决定和规范着人们的行为。哈萨克斯坦的民族和谐模式建立在下列原则基础之上:(1)民族、宗教、文化、语言等的多样性,是哈萨克斯坦的无价之宝。(2)国家努力为哈萨克斯坦各民族的文化和语言发展创造条件。(3)哈萨克族的凝聚角色和作用。(4)哈萨克斯坦人民的统一性。

在民族和谐模式的形成和发展过程中,起决定作用的首先是《哈萨克斯坦共和国宪法》。自独立以来的宪法文本发展过程中,均有关于民族和谐等问题的表述,开始是1991年12月16日颁布的《哈萨克斯坦共和国国家独立法》,之后是1993年宪法、1995年宪法(至今有效),以及1998年10月7日和2007年5月21的宪法修正案和补充案等。

宪法的序言这样写道:"我们,哈萨克斯坦人民,在历史命运的安排下走到一起,在世代居住的哈萨克土地上建立了国家。"这就是说,在基本法的最开始就叙述了最基本和不可动摇的、用于确定共和国公民身份的原则。要知道,人通常会从一定的共性或身份特征入手,判断和认知自己在周围世界中所处地位。哈萨克斯坦宪法确定了公民身份的确认原则,即"多样化的统一"。

哈萨克斯坦人民保持了宗教间的宽容,这成为国家稳定的基础。民族宗教和谐总是建立在相互宽容的基础上。换句话说,"宽容"一词的概念和现象不仅涵盖,而且产生和谐与和平。民族宗教和谐是哈萨克斯坦的宝贵资产。哈萨克斯坦的宗教因素多种多样,可以从整体上汇聚成一股强大的精神力量,对人及其世界观和道德取向产生影响。

哈萨克斯坦的宗教和谐模式包含语言政策。其实质在于,哈萨克斯坦明确规定了哈萨克语、俄语和其他民族语言的地位,出台了一系列有关语言政策的重要国家文件,确保对哈萨克语、俄语和生活在哈萨克斯坦的其他民族语言的尊重。在语言问题上,政府尽最大努力落实宪法规定的语言政策。

哈萨克语的国语地位意味着它是中央和地方政府、国家机关、企业、各类机构的工作语言，国家对哈萨克语的推广和发展给予特殊的支持和关注，针对哈萨克语的研究、发展和使用出台了专门的法律和法规。国语不仅仅是语言工具，它承载着丰富的政治、社会和文化内涵。在哈萨克斯坦的民族和谐模式中，国语对多民族社会的统一具有重要的精神和心理作用。哈萨克斯坦的所有民族都通过哈萨克语来表达自己对统一的哈萨克斯坦社会的真切热爱，展示自己对哈萨克斯坦统一民族美好未来的向往和追求。

可以说，在统一的哈萨克斯坦，再也找不到类似的，能够以如此明确、清晰、令人信服和所有人都明白的方式展现内心情感、真诚态度，以及对统一的哈萨克斯坦的追求和向往的表达方式。事实上，虽然可以利用统一的国籍方式来实现统一的社会，也就是说，哈萨克斯坦的国民是统一的，因为他们都是同一国家的公民。但对于"统一"而言，这仅仅是外部、浮在表面上的指标。怎样才能表达"统一"的本质，使其能够深入人的内心深处，进入人的内部世界呢？什么工具能使"统一"被我们看得见和摸得着，即能够客观反映和表达公民对祖国的热爱，公民的爱国主义情怀，对哈萨克精神传统、价值观和文化的推崇及对统一的国家的忠诚？这种内心深处的工具只能是哈萨克语。从这个角度理解哈萨克语在哈萨克斯坦社会统一方面的巨大凝聚作用，这是个人学习和掌握国语的具体原因和理由。现在，国家已建立发展国语所必需的法律和教育基础，可以说，所有学习和掌握国语的外部障碍都已被克服或消除。一个重要且简单的事实是，如果各族人民都能使用国语，那么与他们个人生活、社会交往、情绪情感、未来生活计划等相互交织关联的许多问题都可迎刃而解。

民族和谐模式建立初期，一个尖锐而至关重要的问题摆在哈萨克斯坦面前，即哈萨克语的保护和复兴。对此，纳扎尔巴耶夫直接表示："哈萨克人差一点儿丢掉了母语，丢掉了自己的传统和历史。"这句话说明，哈萨克语曾经处于怎样的危险境地，而该问题并不仅仅是哈萨克族自己的事情。

在国家政策中，语言特别是国语的发展，是国家元首非常关注的问题。独立之前，在哈萨克语学校里学习的学生仅占22%，而现在学生人数已发展到62%，增长2.5倍。国内已开设哈萨克语国家教学中心，按照计划，其数量将达到120个。独立之前，国内的哈萨克语报纸和杂志出版物共80种，独立之后增至582种。

哈萨克斯坦的语言政策经历了若干阶段。1997年的《语言法》和《1998—2000年语言使用和发展国家纲要》是重要里程碑，这些法律为在主要社会生活领域发展国语而建立和完善相关法律基础开了好头。此后，《2001—2010年语言使用和发展国家纲要》获得通过，文件确定了三大方向：扩大和巩固国语的社会交际功能；保留俄语的社会文化功能；发展哈萨克斯坦其他民族的语言。根据纳扎尔巴耶夫总统的提议，哈萨克斯坦开始实施"三位一体"语言计划。该计划的本质是：同时发展国语和官方语言、民族语言、外语（尤其是作为国际语言的英语），这是具有竞争力的知识型国家的必备要素之一。

伴随国内语言政策的实施，国语教学基础设施大有改观。例如，使用哈萨克语教学的幼儿园有940所，比2001年增加68%；中小学有3811所，比2001年增加163所；建立了101家国语教学中心。

哈萨克斯坦积极推进将公文文件翻译成国语的工作，使用哈萨克语的文件在国家机关中的占比已达67%。国语的交际功能得到加强。国有媒体的哈萨克语发文量超过70%。在全国2750种媒体出版物中，完全或部分使用国语的占68%。

由于历史原因，在哈萨克斯坦独立之初，大部分居民都使用俄语。因此，哈萨克斯坦1993年的第一部宪法赋予俄语族际交流语言的地位。按照功能来说，族际交流语言就是多民族国家的通用语言。此后，第二部宪法（即现今使用的宪法）赋予俄语官方语言的地位。国家机关的公文、官方会议、广播和电视等均须使用俄语，这就是说，在哈萨克斯坦社会中，俄语是政治法律方面的现实应用语言。

成熟的语言政策是哈萨克斯坦多民族关系模式的核心要素之一，具体表现为：哈萨克语是国语，俄语是官方语言，国家注重国内所有民族语言的研究和发展。这一模式随着国语的发展而一并付诸实践。

与此同时，国内建立了能够有效支持各民族语言的体系。在7576所中小学校中，1598所使用俄语教学，62所使用乌兹别克语教学，14所使用维吾尔语教学，两所使用塔吉克语教学，2089所使用多种语言教学；在2003所学前教育机构中，260所使用俄语教学，2所使用乌兹别克语教学，801所儿童教育机构使用多种语言教学；在各种民族文化社团举办的190所周末学校中，30个民族小组在研究自己的母语；在境内的50家剧院中，9家使用各民族语言，15家俄语剧院，1家朝鲜语剧院，1家德语剧院，1家乌兹别克语剧院，1家维吾尔语剧院。

在语言政策的持续实施过程中，哈萨克斯坦颁布了《2011—2020年语言使用和发展国家纲要》。它强调，目前懂哈萨克语的哈萨克斯坦居民占比已达70%，计划未来10年将这一指标提高至95%，预计到2020年前，掌握俄语的居民占比不低于90%（目前这一指标为89%），掌握英语的居民占比约为20%。

上述情况表明哈萨克斯坦已民主且有效地解决了国内语言问题，同时也展现了哈萨克斯坦民族和谐模式的关键所在。国内各民族共同的文化和思想价值观让国家独立的基础更加牢固。

（六）《哈萨克斯坦国家统一学说》

在人类发展历史上，随着人的主观因素的作用不断提升以及作为前进动力的精神的作用不断增强，作为促进社会发展的强劲杠杆的各种学说也随之涌现。"学说"是成文或不成文的信条汇编，是必须遵守的规则，它用从实际生活以及人的期望、愿望和追求中提炼出来的通俗易懂的哲理去最大限度地调动和挖掘人的内心世界，从而促进社会发展。学说对国家乃至整个世界都产生巨大作用，从作用和效果看，任何其他资源都无法与之相比。这样的例子不胜枚举，如孔孟学说、门罗原则等，都是鲜明的例证。

纳扎尔巴耶夫总统在第十四届哈萨克斯坦人民大会代表大会上讲到：国家进入了新的发展阶段，也面临一系列新的、重大的、需要在较短时间内完成的现实任务。其中，首要的任务就是制定有关国家统一的学说，确定哈萨克斯坦社会持续发展的基本目标。在此，学说不仅是对过去积累的大量经验的总结，也是国家向前发展的根基，是制定体现国家相关政策的中期和长期战略的依据，是进一步巩固国家稳定、统一与和谐的基础。

总而言之，《哈萨克斯坦国家统一学说》（以下简称《国家统一学说》）的制定和通过具有下列里程碑意义：（1）《国家统一学说》是具有广泛社会意义的意识形态文件。（2）该文件体现了民族关系所具有的重大社会政治意义，以及国家对民族事务的高度关注。2009年11月—2010年4月，哈萨克斯坦国内就《国家统一学说》草案进行了广泛讨论，共收到500多个评论、建议和意见，其中仅仅关于文件名称就有约10个提案。一些社会组织还提出了自己的替代方案，例如，"国语运动"提出《国家政策构想：2015年前的任务》，光明道路党提出《2010—2020年新的国家政策构想》。为制定该文件，成立了专门的工作组，成员包括哈萨克斯坦人民大会、民族文化社团、部分社会运动和社会组织的代表、学者和专家等，还组建了社会委员会。学说的最终方案得到了社会各界的肯定。（3）让制定和通过政治决议过程中所需要的民主精神达到新高度作出了表率。公认的民主社会指标不仅是决议内容本身，还包括通过决议时的程序。（4）制定《国家统一学说》过程中的正面经验表明，与利益相关方进行咨询和谈判非常重要。在此过程中，决议越具有公开性，越能够获得社会的广泛信任，并能得到很好落实。（5）巨大的宽容能力是哈萨克斯坦社会的固有属性。尽管表达方式不同，但各个社会阶层都努力通过和平和富有建设性的方式解决民族关系问题。（6）通过《国家统一学说》的时间恰逢哈萨克斯坦独立20周年。整个社会面临一个命运攸关的根本性问题：大家用20年时间改造了旧局面并共同开创了新局面，下一步该怎么办？答案已经明确，即"同一个国家，同一个命运；不同的起源，同等的机会；发扬民族精神"。

《国家统一学说》由引言、正文（三章）和结语组成。引言部分阐述了该学说的总原则及其现实意义、目标和任务。第一章《同一个国家，同一个命运》的中心思想是：哈萨克斯坦是多民族和多宗教的国家，其民族、地域和文化构成非常多样化，但共同的历史和哈萨克人的团结精神让哈萨克斯坦各民族凝聚在一起。哈萨克斯坦的伟大目标是：所有人，不分民族，团结成为一个伟大的民族，捍卫哈萨克斯坦的主权和独立并世代传承。《国家统一学说》始终贯穿着一个逻辑核心，即独立的哈萨克斯坦是那些为争取独立而牺牲的先辈们所留下的宝贵财富。我们这些所有把哈萨克斯坦称为祖国的人，无论属于哪个民族，都要紧紧团结在一起，努力捍卫和扩大这份财富，并将其传承下去。第二章《不同的起源，同等的机会》揭示了国家统一学说的使命，即以传统和爱国主义为基础，以获得新生、竞争力和胜利为目的，将民族精神作为团结社会与巩固国家的力量发扬光大。国语是哈萨克斯坦思想统一的关键因素。《国家统一学说》特别提到，在21世纪，只有不断更新、不断追求现代化和竞争力的民族，才有希望在未来赢得独立。我们在知识领域必须有所突破，改变对知识、科学和创新的态度，因为只有知识型民族才能取得成就。结语部分强调：《国家统一学说》是维护哈萨克斯坦民族统一的措施体系的基础。

（七）处于全球进程中的哈萨克斯坦

全球主义或全球化是 21 世纪的现实，它不是时髦和抽象的概念，而是客观事实，理应在我们的日常生活中占有一席之地。全球主义以各种方式影响着整个地球、每个国家和每个人。而全球化是一个非常有启发性的东西，能够迫使每个人透过全人类成就的棱镜去审视自己，并迫使自己紧跟全人类的步伐。全球化考验的是一个国家及其民众的能力，看他们能否跟随全球进步的激流快速奔腾却不被甩出，也不被抛弃在废旧干涸的渠道里。

美国未来学家托夫勒（Элвин Тоффлер）是"信息文明"这个概念的创造者之一。信息文明正是人类在 20 世纪与 21 世纪的交替之时遇到的"全球性冲击"。托夫勒在其名著《第三次浪潮》中写道：在已经被标准化、同步化、集中化、专业化的当代世界，我们不能再将变化视为单独的或彼此孤立的现象。尽管这些变化可能表现为局部的个别现象，我们仍要看得更远一些，用普遍性原则去认识它们，因为它们实际上是更大的整体现象的组成部分。

托夫勒认为，当我们仍将这些变化视作个别现象且未能将它们融入更大范围内予以考察时，我们就无法找到解决相关问题的合理和有效的答案。对于一组实际材料，如果我们只对材料本身进行致密的分析，却未考虑其所处的背景环境，也不会有所收获。

因此，我们必须制定路线图。这张图可以让我们看到处在全球化进程中的自己和国家，可以成为我们前进的地图和指南针。在这张图上，不是简单地标出地名，还要显示出各种变化，如高度落差、陆地和水域的变化等。为了更形象地描绘出哈萨克斯坦在全球进程中所处的位置，可用分层法予以展示。

第一个层面，是全球范围内的进程。在此需要选取一些能够反映各个大陆、国家集团和大量人口发展状况的"变化"。这些变化是我们能够感受得到的客观事件，是可以作为分界线或范例的标志性事件。例如，波士顿倾茶事件标志美国独立战争开始；还有苏共中央总书记戈尔巴乔夫致电正在高尔基城流亡的持不同政见的院士萨哈罗夫，被一些政治学家认为是苏联开始改革的标志。

第二个层面，是哈萨克斯坦的国家元首与政府在第一个层面提供的背景条件下所采取的具体应对政策和应对措施。在这个层面可以看到这些措施是互不协调还是相得益彰，因为每一个国家的发展进步在很大程度上（即使不是决定性地）取决于第一个层面和第二个层面是否能够相互契合。

哈萨克斯坦总统的理论著述是第二个层面动态变化的风向标。哈萨克斯坦社会发展的每一个关键阶段，都必须考虑该阶段的特殊性，确定其发展方向、目标、任务、优先方向，并选择合适的落实机制和方法。每一位哈萨克斯坦公民都希望了解总统对这些问题的想法和计划措施。纳扎尔巴耶夫总统也在自己的著述中对此做出开诚布公的回应。

在理论著述中，纳扎尔巴耶夫总统分析了局势，论述了其发展构想和行动纲领。根据著名的"俄狄浦斯效应"[1]，未来的潜在事件可对当下产生显著影响。总统著述中的那些为了寻求新办法而进行的分析预测也会决定当前的现实。这些著述为制定和实施各项措施的机制机理提供思想和理论指导。这些机制机理通过总统国情咨文和国家纲

---

[1] 译者注："俄狄浦斯效应"取自希腊神话。俄狄浦斯是王子，小时候被父母抛弃，长大后得到自己将来要杀父娶母的神谕。为了避免这个可怕的神谕应验，他离家出走，但最后仍杀死自己的生父并迎娶了自己的母亲，从而应验了自己一直在努力避免应验的那个可怕神谕。这个故事意思是本来为了避免产生某种结果而采取的行动，却恰恰促成该结果的产生。说明人们对未来的心理预期会影响未来的变化，心理预期是推动社会变化的动力之一。如股票市场，如果股民都预期三天以后股市会下跌，那么三天内很多人会抛售股票，从而导致第三天股市真的下跌。

要等形式体现出来。

第三个层面，是社会和谐。它是社会和平与稳定的因素。民族政策的制度化、民族和谐模式、宗教和谐模式，以及民族与宗教相结合的综合和谐模式等，是考察这个层面的事件变化的指标。

在将三个层面的标志性事件进行划分并依序排列之后，我们可以轻松地发现其运行轨迹，并了解它们彼此相互照应到何种程度。这三个层面彼此间的协调性、互补性、继承性和细化程度等，是检验一个国家在全球层面的方针政策是否正确，是否符合全人类和世界发展趋势的既鲜明又有力的论据。在此基础上，如果一个国家还能凭借自身经验，借助得到国际广泛承认且经过实践检验的成就，享有提出自己的倡议的机会，并拥有提出倡议的道德和政治权力，那么这个国家可称为"地缘政治中心"，其人民也有足够的理由为自己身处努力提升竞争力和获得领导地位的宏伟蓝图中而感到自豪。

总之，独立的哈萨克斯坦已在当代历史阶段出现并得到发展。下面，我们列述这一阶段发生在第一个层面的标志性事件。为了更方便地表述，我们以五年为期进行划分。

1990—1995 年

——占据世界上适宜人类居住面积 1/6 的超级大国苏联解体，以《华沙条约》和经互会为基础的苏东社会主义阵营也随之瓦解。

——《别洛韦日协议》宣布废除 1922 年签署的《联盟条约》，停止苏联的存在（1991 年 12 月 8 日，明斯克）。

——建立独立国家联合体（独联体）（1991 年 12 月 21 日，阿拉木图）。

——建立集体安全条约组织（1992 年 5 月 15 日）。

——签署《里斯本条约》（1992 年 5 月 22 日）。苏联解体之后，留给哈萨克斯坦大量核武器，其威力占世界核武器的 1/4；还有恩巴、萨雷沙甘和拜科努尔等航天和核试验场。哈萨克斯坦首任总统纳扎尔巴耶夫决定放弃核武器，签署《里斯本条约》。

——塔吉克斯坦内战开始（1992 年 8 月）。

——在联合国第 47 届大会上，纳扎尔巴耶夫总统发表演讲《每个国家的宽容是地球安宁的保障》，提出召开"亚洲相互协作与信任措施会议"（1992 年 10 月 5 日）。

——纳扎尔巴耶夫总统首次提出"欧亚联盟"思想，以此建立中亚国家与俄罗斯和其他原苏联加盟共和国的战略关系（1994 年 3 月 29 日）。

——车臣战争开始（1994 年 11 月 30 日）。

1995—1999 年

——布杰诺夫斯克（Буденовск）恐怖袭击事件（1995 年 6 月 14—19 日）。

——伊恩·威尔穆特（Я. Вильмут）和基思·坎贝尔（К. Кемпбелл）在苏格兰的罗斯林研究所首次用克隆技术成功培育出恒温动物小山羊多莉。这项实验被认为是可与原子分裂相比的技术突破（1996 年）。

——人类首次感染 H5N1 禽流感病毒（1997 年，中国香港）。

——世界金融危机开始（1997 年）。

——美国总统克林顿弹劾案（1998 年）。

——2000 年 9 月 5 日，联合国大会通过第 52/202 决议，以"联合国在 21 世纪的作用"为主题举行联合国千年会议。全世界正式启动迎接 21 世纪的工作（1998 年 12 月 17 日）。

——科索沃战争开始（1999 年 3 月）。

——北约东扩开始（1999 年 3 月 12 日）。

——布伊纳克斯克（Буйнакск）恐怖袭击事件，恐怖分子在俄罗斯历史上第一次用炸弹袭击住宅（1999年9月4日）。

——联合国教科文组织授予阿斯塔纳"和平城市"的称号（1999年）。

——俄罗斯总统叶利钦宣布辞职（1999年12月31日）。

2000—2005年

——联合国召开"千年论坛"，来自世界106个国家的1350名非政府组织代表参加大会。大会就2000年9月6日举行千年峰会事宜通过有关宣言和行动计划。行动计划主要包括以下提案：关于消除贫穷；关于维持和平的自愿力量；关于强制执行《跨国公司行为法典》；关于冻结武装力量和减少非法武器贸易（2000年3月26日）。

——参加联合国千年峰会的有189个成员国和23个国际组织。大会通过《联合国千年宣言》，确定了千年目标，主要包括：和平、安全和裁军；消灭贫困；保护环境；人权和民主；保护弱势群体。大会提出21个可量化的任务和60个考核指标（2000年9月6—8日）。

——建立欧亚经济共同体（2000年10月10日，阿斯塔纳）。

——"颜色革命"开始，塞尔维亚革命（2000年10月）。

——教皇约翰·保罗二世在大马士革首次参观伊斯兰教的清真寺（2001年5月6日）。

——建立上海合作组织（2001年6月15日）。

——纽约世贸中心双塔被炸（2001年9月11日）。

——教皇约翰·保罗二世访问哈萨克斯坦（2001年9月22日）。

——美国开始打击阿富汗塔利班的军事行动（2001年10月7日）。

——莫斯科轴承厂文化宫人质事件（Норд Ост）（2002年10月23—26日）。

——中国广东第一例SARS病例（2002年11月）。

——发行欧元（2002年）。

——以推翻萨达姆·侯赛因政权为目的的伊拉克战争爆发（2003年3月20日）。

——第一届"世界与传统宗教领袖大会"（2003年9月23—24日）。

——格鲁吉亚"玫瑰革命"（2003年11月23日）。

——欧盟东扩（2004年5月1日）。

——别斯兰人质事件（2004年9月1日）。

——H5N1禽流感病毒在世界范围内扩散（2004年）。

——乌克兰"橙色革命"（2004年11月23日）。

——吉尔吉斯斯坦的"郁金香革命"（2005年3月）。

2006—2012年

——南斯拉夫解体（2006年6月3日）。

——国际金融危机开始（2008年）。

——非裔美国人巴拉克·奥巴马首次就任美国总统（第44届）（2009年1月20日）。

——哈萨克斯坦成为欧安组织轮值主席国，哈是第一次担任该职务的欧亚地区的原苏联国家，而且国内居民的绝大多数是穆斯林（2010年1月1日）。

——冰岛南部的艾雅法拉火山爆发并伴随大量火山灰喷发，对欧洲航空运输造成不利影响（2010年4月14—20日）。

——俄白哈三国关税同盟开始启动（2010年7月1日）。

——德国总理默克尔首先承认欧洲存在多元文化危机（2010年10月16日）。

——阿斯塔纳欧安组织峰会（2010年12月1—2日）。

——阿拉伯国家发生革命（2010年12月17日开始，突尼斯）。

——日本福岛核电站事故（2011年3月11日）。

——哈萨克斯坦成为伊斯兰会议组织轮值主席国（2011年6月28日）。

——瑞士太阳能飞机"太阳驱动"号第一次完成跨大陆飞行（2012年6月6日）。

——哈萨克斯坦凭借"新能源"主题赢得了2017年世博会举办权（2012年11月）。

发生在第二个层面的标志性事件，以五年为期。

1990—1995 年

纳扎尔巴耶夫总统的理论著作：

——《没有左右》（1991年）。

——《哈萨克斯坦主权国家的形成和发展战略》（1992年）。

——《全社会在思想上的团结是哈萨克斯坦进步的条件》（1993年）。

——《市场与社会经济发展》（1994年）。

政治事件和决策：

——《哈萨克斯坦共和国国家独立法》通过（1991年12月16日）。

——哈萨克斯坦成为欧安组织成员国（1992年1月2日）。

——哈萨克斯坦成为联合国成员国（1992年3月3日）。

——颁布《哈萨克斯坦共和国国家象征法》，诞生国旗、国徽、国歌（1992年7月4日）。

——第一部《哈萨克斯坦共和国宪法》（1993年1月28日）。

——《1993—1995年非国有化和私有化国家纲要》（1993年3

月10日)。

1995—1999年

纳扎尔巴耶夫总统的理论著作:

——《站在21世纪的门槛上》(1996年)。

——《欧亚联盟:构想、实践、前景》(1997年)。

——《在历史的长河中》(1999年)。

政治事件和决策:

——哈萨克斯坦共和国最高苏维埃解散(1995年3月)。

——就纳扎尔巴耶夫的总统任期延长至2000年问题举行全民公决(1995年4月29日)。

——全民公决通过独立后第二部《哈萨克斯坦共和国宪法》(1995年8月30日)。

——哈萨克斯坦首次建立两院制议会(1995年12月)。

——总统国情咨文《哈萨克斯坦——2030:繁荣、安全和全体哈萨克斯坦人民的福利改善》,阐述哈萨克斯坦2030年前发展战略(1997年10月10日)。

——阿克莫拉成为哈萨克斯坦首都(1997年12月10日)。

——总统国情咨文《新世纪的社会民主、经济和政治改革》,发布了关于保护经济不受外界因素干扰和确保经济增长的纲要,以及关于民主和政治改革的纲领(1998年9月)。

——修改《哈萨克斯坦宪法》(1998年10月7日)。

——哈萨克斯坦议会下院第一次实行按政党比例的选举制度,议会下院的77个席位中有10个席位根据政党比例选举结果产生(1999年)。

——总统国情咨文《新世纪的国家稳定与安全》,阐述了哈萨克斯坦在21世纪面临的挑战(1999年9月)。

——哈萨克斯坦独立后第一次人口普查（1999 年）。

2000—2005 年

纳扎尔巴耶夫总统的理论著作：

——《战略、社会改革与欧亚文明的复兴》（2000 年）。

——《世界的中心》（2001 年）。

——《关键的十年》（2003 年）。

——《在欧亚大陆的心脏》（2005 年）。

政治事件和决策：

——2000 年被定为"支持文化年"。

——2002 年被定为"健康年"。

——第一届"国际和平与和谐大会"（2003 年 2 月 13 日，阿拉木图）。

——通过《国家文化遗产计划》（2004 年 1 月 13 日）。

——总统国情咨文《建设有竞争力的哈萨克斯坦、有竞争力的经济、有竞争力的国家！》（2004 年 3 月）。

——总统国情咨文《哈萨克斯坦走在经济、社会和政治加速现代化的路上》（2005 年 2 月）。

2006—2012 年

纳扎尔巴耶夫总统的理论著作：

——《哈萨克斯坦之路》（2006 年）。

——《摆脱危机的关键》（2009 年）。

——《哈萨克斯坦的社会现代化：通向全民劳动社会的 20 个步骤》（2012 年）。

政治事件和决策：

——总统国情咨文《哈萨克斯坦进入世界最具竞争力的 50 个强

国行列的战略》（2006 年 3 月）。

——总统国情咨文《新世界中的新哈萨克斯坦》（2007 年 2 月）。

——宪法改革（2007 年 5 月 21 日）。

——总统国情咨文《哈萨克斯坦公民福利增加是国家政策的主要目标》（2008 年 2 月）。

——总统国情咨文《从危机走向更新和发展》（2009 年 3 月）。

——总统国情咨文《新的十年，新的经济增长，哈萨克斯坦的新机遇》（2010 年 1 月）。

——总统国情咨文《我们共同建设未来！》（2011 年 1 月）。

——哈萨克斯坦举行非例行总统选举（2011 年 4 月 3 日）。

——哈萨克斯坦举行非例行议会选举，三党制议会下院产生（2012 年 1 月 15—16 日）。

——总统国情咨文《社会经济的现代化：哈萨克斯坦的主要发展方向》（2012 年 1 月）。

——总统国情咨文《哈萨克斯坦——2050：健全国家的新政策方针》（2012 年 12 月 14 日）。

下面，以第一和第二个层面为背景，展示第三个层面的标志性事件。

1990—1995 年

——第一届"世界哈萨克人大会"（1991 年 9 月 29 日）。

——第一届"世界精神和谐大会"（1992 年 10 月 18 日）。

——哈萨克斯坦人民论坛，首次提出建立"哈萨克斯坦人民大会"的思想（1992 年 12 月 14 日）。

1995—1999 年

——建立"哈萨克斯坦人民大会"（1995 年 3 月 1 日）。

——建立"国家政策委员会"（1995年4月3日）。

——确定"哈萨克斯坦人民统一日"（1996年5月1日）。

——通过《民族文化教育构想》（1996年7月15日）。

——通过《语言政策构想》（1996年11月4日）。

——1997年被定为"全国统一和政治迫害遇难者纪念年"。

——将5月31日定为"政治迫害遇难者纪念日"（1997年），将9月22日定为"哈萨克斯坦共和国人民语言日"（1997年1月20日）。

——通过《语言法》（1997年1月24日）。

——1998年被定为"人民统一和国家历史年"。

——通过《语言使用和发展国家纲要》（1998年10月5日）。

——1999年被定为"世代团结和传承年"。

2000—2005年

——通过《2001—2010年语言使用和发展国家纲要》（2001年2月7日）。

——通过《哈萨克斯坦人民大会中期战略》（到2011年）和《哈萨克斯坦人民大会条例》（2002年4月26日）。

——联合国秘书长安南会见哈萨克斯坦人民大会理事会成员（2002年10月18日，阿斯塔纳）。

——哈萨克斯坦总统办公厅设人民大会秘书处（2004年）。

——成立哈萨克斯坦总统下属的"民主和公民社会问题国家委员会"（2004年11月2日）。

2006—2012年

——东正教圣诞节和穆斯林的古尔邦节首次成为非工作日（2006年）。

——通过《2006—2011年公民社会发展构想》（2006年7月26日）。

——在阿斯塔纳隆重举行和平与和谐宫启用仪式（2006年9月1日）。

——建立哈萨克斯坦文化和信息部下属的"民族关系问题研究中心"（2007年4月11日）。

——人民大会正式被命名为"哈萨克斯坦人民大会"，并写入宪法（2007年5月21日）。

——哈萨克斯坦人民大会第一次选出9名议会下院议员（2007年8月20日）。

——通过《哈萨克斯坦人民大会法》（2008年10月28日）。

——联合国秘书长潘基文在阿斯塔纳会见哈萨克斯坦人民大会成员（2010年4月7日）。

——通过《哈萨克斯坦国家统一学说》（2010年4月29日）。

——制定《2011—2020年语言使用和发展国家纲要》（2010年7月）。

——通过《哈萨克斯坦共和国独立20周年庆祝活动计划》（2011年1月27日第1144号总统令批准）。

——纳扎尔巴耶夫总统向政府、祖国之光党、各部委等机构提出向全民劳动社会过渡的20项任务（2012年7月）。

参考文献

1. *Абдиров М. Ж.*, История казачества Казахстана. Алматы, 1994.
2. *Абдиров М. Ж.*, Завоевание Казахстана царской Россией. Астана, 2000.
3. *Абенов Е. М.*, *Арынов Е. М.*, *Тасмагамбетов И. Н.* Казахстан: эволюция государства и общества. Алматы, 1996.
4. *Абылгазина А.*, Казахские комитеты в 1917 году. Алматы, 1997.
5. *Абылхожин Ж. Б.*, Очерки социально-экономической истории Казахстана XX века. Алматы, 1997.
6. *Абылхожин Ж. Б.*, *Бурханов К. Н.*, *Кадырбаев А. Ш.*, *Султанов Т. И.* Страна в сердце Евразии. Сюжеты по истории Казахстана. Алматы, 1998.
7. *Айтматов Ч.*, Собр. соч. В 7 т. Т. 7. М., 1998.
8. Алаш-Орда: Сб. док. /Сост. Н. Мартыненко. Алма-Ата, 1992.
9. *Аманжолова Д. А.*, Движение Алаш в 1917 году. М., 1992.
10. Антология истории Казахстана. Алматы, 2001. Т. 1. Ч. 1.
11. *Асфендияров С.*, История Казахстана (с древнейших времен). Алматы, 1993.
12. *Ауанасова А. М.*, Национальная интеллигенция Туркестана в

первой четверти XX века. Алматы, 2001.

13. *Байджиев М.*, Сказание о Манасе. Бишкек, 2010.

14. *Байпаков К. М.*, Средневековые города Казахстана на Великом Шелковом пути. Алматы: Ғылым, 1998.

15. *Бекмаханов Е.*, Казахстан в 20 – 40-е годы XIX века. Алма-Ата, 1992.

16. *Бжезинский З.*, Великая шахматная доска. М., 1998.

17. *Боровкова Л. А.*, Запад Центральной Азии во II в. до н. э. – VII в. н. э. М.: Наука, 1989.

18. Депортированные в Казахстан народы. Алматы: Арыс-Казахстан, 1998.

19. *Джангильдин Таугельды*, внук А. Джангильдина, в своих публикациях описывает интересные факты из его жизни. (см.: Юридическая газета. 1999, 26 мая; Фемида. 2001. № 2. С. 55 – 62)

20. *ДжанибековУ. Д.*, Эхо. Алма-Ата, 1991.

21. Подробные сведения о тюркских памятниках средневекового Казахстана, таких как Мерке, Жайсан, Кумай и др., излагаются в книге: *Досымбаева А., Нускабай А.* Тюркский археолого-этнографический комплекс Кумай. Астана, 2012.

22. *Ерофеева И. В.*, Внутренняя или Букеевская орда в первой половине XIX в.: история и историография // История Букеевского ханства. 1801 – 1852 гг.: Сб. док. и материалов. Алматы, 2002.

23. *Есеркемисова Б. А.*, Внутренняя политика Временного правительства в Казахстане: Автореф. дис... канд. ист. наук. Алматы, 2000.

24. *Жакишева С. А.*, Баи -《полуфеодалы》в Казахстане на рубеже 20 – 30-х гг. XX в.: историко-источниковедческий анализ проблемы: Автореф. дис. ... канд. ист. наук. Алматы, 1996.

25. *Жумашева Г. С.*, Колониальная политика царизма на Мангышлаке (30-е годы XIX – начало XX века): Автореф. дис. ... канд. ист. наук. Алматы, 1998.

26. Из истории Букеевской орды. Алматы, 2002.

27. Исторический опыт защиты Отечества. Военная история Казахстана. Алматы, 1999.

28. ИсторияСССР. Эпоха социализма. М., 1974.

29. История Казахской ССР. Алма-Ата, 1977. Т. 1.

30. История Казахстана в лицах. Вып. 1. Акмола, 1993.

31. История Казахстана с древнейших времен до наших дней: В 5т. Т. 1. Алматы, 1996.

32. История Казахстана с древнейших времен до наших дней: В 5т. Т. 2. Алматы, 1997.

33. История Казахстана с древнейших времен до наших дней: В 5т. Т. 3. Алматы, 2000.

34. История Казахстана с древнейших времен до наших дней. В 5т. Т. 5. Алматы: Атамұра, 2010. С. 548 – 549.

35. История Казахстана с древнейших времен до наших дней (очерк). Алматы, 1993.

36. История Казахстана с древнейших времен доконца XVIII века (Практикум-учебное пособие). Алма-Ата, 1992.

37. История Казахстана: белые пятна. Алма-Ата, 1991.

38. История Букеевского ханства. 1801 – 1852 гг.: Сб. док. и материалов. Алматы, 2002.

39. История переписей населения и этнодемографические процессы в Казахстане. Алматы, 1998. С. 45.

40. *Кадырбаев А. Ш.*, Казахстан в эпоху Чингисхана и его преемников. XII - XIV века. Алма-Ата, 1992.

41. *Кадырбаев А. Ш.*, За пределами Великой степи. Алматы, 1997.

42. *Кадырбаев А. Ш.*, История Казахстана: первобытный мир и древность. Алматы, 1998.

43. *Кадырбаев М. К., Марьяшев А. Н.* Наскальные изображения хребта Каратау. Алма-Ата, 1977. С. 158.

44. Казахстан в начале XX века: методология, историография, источниковедение. Алматы, 1993.

45. Казахстан. Отчет по человеческому развитию. 1995. Алматы, 1995.

46. Казакстан тарихы туралы монгол деректемелер. Т. 2. Алматы, 2006, фото предоставлено Н. Базылханом.

47. *Кан Г. В.*, История корейцев Казахстана. Алматы, 1995.

48. *КанГ. В.*, История Казахстана: Учеб. пособие. Алматы, 2000.

49. *Касымбаев Ж., Шаймерденова М.* История Казахстана: Учеб.-метод. комплекс. Алматы, 1997.

50. *Касымбаев Ж. К.*, История Казахстана: Учебник для 9 класса общеобразовательной школы. Алма-ты, 1997.

51. *Касымбаев Ж.*, Государственные деятели казахских ханств (XVIII в.). Алматы: Білім, 1999.

52. *Касымбаев Ж.*, Последний поход хана Кенесары и его гибель. Алматы, 2002.

53. *Касымжанов А. Х.*, Портреты (штрихи к истории Степи). Вып. 1. Алматы, 1995.

54. *Кляшторный С. Г.*, *Султанов Т. И.* Казахстан: летопись трех тысячелетий. Алма-Ата, 1992.

55. *Кляшторный С. Г.*, Имперский фон древнетюркской цивилизации//Отан тарихы. Отечественная история. Алматы, 1998.

56. *Козыбаев М. К.*, *Абылхожин Ж. Б.*, *Алдажуманов К. С.* Коллективизация в Казахстане. Трагедия крестьянства. Алма-Ата, 1992.

57. *Козыбаев М. К.*, Декабрь 1986 года: факты и размышления. Алматы, 1997.

58. *Козыбаев М. К.*, Актуальные проблемы изучения отечественной истории // Материалы семинаров 《 круглого стола 》 и конференции. Алматы, 1998.

59. *Койгелдиев М. К.* и др., Типовая программа курса 《История Казахстана》для студентов неисторических специальностей вузов Республики Казахстан. Алматы, 1998.

60. *Комеков Б. Е.*, К истории средневековой области Туркестан // Информационная эпоха: общество, экономика, культура, право. Алматы, 2002.

61. Краткие итоги Переписи населения 1999 года в Республике Казахстан. Алматы, 1999.

62. *Крачковский И. Ю.*, Над арабскими рукописями. М., 2011.

63. *Кунаев Д. А.*, От Сталина до Горбачева. Алматы, 1994.

64. *Левшин А. И.*, Описание киргиз-казачьих, или киргиз-кайсацких, орд и степей. Алматы, 1996.

65. *Левшин А. И.*, Историческое и статистическое обозрение уральских казаков. Уральск, 2011.

66. *Лившиц В. А.*, Предисловие // Авеста: Избранные гимны (Пер. с авест. и коммент. проф. И. М. Стеблин-Каменского). Душанбе: Адиб, 1990.

67. *Максимова А. Г.*, *Ермолаева А. С.*, *Марьяшев А. Н.*, Наскальные изображения урочища Тамгалы. Алма-Ата, 1985.

68. *Маргулан А. Х.*, Джезказган – древний металлургический центр (городище Милыкудук) // Археологические исследования в Казахстане. Алма-Ата, 1973.

69. Материалы《круглых столов》и семинаров. Алматы, 1996.

70. *Мендыкулова Г. М.*, Исторические судьбы казахской диаспоры. Происхождение и развитие. Алма-ты: Ғылым, 1997.

71. *Митропольская Т. Б.*, Из истории семиреченского казачества. Алматы, 1997.

72. *Назарбаев Н. А.*, Стратегия становления и развития Казахстана как суверенного государства. Алма-Ата, 1992.

73. *Назарбаев Н. А.*, Пять лет независимости. Алматы, 1996.

74. *Назарбаев Н. А.*, Казахстан-2030: Послание Президента страны народу Казахстана. Алматы, 1997.

75. *Назарбаев Н. А.*, В потоке истории. Алматы: Атамұра, 1999.

76. *Назарбаев Н. А.*, Эпицентр мира. Астана, 2001.

77. *Назарбаев Н. А.*, Критическое десятилетие. Алматы, 2003.

78. *Назарбаев Н.*, Инновационная индустрия науки и знаний – стратегический ресурс Казахстана в XXI веке // http://www.akorda.kz

79. *Назарбаев Н. А.*, Политика мира и согласия. Астана, 2008. С. 470.

80. *Олкотт М. Б.*, Средняя Азия: катапультирование в

независимость // Оборонная политика – политика обеспечения мира и безопасности. Киев, 1992.

81. *Омарбеков Т.*, Кіші казан: ол не? // Акикат. 1995. №3.

82. Отчет о человеческом развитии. Казахстан-1998. Алматы, 1998.

83. *Паллас П. С.*, Путешествие по разным провинциям Российской империи. Уральск, 2006.

84. *Панфилов А. В.*, Комиссар Временного правительства // Огни Алатау. 1991, 4 дек.

85. Партийная политика государства на современном этапе. Алматы, 2002.

86. Положение беженцев в мире. УВКБ ООН, 2000.

87. Послание Президента Республики Казахстан Н. А. Назарбаева народу 《 Социально-экономическая модернизация – главный вектор развития Казахстана. Алматы, 2012.

88. *Пылев А. И.*, Ходжа Ахмад Ясави, суфийский поэт, его эпоха и творчество. Алматы, 1997.

89. Родина Махамбета. Алматы, 2003. С. 90

90. *Рогожинский А. Е.*, Петроглифы археологического ландшафта Тамгалы. Алматы, 2011.

91. *Рычков П. И.*, Топография Оренбургской губернии. Уральск, 2009.

92. Сборник документов по международномуправу. Алматы, 1998. Т. 1.

93. Священные места на Великом Шелковом пути. Алматы, 2009. С. 123.

94. *Сегизбаев О. А.*, Казахская философия XV – начала XX века. Алматы: Ғылым, 1996.

95. *Сейфуллин С.*, Тернистый путь. Алма-Ата, 1975.

96. *Сулейменов Б.*, Об административном устройстве Казахской степи по реформе 1867 – 1868 гг. // Вестн. АН КазССР. 1951. № 2.

97. *Сулейменов Р. Б.*, *Моисеев В. А.* Чокан Валиханов – востоковед. Алма-Ата: Наука, 1985.

98. *Султангалиева Г. С.*, Западный Казахстан в системе этнокультурных контактов (XVIII – начало XX в.). Уфа, 2001.

99. Типовая программа по истории Казахстана (для студентов исторических факультетов вузов). 2-е изд., перераб. Алматы, 1999.

100. *Тихвинский С. Л.*, *Чубарьян А. О.* Международный форум историков // Отан тарихы. Отечественная история. 2001. №2.

101. Трагедиясоветской деревни. Коллективизация и раскулачивание: Документы и материалы. 1927 – 1937. В 5 т. Т. 2. Ноябрь 1929 – декабрь 1930. М.: РОССПЭН, 2000. С. 126 – 129.

102. *Тугжанов Е. Л.* и др., Ассамблея народа Казахстана: исторический очерк. Алматы, 2010. С. 186.

103. *Тынышпаев М.*, История казахского народа. Алматы, 1993.

104. Труды ИИАЭ АН КазССР. Т. 12. Алма-Ата, 1961.

105. *Уолкер С. С.*, Чингисхан. Ростов-на-Дону, 1998.

106. *Урашев С. А.*, Верный на рубеже XIX и XX веков. Алматы, 2006.

107. Учебное пособие по истории Казахстана с древнейших времен до наших дней. Алма-Ата, 1992.

108. *Хазанов А. М.*, Кочевники и внешний мир. Алматы, 2000.

109. Центр документации новейшей истории ВКО (ЦДНИ ВКО),

ф. 37, оп. 1, д. 126, л. 87.

110. *Шакарим Кудайбердыулы.*, Родословная тюрков, киргизов, казахов и ханских династий. Алма-Ата, 1990.

111. *Шараф Ад-дин Али Йазди.*, Зафар-наме. Книга побед Амира Тимура. Ташкент, 2008.

112. *ЭйдельманН. Я.*, Грань веков. Политическая борьба в России. Конец XVIII – начало XIX столетия. М., 1982.

113. *Эренжен Хара-Даван.*, Чингисхан как полководец и его наследие. Алма-Ата, 1992.

114. Отан тарихы. Отечественная история. 2002, № 3.

115. Отечественная история. 2000, № 4. С. 16 – 23.

116. Отан тарихы. Отечественная история. 2001. № 1. С. 158 – 161.

117. Саясат. 2001. № 1.

118. Казахстанская правда. 1991, 18 дек.

119. Казахстанская правда. 1992, 2 окт.

120. Советы Казахстана. 1995, 3 мая.

121. Казахстанская правда, 1999, 15 сент.

122. Казахстанская правда, 1999. 17 сент.

123. Казахстанская правда. 2000, 25 окт.

124. Казахстанская правда. 2001, 13 сент.

125. Казахстанская правда. 2001, 25 сент.

126. Казахстанская правда. 2001, 9 окт.

127. Казахстанская правда. 2001, 17 дек.

128. Казахстанская правда. 2002, 26 янв.

129. Казахстанская правда. 2002, 5 июня.

130. Казахстанская правда. 2003, 14 февр.

131. Казахстанская правда. 2003, 18 февр.

132. Известия. 2003, 21 марта.

133. Казахстанская правда. 2003, 21 марта.

134. Казахстанская правда. 2003, 30 апр.

135. Казахстанская правда. 2003, 25 сент.

136. Казахстанская правда. 2004, 10 янв.

137. Казахстанская правда. 2004, 3 февр.

138. Казахстанская правда. 2004, 7 февр.

139. Казахстанская правда. 2004, 13 марта.

140. Казахстанская правда. 2004, 20 марта.

141. Казахстанская правда. 2004, 3 апр.

142. Казахстанская правда. 2005, 19 февр.

143. Казахстанская правда. 2006, 13 сент.

144. Роман-газета. 1968. № 14.

145. АП РК, ф. 141, оп. 1, д. 5032, л. 14–18.

146. АП РК, ф. 141, оп. 1, д. 2948, л. 21–25.

147. АП РК, ф. 708, оп. 5/2, д. 187, л. 28, 28 об.

148. АП РК, ф. 708, оп. 1, д. 53, 6 《особая папка》, л. 12. 149. АРГО, ф. 58, оп. 1, д. 33, л. 45.

150. АРГО, ф. 58, оп. 1, д. 33, л. 43.

151. АРГО, ф. 58, оп. 1, д. 33, л. 44.

152. АРГО, ф. 58, оп. 1, д. 33, л. 47.

153. АРГО, р. 64, оп. 1, д. 13. Приложение, л. 1. 154. ЦГА РК, ф. 1490, оп. 1, д. 7, л. 64.

155. ЦГА РК, ф. И-19, оп. 1, д. 65.

156. ЦГА РК, ф. И-19, оп. 1, д. 65.

157. ЦГА РК КФДЗ, архивные номера: 2–12724, 2–59244, 2–36691, 3–14003, 2–61589, 2–5953, 2–34603, 2–34642, 2–

34648.

158. ЦГА РК КФДЗ, архивный номер 4 – 1212.

159. НА ИИ МК РАН, РА, ф. 1. 1896 г., д. 230, л. 100.

160. http：//www. ombudsman. kz/about/history. php

161. http：//www. leaders. kz

162. http：//www. akorda. kz

163. http：//sngdaily. ru

164. http：//portal. mfa. kz

165. http：//www. newskaz. ru

166. http：//www. zakon. kz

167. http：//ru. government. kz

168. http：//www. 2lib. ru

169. http：//www. meta. kz

170. http：//www. bnews. kz

171. http：//www. e. gov. kz

172. www. arhcentr. kz

173. www. centralasia. ru

附 录

专有名词索引

汉语	俄语或英语	备注
汗国		
蒙兀儿斯坦	Могулистан	
哈扎尔汗国	Хазарский каганат	又称"可萨帝国"
乌古斯汗国	Огузский каганат	
回纥汗国	Уйкурский каганат	
黠戛斯汗国	Кыргызский каганат	
基马克汗国	Кимакский каганат	
葛逻禄汗国	Карлуский каганат	
突骑施	Turgesh khagan，Тюргеши	
喀喇汗王朝	Караханиды	
喀喇契丹国	Qara Khitai，Hala Qidan Карахытай，Кидáни	
伏尔加布尔加尔国	Volga Bulgaria Волжская Булгария	很多材料译为"伏尔加保加利亚国"
钦察汗国	Дешт-и-Кыпчак	被称为"草原钦察"
金帐汗国	Qipchaq ulisi Золотая Орда	又称为钦察汗国、克普恰克汗国、术赤兀鲁思
白帐汗国	Бéлая Opдá 或 Ак-Орда	

续表

汉语	俄语或英语	备注
诺盖汗国	Nogai Horde, Nohai Horde, Nogai Yortu Ногайская Орда́	
乌古斯人	Oghuz, Oguz, Ghuzz Turks Огузы	
钦察部落，钦察人	Kipchaks Кыпчаки, По́ловцы, полове́цане	
佩切涅格人	Pechenegs, Patzinaks Печене́ги	
乃蛮人	Найма́ны, Секиз-огуз Sekiz Oghuz	
克烈人	Кере́йты	
札剌亦儿人	Джалаир	
蔑儿乞	Merkit Мерки́ты	是10—13世纪的一个蒙古游牧部族
奥利布尔利克部落	ольбурлик	钦察部落

第一章

汉语	俄语或英语	备注
路易斯·亨利·摩尔根	Lewis Henry Morgan	美国人类学家
沙卡里姆·库代别尔德乌雷	Шакарим Кудайбердыулы	哈萨克历史学家，阿拜的弟弟，《世系谱》的作者

第二章

汉语	俄语或英语	备注
土门	Bumin Qaghan Бумын-каган	突厥首领，尊称"伊利可汗"
科罗	Кара-каган	尊称"乙息记可汗"
俟斤	Муган-каган	尊称"木杆可汗"
佗钵	Taspar Qaghan, Tatpar Qaghan Таспар-каган, Татпар-каган	尊称"佗钵可汗"
骨笃禄	Ashina Qutlugh, Ilterish Khaghan Кутлуге-Эльтениш-каган	尊号"颉跌利施可汗"
默啜	Qapaghan Qaghan, Qapghan Qaghan Капаган-каган	尊号"迁善可汗"
默棘连	Bilge Khagan Бильге-каган	尊号"毗伽可汗"
阙特勤	Kul Tigin Кюль-тегин	毗伽可汗之弟

续表

汉语	俄语或英语	备注
暾欲谷	Tonyukuk Тоньюкук	颉跌利施可汗的重要谋臣
屈利啜	Кули-чур	军事统帅
阿尔德	Алтын тамган тархан	毗伽可汗时期的国玺保管者、答剌罕
乌质勒	Уч-Элик，Ушлик	突骑施首领
苏禄	Suluk Сулук，绰号 Абу Музахим	黑姓突骑施的可汗
法基赫	Ibn al-Faqih al-Hamadani Ибн аль-Факих	历史学家
高仙芝	Гао СяньЧжи 或 Гао СонЧжи	
萨图克	Satuq Bughra khan Сатук Богра-хан	喀喇汗王朝创始人
耶律大石	Yelü Dashi Елюй Даши	辽国王子
萧塔不烟	Xiao Tabuyan Табуян	耶律大石遗孀
耶律直鲁古	Zhilugu Елюй Чжилугу，Чжулху	喀喇契丹国最后一任可汗
屈出律	Kuchlug Кучлук	乃蛮部落可汗
沙赫马立克	Шахмалик	乌古斯叶护
阿拉丁·摩诃末	Ala ad-Din Muhammad II Ала-Эд-Дин Мухамед	花拉子模的谢赫
伊利季吉兹	Шамс-ад-Дин Ильдигиз	阿塞拜疆的伊利季吉兹王朝创始人
库特布—阿德—金·穆罕默德	Qutb ad-Din Muhammad Кутб-ад-Дин Мужаммад	化拉子模国创始人
优素福·巴拉萨古尼	Yusuf Khass Hajib Balasaguni Юсуф Баласагуни	
穆罕默德·喀什噶里	Muhammed al-Kashgari Махмуд Кашгари	
艾哈迈德·亚萨维	Ahmad Yassawi Ахмед Ясави	
阿里—布哈里	Imam al-Bukhari Исмаил аль-Бухари	
兀鲁伯（乌鲁伯格）	UlugBeg Улугбек	

续表

汉语	俄语或英语	备注
巴哈乌特金·纳克什班迪	Baha-ud-Din Naqshband Bukhari Бахаутдин Накшбанди	
沙拉夫丁·阿里·雅兹迪	Sharaf ad-Dīn Alī Yazdī Шараф ад-Дина Али Йаздии	伊朗历史学家
帖木儿（绰号"塔梅尔兰"或"萨希布基兰"）	Timur（Тимур） Tamerlane（Тамерлан） Сахибкиран	帖木儿帝国的创始人

第三章

汉语	俄语或英语	备注
阔阔出	Кэкчу-Теб-Тенгри	占星师
《成吉思汗法典》	Великий Джасак	又称《蒙古国法典》或《大扎撒》
脱忽察儿	Тогучар	成吉思汗的女婿
拉施德丁	Rashid-al-Din Hamadani Рашид ад-Дин	波斯历史学家
海儿汗·亦纳勒术（亦纳勒出黑）	Гайирхан Иналчик	讹答剌（奥特拉尔）守将
哈剌察	Караджа-хаджиб	花拉子模守将
忽必来（虎必来）	Хубилай	巴鲁剌思氏，蒙元帝国名将，成吉思汗帐下"四勇"之一
若望·柏郎嘉宾	Giovanni da Pian del Carpine Джованни Плано Карпини	罗马教皇派往蒙古国的使臣
瓦瑟利	Ибн-Васыль	阿拉伯作家
蒙哥	Möngke Мунке，Мункэ，Менгу	蒙古国第四任可汗
阿昔儿	Ибн аль-Асир	阿拉伯历史学家
库特布丁·艾依巴克	Quṭb al-Dīn Aibak Кутб ад-Дин Айбак	德里苏丹国国王
伊勒杜特迷失	Shams ud-Din Iltutmish Музаффар Ельтутмиш，Шамс ад-дин Илтутмиш ибн Йалам	德里苏丹国的库特布沙希王朝的创始人
拉吉娅	Raziya Begum 或 Razia Sultan Джалаат ад-дин Разия-султан бинт Илтутмиш	伊勒杜特迷失的女儿，伊斯兰国家中唯一一位合法继位的女王
卡伦	Калун	钦察人

续表

汉语	俄语或英语	备注
阿斯伦	Аслун	蒙古公主
安纳西尔	Ан-Насир	蒙古公主阿斯伦所生的唯一的儿子，统治埃及
燕铁木儿	Яньтимур，Иль-Тимур	钦察人，元朝做官
床兀儿	Чжанур，Чонкур	钦察人，元朝做官
倚纳脱脱	Иналтого	康居人，元朝做官
阿沙不花	Асанбука	康居人，元朝做官
拔都	Бату	金帐汗国可汗
别儿哥	Берке	金帐汗国可汗
额儿曾汗	Erzen Ерзен Ilbasan Ибисан	又称"阿必散"
木八剌汗	Mubarak Khwaja，Мубарак-ходжа	也有译作"穆巴拉火者汗"
乌兹别克汗	Mohammed Öz-Beg Khan Узбек-хан	又称月即别汗，是在位时间最长的钦察汗国君主（1312—1342年在位）
札尼别汗	Jani Beg，Djanibek Khan Джанибéк	月即别汗的儿子
斡儿答	Orda Ichen Орда-Ежен	又称斡鲁朵、鄂尔达，铁木真的长孙，术赤的长子，拔都的大哥，白帐汗国开国君主。
昔班	Shiban Шибан，Сибан，Шайбан	术赤第五子
海都	Хайду	窝阔台的孙子
脱脱迷失	Tokhtamysh Тохтамыш	白帐汗国可汗
纳迪尔沙赫·阿夫沙尔	Nader Shah Afsar Надир-шах Афшар	波斯皇帝
艾吉格	Эдиге，Едигé	诺盖汗国可汗

续表

汉语	俄语或英语	备注
努尔丁	Нур ад-Дин	诺盖汗国可汗
第四章		
君士坦丁七世	Constantine VII Porphyrogennetos Константи́н VII Багряноро́дный	拜占庭皇帝
伊本·阿桑·阿里-库菲	Ibn Atham al-Kūfī ибн Аса́м аль-Ку́фи	阿拉伯史学家
拉姆斯泰特	Gustaf John Ramstedt Густав Йон Рамстедт	芬兰的阿尔泰学专家
拉德洛夫	Friedrich Wilhelm Radloff Василий Васильевич Радлов	俄罗斯东方学家
库勒穆罕默德	Кул-Мухаммад	塔武凯勒汗1594年派往莫斯科的使团团长
巴波罗	Giosafat Barbaro	威尼斯商人
坎吉哈里·博根拜	Канжыгалы Богенбай	哈萨克的勇士
恰克恰克·贾尼别克	Шакшак Жанибек	哈萨克的勇士
塔玛·叶谢特	Тама Есет	哈萨克的勇士
托列·阿里别克乌雷	Толе Алибек-улы	大玉兹的伯克
卡兹别克·卡尔季别克乌雷	Казыбек Келдибек-улы Каздаусты Казыбек	中玉兹的伯克
艾泰克·巴伊别克乌雷	Айтык Байбек-улы	小玉兹的伯克头克汗谋臣
卓勒巴尔斯	Жолбарс Zholbarys	大玉兹的可汗
扎兰托斯	Жалантос，Ялангтуш Бахадур	撒马尔罕统治者，列吉斯坦的建造者
赛特库尔·巴巴	Сейткул Баба	扎兰托斯的父亲
科通古	Мухаммад Кортонгу	撒马尔罕的一名肉贩
阿布海尔	Абулхайр	乌兹别克汗国可汗
海达尔	Шайх-Хайдар	阿布海尔汗的儿子、谢赫

续表

汉语	俄语或英语	备注
昔班尼（1451—1510年）	Мухаммед Шейбани Muhammad Shayboniy Abul-Fath Shaybani Khan	术赤后裔，阿布海尔的孙子
科布兰德	Кобланды́ Токтарба́йулы	勇士、阿布海尔汗的重要帮手，卡拉钦察人
达伊尔	Даир-ходжа 尊称：Акжол-бий	和卓、阿布海尔汗喜欢的法官
也先不花（1428—1462年）	Есен-Буга Esen Buqa II	歪思可汗（Uwais）之子，羽奴思的弟弟，1428年继任蒙兀儿斯坦可汗
秃忽鲁（1329—1363年）	Туглук，Туглук-Тимур-хан Tughlugh Timur	出身不详，一说认为是也先不花汗的儿子
羽奴思（1416—1482年）	Жунус，Йунус-хан，Юнус-хан Yunus Khan	明史中称为"速檀阿力"或"哈只阿力"
艾哈迈德（1465—1504年）	Ахмет，Султан-Ахмад-хан I Ahmad Alaq	羽奴思可汗的儿子，明朝吐鲁番汗国第一任可汗，明史中称为"阿黑麻"或"速檀阿黑麻"
赛义德（1487—1533年）	Султан-Саид-хан Абу-л-Фатх Sultan Said Khan	艾哈迈德汗的儿子，蒙兀儿斯坦可汗，叶尔羌汗国创始人。
和鄂尔勒克	Хо-Урлюк	土尔扈特首领
巴图尔	Батур-хунтайши	准噶尔的珲台吉，建立了准噶尔汗国
噶尔丹	Галжан-Бошокту	准噶尔可汗，1670—1697年在位
策妄阿拉布坦	Цеван-Рабтан	准噶尔可汗，1697—1727年在位

哈萨克汗王（金帐汗国体系）

汉语	俄语或英语	备注
秃花帖木儿	Токай Тимур，Тука-Тимур Tuqa Timur，Tuqay Timur	成吉思汗的孙子，术赤的第13子，拔都的弟弟
兀鲁思	Урус	哈萨克可汗，贾尼别克汗的祖父
八剌	Барак	哈萨克可汗，贾尼别克汗的父亲
克烈（1425—1473年）	Керей，Гирей，Кирей Kerei	哈萨克可汗，布拉特苏丹的儿子，哈萨克汗国创始人，1465—1468年在位

续表

汉语	俄语或英语	备注
贾尼别克（1428—1480 年）	Жанибек Janybek 尊称：Аз Жанибек 伊斯兰教名：Абу Саид	哈萨克可汗，哈萨克汗国创始人，1468—1480 年在位
布伦杜克（1474 或 1480—1511 年）	Бурундук Burundyq（Muryndyk）	克烈汗的儿子，1480—1511 年在位
哈斯木（1445 或 1455—1521 年）	Касым-хан Qasym Khan	哈萨克可汗，贾尼别克的儿子，巴兰杜黑汗的堂兄弟，蒙兀儿斯坦可汗羽奴思的女婿。哈萨克汗国的真正奠基人，执政期间是哈萨克历史上最强大的时期。1511—1518 年在位
马玛什	Мамаш Mamash	哈斯木汗的儿子，1518—1523 年在位
塔赫尔	Тахир Tahir	贾尼别克之孙、贾迪克苏丹（Жадик）的儿子，1523—1529 年在位
布达什	Буйташ-хан Buidash	贾尼别克之孙，贾迪克苏丹的儿子，1529—1533 年在位
托古姆	Тугум-хан Togym	贾尼别克之孙，贾迪克苏丹的儿子，1533—1538 年在位
哈克那扎尔	Хакк Назар-хан Khaqnazar	贾尼别克之孙，哈斯木汗之子，1538—1580 年在位
契戛依	Шигай Shygai	贾尼别克之孙，贾迪克苏丹之子，1580—1582 年在位
塔武凯勒	Таваккул，Тауекель-хан Tauekel	契戛依汗的儿子，1582—1598 年在位
伊希姆汗	Исим-хан Esim	契戛依汗之子，1598—1628 年在位
杨吉尔	Жангир-хан Zhangir	伊希姆汗之子，1629—1680 年在位
头克	Тауке-хан Tauke	杨吉尔汗之子，1680—1718 年在位
卡伊尔	Каип-хан	杨吉尔汗之子，1718—1719 年在位
博拉特	Болат-хан	头克汗之子，1719—1728 年在位
阿布赉	Абылай	1771—1781 年在位

续表

汉语	俄语或英语	备注
瓦利	Вали	中玉兹可汗，1819年去世
布凯	Букей	中玉兹可汗，1817年去世
凯涅萨雷	Кенесары Касымулы	中玉兹可汗，1841—1847年在位
艾楚瓦克	Айшуак	小玉兹可汗，阿布海尔汗之子
希尔哈兹	Ширхаз	小玉兹可汗，艾楚瓦克汗之子
阿伦加济	Арынгазы	小玉兹可汗
努拉雷	Нуралы	小玉兹可汗
叶拉雷	Ералы	小玉兹可汗，努拉雷汗的弟弟
叶希姆	Есим	小玉兹可汗，努拉雷汗之子
希哈孜	Шергазы 或 Сергазы	小玉兹末代可汗
布凯	Букей	布凯汗国首任可汗，努拉雷汗之子
杨吉尔汗	Жангир	布凯汗国可汗，布凯汗的儿子，1824—1845年在位
卓勒巴尔斯	Жолбарс Zholbarys	大玉兹伯克
卡兹别克·卡尔季别克乌雷	Казыбек Келдибек-улы	中玉兹伯克
艾捷克·巴伊别克乌雷	Айтык Байбек-улы	小玉兹伯克
第五章		
叶尔马克·季莫菲耶维奇	Ермак Тимофеевич	俄国征服西伯利亚汗国的负责人
赛谢特库尔·科伊达古罗夫	Сейткул Койдагулов	勇士、小玉兹可汗阿布海尔1730年9月派去彼得堡与俄国交涉归并事宜的代表团负责人
科特鲁姆别特·科什塔耶夫	Котлумбет Коштаев	伯克、小玉兹可汗阿布海尔1730年9月派去彼得堡与俄国交涉归并事宜的代表团负责人

续表

汉语	俄语或英语	备注
安娜·约翰诺夫娜	Анна Иоанновна	俄国女皇
捷夫克列夫	А. И. Тевкелев	俄国外交部翻译，接收小玉兹规并俄国的代表团团长
涅普柳耶夫	Иван Иванович Неплюев	奥伦堡省的首任省长
伊格利斯特罗姆	Осип Андреевич Игельстром	奥伦堡省长
斯佩兰斯基	Михаил Михайлович Сперанский	西伯利亚总督
钦吉索夫	Турсун Чингисов	卡尔卡拉林区衙门的大苏丹
埃斯先	Пётр Кириллович Эссен	奥伦堡省长
别洛夫斯基	Василий Алексеевич Перовский	奥伦堡省长、骑兵将军、伯爵

第六章

汉语	俄语或英语	备注
普加乔夫	Емельян Иванович Пугачёв	农民起义领导人
塞利姆·达托夫	Срым Датов	1783—1797年小玉兹起义领导人
佩乌特林格	Александр Александрович Пеутлинг	奥伦堡省长
巴维尔·彼得罗维奇	Павел Петрович	沙皇
加拉曼·特列奇耶夫	Жоламан Тлечиев	1823年小玉兹起义领导人，塔本氏族首领、勇士
萨尔江·卡瑟莫夫	Саржан Касымов	阿布赉汗的孙子，卡瑟姆苏丹的长子，凯涅萨雷的哥哥，1824—1836年中玉兹起义领导人
伊先格利德·卡瑟莫夫	Исенгельды Касымов	卡瑟姆苏丹的二子，萨尔江的弟弟
凯涅萨雷·卡瑟莫夫	Кенесары Касымов Kenesary Kasymov	1837—1848年中玉兹起义领导人，卡瑟姆苏丹的幼子，全体哈萨克人的可汗（最后一个三玉兹可汗）
伊萨泰·泰马诺夫	Исатай Тайманов	小玉兹别里什氏族族长、勇士，1836—1837年布凯汗国起义领导人

续表

汉语	俄语或英语	备注
马哈姆别特·乌杰米索夫	Махамбет Утемисов	诗人，1836—1837 年布凯汗国起义领导人
摩诃末·江托林	Мухамед Жанторин	小玉兹的苏丹
科内尔库尔扎·库代缅丁	Коныркулжа Кудаймендин	阿克莫拉区的大苏丹
鲁斯杰姆·阿布尔菲伊佐夫	Рустем Абулфеизов	苏丹
瑟帕泰·穆尔扎格利金	Сыпатай Мурзагельдин	苏丹
江哈吉·努尔穆哈梅多夫	Жанхожи Нурмухамедов	小玉兹勇士，1856—1857 年锡尔河地区起义领导人
叶谢特·科季巴罗夫	Есет Котибаров	小玉兹舍克惕氏族的勇士，1847—1858 年组织小玉兹反殖民活动
第七章		
谢伊尔·图尔克巴耶夫	Сеил Туркебаев	1868—1869 年图尔盖州和乌拉尔州起义领导人
别尔金·奥斯塔诺夫	Беркин Останов	1868—1869 年图尔盖州和乌拉尔州起义领导人
多桑·塔日耶夫	Досан Тажиев	1870 年曼吉斯套半岛阿代人起义领导人
伊萨·特连巴耶夫	Иса Тленбаев	1870 年曼吉斯套半岛阿代人起义领导人
艾拉汗	Алахан Султан，Аля-хан султан Абиль-оглы Alahan Sultan	1864 年新疆回变领导人，建立伊犁苏丹国
布哈尔·卡尔卡玛努雷	Бухар Калкаманулы	哈萨克族吉劳
库尔曼哈兹·萨格尔巴耶夫	Курмангазы Сагырбаев	哈萨克族作曲家
彼得·伊万诺维奇·雷奇科夫	Пётр Иванович Рычков	俄罗斯的东方学家
尼古拉·彼得罗维奇·雷奇科夫	Николай Петрович Рычков	小雷奇科夫，俄罗斯地理学家
彼得·西蒙·帕拉斯	Петр Симон Паллас	俄罗斯的东方学家
阿列克谢·伊拉克里耶维奇·廖夫申	Алексей Ираклиевич Лёвшин	俄罗斯的东方学家
穆什克托夫	Иван Васильевич Мушкетов	俄罗斯著名地理学家

续表

汉语	俄语或英语	备注
谢苗诺夫－天山斯基	Пётр Петро́вич Семёнов-Тян-Ша́нский	俄罗斯的东方学家
普尔热瓦利斯基	Никола́й Миха́йлович Пржева́льский	俄罗斯的东方学家
穆什克托夫	Ива́н Васи́льевич Мушке́тов	俄罗斯的东方学家
拉德洛夫	Васи́лий Васи́льевич Ра́длов	俄罗斯的东方学家
谢维尔措夫	Никола́й Алексе́евич Се́верцов	俄罗斯的东方学家
维利亚米诺夫－泽尔诺夫	Владимир Владимирович Вельяминов-Зернов	俄罗斯的东方学家
多布罗斯梅斯洛夫	Александр Иванович Добросмыслов	俄罗斯的东方学家
阿里斯托夫	Никола́й Я́ковлевич А́ристов	俄罗斯的东方学家
克拉索夫斯基	Михаи́л Вито́льдович Красо́вский	俄罗斯的东方学家
尼古拉·尼古拉耶维奇·潘图索夫	Николай Николаевич Пантусов	俄罗斯的东方学家
伊布赖·阿尔腾萨林	Ыбырай Алтынсарин	俄罗斯的东方学家
乔坎·瓦利汉诺夫	Чока́н Чинги́сович Валиха́нов	俄罗斯的东方学家
阿拜·库南巴耶夫	Абай Кунанбаев	哈萨克文学家、思想家

第八章

汉语	俄语或英语	备注
布克伊哈诺夫	Алихан Букейханов	哈萨克国务活动家
尼古拉二世	Николай II	俄国沙皇
科利拜·图连古托夫（又名托古索夫）	Кольбай Туленгутов（Кольбай Тогусов）	曾任法院书记员，哈萨克"三个玉兹"党的领导人
别列姆扎诺夫	Ахмет Кургамбекович Бережанов	哈萨克族的俄国首届国家杜马议员
卡利梅诺夫	Алпысбай Кальменов	哈萨克族的俄国首届国家杜马议员
库尔马诺夫	Бахтигирей Ахметович Кулманов	哈萨克族的俄国首届国家杜马议员
卡拉塔耶夫	Бахытжан Бисалиевич Каратаев	哈萨克族的俄国第二届国家杜马议员

续表

汉语	俄语或英语	备注
特内什帕耶夫	Мухамеджáн Тыныпшáевич Тыныпшáев	哈萨克族的俄国第二届国家杜马议员
谢尔比纳	Фёдор Андрéевич Щербúна	俄国赴哈萨克考察队长
司徒卢威	Пётр Бернгáрдович Стрýве	俄国自由派知识分子
米留可夫	Пáвел Николáевич Милюкóв	俄国自由派知识分子
古奇科夫	Алексáндр Ивáнович Гучкóв	俄国自由派知识分子
维尔纳茨基	Владúмир Ивáнович Вернáдский	俄国自由派知识分子
图甘巴拉诺夫斯基	Михаúл Ивáнович Тугáн-Баранóвский	俄国自由派知识分子
布罗克加乌兹	Фридрих Арнольд Брокгáуз Friedrich Arnold Brockhaus	百科全书出版商
叶夫罗恩	Илья́ Абрáмович Ефрóн	百科全书出版商
拜图尔瑟诺夫	Ахмет Байтурсынов	哈萨克族诗人、翻译家、语言学家、教育家
杜拉托夫	Миржакип Дулатов	哈萨克族诗人和散文作家
卡拉塔耶夫	Бахытжан Бисалиевич Каратаев	哈萨克斯坦知识分子，阿布海尔汗的后代，俄国第二届国家杜马议员
谢拉林	Мухамеджан Чувакович Сералин	《镜子》杂志的出版人和编辑
阿布季加帕尔·让鲍瑟诺夫	Абдигапар Жанбосынов	1916年图尔盖州起义领导人
阿曼格利德·伊马诺夫	Амангёльды Иманов	1916年图尔盖州起义领导人
鲍金	Токаш Бокин	1916年七河州起义领导人
阿舍克耶夫	Бекболат Ашекеев	1916年七河州起义领导人
塔纳舍夫	В. Танашев	图尔盖州首届哈萨克人大会副主席
卡基尔巴耶夫	С. Кадирбаев	图尔盖州首届哈萨克人大会秘书
阿尔马索夫	О. Алмасов	图尔盖州首届哈萨克人大会秘书

续表

汉语	俄语或英语	备注
别克穆哈梅多夫	Ш. Бекмухаммедов	图尔盖州首届哈萨克人大会秘书
贾伊纳科夫	И. Д. Джайнаков	七河州首届哈萨克人大会主席
乌尔达巴耶夫	Г. У. Урдабаев	七河州首届哈萨克人大会副主席
奇吉罗夫	К. Чигиров	七河州首届哈萨克人大会秘书
贾库普巴耶夫	Н. Джакупбаев	七河州首届哈萨克人大会秘书
让沙·多斯穆哈梅多夫	Жанша Досмухамедов	乌拉尔斯克州首届哈萨克人大会主席
阿利别科夫担任	Губайдулла Алибеков	乌拉尔斯克州首届哈萨克人大会副主席
卡利梅诺夫	А. Кальменов	乌拉尔斯克州首届哈萨克人大会副主席
杰特皮索夫	Г. Джетписов	乌拉尔斯克州首届哈萨克人大会秘书
阿赫梅特申	Х. Ахметшин	乌拉尔斯克州首届哈萨克人大会秘书
阿尔甘切耶夫	Н. Арганчеев	乌拉尔斯克州首届哈萨克人大会秘书
瓦利德汉·塔纳舍夫	Валидхан Танашев	布凯汗国首届哈萨克人大会主席
沙夫卡特·别克穆哈梅多夫	Шафкат Бекмухамедов	布凯汗国首届哈萨克人大会主席团成员
马日特·丘姆巴洛夫	Мажит Чумбалов	布凯汗国首届哈萨克人大会主席团成员
缅迪哈诺夫	И. Мендыханов	阿斯特拉罕边疆区吉尔吉斯人民委员助理
图尔卢巴耶夫	Айдархан Турлубаев	阿克莫林斯克州首届哈萨克人大会主席
伊特巴耶夫	Е. Итбаев	阿克莫林斯克州首届哈萨克人大会副主席
杜拉托夫	М. Дулатов	阿克莫林斯克州首届哈萨克人大会副主席
萨马托夫	М. Саматов	阿克莫林斯克州首届哈萨克人大会秘书
谢伊托夫	А. Сеитов	阿克莫林斯克州首届哈萨克人大会秘书
托克巴耶夫	Е. Токбаев	阿克莫林斯克州首届哈萨克人大会秘书

续表

汉语	俄语或英语	备注
马格让·茹马巴耶夫	Магжан Жумабаев	全俄穆斯林大会哈萨克族代表
阿克帕耶夫	Жакып Акпаев	塞米巴拉金斯克州首届哈萨克人大会主席
加巴索夫	Х. Габбасов	塞米巴拉金斯克州首届哈萨克人大会副主席
马尔谢科夫	Р. Марсеков	塞米巴拉金斯克州首届哈萨克人大会副主席
鲍什塔耶夫	М. Боштаев	塞米巴拉金斯克州首届哈萨克人大会副主席
萨尔谢涅夫	Б. Сарсенев	塞米巴拉金斯克州首届哈萨克人大会副主席
叶尔梅科夫	А. Ермеков	塞米巴拉金斯克州首届哈萨克人大会秘书
马尔特巴耶夫	М. Малдыбаев	塞米巴拉金斯克州首届哈萨克人大会秘书
阿克帕诺夫	Ш. Акпанов	塞米巴拉金斯克州首届哈萨克人大会秘书
奥罗扎林	Э. Орозалин	塞米巴拉金斯克州首届哈萨克人大会秘书
阿普杜拉希德哈诺夫	Мунаввар Кары Абдурашидханов	伊斯兰支持者苏维埃负责人
绍凯	Мустафá Шокáй（Чокай，Чокаев，Чокай-оглы）	伊斯兰支持者苏维埃负责人
古马罗夫	И. Гумаров	阿拉什党领导人
比尔梅卡诺夫	А. Бирмеканов	阿拉什党领导人
扎日基巴耶夫	Т. Жаждибаев	阿拉什党领导人
穆凯·艾特佩诺夫	Мукан Айтпенов	三个玉兹党创始人
历史学家		
沙卡里姆·库代别尔德乌雷（1858—1931年）	Шакарим Кудайбердыулы，Шакарим Кудайбердиев Shakarim Kudaiberdiev	哈萨克诗人、作家历史学家，阿拜的弟弟
米尔咱·马黑麻·海答儿（1499—1551年）	Мирза Мухаммад Хайдар Дулат Mirzo Muhammad Haydar Dug'lot	叶尔羌汗国的历史学家和军事将领。也有译为"米尔咱·马黑麻·海答儿"，全名是"米尔咱·马黑麻·海答儿·朵豁剌惕·古列干"，著有《拉失德史》

续表

汉语	俄语或英语	备注
卡拉姆津	Никола́й Миха́йлович Карамзи́н	俄罗斯历史学家
瓦姆伯里	Арминий Вамбери	匈牙利学者
伊本·阿桑·阿里－库菲	ибн Аса́м аль-Ку́фи Ibn Atham al-Kūfī	阿拉伯史学家。著有《征战记》（*Китаб аль-футух*）
拉姆斯泰特	Густав Йон Рамстедт Gustaf John Ramstedt	芬兰的阿尔泰学专家
拉德洛夫	Василий Васильевич Радлов Friedrich Wilhelm Radloff	俄罗斯的东方学家
潘图索夫	Николай Николаевич Пантусов	俄罗斯的东方学家
维利亚米诺夫－泽尔诺夫	Владимир Владимирович Вельяминов-Зернов	俄罗斯的历史学家
巴尔托里德	Васи́лий Влади́мирович Барто́льд	俄罗斯的历史学家
西格蒙德·赫尔伯施泰恩	Сигизмунд фон Герберштейн Siegmund Freiherr von Herberstein	奥地利外交官、作家、历史学家
伊本·白图泰	Ибн-Батут	摩洛哥的阿拉伯旅行家
伊本·鲁兹比汗	Фазлаллах Ибн Рузбихан	波斯历史学家